종교성,
미래교육의 새로운 패러다임

한명희 · 유상덕 · 이은선 · 고진호 · 김관영 · 김성숙 · 김정규
박 석 · 박영만 · 신동은 · 이거룡 · 임재택 · 최영란 · 최준규 공저
미래사회와 종교성연구원 엮음

학지사

발간에 부쳐

교육담론을 새로운 차원으로

근대교육은 대중의 지적, 문화적 수준을 높이는 데 크게 공헌하였습니다. 우리가 목도하는 민주주의와 사회발전은 근대 교육의 공헌 없이는 상상하기조차 어렵습니다. 그러나 급변하는 시대상황 속에서 근대교육의 정형화는 많은 문제를 노정하고 있습니다. 오늘날 지식기반경제사회, 세계화 및 지역화 혁명, 권위해체의 뉴에이지 물결 등 이른바 탈근대의 전환기적 양상들은 이미 우리의 일상 깊이 자리하고 있습니다. 그런데도 교육은 지난 시대의 패러다임 언저리를 벗어나지 못하고 있다는 지적입니다.

다행히 우리 사회 일각에서 기성 제도교육에 이의를 제기하면서, 교육과정이나 교육방법론 등에서 의미 있는 새로운 시도들이 펼쳐지고 있습니다. 이 같은 시도들은 그러나 예외적인 논리 실험에 머물거나 소수의 특정 대상에 한정되고 있는 형편이어서 교육의 '실제적 변화' 를 기획하는 데는 한계를 보이고 있습니다. 이러한 한계를 극복하고 '교육의 미래' 를 밝게 하기 위해서는 교육의 근본적인 의미를 전면적으로 성찰하면서 새로운 비전을 창출하는 활달한 작업이 절실히 요청됩니다.

미래사회와종교성연구원에서는 작년 11월 '대안적 교육과 종교성: 탈산업 미래사회와 교육적 대안' 을 주제로 학술대회를 개최하였습니다. 교육의 출발점으로 인간 내면에 잠재되어 있는 '종교성' 에 새롭게 주목하고, 종교성의 지평에서 교육의 의미를 심층적으로 재조명하면서 교육의 대안적 구성을 체계적이고 통합적으로 타진하는 자리로, 각지에서 많은 교육관계자들이 참여하여 넘치는 열기 속에 진지한 논찬의 시간을 가졌습니다. 대회가 끝난 뒤에는 대회참가자들을 중심으로 '미래교육연구모임' 을 결성하여, 교육철학사상, 교육방법론, 교육체계, 그리고 교육현장에 이르기까지 미래의 교육적 대안과 교육현실의 변형을 추구하는 활동을 긴 호흡으로 펼치기로 하였습니다. 우리의 현실에 비추어 참으로 귀하고 중한 결의라 하지 않을 수 없습니다.

이제 작년 학술대회의 연구 성과를 다듬어 한 권의 책으로 내놓습니다. 이 책의 발간이 대안적 교육담론을 새로운 차원으로 이끌고, 미래교육적 대안을 가꾸는 새로운 물줄기를 만드는 계기가 되기를 기대합니다. 아울러 뜻있는 교육연구자와 교육운동가들께서 치열한 열정으로 새로운 천년의 기초를 세우는 백년대계의 길에 동역자가 되어 휴머니즘이 꽃피는 미래사회를 함께 열어 가 주시기를 바랍니다.

한편 한편 열정을 담아 귀한 옥고를 주신 필진들께 진심으로 감사를 드립니다. 또한 학술대회를 주도적으로 준비하고 책 발간 작업에도 수고를 마다하지 않으신 박석 원장, 유상덕 교육원장, 이은선 연구기획위원장, 이형용 상임이사의 노고를 치하하고 감사를 드립니다. 학술대회를 후원하여 주신 현대자동차의 정몽구 회장, 이영복 이사와 흔쾌히 출판을 맡아 주신 학지사의 김진환 사장님과 편집부원들께도 감사를 드립니다.

2007. 7

(사) 미래사회와종교성연구원 이사장 서영훈

서 문

근대 학교교육의 종교적 기반

"제도로서의 근대 공교육 혹은 근대 학교교육(modern school system)의 기반은 무엇인가?" 1972년 제1차 오일쇼크 이후 에버트 라이머(Reimer, E.)와 이반 일리치(Illich, I.)가 각각 『학교는 죽었다』와 『탈학교 사회(Deschooling Society)』라는 저서를 통해 근대교육을 성찰하고 탈학교론을 제기하기 시작한 이래 이런 물음은 늘 진지하게 제기되었고 오늘까지 지속되고 확대되고 있다. 1970년대에 제기된 '탈학교론' 과 그보다 훨씬 이전 고전적 마르크시즘에 의해 제기되어 온 '교육제도 폐지론' 은 학교제도의 기반 문제에 대해 시각을 달리하고 있다. 후자는 사회제도란 생산관계에 의해 결정되기 때문에 상부구조인 교육제도는 그 토대인 하부구조, 즉 생산관계에 의해서 결정된다는 것이다. 따라서 자본주의 사회에서의 학교제도를 새로운 교육제도로 바꾸기 위해서는 그 기반인 사회경제제도를 폐지해야 한다는 것이었다. 그러나 탈학교론은 학교제도의 기반을 좀 더 복합적으로 보고 있다. 학교제도는 정치적 경제적 기반을 가지고 있기도 하지만 그보다는 문화적 요소, 즉 그 사회의 고유한 문화나 종교 등 다양한 기반을 토대로 하고 있다고 보고 교육제도를 분석하고 있는 점이 다르다. 탈학교론은 그와 같이 학교제도의 기반에 대한 다양한 논의를 본격적으로 촉발시켰다는 데 의의가 있다고 하겠다.

학교교육이 근대의 한 유력한 제도로 나타나게 된 것은 계몽사상(啓蒙思想)의 역할이 컸다. 계몽사상이란 봉건적 구습, 종교적 전통에 의한 무지, 도그마에 지배당했던 민중의 몽매를 자연의 빛, 즉 '이성' 에 비추어 밝히고, 자유사상과 과학적 지식 및 비판적 정신을 보급하여 인간존엄성을 자각시키는 것을 말한다.

계몽사상은 17~18세기 유럽 특히 영국, 프랑스, 독일, 러시아에서 나타난 반(反)봉건적 · 반가톨릭교회적인 사상운동으로서 프랑스 혁명을 목전에 둔 시점에 매우 중요한 역할을 하였다. 이 운동은 두 가지 측면을 지니고 있었다. 하나는 정치경제 측면에서 절대왕정을 비판하고 인민주권설에 기반을 둔 사회계약론을 전파하여 근대 정치제도를 성립시키고 경제제도로서의 산업사회의 길을 열었다. 한편 사상적으로는 이성적 인간이 지닌 천부적 인권을 신성불가침한 것이라고 보았다. 따라서 개인의 천부적 인권에 기반을 둔 자유와 평등사상을 기초로 하는 반교회적인 사상적 기반을 성립시키는 데 중요한 역할을 하였다. 전자는 제도로서의 근대 민주주의 제도와 자본주의 경제제도를 성립시켰고 후자는 이성주의와 과학주의라는 근대사회의 사상적 기반을 마련하였다. 물론 양자는 서로 분리된 것이 아니라 상호보완적이고 서로의 기반이 되는 근대주의(modernism)의 중요한 요소라고 할 수 있겠다.

이와 같은 근대사상과 제도를 통해 등장한 근대 국민국가는 근대 공교육 제도를 성립시키고 확장하는 데 중요한 역할을 하였다. 당시의 정치경제적인 지형으로 볼 때 가톨릭 교회가 가지고 있던 학교들은 부르주아 정권의 정당성을 전파하고 그 정치적 기반을 든든히 하는 데 매우 중요한 도구로 지목되었다. 따라서 국가는 프랑스와 같이 폭력적으로 혹은 영국과 같이 '명예롭게' 교회가 갖고 있던 학교를 접수하여 국가의 유력한 교육제도로 발전시켰다. 이처럼 근대교육은 정치경제적인 필요와 함께 출발하였다. 이것이 이후의 교육개혁 논의가 정치경제적인 논의와 긴밀하게 결부될 수밖에 없는 이유다. 산업사회가 성립되면서 학교교육은 곧 근대사회의 경제적 기반과 밀접하게 연계될 수밖에 없었다. 그 후 제국주의 시대가 도래하자 학교교육제도는 식민지 국가에 이식되어 제국주의 정책을 관철시키는 지배의 도구로 이용되었다. 한마디로 말해 근대국가의 성립과 산업사회의 발전 그리고 제국주의의 확대는 곧 공교육의 역사적 변천과정이라고 할 수 있다. 이와 같이 근대국가의 변천과 그 역사를 같이 해 온 근대학교교육제도는 지금 직면하고 있는 탈근대 혹은 탈산업사회에서도 여전히 국가의 정치경제적 제도와 함께 논의되고 있다. 이 점은 교육제도 혹은 교육에 대한 논의가 국가제도 혹은 사회경제제도의 논의의 틀 속에 갇혀서 교육적 논의의 범위를 좁히는 주요한 원인이 되고 있다. 그러나 이제는 교육제도나 사상을 논의함에 있어서 제도 정치적인 논의의 틀 내에서 생각하는 관행을 벗어나 좀 더 자유롭고 폭넓은 논의를 전개할 필요가 있다. 특히 탈근대 혹은 탈산업사회에서는 교육에 관한 이러한 논의가 꼭 필요하다. 교육의 문제를 종교성의 문제와 결부시켜 논의하자는 이 책의 기획도 제도적 논의의 틀을 벗어난 교육적 논의를 전개하고 싶은 의도에서다.

근대교육이 성립되면서 교육과 종교성의 문제는 어떤 관련성을 가지고 있었던가? 근대학교교육 속에는 왜 공식적으로 종교성의 문제는 배제될 수밖에 없었던가? 동양 사회가 근대화를 겪는 과정에서 종교성 혹은 영성의 행방은 어떻게 된 것일까?

1970년대에 서남동 교수에 의해서 소개된 미국의 여성신학자 로즈메리 류터(Reuther, R.)는 그녀의 '속기독교 시대' 라는 논문에서 종교가 갖고 있는 요소를 세 가지로 보았다(이는 기독교 서구사회를 분석한 것이지만 일반종교와 사회와의 관계도 같다고 가정하고 있다). 기독교의 첫 번째 요소는 정신적인 요소로서 기도하고 묵상하고 자연과 신에 대해서 예배하는 종교적 의식을 말한다. 두 번째 요소는 기독교 제도로서 교회정치 혹은 교회건물, 직제, 위계 등 교회의 제도적인 측면을 말한다. 마지막으로는 기독교가 갖는 변화의 요소인데, 종교란 항상 새로운 것을 추구하고 비판하고 개혁하고 변화시키는 요소를 갖고 있다는 것이다. 그녀는 종교개혁을 비롯하여 종교의 예언자적 요소를 말하고 있다. 18세기 종교개혁으로 형성된 근대사회는 그 이전까지 내려오던 종교의 시대(정치경제와 종교가 분화되지 않았던 시대, 이는 고대 제정일치 시대부터 내려오던 전통이었다)가 종교개혁으로 분화되면서 기독교가 가지고 있던 대부분의 요소가 세속화되었으며, 이에 소위 세속화 시대가 되었다는 것이다. 즉, 교황을 정점으로 하여 중세의 정치경제를 장악하고 있던 교회정치 제도가 기독교로부터 분리되어 세속적인 정치경제 제도로 바뀌면서 종교와는 아무런 상관이 없는 근대 산업정치경제 제도가 되었고, 종교의 세 번째 속성, 즉 기독교 변화의 요소는 세속적인 혁명운동으로 변화되었다는 것이다. 이렇게 근대 세속사회의 성립과 함께 기독교의 고유한 역할은 이제 정신적인 영역만을 다루는 종교적 의식과 기도를 관장하는 역할로 축소되었다. 이는 기독교 본질의 거의 대부분을 잃은 축소된 기독교의 모습이므로 기독교가 원래의 제 모습을 가지고 있다고 볼 수 없다. 앞으로 기독교가 제 모습을 찾으려면 지금 가지고 있는 종교적 직제와 언어로 표현된 종교의식 등을 완전히 세속화한 형태로 다시 언술하는 시대, 즉 속기독교 시대가 되어야 진정한 기독교의 본질에 대한 표현이 가능하나는 섯이다. 그녀는 이러한 시대를 '속기독교 시대' 라고 불렀다. 소위 세속화 신학으로 불리는 위와 같은 논의는 1970년대 우리나라의 기독교가 사회적 실천을 논의하는 자리에서 매우 중요한 역할을 하였다. 기독교가 민주화 운동에 참여하는 것이 옳은가를 묻는 질문은 보수 기독교계의 보수적 비판을 깨트리는데 중요한 이론을 제공해 주었다. 그것은 1970년대가 우리나라에서는 300년 전 유럽 사회가 겪었던 민주시민 혁명과 산업화라는 소위 '근대성(modernity)' 의 문제가 중요한 사회적 실천의 과제였기 때문이었다. 당시 류터의 시각은 일반적인 역사를 기독교사로 치환하는 관점이라는 비판을 받기도 했다. 그러나 류터의 위와 같은 근대사회와 종교 간의 관계에 대한 분석은 종교가 근대사회 속에서 그 역할이 극히 축소되고, 따라서 근대국가의 제도 속에서 문화의 한 영역으로는 자리하고 있지만 정치제도나 경제제도 혹은 교육제도와는 분리된 형태로 존재하게 된 점을 잘 설명해 주고 있다고 볼 수 있다.

이성주의를 기반으로 과학기술을 발전시켜 근대사회를 성립시켜 온 근대사상은 반종교성을 띨 수밖에 없었다. 중세의 종교적 도그마가 인류문명의 발달에 너무나 큰 피해를 주었다고 비판을 받았기 때문이었다. 그러나 근대사상이 반종교성을 띠었다고 해서 근대의 사상과 제도가 종교성을 완전히 탈각했다고 볼 수는 없다. 오히려 그 반대다. 앞에서 소개한 우리나라 70년대의 기독교적 세계관

논의는 분명히 근대사회의 특징인 반종교적 혹은 탈종교적인 내용을 얘기하고 있지만 그러나 이는 역설적이게도 근대의 사상적 기반이 종교적 기반을 벗어나지 못하고 있었음을 입증하고 있는 셈이다. 막스 베버가 분석하고 있는 대로 칼뱅의 종교개혁이 프로테스탄티즘의 사상적 기반을 이루고 자본주의 사회의 윤리를 제공했던 바와 같이 근대 역시 종교적 기반을 벗어나지 못하고 있었다는 것은 잘 아는 사실이다. 근대의 이성은 헤겔 철학에서는 신의 다른 표현이었고, 심지어 무신론자로 대표되는 칼 마르크스도 과학적 이성주의라는 이름으로 마르크시즘을 전개했지만 그의 주장은 산업사회의 종교적 이데올로기 범주를 벗어나지 못하고 있다는 것이 근대산업사회에 대한 성찰의 결과다.

종교적 기반이 근대사상의 기반을 이루고 있다는 논의는 현실적으로도 얼마든지 확인된다. 세계의 모든 근대국가는 모두 그 나라의 주요한 종교지도자로부터 지지를 받고 또한 정치지도자를 공급받는다. 중세 유럽을 지배했던 카톨릭 교회의 세계정치는 제국주의 시대를 경과한 지금 아직도 근대국가들 다수에서 지속되고 있는 것이 현실이다. 미국은 그 자체가 개신교의 나라이고 영국은 성공회의 나라다. 70년간 사회주의 실험을 한 러시아도 껍질을 벗고 보니 그 사회 속에는 그리스 정교가 엄존하고 있고, 이슬람교나 힌두교는 아시아의 많은 나라에서 근대국가체제의 버팀목을 이루는 사상적 기반이다. 유교와 불교는 어떠한가? 우리나라에서도 불교신도회장은 정치적으로 중요한 인물이 맡고 있으며 유교사상은 여전히 뼈대 있는 집안의 주요한 제사의식으로 존속되고 있다. 종교지도자들과 대통령이 치르는 조찬기도회 또한 얼마 전까지만 해도 국가의 주요한 의식이었다.

이러한 근대국가의 종교적 기반은 곧 교육적 기반을 이룬다. 근대국가의 자유와 평등 이념이 각 나라에서 교육으로 적용될 때는 그 나라 고유의 종교적 특색으로부터 자유롭지 못하다는 것이 사실이다. 공립학교는 종교에 있어서의 중립성을 표방하고 있지만 그 내용을 이루는 학교교육에 있어서 인성교육의 토대는 여전히 그 나라의 종교적 기반을 벗어나지 못하고 있다. 이와 같이 학교교육에

막대한 영향력을 끼치고 있는 세계 기성종교들은 근대산업사회를 거쳐 오면서 비록 세속화 세례를 흠뻑 받기는 했지만 여전히 주요한 지배종교로서 엄존하고 있으며 학교교육에도 직간접적으로 중요한 영향력을 행사하고 있는 것이 사실이다. 이것은 학교교육의 사상적 기반이 여전히 그 사회의 지배종교의 기반 위에 놓여 있다는 것을 말해 주고 있는 셈이다.

교육적 대안 논의의 새로운 방향

우리 사회에서 대안교육이라는 담론을 전개해 온 지도 꽤 오래 되었다. 1970, 80년대 탈학교론에서 제기한 학교교육비판론에서 시작하여 1990년대로 오면서 대안적 교육론이 논의되기 시작한 것은 분명 교육운동사상 발전이라고 볼 수 있다. 학교교육비판론에서 제기되는 대안교육은 기존의 교육제도를 개량 개선하자는 의미에서의 대안교육론이다. 그중 주요한 것을 보면 학교에 대한 지역사회의 개입을 강화하자는 지역사회 교육론에서부터 교육과 생산노동을 결합시켜 노동하는 전인적 교육을 추구하자는 입장도 있다. 좀 더 본격적인 대안교육론으로 기존의 공교육 제도가 갖는 제약을 철폐하고 자유로운 이념과 제도를 새로이 모색하는 교육을 해보자는 의미에서의 자유학교 운동 혹은 대안학교 운동이 국내외적으로 활발해지고 있다. 자본주의 체제하의 교육을 철폐하고 사회주의 교육체제를 수립하기 위한 노력도 어떤 의미에서는 대안교육론이다. 그리고 정보화 사회를 맞아 사이버 환경에 맞춘 대안적 교육론도 활발한 논의 중 하나다. 보다 근본적인 탈학교론은 탈산업사회 혹은 탈근대사회론의 입장에서 주장되는 평생교육론이다. 이는 산업사회의 생애주기(life cycle)가 산업인력을 효율적으로 생산하기 위해서 짜여진 것이며, 그런 만큼 그 생애주기에서 학령기 아동을 주된 대상으로 하는 학교교육제도를 전 생애에 걸친 평생교육 체제로 재편하자는 주장을 담고 있다.

우리는 이 시점에 그간 급격한 산업화, 근대화를 거쳐 오면서 우리의 교육사상에 대한 관심이 너무 서양의 사상에 경도된 점을 성찰할 필요가 있다. 서양의 사상을 연구하는 것이 필요하고 또 그것도 제대로 할 필요가 있다. 그러나 이것이 자칫 우리의 유산과 역사적 맥락을 놓치게 해서는 안 된다는 것을 인식할 필요가 있다. 특히 이 부분에 있어 착안해야 할 분야는 영성(spirituality) 혹은 종교성 문제에 대해 새로운 관심을 갖는 일이다. 이는 산업화 근대화 과정에서 우리 사회가 얻은 것과 잃은 것에 대한 성찰에서 나오는 이야기다.

산업화는 효율성과 물질적 풍요를 가져오기는 했으나 인간의 본질적인 영과 혼의 문제를 방기함으로써 도덕적 기준을 모호하게 해 놓았고, 삶에 대한 의미 추구 자체를 흐리게 해 놓았으며, 무제한적인 물질적 욕망추구를 통해 지구생태계의 위기를 초래할 정도로 환경을 파괴시켜 놓았다. 이러한 문제와 관련하여 일반적으로 환경문제와 관련한 연구와 활동은 많이 이루어지고 있으나 정신적 영적 문제에 관한 우리와 세계의 유산을 점검하고 이를 현대화하여 교육실천으로 연결하는 작업은 너무나 미비한 것이 사실이다.

탈산업사회의 교육적 대안을 놓고 대안교육에 대한 많은 개별적, 단체적 실천이 행해지고 있고, 정부에서도 이에 대한 관심을 놓치지 않고 있다. 하지만 그러한 활발한 문제제기에도 불구하고 아직은 그간 근대학교교육을 지탱해 온 보수적 틀의 본체가 꿈쩍도 하고 있지 않다는 데 많은 실천가들을 당황하게 하고 있다. 그 보수적 본체의 틀은 두 가지다. 하나는 근대국가를 지탱하고 있는 관료적 틀(bureaucratic structure)이 아직 그대로이며 오히려 강화되기도 하고 있다는 점이다. 교육상황을 주도하고 있는 관료적 틀은 변하지 않고 있는 가운데 이를 변화시키려는 연구와 노력은 여러 군데에서 시도되고 있고 우리의 관심이 주로 여기에 놓여 있었던 것이 사실이다. 그러나 다른 각도에서 보면 다음과 같이 우리가 소홀히 한 면도 있다.

근대교육을 지탱하고 있는 또 하나의 보수적 틀은 사상적 틀이다. 사상적 틀은 종교적 틀을 골간으로 하고 있다. 기독교, 불교, 유교, 힌두교, 이슬람 등 기성종교들은 산업화 시대 세속화의 공세를 받고도 거기에 적응하면서 보수적 기득권과 결합하여 우리사회의 사상적 토대를 형성하고 있는 것이 사실이다. 그러면서도 그러한 세계적인 종교들도 탈산업사회를 맞아 다시금 나름대로의 새로운 목소리를 내기도 하고 과거의 훌륭한 실천적 역사를 개발해 내려는 노력을 기울이고 있다.

이를테면 기독교의 해방신학을 비롯한 진보신학, 카톨릭 교회의 영성문제에 대한 개방적인 시각, 유교의 주역사상에 대한 세계관적 이해와 유교 공부론에 근거한 실천적인 노력(예를 들어, 새로운 서당교육, 다산의 지식경영법 등)과, 불교의 다양한 마음공부법들, 힌두사상에서 나타난 간디 및 비노바 바베의 교육사상, 이슬람의 수피즘 등, 나아가 산업화 이전의 문명으로부터 배우는 영적 유산에 대한 관심도 높아지고 있다. 티베트 혹은 라다크 사회에 대한 관심, 아메리카 인디언 또는 아프리카 부족사회로부터 배우는 인간의 본질적 모습 등 한마디로 영성문제에 대한 관심은 가히 세계적이다. 이러한 영적 유산의 문제에 주목하면서 일제시대와 해방 이후 우리나라의 근대교육을 주체적으로 형성하기 위한 선각자들이 없었던 것은 아니다. 일제시대 김교신 선생이나 유영모 선생의 교육사상, 함석헌 선생의 힌두이즘에 대한 관심 등 많은 노력들이 있어 왔으나 개발독재시대의 급작스러운 근대화를 추진하면서 그러한 노력들은 모두 잊어버린 유산이 되었다. 이런 것들이 지금은 새로이 조명되고 성찰될 필요가 있다는 것이 교육운동의 요구라고 할 수 있다.

이상의 문제의식을 요약한다면 우리의 교육연구활동은 환경생태적인 관심에서 좀 더 관심영역을 넓혀 영성(靈性 spirituality)의 문제로 나아가고, 국가관료시스템의 변화를 추구하는 활동영역을 더욱 넓혀 사상적 토대의 변화, 즉 종교적 토대의 변화에 관심을 기울여야 풍부한 교육적 담론을 전개하는 교육적 논의가 가능할 것으로 보인다.

이 책이 다루고자 하는 것은 바로 근대교육이 가지고 있는 보수적 사상의 틀인 종교적 틀의 문제다. 그러한 종교적인 틀이 탈근대 사회를 맞이하면서 어떻게 변화되고 그 변화된 모습이 학교교육에 영향을 미치고 있느냐의 문제인 것이다. 세계 주요한 기성종교는 기독교와 불교, 이슬람교, 힌두교이고 그 외에도 세계에는 정령신앙(애니미즘, animism)에 이르기까지 수많은 소수종교들이 있다. 종교가 갖고 있는 의식과 그 의식을 표현하는 방식에는 차이가 있을지 모르지만 우리는 모든 종교가 갖고 있는 인간 내면적인 속성으로서의 종교심은 하나라고 본다. 그리고 그 종교심은 인간과 우주자연을 일치시키는 영성에 대한 추구를 본질로 하고 있다. 본서에서 필자들은 종교성과 영성에 대해 나름대로의 정의를 하고 있으며, 필자에 따라 조금씩은 차이가 날 수도 있을 것이다. 그러나 현 단계에서 우리는 그 개념을 무리하게 통일시키려고 시도하지도 않을 것이다. 다만 우리는 우선 종교성과 영성을 종교철학적인 관점에서 혹은 종교다원주의적인 관점에서 포괄적으로 이해하려고 노력할 것이다. 그것은 본서가 소개하고 있는 다양한 종교와 대안교육적인 노력들이 근거하는 사상의 다양성에서 입증이 될 것이다.

아마도 영성의 문제를 논의하기로 하면 가장 민감하게 반응하는 종교는 기독교일 것이다. 그러나 우리는 기독교 신학의 현주소가 그렇게 보수적인 논의에만 머물러 있다고 생각하지 않는다. 기독교는 우리나라에서도 1970년대 이후 민주화 운동을 통한 사회의 진보, 그리고 민중선교에의 참여를 통해서 실천적인 영역에서 에큐메니칼 운동을 오히려 선두에서 이끌어온 경험이 있을 뿐만 아니라 대안교육 논의에서도 앞선 경험들을 축적해 오고 있는 것이 사실이다. 본서에 글을 싣고 있는 최준규 신부의 영성에 대한 정의를 소개해 본다.

"영성이란 개념은 모든 인간이 육체성을 지닌 존재일 뿐만 아니라 근본적으로 초월적인 생명을 지닌 영적인 존재라는 인간관에서 출발한다. 육체적인 존재이면서 동시에 영적인 존재인 인간은 자연과 육체를 넘어선 초자연적인 삶의 목적과 동기를 지니며 그것을 추구한다. 일차적으로 영성의 개념은 일정 종교나 종파를 초월한 보편적인 의미를 지니고 있다." 이와 같은 영성의 개념이라면 모든 종교에서 함께 논의를 해도 대화에 장애가 발생하지는 않을 것이다. 그러나 논의를 무작정 열어 놓고 어떤 통일적인 모색을 회피하자는 것은 아니다. 구체적인 교육 문제를 해결하고자 하는 문제의식에서 출발했기에 우리는 교육적 논의에서 종교성과 영성의 문제를 본격적으로 논의하는 것을 제안하고 있는 것이다.

이 책은 세 부분으로 구성되어 있다. 첫 번째는 총론적인 논의다. 총론의 총론격인 한명희 교수의 논문은 평생 교육철학을 하면서 정년을 앞둔 만년에 그리고 정년 이후에도 꾸준히 연구하고 있는 문제의식을 총망라한 글이기에 방대하고 깊이 있는 문제의식을 제기하고 있다. 그는 근대 서구의 이성주의 과학주의적인 지성사가 영성을 소외시켜 온 결과 탈근대 사회에서 교육적 논의를 한계에 봉착하게 한 것이고 이를 극복하기 위해 영성에 대한 본격적인 교육적 대안을 논의할 시기라는 점을 학문적으로 밝히고 있다. 본서의 1부에서 제기하는 다른 글들도 교육과 영성에 대한 관심을 더욱 구체적으로 제기하는 글이다. 산업문명 이전의 사회를 거울로 하여 영성이 탈색된 근대교육의 문제를 성찰하고 그 대안을 얘기하고 있는 글이나, 생태적 감수성의 문제와 교육, 명상과 교육을 접맥시키는 논문들도 모두 교육과 영성을 논의의 중심으로 가지고 오고자 하는 문제제기들이다.

두 번째 범주의 논문들은 개별종교의 영성논의와 그 교육적 대안을 논의하고 있다. 불교, 기독교, 유교, 힌두교, 이슬람교는 세계 5대 종교다. 그리고 그 각각의 종교가 품고 있는 인구만 해도 아무리 작아야 7~8억 인구를 초월하고 있다. 그리고 그 종교를 믿는 나라들은 그 사회가 근대화가 되었든 안 되었든, 사회제도의 여하를 막론하고 종교가 교육에 결정적으로 영향을 미치고 있는 것은 아무도 부인하지 못할 것이다. 그리고 그 종교들은 특정 종교를 믿는 나라에서뿐만 아니라 이미 그 종교들이 전파된 역사와 현대사회의 문화교류 결과 세계의 모든 나라의 교육에 지대한 영향을 미치고 있는 사상적 중심이다.

우리나라는 어떤가? 조선 중기 이래로 유교적 영향이 지배적이긴 했지만(특히 교육에서) 불교는 고려 5백년 아니 그 훨씬 이전 3국 시대부터 우리 문화의 기본적인 틀을 만들어 온 종교다. 유불선 3교만 우리의 교육사상을 만들어 왔는가?

기독교 사상은 근대사회의 성립 이후 우리의 일부분이 된 지 오래다. 그러면 힌두교와 이슬람교는 우리의 교육사상과 어떤 관련이 있는가? 우리는 마하트마 간디의 사티아그라하(Satyagraha, 진리파지 운동 혹은 비폭력불복종 운동)를 우리의 사상으로 받아들이고 있으며 이슬람이 낳은 칼릴 지브란(Kahlil Gibran)이나 잘랄앗딘 루미(Rumi, J. M.)의 아름다운 시들을 우리의 마음의 양식으로 삼아 온 지도 오래 되었다. 세계화 시대에 우리는 종교다원주의와 문화상대주의를 당연한 삶의 자세로 받아들이고 있으며 그것은 세계의 고등종교들이 갖고 있는 교육적 영향력 때문일 것이다. 이런 훌륭한 교육사상들을 개별 종교들의 대안교육 논의를 통해 살펴보면서 우리의 시각을 넓힐 수 있을 것이다.

세 번째 부분은 영성을 개발하는 구체적 교육실천 사례를 소개하고 있다. 홀리스틱 교육방법론, 슈타이너 교육방법론, 게슈탈트 심리치료, 생태유아교육론, 창조적 자기주도성과 영성교육 등은 그간 기존 학교교육이나 대안학교 교육에서 일정한 한 영역을 확보해 가고 있는 교육방법론들이다. 앞으로 이러한 실천 사례들은 더욱 풍부하게 발굴될 것이다. 특히 제도교육 내에서 모색되는 영성교육의 사례들도 많이 나올 것이고 교사교육에 필요한 영성교육 프로그램도 개발될 것으로 기대된다. 교육과 영성은 구체적 실천을 통해서 근대교육을 재구성하게 될 것이다.

함석헌 선생님의 다음과 같은 말씀을 상기하면서 이 글을 마치고자 한다.

"참된 종교는 교육적이어야 하고 참된 교육은 종교적이어야 한다."

2007년 7월

출판기획팀을 대신하여

미래교육연구모임 공동대표 유상덕

차 례

제2부 전통적 종교영성에서 배우는 대안교육론

05 불교의 지혜를 통해 생각해 보는 대안적 교육론 / 고진호

06 그리스도교 전통에서 배우는 대안적 교육론 : 가톨릭 학교 교사의 영성 / 최준규

07 유학의 전통에서 배우는 대안적 교육론 / 신동은

제3부 대안적 교육론 모색과 종교성

10 홀리스틱 교육방법론 / 박영만

11 슈타이너의 교육방법론: 대안교육에의 시사점 / 김성숙

12 게슈탈트 심리치료와 종교성 / 김정규

13 생태유아교육론 / 임재택

제1부

종교성: 미래교육의 새로운 지평

01

영성과 교육
: 21세기 대안교육을 위하여

들어가는 말

해방 후 21세기가 되도록 우리 교육은 다양한 인간교육 문제들에 대해 나름대로 열심히 노력해 왔지만, 아직까지 우리가 당면한 정신적 · 사회적 위기를 극복하는 데는 성공하지 못하고 있다. 많은 어린이, 청소년, 그리고 심지어 성인까지도 소외감과 정신적 혼란, 깊은 두려움과 무력감에 빠지는 등 각종 사회적 · 교육적 병리의 징후들이 널리 편재해 있는 것을 볼 수 있다.

이와 같은 우리 교육의 문제의식은 다양한 차원에서 접근이 가능하겠지만, 가장 원천적인 원인은 우리가 교육을 생각하고 실천으로 이어지는, 아니 실천 속에서 자각적으로 생각하는 사고의 틀이 너무나 문제의 핵심을 잊어버리고 표면에서 맴돌고 있기 때문이다. 즉, 교육정책과 실천의 근저에 있는 철학이 근원적 의미에 기초해 있지 못하고, 교육을 생각함에 있어서 '인간 존재' 의 참된 속성을 제대로 파악하고 있지 못했기 때문이다.

그리하여 오늘의 교육은 그들의 무의미감, 허무감, 무력감과 궁극적으로 대결

할 수 있는 힘을 길러 주지 못하고 있다. 청소년의 자살률 급증, 급우에 대한 '왕따' 행위, 극도의 이기심, 생명에 대한 기본적 존중과 배려감의 상실, 폭력과 비인간적 놀이 등 오늘의 학교는 상당수 아이들에게 탈출하기 힘든 지옥 같은 곳이 되어 가고 있다. 좀 더 나은 처지에 있는 아이들에게조차도 학교는 마지못해 요식 행위로 시간을 때울 수밖에 없는 지루하고 의미 없는 공간이 되어 가고 있다. 이 얼마나 안타가운 인생의 낭비이며 무책임한 일인가.

이와 같은 문제의식은 이미 오랫동안, 그리고 여러 곳에서 학문적 · 실천적으로 제기되어 왔다. 그럼에도 불구하고 이제까지 대부분의 처방들은 그 사고의 틀이 이미 역사적으로 페이지가 넘어간 낡은 패러다임의 경계를 넘어서지 못했기 때문에 계속 악순환의 쳇바퀴를 돌 수밖에 없었던 것이다.

이제 문명사적으로, 그리고 지성사적으로 21세기를 맞이한 우리의 교육은 새로운 인간관, 세계관, 지식관의 새 지평에 기초하여 교육적 패러다임의 대전환을 이룩해야 한다. 그 새로운 패러다임의 핵심적인 내용은 교육이 단순히 전달(transmission)이나 상호작용(transaction)만이 아닌, 변용적 교육(transformative education)을 핵심적으로 포함해야 하는데, 그것의 본질적 진수는 교육 속에 인간의 총체성을 완성할 수 있는 영성(spirituality)의 회복이 자리해야 한다는 점에 있다.

이와 같은 전제 위에서 이 장의 목적은 오늘의 교육이 영성교육에 깊은 관심을 가져야 하는 근거와 그 중요성을 다각적으로 논의하고, 영성의 본질과 성격을 탐구함으로써 교육의 방향과 원리가 어떻게 바뀌어야 하는가를 논하는 데 있다. 이를 위하여 다음과 같은 순서로 내용을 전개하고자 한다.

첫째, 무엇보다 먼저 영성교육에 대한 관심과 문제의식이 제기되는 역사적 · 지적 배경을 설명할 것이다. 교육에서 영성에 대한 의식이 처음부터 배제된 것은 서구의 지성사적 배경과 사상 속에 영성이 간과되어 왔기 때문이다. 또한 우리가 이 같이 서구 지성사에 관심을 둘 수밖에 없는 이유는 우리 교육학의 학문적 기초가 많은 부분 거기에 연계되어 있기 때문이다. 더구나 우리가 현재 살면서 숨쉬고 있는 현대의 문화 풍토는 영성의 성장과는 거리가 먼 문화적 조건을 가지고 있기에, 종래의 다양한 제도적 종교의 영역에만 의존해 왔던 영성의 문제가 왜 교육 속으로 포함되어야 하는지에 대한 설명이 필요하다. 마지막으로 20세기 후반, 21세기에 걸쳐서 이러한 주장을 떠받치고 있는 학문적 관심의 배경과 제4심리학의 출현에 대하여 설명하고자 한다.

이 같은 문제의식의 배경을 전제로 해서 영성에 대한 관심이 교육에서 어떻게 다루어져야 하고, 이에 따라 교육이 어떻게 변모해야 하는가를 논할 것이다. 그러기 위해서 먼저 탐구해야 하는 것은 인간 존재양식에 있어서 영성의 본질에 관한 것이고, 그 기초 위에서 교육 패러다임의 재구성 방향이 논의될 것이다.

영성의 본질을 알기 위해서는 첫째, 인간의 존재 이해의 중핵으로서의 영성의 위치와 영성이란 무엇을 말하는가 하는 문제를 논할 것이다. 둘째, 영성 개념의 등장이 종래의 자아개념에 어떤 변화를 가져올 것인가를 살펴볼 것이다. 셋째, 영적 인식의 특성인 초월성과 내재성이 무엇을 의미하는지를 논함으로써 영성교육 원리 탐구의 기초로 삼고자 한다.

마지막으로 이상과 같은 영성의 개념과 새로운 자아개념, 그리고 영성의 인식적 특성인 초월성과 내재성을 근거로 해서 생각할 때 전인교육, 도덕교육을 포함하는 교육개념이 어떻게 변화해야 하며, 교육목적과 과정의 원리를 포함하는 교육 패러다임의 재구성이 어떻게 이루어져야 할 것인가를 논하고자 한다.

영성교육의 소외와 극복의 지성사적 배경

1) 영성교육의 소외와 그 지성사적 배경

영성이란 개념이나 이에 대한 생각은 현대교육의 담론이나 실천에서는 생소하게 보이는 부분이다. 학교교육의 목적을 말할 때는 자아실현이나 자아존중,

전인교육, 인간교육과 같은 개념이 항상 중심적으로 논의되었지만, 그 어느 것도 개념 구성에 인간 존재의 핵심인 영성의 의미를 포함하고 있지는 않았다.

그렇다면 교육적 사고에서 영성의 의미가 왜 망각 내지 간과되어 왔는가? 그 배경에는 지난 300여 년 동안 모든 학문의 사고의 틀로 작용해 온 근대주의(modernism) 패러다임이 자리 잡고 있다. 그리고 우리의 교육적 담론이나 실천이 그 사고의 틀과 테두리 내에서 이루어져 왔기 때문에 영성의 간과와 무시의 경향은 우리 교육의 경우에서도 예외는 아니었다. 여기서 패러다임의 문제를 언급하는 것은 우리가 의식하든 의식하지 못하든, 그것이 우리의 세계관, 인간관, 그리고 지식관(인식 혹은 앎)을 지배함으로써 교육적 담론에서 영성 망각을 초래한 근원이 되었기 때문이다.

모더니즘은 뉴턴과 데카르트에서 시작되는 17세기 서구의 과학혁명과 이에 수반되는 세계관을 말하지만, 이것은 과학적 차원에만 그치는 것이 아니라 다른 학문 전반의 사고방식에 지배적인 영향을 주었을 뿐 아니라, 이후에 전개되는 종교적 신념, 철학적 시각, 성격심리이론, 사회심리이론에까지 영성의 소외라는 패러다임으로 이어지게 되었다.

그러면 뉴턴의 과학적 세계관이 어떻게 해서 영성 망각으로 이어지게 되었는가? 그 시각의 핵심은 원자론(atomism), 결정론(determinism), 그리고 객관주의(objectivism)로 요약될 수 있는데, 이들 개념은 영성의 특징(다음 절에서 자세히 다룰 것이다)인 관계적 존재, 창조와 자유의 속성, 그리고 내면적 주관성의 강조와는 반대 방향으로 향해 있기 때문이다.

여기서 원자주의 혹은 개별주의란 세계가 궁극적으로 시간과 공간 속에서 서로 분리된 단일 실체(particle)로 존재하며, 상호관계는 존재 외적일 뿐이며, 상호의존이나 상호침투(interpenetration)할 수는 없다는 생각을 뜻한다. 이러한 원자주의적 생각은 자유민주주의의 창시자라고 할 수 있는 18세기의 로크의 사상적 틀의 기초가 되기도 하였다. 즉, 원자가 그렇듯이 인간 개개인이 사회의 기본 단위며, 사회 전체(social whole)란 실체적으로는 단순 환상일 뿐 일차적으로 중요한 것은 개개인의 권리와 필요라는 생각이다.

이와 비슷한 원자주의적 이론의 형태는 프로이트의 심리이론에서도 발견된다. 특히 그의 대상관계이론(object relation)은 원자주의를 초석으로 한 것이었다. 이 이론에 의하면, 우리들 각자는 에고(ego)의 단단한 껍질의 경계 속에 격리되어 있고, 인간은 서로에게 대상일 뿐이며, 서로를 사랑한다는 것은 불가능하다.

뉴턴의 결정론은 처음에는 물리적 세계에 관한 것이었는데, 이 세계는 운동과 중력의 법칙에 의하여 지배되고 있으므로 모든 것은 예측될 수 있고 통제될 수 있다는 생각이 자리 잡고 있었다. 그의 이러한 객관주의는 존재의 고립적 성격과 결정론적 시각을 더욱 강화하였다. 이와 같이 객관성을 보장하는 과학적 방법은 그 본질에 있어서 관찰자인 주체와 관찰대상인 객체를 완전히 분리시킴으로써 세계를 주체와 대상으로 이원화하였다. 그리하여 주체를 여기에 있으면서 객체인 자연을 조작하고 통제하는 힘으로 생각한 것이다. 이러한 생각은 비이원성(non-duality)을 생명으로 하는 영성과 같은 특유한 인식을 하잘것없는 것으로 간과하게 하였다.

그러나 이 같은 사고방식과 신념은 과학 분야에 한정된 것이 아니라 모든 학문의 전제로서 일반화되었다. 즉, 실재는 분리된 조각들로 구성된 부분의 합이며, 이들은 철저한 법칙에 의해 움직이며, 이러한 연구는 주체-객체의 분리된 이원적 틀 안에서 진리를 보장할 수 있다고 보았다. 이러한 생각은 물리학뿐 아니라 생물학, 사회학 등으로 일반화됨으로써 인간과 세계를 기계론적으로 바라보는 시각을 고착화하게 되었다. 인간은 몸과 마음으로 이루어진 기계며, 인간의 사고란 뇌신경세포의 활동일 뿐이라는 것이다. 그리고 모더니즘의 이 같은 기계론적 세계관과 고립 분리된 존재로서의 인간관은 더 나아가 지식의 본질에 대한 생각을 한없이 좁혀 놓았다. 이 같은 합리주의적 지식관을 영성의 문제와 연관해서 생각할 때, 다음과 같은 문제가 발생한다.

첫째, 오직 객관적 지식만을 참된 지식이라 함으로써 주관적, 내면적 앎을 공식 영역의 가치로 인정하지 않는다.

둘째, 모더니즘의 사고방식은 언어중심적, 명제적 지식만을 지식이라 함으로써 언어를 초월하는 영성과 같은 인식 내용은 철저하게 소외시킨다. 언어는 본질적으로 실재(reality)의 세계를 경계짓는 범주이기 때문에 필연적으로 이원적일 수밖에 없다. 따라서 주체와 객체, 자기와 비자기, 보는 자와 보여지는 자의 분리를 전제로 한다. 그러나 실재란, 켄 윌버(wilber, K.)가 지적한 바와 같이, 그러한 경계를 가지고 있지 않은 것이다(wilber, 2004). 즉, 모든 종교가 향하고 있는 궁극의 실재, 즉, 공, 법계, 브라흐만, 지고의 신은 모든 언어와 구분, 사고의 경계 너머에 있기 때문에, 언어주의적 지식관은 한계적으로만 타당성을 지닌다고 하겠다.

셋째, 이상의 문제들과 연관된 또 다른 한계이긴 하지만, 모더니즘의 지식관은 '자연의 거울' 이라는 비유가 말하듯이 '관망자적 지식(spectator knowledge)' 을 의미하는데, 이러한 인식론은 보는 자와 보여지는 것을 철저히 분리함으로써 이원론적인 지식관을 정착시킨다. 그 결과, 영성을 포함하는 소위 '참여적 지식(participatory knowledge)' 의 소외로 귀결되었다. 이 같은 이원론적(dualistic) 지식관은 결과적으로 정신의 직관능력을 성장시키지 못하게 했으며, 교육의 영성 차원을 박탈하는 결과를 초래할 수밖에 없었다.

넷째, 분석과 측정, 감각적 자료만을 중시하는 실증주의적 지식관은 조작주의, 분석주의, 행동주의로 발전함으로써 결과적으로 인간 경험의 통합적 본질, 즉 자연과 우주를 포함하는 전체적 실재의 다차원성, 연관성, 그리고 통일성을 부각하는 데 한계를 드러낸다. 물론, 이러한 지식관은 과학과 기술의 발전을 이룩하는 데에는 기여했으나, 영성 성장의 토대를 황폐화시켰다고 할 수 있다.

2) 서구의 주요 사상 전통과 영성

교육사상의 배경이 되어 온 서구의 대표적 사상인 휴머니즘, 기독교사상, 다양한 접근의 심리학 이론 속에서도 역시 영성의 소외와 한계를 볼 수 있다.

우선 서구 휴머니즘의 시각은 인간을 만물의 척도로 보며, 우주만물의 중심에 놓음으로써 세계에 대한 인간의 자기중심성을 구축하게 되었고, 그 결과 인간은 우주의 더 깊고 넓은 차원을 간과하고, 좁은 맥락에서 세계를 해석하게 하는 결과를 초래하였다. 영성이란 존재의 궁극적 차원에 뿌리를 두고 있다고 볼 때, 그러한 자기중심성은 실재를 잘못 해석하게 된 배경이 되었다. 요컨대 서구의 문화 전통은 아리스토텔레스의 사상계보를 물려받아서 인간의 자연에 대한 보호의 의무와 봉사보다는 자연 정복의 권리라는 입장을 지켜 왔다.

이 같은 사상은 서양의 역사적 종교인 기독교적 세계관에 의해서도 강화되고 지지되었다. 즉, 기독교는 하느님이 만물을 창조한 것은 인간의 이익과 필요에 봉사하기 위한 것이라는 인간중심 세계관을 더욱 강화시켰던 것이다.

서구사상과 종교의 시각은 동양의 휴머니즘이나 종교적 시각과는 상당히 입장을 달리하는 것이었다. 즉, 불교, 힌두교, 유교, 그리고 노장사상은 우주만물의 내적 상호관계와 상호침투적 연관 존재(interbeing, or interpenetration)로서 만물의 근원적 하나됨을 존재의 본질로 보았으며, 그 결과 인간과 만물의 보살핌과 사랑의 관계는 영성의 기본 시각을 나타내는 것으로 보았다.

끝으로, 행동주의 심리학이나 인지심리학의 시각, 그리고 프로이트에 이르기까지 서구의 대부분 심리학적 시각은 각기 접근은 다르지만, 모두 인간의 영성 문제에까지 관심이 미치지 못했다. 가령, 자극과 반응의 강화는 그 사람이 어떻게 행동할 것인가에만 관심이 있을 뿐, 내적 주관성에는 관심이 미치지 못하는 것이었다. 이 점은 인지심리학의 경우도 마찬가지였다. 이것 역시 실증주의의 전제를 가지고 있을 뿐 아니라 지적 능력 중에서도 수학적 · 논리적 지성에 주로 관심을 두고 있기 때문에, 영성과는 거리가 먼 것이었다. 비록 가드너(Gardener, H.) 같은 사람이 지능의 관심 영역을 다차원적으로 넓혔지만, 어디까지나 실용적 차원에 그쳤을 뿐, 영적 지성(SQ)이나 지혜(wisdom)의 깊이까지는 그 관심이 미치지 못했다.

3) 현대사회 문화의 영성 고갈

우리가 영성에 대해 교육적 관심을 심각하게 가질 수밖에 없는 또 다른 이유는 현재 우리가 살아가고 있는 생활세계의 문화적 풍토가 영성이 성장하기에는 대단히 둔탁한 환경이기 때문에, 영성의 형성이라는 교육의 과정(educative process)에 더욱 강한 교육적 관심을 가질 수밖에 없기 때문이다.

지금의 우리 사회는 포스트모던 사회이지만, 내적으로는 합리성의 수준에도 도달하지 못한 전근대성(premodern)과 산업사회의 근저로서의 근대성(modernity)을 혼합하고 있는 문화적 특성도 여전히 가지고 있다. 그리고 그러한 복잡한 성격을 내재한 채 우리의 생활세계 문화를 더욱 영성교육 면에서 어렵게 하는 요인들이 추가적으로 존재한다는 사실에 주의를 기울일 필요가 있다. 우리 사회는 ① 미디어로 매개되는 대중사회, ② 정보화로 매개되는 후기산업사회, ③ 새로운 생활세계로 정착해 가는 사이버 문화환경으로 특징 지을 수 있는데, 이 셋은 한 가지 현상의 다른 차원의 특성을 의미한다고 할 수 있다. 이러한 특징이 어떻게 존재의 궁극적 의미로 연결되는 영성으로부터 반대되거나 거리가 먼 삶의 양식을 촉진하는 방향으로 나아가고 있는지, 살펴볼 필요가 있다.

첫째, 미디어로 매개되는 소위 포스트모던 문화는 한마디로 '몰자아성(non-self)' 문화라고 할 정도로 프로이트가 말하는 에고(ego) 수준에도 못 미치는 것은 물론, 근원적인 자아를 인식하는 것이 어렵게 하는 힘으로 작용한다. 자본주의 사회에서 대중이란 미디어를 통하여 특정 관심집단을 선택 조정하려는 사람들에 의해 조정되는 성격이 강하기 때문에, 대중적 자아란 참자아가 아니라 의사자아(pseudo-self)라고 할 수 있다. 탈구조주의자들(post-structuralists)에 의하면, 이 같은 정체성이란 언어와 사회문화의 구성물일 뿐, 고정된 정체성이란 환상이며 허구라는 것이다. 즉, 에고를 뛰어넘는 근원적 우주존재에 뿌리를 둔, 영성을 지닌 초개인적 자아(transpersonal self)까지는 생각할 수도 없는 상황이다.

둘째, 이 같은 포스트모던적 문화에서의 사고방식, 즉 의사자아에 기반을 둔 사고방식은 임의적이며 구성적이며 비권위적인 특성을 가진다. 이 같은 특성은 얼핏 보기에 근대주의적, 합리주의적 인식론의 한계를 벗어나려는 몸짓으로 볼 수 있기 때문에, 긍정적 측면도 있다고 볼 수 있다. 그러나 그러한 인식의 양식은 하나의 중심점이나 중앙권력적 가치나 객관적 실재의 세계를 전적으로 인정하지 않는다는 의미에서 결국 상대주의의 절대화를 만연시키는 결과를 가져온다.

상대주의와 관련하여 만연되고 있는 지배적인 오해는 과학적 실체의 세계조차도 그러한 상대주의를 지지하고 있다는 생각이다. 가령, 아인슈타인(Einstein, A.)의 상대성이론(relativity theory)이나, 하이젠베르크(Heisenberg, W.)의 불확실성 원리(principle of uncertainty)를 잘못 이해하면 곧바로 실재의 상대주의로 이어지는 것으로 생각하기 쉽다. 그러나 이들 이론이 모든 실재가 상대적이라는 견해를 지지하는 것은 절대 아니다(wilber, 김철수 역, 2004). 그들의 이론은 실재세계에 대한 4차원적 시공간의 서술을 추상화해서 말했을 뿐, 궁극적인 의미에서 상대주의는 아닌 것이다. 즉, 진리 인식의 모든 측면에서 관찰자의 시각을 포함하기 때문에 시각(perspective)과 시간에 따라 그 앎의 결과가 상대적일 수밖에 없다는 뜻이지, 결코 실재의 세계 자체가 상대적이라는 의미는 아닌 것이다.

하이젠베르크의 '불확실성 원리' 역시 실재 자체가 상대적이기 때문에 상대적이라는 의미로 해석해서는 안 된다. 그의 의미는 양자적 실재(quantum reality)는 무한한 진리의 잠재성을 지니고 있지만, 우리가 아는 것은 우리가 실제로 질문하고 찾는 것에 불과할 뿐, 그것을 전체적 · 궁극적인 진리로 일반화할 때는 불확실할 수밖에 없다는 것을 의미한다.

이와 같이 20세기 이후 과학의 입장에 있어서 실재와 진리는 인간의 가능한 인식과 파악을 넘어서 있기 때문에, 실재의 참모습은 미궁 속에 있지만, 우리가 파악하는 진리는 다차원적일 수밖에 없다는 것이다. 그러므로 우리의 탐구 작업은 보다 나은 전체 파악을 향해 한 발자국씩 진리파악에 기여하면서 보다 나은 미래를 향해 나아갈 뿐인 것이다.

이 같이 현대과학의 혁명적 인식론에도 불구하고 현대문화 속에 상대주의가 만연하는 것은 영성의 형성이라는 시각에서 볼 때 문제가 된다. 첫째, 상대주의는 삶의 표면적 현실, 즉 문화적 상대주의라든가, 조건에 따라 다른 처방이 나오는 것과 같은 수준의 이해는 현대사회 과학의 상식에 속하는 타당성을 지니지만, 그것이 실재의 세계 인식이 될 때에는 실재에 대한 왜곡된 그림을 전파시킨다는 점에서 영성을 소외시킨다고 하겠다.

그러므로 상대주의는 우리 인생의 전체적인 삶의 맥락을 제공하지 못한다. 영성이란 우리 인생의 현실을 새로운 전망 속에 놓음으로써 우리 자신보다 무한히 더 크고 깊으며 영원하고 풍요로운 전체와 만나는 것을 의미한다고 볼 때, 현대의 상대주의는 우리에게 전체 존재에 대한 우주적 의식(cosmic consciousness)을 상실하게 만든다. 이 점에서 우리 시대는 전통사회에 비해 영성의 상실을 더 심각하게 만드는 조건을 가지고 있다고 하겠다. 빅토르 후랑클(Victor Frankle)이 지적한 대로 의미의 추구는 인간의 기본 동기인데, 우리 문화가 그것을 제공해 주지 못함으로써 자살, 우울증, 정신분열증, 지루함 등의 무의미성 증세가 증가하고 있는 것이다.

마지막으로, 우리 사회의 후기자본주의적 성격이 지니고 있는 특성들, 즉 물질주의, 소비주의, 경쟁주의, 성공지향적 교육 가치 등은 영성의 추구를 무가치한 관심 밖의 일로 생각하도록 압력을 가해 오고 있다. 여기서 물질주의, 소비주의는 모든 가치는 내적 가치라기보다는 외적 가치이며, 경쟁이란 영성이 지향하는 존재의 관계성과는 반대 방향의 것이며, 성공이란 사회적 자아개념에 국한되는 것이기 때문에, 에고적 자아를 넘어 더 높고 더 깊은 존재인 참자아로 가려는 생각의 성장을 어렵게 하고 있다.

4) 영성에 대한 학문적 관심의 회복

모더니즘의 극복과 함께 등장한 새로운 시각의 핵심적 특성은 영성에 대한 학문적 관심에 있었다. 그 학문적 관심의 회복은 세 가지 측면, 즉 고전물리학의 세계를 분쇄시킨 현대물리학의 세계관, 영원의 철학의 재발견과 이들 사상에 기초하고 현대 제 학문을 통합한 제4심리학, 즉 초개인심리학의 등장에 의하여 더욱 강화되었다.

(1) 현대물리학의 세계관

현대물리학의 실재관의 변화를 통해 영성, 즉 우주의 실재로서 우주의식에 관심을 집중시킨 것은 현대물리학자들이었다. 그들에 의하여 뉴턴을 위시한 고전물리학의 세계 전체가 산산이 무너졌다. 아인슈타인(Einstein, A.), 슈레딩거(Schroedinger, E.), 에딩톤(Eddington, A. S.), 드부로이(Louis de Broglie), 하이젠베르크(Heisenberg, W. K.) 등이 그들이다. 이들 이론의 위대성에 대하여 1925년 화이트헤드(Whitehead, A.)는 다음과 같이 지적하였다.

즉, 이들 과학자의 새로운 시각에 의해 결과적으로 고전물리학의 안정된 기반이 무너져버렸으며, 이제까지 확실하다고 생각했던 시간, 공간, 물질, 에테르, 전기, 유기체, 원자배열, 구조, 패턴, 기능 등 모든 것이 새로운 해석을 요구하게 되었다는 것이다.

이들 과학자들이 처음 입자물리학의 세계를 탐구하기 시작했을 때, 그들은 양자, 중성자 전자에 대해서도 뉴턴의 기계론적 법칙들이 똑같이 적용되리라고 가정하였지만, 놀랍게도 전혀 그렇지 않다는 것을 발견하였다. 결국, 궁극의 실체는 고전물리학의 법칙에 들어맞지 않는 정도가 아니라 그 궁극의 실체는 위치조차 설정할 수가 없었던 것이다.(wilber, 김철수 역, 2005: 71)

더욱 놀라운 것은 하이젠베르크의 발견이었다. 그에 의하면, 우리가 궁극적 실체라고 믿었던 어떤 물질의 기본적인 구성요소가 물질 자체 안에 있다고 생각할 수가 없다는 것이다. 그것들은 모든 형태의 시간과 공간에서도 객관적 위치를 허용하지 않기 때문이다. 원자는 개별적으로 분리된 실체로는 존재하지 않았고, 그렇게 작용하지도 않았던 것이다. 오히려 원자는 주변 환경에 한없이 녹아드는 성운처럼 보이기 시작했다. 그러므로 소립자(elementary particle)는 독립해서 존재하는, 분석 가능한 실체가 아닌 것이다. 결론적으로 양자물리학자들에게 실재란 더 이상의 개별적인 사물이나 개별적인 사물의 복합체로 볼 수 없다는 것이다.

이와 같이 양자이론은 인간 인식에 있어서 분리된 대상이라는 개념을 근본적으로 제거했으며, 관찰자라는 개념을 없애고, 참여자라는 개념을 도입했다. 결국, 우주 속에 존재하는 부분적 개체들은 전체와의 관계를 통해서만 정의될 수 있는, 상호연계된 관계망으로 보게 된 것이다. 이것은 동양사상과 유사성을 보이는 부분이다. 즉, 실재는 분리할 수 없는 하나의 거대한 원자, 경계를 지을 수 없는 천의무봉인 것이다.

또한 현대물리학의 실재관은 대립의 통일이라는 비이원성(non-duality)을 드러내고 있다. 상대성이론에서는 정지 대 운동이라는 구별도 없고, 파동과 입자 간의 분리도 파자 속으로 사라졌으며, 구조 대 기능이라는 대비도 사라졌으며, 질량과 에너지라는 분리도 무너졌다. 그리고 주체 대 객체의 분리도 하나의 연속체이며, 시간과 공간도 역시 연속체의 성격을 지니고 있기 때문에, 실재란 대립의 통일, 비이원적 성격으로밖에 달리 생각할 수 없게 되었다.

이 같은 현대물리학의 실재관은 근대주의적 기계론적 세계관은 물론, 자연과 타인으로부터 분리된 존재로서의 인간관, 객관주의적 지식관을 변용시킬 수밖에 없었다. 또한 인간의 궁극적 존재의 원천과 우주적 실재를 떼어서 생각할 수 없으며, 인간은 우주적 실재와 맞닿아 있다는 영성의 본질적 근원을 설명해 준다고 하겠다.

(2) 초개인심리학(transpersonal psychology)의 등장

이상에서 논한 서구심리학의 한계, 현대물리학의 새로운 실재관, 모더니즘의 인식론적 문제들의 발견은 종래의 학문적 전제였던 인간 이해에 있어서 개인주의(personalism)적 시각의 한계를 자각하게 하였다. 그리고 인간 인식에 있어서 실증주의의 한계는 인간 인식의 다차원성, 즉 감각적 인식과 이성적 인식뿐 아니라 인류의 경험세계가 증거하고 있는 관조의 눈을 통한 인식, 즉 영성의 인식까지 포함해야 한다는 사실에 관심을 돌리게 하였다.

이러한 관심을 동시에 지원한 것은 영원의 철학(perennial philosophy)이었다. 이것은 동서고금의 위대한 형이상학적, 영적 전통에서 공통적으로 발견되는 세계관을 말하는데, '인간 실재의 본질에 관한 교의', 혹은 '실재에 관한 가장 정밀한 사상'을 담고 있다.

이 같은 학문적 배경과 동서양 종교의 영적 전통, 그리고 현대의 개인적 심리학(personal psychology)을 포괄, 초극하면서 등장한 것이 초개인심리학이다. 사실, 매슬로우(Maslow, A.)와 같은 인간주의 심리학자는 인간 성장의 최상위 개념으로서 자아실현이라든가, 존재인식(being-cognition)과 같은 인간학적 심리학의 기본 틀은 오래전에 마련하고 있었다. 그러나 그들이 실현하려고 한 '자기(self)'란 결국 프로이트 같은 심층심리학에서 말하는 자기와 큰 차이가 없다는 것을 알게 되면서, 인간학적 심리학의 일반적인 방향성과 초개인심리학의 방향성은 확실하게 구분하는 것이 필요하다고 생각하였다. 그러다가 만년에는 인간 정체성의 최상이라고 오랫동안 생각해 왔던 자기실현(self-actualization)을 넘어서 자기초월(self-transcendence)까지를 목표로 하는 인간의 정신적, 영적 측면을 새롭게 인식하는 제4의 심리학으로서 초개인심리학을 구상하게 된 것이다. 즉, 사람은 무언가 개인보다 더 포괄적인 존재로서 자기초월의 단계에까지 성장 가능성을 확대하는 것이 궁극의 목표라고 생각하게 된 것이다.

인간 존재의 핵심으로서의 영성

이제까지 현대교육 패러다임에 있어서 영성의 소외문제와 이를 극복하려는 새로운 학문적 움직임에 대해 약술하였다. 그 기초 위에서 이제부터 영성 자체에 대한 집중적인 논의에 들어갈 준비가 된 셈이다. 이를 위하여 먼저 인간이란 어떠한 존재인가, 인간 존재에서 영성이 차지하는 위상은 어떠한 것인지를 논함으로써 영성을 지닌 존재로서의 인간, 바꾸어 말하면 인간의 진수로서의 영성을 설명하고, 그 위에서 영성이란 무엇을 의미하는지를 모색할 것이다.

인간이란 어떤 존재인가에 대한 질문은 역사적으로 다양한 시각에서 논의되어 왔다. 그 각각의 시각은 인간을 '악하고 이기적 존재' '아무 성격도 규정할 수 없는 백지상태의 존재' '선악의 혼합체로서의 존재' '이성적 존재' 그리고 '초월적 영적 존재' 등으로 규정해 왔다. 인간의 현상이라는 차원에서 보면, 이 모든 이미지들은 우리의 경험세계 속에서 쉽게 발견할 수 있는 측면을 표현하고 있다는 점에서 적어도 부분적으로는 타당성을 갖고 있다고 할 수 있다.

그러나 이성적 인간 이미지와 영적 인간 이미지만을 제외한 나머지 이미지들은 인간의 행위적, 도덕적, 성향적 특성을 지칭하고 있을 뿐, 인간의 존재양식을 말하고 있지는 않다. 이성적 인간은 '나는 생각한다. 그러므로 나는 존재한다.' 라는 데카르트의 말에서 볼 수 있듯이, 존재와 관련되어 표현되기도 했다. 그러나 그 말은 앞에서도 간접적으로 암시되었지만, 이성적 존재라는 주장은 인간 존재의 구성 부분을 포괄적으로 표현한 개념은 될 수 없다고 할 수 있다. 인간 존재의 구조 속에는 이성 이외의 의식의 다른 층, 여러 유형의 무의식도 있고, 감정도 있으며, 초월적 인식능력도 있는데, 그런 것들을 포괄하지 못하는 한계가 있기 때문이다.

또한 인간을 일컫는 호모 사피언스(homo Sapience), 호모 파베르(homo Faber), 호모 루덴스(homo Ludens) 같은 개념도 있지만, 이들 개념들은 상징을 만들며, 기술을 조작할 줄 알며, 동시에 기쁨을 추구하고 누릴 줄 아는 존재로 설명되기도 한다. 그러나 이들 역시 인간의 속성들을 말했을 뿐, 결코 존재의 성격을 드러내지는 못한다고 할 수 있다.

그렇다면 영성이란 무엇인가? 영성이란 인간의 심적 능력 중에서 우주 자체의 가장 깊은 심장부로부터 가장 깊은 자원을 끌어낼 수 있는 가장 내적인 능력이다. 인간 존재의 가장 중심부에 있는 영혼의 지성(soul' s intelligence)을 말하며, 최근에는 줄여서 SQ(spiritual intelligence)라고 하기도 한다. 영성은 우리의 의식적 마음을 넘어서 우주의식인 의식과 생명의 근원에까지 연결되는 우리 존재의 가장 깊은 능력이라고 할 수 있다(Zohar, 2000).

페닉스(Phenix, 1975)도 영성을 인간 존재의 주어진 상태의 한계를 넘어서 한없이 나아가는 능력의 속성이라고 하였다. 그리하여 영성을 지닌다는 것은 이와 같이 무한에 참여하는 것을 말한다. 의식적 존재인 인간은 모든 것을 항상 보다 넓은 관계성과 가능성의 맥락에서 경험하는데, 그 맥락은 경험으로 하여금 지금, 여기에 나타나는 것만이 전부가 아님을 보게 하며, 결코 끝나지 않는 맥락의 확대로 이어져, 공간적으로는 무한(infinitude)과 시간적으로는 영원(eternity), 질적 차원에서는 완전성을 향해 가는 존재로 보았다. 인간은 유한한 존재로 보이지만, 이 유한성은 그것을 인정하게 하는 무한에의 참여를 전제로 하며, 유한성이란 무한을 배경으로 할 때 보이는 한계에 대한 구체화된 개념이라는 것이다.

한편, 기독교 신학에서 사용하는 영성이라는 말은 라틴어의 'spiritualitas' 에서 나온 말인데, 물질과 반대되는 비물질적 본질 혹은 내적인 영적 본질을 의미한다. 따라서 영성이란 종교성이란 말보다 더 큰 의미를 가지고 있으며, 인간 존재와 하느님의 영과의 관계성을 의미한다(이숙종, 2001: 85-86). 그러므로 영성의 중심 목표는 인간이 하느님과의 바른 관계성을 회복하고 증진하는 데 있다고 하겠다. 틸리히(Paul Tillich)에 의하면, 인간 정신의 뿌리는 신적 근거에 있으며 인간 영혼의 깊이는 궁극적인 것과 존재론적으로 연결되어 있어서, 인간에게는 하느님과 연합하려고 열망하는 휴머니티의 타고난 감각이 존재한다는 것이다(Dourley, 2001: 24-28).

이와 같은 영성에 대한 인식은 초개인심리학의 기저인 동서양의 신비전통 속에 정신적, 영적인 체험의 기록을 통하여 구체적으로 나타나 있다. 이들의 체험이 증거하는 것은 인간의 성장은 단순히 자아의 확립, 실존적 자각, 자아의 실현으로 지칭되는 개인적인 수준에서 끝나는 것이 아니라, 태어날 때부터 정신의 구조 속에 자기초월의 단계에까지 성장할 수 있는 가능성, 혹은 잠재성을 가지고 있다는 점이다. 그리하여 자기를 초월해 이웃, 공동체, 인류, 생태계, 지구, 그리고 궁극적으로 우주와의 합일에 이르기까지 존재의 관계성을 자기정체감으로 지닐 수 있게 되어 있다.

여기서 자기초월이란 불교적인 '공(emptiness)'의 깨달음이나 기독교의 하느님 나라 인식, 장자의 만유일원론적 존재관, 신비주의의 초의식과 같은 개념에 뿌리를 내리고 있으면서도 현대의 심층심리학, 인간학적 심리학, 실존심리학, 임상심리학, 발달심리학 등에 의해 지지되고 있다.

이와 같은 영적 본성은 매슬로우의 인간 욕구단계이론에서도 찾아 볼 수 있는데 그는 인간 욕구위계 중에서 생리적 욕구, 안전 욕구, 소속감과 자아존중 욕구, 그리고 자아실현 욕구 후에는 초월적 욕구와 초월적 의식상태가 출현한다는 사실을 발견하였다. 그리고 이러한 초월적 욕구와 의식상태는 과학과 철학을 넘어서기 때문에 접근하기가 어렵다는 사실도 확인하였다.

마지막으로, 영성이 인간의 보편적 특성이라고 할 수 있는 것은 인간만이 궁극적 질문을 제기하며, 영성에 의하지 않고는 답할 수 없는 그런 의문을 제기한다는 점이다. 예컨대 '나는 왜 태어났는가, 이렇게 살아가는 인생의 일상은 도대체 무슨 의미가 있는가, 나는 어디서 와서 어디로 가는가, 나는 도대체 누구인가' 등에 대해 우리의 경험적, 합리적 차원에서는 만족스러운 대답을 얻을 수 없다. 어떤 가문에 태어났다든가, 사회의 큰 인물로 출세하기 위하여 산다든가, 죽으면 고장난 기계처럼 용도폐기라는 식의 대답은 궁극적 대답이 될 수 없다.

이와 같은 실존적 문제에 대한 대답은 주어진 상황, 기존 질서나 제도 같은 테두리 내에서는 대답할 수 없고, 그렇다고 자포자기에 빠져 질문 자체를 버릴 수도 없는 일이다. 그러한 근원적인 의미에 관한 질문은 우리 존재를 떠받치고 있는, 그러나 우리 자신을 넘어서는 그 무엇을 추구하고 있다는 것을 의미한다. 틸리히가 말한 바와 같이, 인간이란 그 밖의 어떤 질문을 묻기 전에 그가 그 자신에 대해 묻는 존재다. 아브라함 헤셸(Abraham Heschel)이 말했듯이, 우리가 대답을 가졌다고 생각할 때보다 이 같은 근원적인 질문을 할 때, 신에 더 가깝다고 할 수 있는 것은 이 때문이다. 또한 진리는 역설적인 것이어서, 내가 대답을 가졌다고 말한다면 나는 모르는 것이 되고, 오히려 나는 알지 못하지만 그럼에도 불구하고 나는 안다는 말을 이해한다면 진실로 그 사람은 그것을 아는 것이라고 말할 수 있다는, 그런 성격의 것이기도 하다.

영성과 자아개념 이론

인간에게 영성이 존재한다는 사실은 그동안 사용해 온 기존의 자아개념(Self Concept)을 확대하고 수정할 것을 요구한다. 기존의 심리학과 교육에서 사용했던 자아개념은 성격 타입이나 역할 중심의 정체성으로 구성된 소문자 자아개념이었다. 물론, 각종 종교이론에서는 영혼이니 불성이니, 혹은 아트만이니 하는 본질적 자아개념이 종교 교리의 중심으로서 인정되어 왔던 것이 사실이다. 그러나 교육에서의 자아개념은 근대적 학문 패러다임에 기반을 두어 왔기 때문에 자아개념으로서의 영성의 위치는 완전히 간과되었다. 그러므로 여기서는 그것을 극복하고 나온 초개인심리학자의 의식모델을 기초로 해서 자아개념이론 속에 어떻게 영성이 핵심적인 위치를 자리하고 있는지를 설명하고자 한다.

우선, 아사지올리(Assagioli, R.)의 자아개념은 그가 구상한 인간의식 구도모델(Assagioli, 김현수, 오치선 역, 1995)에 간접적으로 나타나 있다. 즉, 인간의 의식은 우리가 일상적으로 아는 의식영역 이외에도 세 종류의 각기 다른 유형(상위, 중위, 하위)의 무의식과 집합 무의식으로 구성되어 있으며, 자아는 의식의 장 내에 있는 의식적 자아와 상위 무의식 내에 있는 초개인적 자아(transpersonal self), 즉 초월적 자아를 지니고 있다. 이 상위 자아가 영적 자아로서 어떠한 의식적인 체험도 초월해 있고, 어떤 외적 자극에도 영향받지 않는 순수하고 본질적인 자아다. 그러나 이 영적 자아가 영적 체험 그 자체는 아니며, 그 영적 체험을 가능하게 하는 자, 즉 영성의 주체로서의 자아인 것이다. 그리고 전체적인 존재를 통합하는, 인간의 실존보다 더 본질적인 자아다. 경험적, 의식적인 자아나 성격은 이 상위 자아의 투영이다. 그리고 상위 무의식의 집이라고 할 수 있는 영적인 작용, 즉 정신적 에너지의 출처다. 명상이나 영혼의 각성, 지고의 체험(peak experience) 같은 초의식이 솟아나는 근원이 모두 이 영역에 있다는 것이다. 초개인적 자아는 인간이 가장 신비적이고 미적 · 도덕적인 체험, 즉 자신의 신성을 느끼는 영적 자아다. 이 초월적 자아는 의식적 자아와는 달리 쉽게 인식될 수는 없지만, 누구나 영적으로 노력하고 탐구하면 발견할 수 있도록 교육될 수 있다.

또한 영성과 관련 있는 부분은 '집합 무의식'으로, 이것은 우리를 둘러싸고 있는 축적된 영적 환경이라고 정의된다. 개인이 지니고 있는 상, 중, 하 무의식 모두는 이 집합 무의식과 상호침투하게 되어 있어서 개개 인간과 이러한 영적 환경 사이에 항상 심리적 침투의 과정이 일어나고 있다는 것이다. 그리고 이들 영역 간에는 상호 간의 연결관계, 즉 상호작용, 상호침투가 계속 열려 있는 분리할 수 없는 구조를 가지고 있다. 여기서 분명해지는 것은 영성이란 개인적 자아나 초개인적 자아에 영향을 줄 뿐만 아니라, 우리의 의식과 여러 유형의 무의식과 연계되어 있다는 것이다.

다음으로 조하르(Danah Zohar)에게 있어서 영성이란 자아가 우주의 전체(물리적 우주만이 아닌 그것을 떠받치고 있는 온 우주)와 연계되고 합일하는 자아의 역동적 전체성이라고 보았다(Zohar & Marshall, 2000). 그는 인간의 의식세계를 연꽃에 비유하여 설명했는데, 가장 밖에 있는 꽃잎은 제1층의 자아로서 '자아의 에고층'이고, 그 다음 안쪽에 해당하는 것은 '연상적 중간층(associative middle)'으로서 개인적 무의식과 집단 무의식이 이곳에 자리하고 있다. 이는 우리의 동기와 심리적 에너지, 그리고 경험을 통해 축적된 다양한 이미지들로 구성되어 있어서, 우리의 사고, 성격, 행동에 이르기까지 영향을 주는 부분이다. 그러므로 제1층인 에고층은 이 같은 제2층인 무의식층의 영향을 받아서 성격을 발전시키게 되어 있다는 것이다.

그러나 영적 자아와 직접적으로 연관된 자아는 연꽃의 가장 심층부에 위치한 제3층의 '중심부 자아(center self)' 인데, 아사지올리가 말하는 초개인적 자아와 유사한 개념으로, 영성의 근원인 존재의 중심, 즉 영혼이라고 볼 수 있다. 이 중심부 자아는 인간의 신적 실재의 일부다. 기독교 신약성서(누가복음 32: 8) 에 "하늘나라는 네 안에 있다."는 구절은 이 중심부 자아를 말한다고 볼 수 있다.

토마스 머튼(Thomas Merton)도 이와 상응하는 말을 하였다. "영혼이란 전적으로 신에게 속해 있는 우리 존재의 중심부에 있는 무(nothingness)의 점이다. 그 점은 깊은 고독의 점이지만, 그 고독 안에서 우리는 신을 만난다. 왜냐하면 이 가장 깊은 내면의 나 안에서 나의 고독은 다른 모든 사람의 고독, 더 나아가서는 신의 고독과 만나기 때문이다."

이와 비슷한 생각은 다른 곳에서도 나타난다. 17~18세기 유태교의 신비주의자인 졸만(Schneur Zolman)은 "자아에 대한 앎은 하느님을 아는 수단이며, 창조된 우주에 대한 앎이기도 하다."라고 말했다. 에리히 프롬(Erich Fromm)도 "신을 아는 가장 중요한 첩경은 자기 자신을 아는 것이다."라고 고백했고, 소크라테스도 "너 자신을 알라."라고 했는데, 그것은 자아에 대한 진정한 앎이 궁극적인 진리인 선과 미에 대한 앎으로 인도한다는 의미를 지닌다.

이와 비슷한 생각은 물리학자 헌틀리(Huntley, D. H.)에게서도 들을 수 있다. 그는 자신의 경험에 의해 부정할 수 없는 결론은 자기의 연구를 종합하고 이해하고 감지를 가능하게 하는 근원은 의식하고 분석하는 마음을 넘어 존재하는, 심원한 깊이에 있다는 것이다.

그러므로 이 중심점이 되는 제3층의 자아는 개인적으로 분리된 중심부가 아니고, 우주(cosmos, 물리적 우주만이 아닌 온 우주)와 신에게 닿아 있다. 이것을 불교 철학적으로 말하면, 그 중심부는 인간성의 집단 무의식 너머에 있는 불성의 한없는 깊이의 바다, 즉 공의 바다(ocean of emptiness)라고 표현된다. 그것은 무아(no-self), 무념(no-thought), 무상(no-constancy)의 경지이며, 무한한 자유를 누릴 수 있는 존재의 양식이다. 이 같은 상태에서만 우리는 이웃이나 꽃과 나무 같은 자연, 더 나아가서는 모든 존재하는 생물과 무생물까지 있는 그대로 바라보게 되고, 일상을 신비롭게 감지할 수 있는 능력을 갖게 된다.

영성의 인식적 특성

영성의 초월적 특성은 앞부분에서 다른 측면을 논할 때 이미 간접적으로 상당 부분 언급되었다고 생각한다. 여기서는 인식이라는 데 초점을 두고 초월성의 의미를 보다 구체적으로 생각해 보고자 한다.

1) 세상을 읽는 앎의 세 차원

영성의 인식적 특성은 다른 유형의 인식과의 차이를 살펴봄으로써 뚜렷이 밝혀질 수 있다. 윌버(wilber, 김철수 역, 2004: 44)에 의하면, 우리가 세상을 인식하는 눈, 즉 앎의 양식에는 세 가지가 있는데, 그 양식의 각각은 서로 다른 세계 공간, 다른 객체, 다른 주체, 다른 시공에 대한 양식, 다른 동기 등을 포함하는 다른 세계의 차원을 드러낸다는 것이다.

그 세 가지 유형이란 크게 감각영역(sensibilia)에 대한 육신(감각)의 눈, 지적 영역(intelligibilia)에 대한 마음(이성)의 눈, 초월영역(transcendelia)에 대한 관조의 눈을 포함한다. 영성의 인식이란 이 세 번째 관조의 눈을 말한다. 여기서 중요한 것은 이 세 가지 차원의 앎은 모두가 온 우주에 대한 포괄적인 이해에 도달하기 위해 각기 다른 차원에서 필요한 앎이다. 처음 두 영역의 앎은 우리에게 익숙하고, 교육에서 집중적으로 다루어 온 앎의 양식이다. 그 두 앎의 양식을 통해 과학과 제반 학문이 발전되어 왔다.

그러나 존재의 궁극적 기초, 즉 절대의 본질은 오직 관조의 눈과 그것에 의한 초월적 직관으로만 밝혀질 수 있다. 그리고 다른 두 영역에도 방법론이 있듯이, 영적 인식에도 명상이나 기도 같은 정관의 길이 있다. 절대 · 상대의 문제와 같은 궁극의 실재는 감각의 눈이나 이성의 눈으로는 결코 해결할 수 없고, 오직 관조의 눈에 의해서만 인지될 수 있다. 만일 지적 용어나 합리적인 추리로 이러한 문제를 해결하려 한다면, 칸트와 나가르주나(Nagarjuna)가 일찍이 밝힌 바 있듯이 이율배반, 역설, 모순 이외에 어떤 것도 만들어 내지 못할 것이다. 물론, 영성이나 궁극적 체험에 대해 말할 수 있고 논의할 수는 있지만, 그것의 직접 체험이 아닌, '그것에 대한' 지식은 모순, 이율배반, 역설로밖에는 표현되지 못하고 전달되는 데는 한계가 있다. 그러므로 영성이 지향하는 앎의 영역은 명상 실천에 의해서만 드러나는 영역이라는 주장은 그러한 인식에 근거하고 있다. 최근에는 교육에서 IQ, EQ와 함께 SQ(영적 지성)을 육성해야 한다(Zohar & Marshal, 2000)는 제안도 나오는데, 이 셋은 지금 논하고 있는 세 가지 차원의 앎과 범주적으로 정확하게 일치하지는 않지만, 초월적 영역으로서 영적 인식의 차별성과 중요성에 대한 생각은 같다고 할 수 있다.

그리고 20세기 말경부터 영성에 대한 연구는 과학 쪽에서도 활발해지면서 최근에는 인간 지성에 대한 신경생리학, 심리학, 언어학 등의 연구와 함께 인간의 뇌 안에서 SQ의 신경생리적 토대를 발견하기도 했다. 물론, 이 말을 영성이 뇌의 작용으로만 설명된다는 뜻으로 오해해서는 안 될 것이다.

2) 관조적 · 초월적 앎으로서의 영성

위에서 설명한 세 가지 앎의 양식 가운데, 교육에서 가장 소외되어 온 명상적 각성, 관조, 혹은 초월적 앎이란 어떤 특성의 앎인가?

첫째, 감각과 이성의 인식은 이원적(dual)인 앎인 데 반하여, 영적 앎(영성의 앎)은 비이원적인 앎이라는 점이다. 여기서 비이원(non-dual)이란 영적 가르침에서 최상의 수준을 의미하는데, 이것은 '둘이 아님'을 뜻한다. 무엇이 둘이 아니냐 하면, 우리의 상대적 자기와 존재의 절대적 기반, 즉 존재하는 모든 것의 진정한 본성은 다르거나 분리되어 있지 않다는 뜻을 포함한다. 물론, 여기서도 개별적 차이를 부정하지 않지만, 그것을 본질적인 것으로 생각하지 않고 절대의 궁극적 관점을 취하기 때문에 개인적 · 초개인적, 몸 · 마음, 특수 · 보편, 물질 · 정신은 보다 근원적인 실재의 다른 표현에 지나지 않는다고 본다. 이러한 근원적 실재가 우리의 본질이기 때문에, 그것을 객관화하거나 대상화할 수 없다는 것이 비이원적 시각이다. 그러므로 앞에서 설명한 참자아, 즉 진아가 온 우주와 합일의식을 의미한다는 것은 실재가 바로 이 같은 것이기 때문이다.

그리하여 이 같은 비이원적 의식은 지각하는 사와 지각되는 것이 하나의 실재로 지각되는 그런 지각인데, 이것을 다른 말로는 참여적 인식론(participatory epistemology)이라고 개념화되기도 한다. 이러한 인식의 형태는 고대인들에게는 일상적으로 있었던 의식의 양식이었지만, 현재 우리들 대부분은 잊어버린 의식으로서(Helen Palmer, 1998: 3-4), 이제 새 시대를 맞이하여 다시 의도적으로 되살려야 하는 의식의 양식이라고 할 수 있다.

우리가 현재 이 같은 비이원적 의식을 갖기 어려운 것은 우리의 문명이 오랫동안 이원적 인식에 전적으로 지배되어 왔기 때문이다. 그것은 과학적 인식의 특성이며, 우리의 사고를 지배하고 있는 언어의 기본 양식이기도 하다. 언어는 그 구조부터가 이원적 인식을 강화할 수밖에 없게 되어 있다. 모든 문장은 주어를 대상으로부터 분리시키며, 동사 또한 모든 사건을 과거, 현재, 미래로 범주화하도록 되어 있다. 그리고 모든 문법은 나를 너로부터, 너를 그들로부터 분리시킨다. 그리하여 외부의 모든 사물들, 즉 다른 인간들, 자연, 일체의 환경들은 모두 나로부터 분리된 대상이 될 뿐이다. 뿐만 아니라 그 대상들조차도 분석되고 해부되며 부서져서 객관적으로만 인식되는 것이다. 우리의 교육은 물론, 모든 삶의 양식이 이러한 이원적 인식의 발달에 기여해 왔다고 할 수 있다.

그러나 비이원적 의식이라는 것이 너무나 멀리 있어서 우리의 보통 일상과는 관계가 없는 그런 인식이라고 생각하기 쉽지만, 실제로는 불가능한 것도 아니며, 우리가 알지 못하는 사이에 주체와 객체가 하나되는 그런 경험을 가끔씩 하는 것이 사실이다. 가령, 그 정도와 수준은 다르다고 하더라도 매슬로우가 말하는 지고의 체험(peak experience)이라는 것과 존재인식(being-cognition)이라는 것도 실은 이 같은 비이원적 인식의 한 유형이라고 생각된다. 또한 릴케, 괴테, 코울리지와 같은 시인예술가들이 그 심미적 체험의 순간에 느꼈던 의식 양태도 이러한 비이원적 의식의 한 형태였다고 생각할 수 있다. 일반적으로 미적 경험(aesthetic experience)의 특성인 감정이입적(emphatic) 인식도 어느 정도의 주객이 하나되는 소위 참여적 인식 형태이기 때문이다. 또한 마틴 부버(Martin Buber)가 말하는 '나와 너' 의 만남의 관계적 성격도 비이원성을 기초로 해서 의미화한 것이 아닌가 생각할 수 있는데, '나와 그것' 의 대상화된 인식과 대비되는 비대상적 인식이기 때문이다.

이 같은 사실을 전제로 할 때 사랑, 자비, 관용과 같은 도덕적 가치가 온전히 내면화 · 체득화된다는 것은 그 정도만큼 차이는 있겠지만, 비이원적 의식을 원천으로 해서 나오는 것이라고 해석할 수 있다(Syvia Boorstem, 1998: 229).

둘째, 위의 특성과 연관해서 과학과 영성의 또 다른 측면의 차이는 선형적인 것 대 비선형적인 것을 통하여 서술될 수 있다. 과학적이고 일반적 의식은 대체로 선형적(linear)인데 비하여, 영성은 비선형적(non-linear)인 인식의 특성을 지닌다. 선형적 인식은 뉴턴적 패러다임에서 전제로 하는 형상적 차원, 논리적인 계속성, 분석, 분류, 인과관계 등에 관하여 시간과 거리, 속도, 무게 등과 같은 물리적인 힘과 측정치를 다루며, 정확한 언어 표현은 비교적 정확한 예견을 제공한다.

그러나 본질적으로 모든 삶은 비선형적이고, 특히 인간의 삶에서 의미 있고 중요한 실재들, 즉 영성, 의식, 앎, 존재의 영역은 비선형적인 것이다. 비선형적 영역은 보이지 않고, 형상이 없으며, 시간과 차원의 측정을 넘어서 있지만, 이 영역은 고유한 본질에서 내재적인 힘과 창조의 근원이 된다. 그러나 분명히 알아야 하는 것은 선형적 세계와 비선형적 세계는 분리되어 존재하는 것이 아니라

서로를 포함하는 것이라는 점이다. 모든 형상이 형상 없는 것 속에 포함되어 있는 것처럼, 선형적인 것은 비선형적인 것 속에 포함되어 있는 것이다(David Hawkins, 문진희 역, 2001: 386).

셋째, 영성이 비이원적이고 비선형적이라는 것은 당연이 초월적이고 직관적(intuitive) 의식이라는 특성을 수반하는 것이다. 여기서 초월적 인식이란 이성적 인식이 지니고 있는 관념, 심상, 논리 개념, 언어를 초월하여 관조한다는 것을 말한다. 틱낫한이 "마음(이성, 사고)을 멈추고, 다만 바라보라."라고 말한 것은 이성적 생각만으로는 궁극의 깨달음에 도달하지 못하기 때문인 것이다. 그리고 궁극은 직접 체험하는 것이지, 논하거나 이론화해서 아는 것은 아니다. 이 점은 아리스토텔레스에서부터 아퀴나스와 데카르트에 이르기까지 서양철학의 주류가 간과했던 점이다. 그리고 윌버가 지적한 바와 같이, 영성을 관념적으로 입증하려는 것은 심각한 범주적 오류를 범하는 것이 된다.

그러나 영성이 초월해야 하는 것은 앞의 자아개념과의 관계를 설명할 때 잠시 언급한 바와 같이, 에고라는 이기적 자아를 초월할 것을 포함한다. 이기적 자아란 온갖 방어기제와 무의식 속에 억압된 심적 에너지에 의해 지배되는 것이므로 직관의 눈을 흐리게 하기 때문이다. 예수의 주기도문에 "우리를 시험에 들지 말게 하시고" 하는 대목은 자신의 에고가 지닌 온갖 욕망, 남을 미워하고 시기하는 마음 등이 영적 직관을 흐리게 하여 하늘나라를 보지 못하게 하기 때문이라고 해석할 수 있다.

또한 영성은 직관적이어야 한다는 것은 초월적이라는 속성의 일부로 볼 수 있는데, 직관이라는 것은 그 본질이 언어나 추론에 의하지 않고, 직접적으로 인식한다는 뜻이기 때문이다. 그런데 이 같은 직관은 신체적 차원, 감정적 차원에서도 일어나지만, 영적 직관(spiritual intuition)은 앞의 두 차원의 직관과 다르다. 신체적 직관은 신체 감각에 의존하며, 지적인 직관은 창조적인 지적 작업에서 이미지와 아이디어로, 정서적 직관은 느낌에 의존해서 나타난다. 영적 직관은 그 모든 것을 초월하여 독립적으로 일어나는 신비체험이다(francis Vaughan,

1998: 192). 영적 직관은 주어진 상황이나 실재의 전체성을 인식한다는 점에서 통합적(synthetic)인 직관이며, 그 직관은 비이원적 의식의 직관이다.

오직 이러한 영적 직관만이 궁극적 실재에 대한 진정한 이해를 가능하게 한다. 스피노자의 말을 빌리자면, 영적 직관은 신에 대한 앎이다. 그리고 인간이 신을 아는 것은 자신의 본성을 가장 깊게 직관하는 가운데 알게 된다는 것이다. 이 점은 불교나 기독교의 기본적인 영적 가르침이다. 가령, 불교에서 불상 앞에 경배할 때 석상을 보고 절을 하는 것이 아니라, 내 안의 불성을 보고 절하는 것이며, 우주에 가득한 '공' 인 부처님에게 기도하는 것이다. 또한 기독교에서 "하늘나라는 네 안에 있다." 라고 한 예수의 말씀이나 "하느님은 너희 안에, 너희를 통하여, 그리고 너희 위에서 역사하신다." 라는 신약성서의 말은 궁극적 실재는 나와 떨어져서 객관적으로 존재하는 어떤 실체적 존재라기보다 내 안과 밖에 존재하기 때문에 비이원적 직관만이 진정한 의식에 들어갈 수 있다는 것을 말하고 있다. "내가 아버지 안에, 아버지가 내 안에 계신다." 라는 예수의 가르침이나 "붓다가 우리 안에 있고, 우리가 붓다 안에 있다." 라는 말씀은 신은 개념이나 사고, 선형적 추리로는 접근할 수 없고, 오직 기도나 명상에 의한 관조를 통해서만 접속할 수 있는 무한의 실재임을 말해 준다고 하겠다.

마지막으로, 영적 직관은 '지금, 여기' 에 집중하는 경우에만 성립하는 특성이 있다. 비록 과거나 미래, 혹은 멀리 있는 어떤 것에 대하여 기도나 명상을 한다고 하더라도 그 사람의 몸과 마음이 지금 여기에 온전히 머물 때, 비로소 기도나 명상할 수 있는 여건이 마련되는 것이다.

그렇다면 지금 여기에 몰입한다는 것은 무엇인가? 그것은 이 순간 과거와 미래로부터 자유로울 뿐 아니라 시간 자체가 존재하지 않는 것을 의미한다. 그러한 현재는 영원으로 가는 문이며, 깊은 합일의식이 된다는 것을 의미한다. 영원이란 끝없이 이어지는 시간에 대한 각성이 아니라 전적으로 시간 밖에 존재하는 각성이기 때문이다. 그러므로 영원이란 철학적 견해도, 종교적 교리도, 이룰 수 없는 이상도 아닌 것이다(wilber, 김철수 역, 2000: 108). 영원이란 지금 이 현재의 본질이자 무시간적 순간의 본질이기 때문에 하느님 이름의 현현이요, 하늘나라의 입장이라는 것이다. 모세가 시나이 산에 올라가 기도할 때, "지금 네가 서 있는 곳은 거룩한 곳이니 신을 벗어라."라는 신의 목소리는 바로 '지금, 여기'의 중요성을 의미한다고 해석할 수 있다.

영성의 내재성

이제까지는 영성의 인식적 특성, 한마디로 요약하면 초월적 특성에 대해 논해 왔지만, 이 절에서는 그 초월성의 또 다른 측면이라고 할 수 있는 영성의 내재성(immanence)에 대해 논하고자 한다. 영성이 초월적인 것이라면, 그것은 또한 모든 것에 내재하는 것, 즉 모든 것에 편재하는 것이기도 하다. 많은 사람들이 초월주의나 신비주의에 대해 거부감을 가지고 있는 이유는 그러한 생각들이 여기 보이는 이 세상, 이 지구, 이 생생한 현재의 삶을 거부하는 것으로 오해하고 있기 때문이다. 물론, 빗나간 종교적 접근 중에는 가끔 영성의 내재성을 부정하고 초월적인 것에만 치우쳐 있는 경우가 많은 것도 사실이다.

그러나 동서양의 고등 종교의 전통들은 역설적인 양쪽, 즉 초월성과 내재성을 동시에 강조해 왔다. 서양의 플로티누스(Plotinus)의 철학이나 에크하르트(Eckhart, M.)에 의해 대표되는 기독교 신비주의 전통과, 동양의 용수를 비롯한 불교의 전통은 모두 양쪽 측면을 강조해 왔다. 즉, 앞에서 말한 바 있는 비이원성, 혹은 불이(not-two)사상은 궁극적 영의 세계와 현상으로서의 '이 세상'은 분리된 둘이 아니라는 것을 말하는데, 비유적으로 표현하여 '거울과 그 반사'라든가, 혹은 '바다와 그 파도들'과 같이 연결된 하나며, 둘이 아니라는 것이다.

그런 의미에서 우리가 지각하는 하나의 사물이나 현상은 영(spirit)의 빛남이며, 영은 사물과 분리해서 존재하는 것이 아니다. 아기의 웃음, 소나무의 푸르름, 새싹의 움틈 등에서 우리는 근원적 존재인 영의 빛을 볼 수 있는 것이다.

여기서 영이라 함은 기독교의 하느님, 불교의 부처(공성), 도가의 도, 힌두교의 브라흐만, 이슬람교의 알라와 같이 각기 다른 언어로 표현되지만, 그 절대 혹은 존재의 궁극적 근원은 초월적이며 동시에 내재적인 존재라고 할 수 있다. 이 같은 의미에서 절대적 실재는 너무나 가까이 있기 때문에, 상징과 기호를 통해 전달될 수는 없지만, 볼 수(관조 혹은 영적 직관)는 있는 것이다. 하느님, 부처님(공성), 브라흐만은 개념이나 관념이 아니라 체험적 계시며 관조의 눈으로 보이는 것이다.

영성이 이와 같이 초월적이면서도 내재적이라는 것은 근원적 영은 모든 것을 초월해 있으면서, 동시에 영이 존재하지 않는 공간은 있을 수 없다는 것을 말하고 있다. 따라서 모든 곳에서 하느님을 보지 못하는 사람은 진정 아무곳에서도 하느님을 보지 못한다는 것이다.

이것은 무엇을 말하는가? 절대가 모든 공간에 온전하게 현존할 수 있는 것은 절대에는 시간과 공간이 없음을 의미한다. 에크하르트가 말한 바와 같이, 절대가 모든 공간에 현존할 수 있는 것은 존재 자체는 무공간, 무한성 그 자체이기 때문이다. 기독교 성서의 한 구절이 또한 그것을 나타내고 있다. 즉, "지극히 작은 자에게 한 것이 곧 나(하느님)에게 한 것이다."라는 말은 이러한 인식의 전제 위에서 의미를 갖는다.

이 점은 시간의 경우에도 마찬가지다. 절대존재는 그 자신이 무시간이므로 모든 시점에 자신의 온전성을 갖고 현존할 수 있는 것이다. 무시간이라 함은 영원성을 말하며, 그 영원성은 모든 시점에 현존하고 있으며, 그 영원성은 바로 지금 현존하고 있는 것이다.

이것이 바로 의식의 궁극적 상태이지만, 동시에 일상적인 의식상태와 다르지 않다는 것이다. 평상심이 곧 '도'라고 한 것은 그런 의미에서다. 그러므로 의식의 궁극적 상태는 현재의 의식상태와 분리된 상태가 아니다. 그 유명한 윌리암 블레이크(William Blake, 1757~1827)의 영시 "한 알의 모래 속에서 우주를, 들꽃 속에서 천국을 보려면, 그대 손바닥 속에서 무한을, 한 시간 속에서 영원을 포착하라." 라는 영성의 초월성과 내재성을 아름답고 쉽게 잘 표현하고 있다.

이와 같이 초월성과 내재성, 유한성과 무한성이 비이원적이고 불이(不二)라는 것은 고등 종교의 핵심적 시각으로 명백하게 고백되어 온 체험이며, 신앙의 핵심으로 이어져 왔다. 예컨대 기독교의 주기도문에 "아버지의 나라가 오게 하시며, 아버지의 뜻이 하늘에서와 같이 땅에서도 이루어지게 하소서." 라는 구절은 이 점을 뜻한다고 해석할 수 있다. 여기서 '하늘에서' 가 뜻하는 바는 초월적인 하느님, 즉 존재의 근원으로서 영원하고 무한한 절대의 세계를 말하며, 동시에 '땅에서' 는 내재적 세계, 즉 역사적이며 시간과 공간으로 구체화된 현재의 이 세계를 말하는 것으로, '비이원성' 의 실현을 위한 기도라고 할 수 있다. 하느님은 모든 만물 안에 존재하지만, 동시에 그들 만물과는 동일시할 수 없는 존재이기 때문이다.

이 점은 불교의 『반야심경』에서도 비슷하게 표현되어 있다. 즉, 색즉시공(물질이 곧 허공이며), 공즉시색(허공이 물질이라)이라는 기도문은 궁극의 세계와 우리의 삶이 펼쳐지고 있는 현재의 이 세계가 다른 것이 아님을 말해 주고 있다.

그러므로 하느님을 사랑한다면서, 그리고 존재의 근원에 의지한다면서, 구체적인 이 땅의 삶, 그 삶이 펼쳐지는 역사 사회적인 일에 대해서는 무관심하거나, 우리 이웃과 주변의 만물을 사랑하지 않는 것은 영성의 내재성을 무시하고, 이원적 분리의 삶을 살고 있는 것이 된다.

결론적으로, 우리 삶의 자세로서 근원적 존재와 나의 관계는 어떤 관계여야 하는가가 명백해진다. 마틴 부버(Martin Buber)가 말한 바와 같이, 신은 내 안에 계셔서 나보다 나에게 더 가까이 계신 분이며, 결코 나를 버리고 떠난 적이 없으며, 나의 모든 움직임, 즉 나의 모든 호흡과 심장의 고동으로 표현되는 신, 내가 이 대자연의 장엄함을 바라보고 있을 때 내 속에서 그것을 주시하고 있지만 결코 보이지 않는 존재다. 이 점을 일컬어 유영모(박영호, 2000)는 '없이 계시는 하느님' 이라 했고, 불교에서는 '공' 이라 했다. 그리고 윌버는 "신은 볼 수도 알 수도 없다는 바로 그 사실 때문에, 그분은 알려지고 느껴지는 모든 것 안에 계시다는 것을 인정하면서, 나의 이 '바라봄' 과 지식을 넘어서 계신 그 분을 진정 이해해야 한다." 라고 고백하였다.

그러면 왜 사람들은 그것을 인식(각성)하지 못하는가? 그 이유는 우리의 인식이 이원적으로 고착되어 있기 때문에 인식이 혼미해져 있을 뿐 아니라, 동시에 그로 인해 그러한 초월적 · 내재적 인식으로부터 도피하는 습성이 형성되어 있기 때문이라는 것이다. 이런 식으로 그것을 극복하는 길은 오직 명상을 통해서 관조의 눈을 키우는 것뿐이라는 인식에 도달한다.

영성과 교육 패러다임의 재구성

이제까지 논한 영성을 교육적 관심 속으로 들여와야 한다는 것은 '영성교육의 소외와 극복' 의 지성사적 배경을 다룰 때 이미 논하였지만, 그것은 이제까지의 교육적 패러다임을 재구성할 것을 요구한다는 것을 의미한다고 할 수 있다. 이 절에서는 앞에서 정리한 '영성을 상실했던 모더니즘의 교육적 한계' '인간 존재의 진수로서의 영성의 위치' '영성의 초월성과 내재성' 을 기초로 하여 교육에 대한 생각이 어떻게 변화되고 달라져야 할 것인지, 세 부분으로 나누어 논하고자 한다. 첫째는 교육이론과 개념의 재구성에 관한 것이고, 둘째는 영성의 등장으로 인하여 생각해야 하는 교육의 새로운 방향과 목적에 관한 것이며, 셋째는 영성의 발달과 전개를 위한 대안적 교육의 원리와 방법의 도입에 관한 논의가 될 것이다.

1) 교육이론과 개념의 재구성

교육에서 전적으로 배제되어 온 영성의 문제가 다시 그 중요성을 되찾는다는 것은 교육적 논의를 구성하는 여러 이론과 개념들의 재검토와 변화를 요구한다.

좀 더 구체적으로 들어가면, 재개념화의 필요는 여러 차원에서 검토될 수 있겠지만, 가장 핵심적으로 생각되는 내용은 세 가지로 줄일 수 있는데, 첫째는 영성의 도입에 의한 교육적 앎의 개념과 유형의 확대로서의 영성에 관한 것이며, 둘째는 기존의 전인교육의 개념 변화에 관한 것이고, 셋째는 도덕교육의 접근에 대한 핵심적 이론의 구성에 관한 것이다.

(1) 교육적 앎의 유형적 확대

앞에서 언급한 것처럼 이제까지의 교육을 지배해 온 앎의 유형은 이원론적 앎에 국한된 것이었다. 인식론적으로는 관망자적 지식, 객관화된 지식, 인어적 명제적 지식에만 치중해 왔고, 그런 것들만이 중요시되었으므로 영성과 관련된 관조적, 직관적 앎은 철저히 무시되고 간과되어 왔다. 교육과정이론의 중요 부분인 지식의 문제를 논하는 주요 책이나 논문을 보더라도 대부분이 명제적 · 언어적 지식, 즉 이원론적 지식만을 전부로 생각하도록 구성되어 있다.

그러나 영성 회복을 위한 앎에 비이원적 앎, 초월적 앎, 참여적 인식론이 중시되어야 한다는 것은 재론할 필요가 없다. 물론, 이 말은 이제까지 지배적이었던 이원론적 지식들이 중요하지 않다는 것을 뜻하지는 않는다. 이들은 다른 차원의 교육목적에 봉사하는 지식일 뿐, 필요가 없다는 뜻은 아니며, 과학적이고 기술적이며 사회적인 생활 차원에 없어서는 안 되는 지식의 양식이다. 그러나 문제는 그러한 지식 일변도가 다른 중요한 앎의 형태를 전적으로 배제해 왔다는 데 있다.

영성이 의미하는 비이원적 앎에는 다양한 유형이 있다. 부버가 개념화한 나와 너 지식(I-thou knowledge), 매슬로우가 말하는 존재 인식(being-cognition), 그리고 내적 앎(inner knoledge), 직관적 앎(intuitive knowledge), 주관적 앎(subjective knowledge) 등이 있다.

그리고 앞의 '영성의 인식적 특성' 에서 이미 논한 모든 앎의 유형이 여기 교육에서 다시 그대로 강조되어야 할 것이다. 모든 것을 볼 때, '전체적인 시각' 에서 본다든지, 생활세계 속에서 초월성만이 아니라 내재성을 '깊이' 보는 태도라든지, '지금, 여기'에 몰입 · 집중하는 앎의 자세가 교육에서 강조되어야 할 것이다. 물론, 이 같은 앎은 측정되거나 평가될 수 있는 지식이 아니라는 것과, 교육을 위해서는 발달 수준에 맞추어 재구성되어야 한다는 것은 새삼 강조할 필요가 없을 것이다.

(2) 전인교육의 재개념화

영성에 대한 관심이 교육 속으로 도입된다는 것은 또한 기존의 전인교육 개념의 재개념화를 의미한다.

모더니즘의 틀 속에서 생각되어 온 전인교육은 주로 인지적 · 정의적 · 심체적(psycho-motor skill) 영역의 조화로운 발달을 목표로 했지만(실제에 있어서는 이 영역들의 상호관계적, 유기적인 발달은 간과하면서), 거기에 인간 존재의 진수라고 할 수 있는 영성의 차원이 포함된 것은 아니었다. 이제 21세기의 전인 개념은 영성의 차원을 필히 포함해야 한다. 최근에 국제보건기구(WHO)에서도 "인간의 온전한 건강은 육체적, 정신적, 사회적, 영적으로 건강한 상태"라고 정의하였고, 유네스코에서도 교육의 새로운 방향으로서 "존재하는 법을 아는 사람"이라는 개념을 포함시켰다.

또한 영성이란 자기 자신을 진실로 아는 것을 포함하기 때문에 정체성 개념과 밀접한 관계가 있는데, 이런 면에서도 변화가 필요하다고 하겠다. 모더니즘의 자아관인 분리된 개체의식에서 상호침투적 존재(interbeing)와 존재의 관계성(connectedness)을 지닌 자기로 보는 전인교육 개념이 정립되어야 할 것이다.

그리고 자신을 안다는 것은 앞에서 논한 조하르와 아사지올리가 설명하는 다양한 층의 무의식에 대한 성찰을 포함해야 할 것이다. 이제까지의 전인교육은 인간의 표면의식에만 관심을 두어 왔을 뿐, 다양한 심층적 무의식에 대해서는 관심을 갖지 못해 왔다. 그것은 교육에 있어서 인간의 잊어버린 부분이라고 할 수 있는데, 이제 교육이 무의식에 대한 부분을 자아의 일부로서 다시 찾아야 할 때다.

또한 전인교육의 개념은 앞에서 논한 자아개념 및 정체성 개념과 밀접한 관계 속에서 육성되어야 하는데, 주목해야 할 것은 영성에 대한 인식과 함께 이들 개념도 변화를 요청하게 되었다는 점이다. 그것은 기존의 자아개념이 초개인적 자아의 등장과 함께 다섯 가지 차원의 자아, 즉 신체적 자아, 내면적 자아, 인간관계적 자아, 혹은 사회적 자아, 개인외적 자아, 혹은 생태적 자아, 그리고 최종적으로 초개인적 자아를 포괄해야 할 것이다.

(3) 도덕교육 접근 양식의 새 지평

교육은 가치문제나 노덕성 형성이라는 임무와 분리해서 생각할 수 없다. 인간의 형성이라는 것이 교육적 논리의 핵심이라면, 모든 교육적 노력은 가치도덕적이라고 할 수 있다. 도덕교육에 대한 기존의 접근 이론에는 크게 인지적 접근, 정의적 접근, 행위적 접근, 경험적 접근, 그리고 미학적 접근 등이 있으며, 나름대로 부분적인 효과는 있었으나, 큰 변화에는 항상 미흡하였다. 그 한계를 상세히 논할 지면이 없으므로 한마디로 줄여서 각 이론의 한계를 지적하자면, 이렇게 말할 수 있을 것이다. 즉, 인지적인 접근들은 앎의 내면화 면에서 한계가 있으며, 행위와 경험적 접근은 현실적 실천가능성의 문제와 방향성 면에서 한계가 있으며, 미학적 접근은 예술교육이 진정으로 미적 체험으로 인도하지 못한다는 면에서 한계가 있음을 지적할 수 있다. 뿐만 아니라 이들 이론 자체가 지식의 객관성의 추구를 필수적인 전제로 하기 때문에 대체로 가치중립적인 경향이 강했으며, 구체적인 의미에서 내면적 접근이 될 수 없었다. 그리하여 교육은 단순히 전달(transmission)이나 상호작용적(transaction) 경험에 그치고, 결과적으로 변용적(transformation)이 될 수 없었으며, 그 효과가 미진했다고 할 수 있다.

이러한 한계점을 극복하기 위해서는 영성을 중심으로 하는 근원적인 접근, 즉 존재론적 접근의 필요성이 분명해지는 것이다. 특히, 도덕성을 현상학적으로 구성하고 있는 요인들을 하나씩 검토해 보면 왜 영성교육이 근원적인 방향감을 제공할 수 있는지 밝혀질 것이다.

도덕성의 현상학적 구성 요인은 학자에 따라 조금씩 다르게 표현되지만, 종합해 보면(Wilson, J., Frankena, W., Giligan, C.의 이론을 통합) 다음의 여섯 가지로 요약할 수 있다.

① 결과에 대한 예견에 기초한 판단
② 그러한 판단의 근거(사실들, 도덕적 원리)
③ 의식적 무의식적 동기
④ 타인과 상황에 대한 감정이입적 상상력(emphatic imagination)
⑤ 타인에 대한 느낌의 상태(남과 나의 동일시, 따뜻한 배려)
⑥ 인생에 대한 조망(자아와 세계에 대한 인식)

이상 여섯 가지 요인의 중요한 점은 이들 요인 하나하나가 상호분리된 것이 아니라 유기적으로 연결된 요인이라는 점이다. 예컨대 ①의 판단은 일견 인지적 요인에 불과한 것같이 보이지만, 그것은 단순히 이성적 추리 과정이 아니라 나머지 요인들, 즉 ②~⑥에 이르는 요인에 의해 내적으로 시각의 차이가 생기게 되며, 그 결과로 최종적 판단이 달라진다는 것이다. 그러나 현재의 교육은 주로 인지적 판단을 중시하는 접근에 치중되어 있고, 나머지 요인은 거의 방치상태에 있어 왔다. 그러나 여기서 분명한 것은 영성, 즉 '참나'와 우주에 대한 심층적 깨달음은 이들 모든 요인의 원동력이 된다는 점이다.

그러므로 도덕교육(어떤 의미에서는 모든 교육은 도덕교육이라고 할 수 있지만)에 대한 접근은 영성을 중심으로 하는 존재론적 접근에 기초해야 한다고 말할 수 있다. 이 점의 중요성에 대해서는 이미 동서양의 많은 철학자, 신비주의적 종교인, 현자들에 의해 지적되어 왔다. 가령, 인간의 도덕적 각성을 지상의 목표로 하였던 소크라테스도 너 자신을 알라고 했으며, 플라톤도 모든 지식은 내면에 있고, 명상과 대화에 의해 발견된다고 했으며, 세계의 실재를 아는 것이 지혜와 덕의 근본이라 했다. 하이데거(Heidegger, M.)도 존재의 근원과의 관계를 아는 것에서 모든 도덕성, 관심, 염려, 놀라움, 경외감이 나온다고 하였다. 인도의 성웅 간디(Ghandi, M.) 또한 모든 존재는 하나며, 그 하나의 관계성을 인식하는 것이 사회개혁과 이웃사랑의 근원이라고 하였다. 결론적으로, 초개인적 자아는 도덕적 정서의 신비로운 샘이며, 사랑과 자비심은 자신과 이웃, 모든 우주만물 사이의 깊은 연대를 깨닫는 데서 온다는 점에 기반한 교육적 접근이 되어야 할 것이다. 이 같이 존재인식에 기초한 접근을 존재론적 접근이라고 개념화할 수 있을 것이다.

2) 영성 증진을 위한 교육의 방향

영성교육을 추구한다는 것은 또한 교육목적을 새로운 방향으로 재구성하는 것을 의미한다. 아니, 목적에 대한 패러다임을 바꾼다는 것을 의미한다. 앞에서 논한 영성의 인식적 성격, 영성의 초월성과 내재성을 기초로 해서 목적을 도출하고 상호관련되고 상호침투된 세 차원의 목적으로 나누어 제시해 보고자 한다.

첫째, 존재론적인 차원에서는 이제까지 자아실현에 머물렀던 교육 목적이 자아초월에까지 확장된다는 것을 의미한다. 그리고 그 자아초월은 수직적 초월과 수평적 초월, 양쪽을 모두 포함하기 때문에 그 양쪽 측면에서 교육목적을 생각해 볼 수 있다. 수직적 차원의 초월 목적은 언어, 관념, 자아를 넘어 우주만물의 깊이와 신비, 그리고 우주의식, 존재의 궁극적 근원에 대한 의식을 추구하는 것을 목적으로 포함한다. 쉽게 풀어서 말한다면, 그것은 모든 사물이나 현상을 볼 때 언제나 '전체적 시각' 에서 바라볼 수 있는 의식의 개발과 성장을 목적으로 하는 것이다. 또한 이것은 이 세상의 모든 존재가 지닌 '신성과 성스러운 깊이' 에 대한 '외경과 놀라움' 을 느끼게 하는 것을 포함한다. 수평적 차원의 초월은 존재의 관계성에 대한 의식 개발로서 좁고 이기적인 개인적 자아를 초월하여 이웃, 공동체, 인류, 지구, 우주, 나아가서 존재하는 모든 것들과의 일체감을 향한 의식의 개발이라는 목적을 생각할 수 있다. 이것은 다양성의 존중, 관용, 동정,

감정이입 등 시간과 공간의 초월, 그리고 질적 초월을 포함하는 열린 의식과 태도의 육성을 의미한다.

둘째, 영성의 교육목적을 인식적 차원에서 보면, 관조적 직관력과 내면성, 내적 앎의 계발을 교육의 목표 속에 포함시킬 수 있다. 그러한 의식의 개발을 위해서는 집중력, 각성과 감지력, 지각적 민감성 등의 목적을 생각할 수 있을 것이다. 이제까지의 교육이 문제해결력과 사고력에 전적으로 집중된 것이었다면, 교육에서의 이러한 앎의 차원은 교육의 의미를 참되게 할 뿐 아니라 삶의 의미를 더욱 깊게 할 것이다.

셋째, 가치론적 차원에서 생각할 수 있는 교육목적은 앞의 존재론적-인식론적 차원의 목적이 결과적으로 이룩할 수 있는 교육적 가치라고 할 수 있다. 즉, 인식의 맥락을 넓히고, 세상을 더 깊이 보게 되기 때문에 마음의 흔들리지 않는 평화와 희망과 자유, 행복을 느낄 수 있는 삶을 살 수 있게 된다는 점이 교육적 가치로 평가될 수 있을 것이다. 또한 정서적으로 두려움과 분노와 같은 부정적 감정이 감소되고, 사랑과 기쁨, 연민과 같은 긍정적 감정상태로 변용이 가능하게 된다.

결론적으로 이러한 교육목적은 지식의 교육이라기보다는 지혜의 교육이며, 외형적 '소유' 의 교육이라기보다는 '존재' 의 교육이 되는 것이다. 지식이 가진 바 그 무엇을 뜻한다면, 지혜는 우리의 존재 상태를 의미하기 때문이다(Frances Vaughan & Roger Walsh, 1998: 27). 이것을 에리히 프롬(Fromm, E.)의 용어로 표현한다면, 이제까지의 소유지향적 교육에서 존재지향적 교육으로의 지향이라고 할 것이다.

3) 영성교육의 기본 원리와 접근

여기서는 영성교육의 실천영역인 교육의 과정(process)에 있어서 영성교육의 기본 원리와 접근 방법을 간단히 논하고자 한다. 교육적 원리와 접근은 교육목적의 성격에 따라 달라지는 것이므로, 당연히 영성교육 목적과의 연계성을 가지고 탐구되어야 할 것이다.

(1) 영성교육의 과정으로서의 명상

영성의 직관적, 관조적 의식에 접근하는 길은 넓은 의미에서의 명상적 방법을 직접 수행하는 일에 있다. 그러면 명상이란 무엇인가? 이에 대한 설명은 여러 차원에서 가능하겠지만, 일차적으로 널리 알려진 것은 웰빙(well-being)적 가치의 차원이다. 즉, 명상은 심신의 스트레스를 이완시키고, 중추신경을 평온하게 하여 근심에서 해방되게 하고, 억압된 심리를 완화시키는 건강의 비법이라는 측면이다. 이 같은 명상의 효과는 사실상 임상적으로 입증되어 오고 있다.

그러나 무엇보다 본질적인 설명은 명상이 영성의 성장과 경험의 핵심이라는 데 있다. 명상은 세계의 모든 고등 종교들, 즉 불교, 기독교, 힌두교, 도교, 이슬람교 등에서 영혼이 내면을 향해 깊이 들어가고, 그곳에서 궁극적인 존재의 근원(없이 계시는 하느님, 공, 무, 절대 등으로 표현되는), 지고의 정체성, 참나, 초개인적 자아를 찾기 위한 과정으로 인류가 고안·발견한 방법이며, 동시에 그 자체가 중요한 삶의 목적이라고도 할 수 있다. 그러므로 명상은 특정 종교의 전유물이 아니라 전 인류의 초월적 문화의 핵심으로서, 삶의 모든 측면에 있어서 각성을 불러일으키는 노력이기도 하다.

그러므로 명상에는 관련된 종교와 문화에 따라 다양한 유형이 있지만(이 책의 다른 부분에 다양한 명상 방법의 구체적인 설명이 제시되어 있다), 의식의 특성적 면에서 대별한다면 크게 두 가지 유형으로 나누어 볼 수 있는데, 집중명상(concentration meditation)과 열린 각성을 지향하는 명상(open awareness meditation)의 형태가 있다. 집중명상은 호흡과 같은 단일대상에 동요 없이 주의력을 집중하는 것이며, 열린 각성은 선택하지 않고, 판단하지 않는 방식으로 자신의 내적 경험이 일어나는 것을 포괄적으로 바라보는 양식의 명상이다. 그러므로 여기서는 교육의 목적과 발달단계에 따라 아이들에게 적합한 명상 유형을 선택하고 개발하며 응용할 수 있다는 점만을 강조하는 데 그치고자 한다.

(2) 직관체험을 통한 교육적 접근

영성은 감각이나 이성의 눈으로 보는 것이 아니라, 관조의 눈으로 보는 것이라는 점을 누차 여러 맥락에서 설명해 왔다. 따라서 그 교육을 위해서는 다양한 유형의 관조를 향한 체험을 교육현장에 도입해야 할 것이다. 이 점에 대해서는 이 책의 다른 부분에서 자세히 다룰 것이므로 여기서는 원리 수준의 이해를 위한 설명만을 하고자 한다.

첫째, 바로 명상에 들어가기보다는 묵상(meditation)에서 명상(contemplation)으로의 단계적 접근이 필요하다(박영만, 1999: 17-42). ① 가장 먼저 해야 할 것은 마음의 잡념을 바라보고 사라지게 하는 '마음 챙기기'(위빠사나 기법의 응용)다. 잡념은 묵상을 방해하며, 눈의 티를 씻어 내야 앞이 보이고 정신집중을 할 수 있기 때문이다. ② 그 다음 단계에서는 한 가지 대상에 집중해서 깊이 바라보는 체험을 한다. 묵상의 대상을 하나 붙들면, 산만함이 물러가며 의식에 초점이 생길 것이다. 이때 묵상의 대상은 하늘과 같은 것을 깊이 바라보는 묵상이나 자아묵상, 경구, 시의 구절 등 어느 것이나 발달단계와 관심의 향방에 따라 정할 수 있다. ③ 마지막 단계는 묵상에서 명상으로의 이전이다. 즉, 묵상이 깊어져서 침묵하고 비우고 기다리는 단계를 명상이라고 부를 수 있다. 여백이 없는 청소년들에게 삶 속에서 침묵을 체험하게 하는 것이다. 이 깊은 묵상은 영혼이 하느님과의 합일, 존재의 근원과의 합일, 공의 체험 등으로 표현되는 명상의 단계다. 이러한 묵상은 마지막에 자신을 우주 너머의 심오한 깊은 곳으로 인도하여 신에게 보다 가깝게 이끌어 준다.

둘째, 묵상 이외에 다른 직관체험에의 접근을 필요에 따라 교실에서 사용할 수 있을 것이다. 대표적인 것으로 시각화 혹은 이미지 창출 인도하기, 여러 유형의 예술의 통합적 이용, 그리고 자서전이나 일기 쓰기 등을 들 수 있다(Miller, 2000: 49-93). 시각화 기법은 명상보다 교실에서 더 많이 사용되어 온 방법으로,

학생들 스스로 내면적 이미지를 일으키게 함에 따라 상상력을 키울 수 있는 방법이다. 영성의 특징이 감각과 언어 개념을 초월하여 보는 것인데, 이것은 깊은 상상력으로 인도하기 때문에 일종의 개발 방법이 된다. 발도르프나 슈타이너의 예에서 볼 수 있는 바와 같이, 예술경험도 하나의 체험으로 감정이입(empathy)과 같은 비이원성의 초보적 형태로 볼 수 있으므로 영성교육의 좋은 접근이 될 수 있다. 자서전이나 일기 쓰기는 일견 지적인 영역의 접근으로 볼 수 있겠지만, 그것이 피상적이고 객관적 서술에 머물지 않고, 내면적 느낌이나 의식의 흐름을 성찰, 관조하는 방향으로 이끌 수 있다면 좋은 직관체험이 될 수 있을 것이다.

마지막으로, 영성교육이 말에 그치는 것이 아니라 진정한 체험이 되기 위해서는 영성을 느낄 수 있는 학교 분위기와 영성을 몸소 추구하고 노력하는 교사의 존재가 필수적이다. 어떤 조직도 세 가지 유형으로 분류해 볼 수 있는데, 기계적인 성격의 조직(mechanistic organization), 혼돈의 조직(chaotic organization), 혼이 있는 조직(soulful organization)이 그것이다(Secretan, 1996). 기계적 조직은 전략적 계획모델과 측정, 책무성 달성과 같은 목표수단에 의해 특징지어지며, 이 같은 학교의 아이들은 엄청난 피로에 시달리며, 여백을 갖기 힘든 유형의 학교 분위기를 연출하게 된다. 혼돈(혼돈이론에서 뜻하는 것과 비슷한 새로운 의미)의 조직은 일견 혼란스럽게 보일 수 있지만 자발성, 정열, 성장, 개혁 등과 같은 창조적 질서가 내재된 조직이다. 영적 조직은 이 모든 특성을 포함하고 조용히 묵상이나 침묵의 시간을 가질 수 있는 지성소(sanctuary)와 명상적으로 교육적 삶을 사는 교사들에 의해 인도되는 그런 학교를 말한다. 이 같은 조직의 분위기와 교사의 명상적 존재양식은 영성교육에서 무엇보다 중요한 현상학적 텍스트라고 할 수 있다.

맺는 말

이상에서 설명한 영성의 교육적 차원은 모더니즘의 틀 속에 갇혀 왔던 교육의 한계를 극복할 수 있는 21세기 대안적 교육의 핵심적 방향이라고 할 수 있다. 그러한 의미에서는 영성교육을 포스트모던적 교육이라고 할 수 있지만, 이러한 방향은 포스트모던이 지닌 상대주의적 시각을 극복하고 있을 뿐 아니라 초현대의 문화의 약점을 보완해 줄 수 있는 교육 패러다임이라는 점에서 더욱 높은 대안 교육적 가치를 지닌다고 하겠다.

영성교육이란 한마디로 말한다면, 인간 존재의 잠재력에 내재하는 자기초월의 세계를 알게 해 주는 교육을 의미한다. 자라나는 세대에게 자신의 삶과 세계를 '전체적'으로, 그리고 '깊이' 바라볼 수 있게 하고, 삶의 모든 구석구석에서 성스러움의 차원, 지금 여기 이 순간의 경이로움과 존재의 관계성을 감지할 수 있는 내재적 힘을 길러 줄 수 있는 교육이 되어야 할 것이다. 그러한 교육적 신념은 우리가 개인적 차원에만 머물게 되면 시간과 공간이라는 유한성에 매몰되어 결과적으로 절망과 무기력을 느낄 수밖에 없지만, 영성을 통해 궁극적 차원과 만나게 될 때 세상의 수많은 파도에도 흔들리지 않을 수 있다는 교육적 믿음에 근거한다.

또한 영성교육에는 각자가 우주로부터 나와서 우주로 돌아가며 신으로부터 나와서 신으로 돌아가는 것을 알 때, 우리는 본질의 세계, 궁극의 세계를 살아갈 수 있으며, 어떤 경우에도 내 작은 존재의 중심이 궁극적 존재의 근원에 닿아 있다는 안도감과 자존감, 참삶의 기쁨을 가질 수 있다는 큰 기대와 비전이 있다. 앞으로의 교육은 이러한 비전에 의해 인도되어야 한다는 것이 필자의 교육적 희망이다.

| 참고문헌 |

데이비드 호킨스. (2001). 나의 눈 (문진희, 역). 한문화.

다이아나 화이트모아. (1995). 기쁨의 교육 (오치선, 김현수, 공역). 금강출판사.

박영만. (2000). 심신수련. 경성라인.

박영호. (2000). 다석 유영모가 본 예수와 기독교. 두레.

수잔 워커 편저. (1997). 침묵의 대화 (이영주, 권희순, 공역). 고려원 미디어.

아라푸라, J. G. (1995). 불안과 평정으로서의 종교 (류경희, 역). 서광사.

이숙종. (2001). 인간교육에서 영성교육의 중요성, 21세기 종교교육과 영성. 강남대학교 인문과학연구소 국제학술 대회. 77-95.

정인석. (2003). 트랜스퍼스날 심리학. 대왕사.

켄 윌버. (2005). 무경계 (김철수, 역). 무우수.

대진구기. (1982). 불교의 심층심리 (정병조, 역). 현음사.

틱낫한. (1992). 마음을 멈추고 다만 바라보라 (류시화, 역). 꿈꾸는 돌.

틱낫한. (2006). 기도 (김은희, 역). 명진출판.

한명희. (2002). 지식기반사회에서의 학교역할에 대한 철학적 반성. 교육철학, 27, 151-172.

한명희, 고진호. (2005). 교육의 철학적 이해. 문음사.

Boorstein, S. (1998). *Perceptions of the Heart*(Inner Knowing.ed. by Helen.). NewYork: Palmer. Jeremy P. Tarcher/Putnam.

Dourley, J. P. (2001). "Jung, Tillich, and Religious Education", 21세기 종교교육과 영성. 강남대학교 인문과학연구소 국제학술대회, 5-38.

Flake, C. L. (ed.)(2000). *Holistic Education, Principle, Perspectives and Practice*. Branden: Holistic Education Press.

Fromm, E. (2003). *The Art of Listening*. New York: Continuum.

Grof, S. (1988). *The Adventure of Self Discovery*. Albany: State University of New York Press.

Maslow, A. H. (1994). 가치와 존재 (이재봉, 방영준, 윤건영, 편역). 교육과학사.

Palmer, H. (ed.)(1998). *Inner Knowing*. New York: Jeremy P. Tarcher/Putnam.

Phenix, P. (1975). *Transcendence and the Curriculum*(Curriculum Theorizing. W. Pinar. ed.). New york: Mcgutrhan Publishing Corporation. 323-340.

Robert, T. B. (ed)(1999). *Four Psychologies Applied to Education*. New York: John Wiley & Sons.

Schuon, F. (1993). *The Transcendent Unity of Religions*. Wheaton, USA: The Theosophical Publishing House.

Secretan, Lance H. K. (1996). *Reclaiming Higher Ground: Creating Organizations That Inspires Soul*. Toronto: Macmillan.

Sullivan, E.O. (1999). *Transformative Learning, Educational Vision for the 21st Century*. New York: Zed in association with University of Toronto Press.

Vaugham, Frances & Roger, Walsh (1998). *Technology of Transcendence*(Inner Knowing.ed. by Helen.). New York: Jeremy P. Putnam. 24-34.

Walsh, Roger and Vaughan (eds.)(1993). *Paths Beyond Ego*. New York: Jeremy P. Yarcher/ Putnam.

Wilber, K. (1997). *The Eye of Spirit*. Boston: Shambhala.

Wilber, K. (1998). *The Essential Ken Wilber*. Boston: Shambhala.

Wilber, K. (2000). *Integral Psychology*. Boston: Shambhala

Zohar, Danah & Marshall, Dr Ian (2000). *Connecting with our Spiritual Intelleligence.* Harrisonburg, Verginia: Donneley & Sons Company.

02

영성의 보고로부터 배우는 근대교육의 성찰

들어가는 말

이 글은 교육에 대한 '오래된 새로운 이야기'를 하자는 것이다. 약 10년 전에 헬레나 노르베리 호지(Hodge, H. N.) 여사가 라다크의 삶을 체험하고 기록하면서 『오래된 미래』(녹색평론사, 1996)라는 제목을 달았는데, 히말라야의 오지 라다크의 삶에서 오히려 미래의 삶을 성찰할 수 있었기 때문이었다. 지금 우리 사회는 오래된 새로운 이야기를 할 필요성이 훨씬 더 많아졌고, 어쩌면 21세기에 들어와서 과거에 비추어 보아 우리의 삶과 교육을 성찰할 필요성이 더욱 전면화되고 있다.

사람이 사는 목적이 무엇인가? 행복하기 위한 것이다. 나의 의지와 상관없이 이 세상에 태어났으니 고통 없이 즐겁게 살다가 편안하게 수를 누리며 죽는 것을 행복이라고 말하고 있는 것이다. 특별히 의지를 발하여 성취를 추구하는 것도 그로 인한 보람을 느끼는 즐거움을 추구하는 것이기에 마찬가지가 아닌가? 그렇다면 교육을 하는 목적은 무엇인가? 그것도 행복하기 위해서다. 교육이 행복을 위해서 있다면 교육을 하고 있는 학교는 그 안에서 하루 중 대부분의 시간을 보내고 있는 학생과 교사가, 또는 자녀를 학교에 보낸 학부모가 행복한 곳이 되어야 할 것이다. 그런데 현실적으로 학교는 그와는 정반대로 고통스러운 곳이 되고 있다. 학생도 교사도 배우고 가르치는 일에 보람을 느끼기보다는 고통스러운 곳이라고 생각하고 있다.

이러한 현실은 분명 무엇이 잘못되고 있다는 것을 말해 준다. 지금의 제도화된 학교는 근대 시민혁명을 통해 등장한 근대 국민국가와 함께 발생했고, 산업화와 함께 확대·발전되고, 제국주의가 전면화되면서 변질되기 시작하여 오늘에 이르고 있다. 따라서 학교제도는 근대 산업사회와 함께 발생했으니, 21세기 탈산업사회에 와서 변화를 요구받는 것은 당연하다. 변화에 적응하지 못해 나타나는 고통은 산업사회 근대사회의 가치관과 틀을 가지고는 잘 성찰되지 않는다. 그래서 좀 더 시야를 넓혀 산업문명보다 한참 오래된, 세계적으로 남아 있는 몇 안 되는 사회를 들여다보면서 근대 학교교육이 부딪친 문제를 성찰해 보는 것은 의미 있는 일이다.

우리는 여기서 검토해 볼 사회를 '영성이 숨 쉬는 사회' 혹은 '영성의 보고(寶庫)'라고 부를 것이다. 근대사회가 근대화를 위해 바빠서 헌신짝처럼 버렸던 영성(spirituality), 혹은 종교성(religiosity) 문제를 다시 얘기하기 위해서다.

영성이란 그 의미를 한마디로 정의하기는 쉽지 않다. 영성의 개념은 유신교(예를 들면, 기독교의 삼위일체론)에서는 성령이라는 의미에서 신성(神性)으로 해석한다. 한편, 힌두교의 성전인 『바가바드기타』를 해설한 비노바 바베(Vinoba Bhave)는 육신을 초월한 영원한 자아를 추구하는 것이 우리 삶의 목적이라고 하면서 영성이란 '진리(truth)' 혹은 '정신(spirit)'이라고 하고 영성을 정신성(spirituality)이라는 의미로 사용하고 있다(Vinoba Bhave, 2002). 티베트 불교를 이끌고 있는 달라이라마는 그의 저서 『새천년윤리학(Ethics for the New Millennium)』에서 종교와 영성을 구별하여 영성은 "자신과 타인 모두에게 행복을 가져다주는, 사랑과 자비, 인내, 관용, 용서, 만족, 책임감, 조화의 감각 등 인간 정신의 성질과 관계가 있다."라고 하고 있다(황용식, 2005). 현대에 와서 영성에 대한 보다 일반적인 해석은 종교다원주의적 입장에서 일반적으로 인간이 가지고 있는 "영혼의 자유를 추구하고자 하는 인간 정신의 어떤 성질" 정도로 보다 넓게 정의한다. 이렇게 볼 때 영성은 정신성, 혹은 종교성과도 같이 쓰인다. 이 장에서는 아메리카 인디언, 혹은 티베트의 영성문제를 고찰하기 위해 그 개념을 영성, 종교성, 혹은 정신성으로 폭넓게 정의하고 접근하고자 한다.

우리나라는 지난 40여 년 동안 근대화와 산업화를 황급하게 추진하는 과정에서 얻은 것도 많지만, 잃은 것이 많다. 물질적 풍요와 효율성을 얻었다고 한다면 영성(종교성)과 도덕성, 쾌적한 지구의 환경을 잃었다. 특히 인간의 가장 중요한 본성의 하나인 영성을 잃었다는 것은 마치 아이를 목욕시키고 나서 목욕물을 버린다는 게 아이까지 버렸다는 것을 의미하며, 이와 마찬가지의 오류를 범한 것이다. 따라서 영성의 문제를 교육에서 다시 제기하는 것은 버렸던 아이를 다시 찾는 일이라고도 생각할 수 있다.

이 장에서 살펴볼 내용은 티베트의 종교·문화적 삶에서 삶과 죽음을 보는 관점과 교육, 인디언의 자연관을 통해서 보는 인간과 자연과의 관계, 그리고 라다크의 삶과 변화를 통해서 보는 일과 학습의 문제다. 이들 사회의 인생관, 자연관, 노동관은 우리의 근대 학교교육이 보고 있는 인간관, 자연관, 노동관에 분명히 대비되는 점이 있으므로 이를 성찰적으로 바라보는 것이 근대교육을 성찰하는 데 도움이 될 것이다.

티베트, 아메리카 인디언, 라다크의 삶과 문화

1) 티베트의 삶에서 보는 삶과 죽음의 문제, 그리고 명상

티베트는 히말라야 산맥과 타림 분지 사이에 있는 해발 4,000미터가 넘는 고원

지대에 위치하고 있는 땅이며, 그 면적은 한반도의 6배가 넘는다. 산소가 희박하고 물이 귀하며 살아 있는 생명들이 생명을 유지하기가 보통의 노력으로는 쉽지 않은, 그야말로 하늘과 죽음이 항상 곁에 있는 오지의 땅이다. 이와 같은 땅에서 오늘날 가장 주목받는 영적 문화가 발달하고 수십억의 산업문명에 지친 사람들에게 희망의 메시지를 전파하고 있는 것은 참으로 신비로운 일이기도 하다.[1]

오랜 역사를 지닌 라마교라고도 일컬어지는 티베트 불교의 내용을 한마디로 정의하기는 쉽지 않지만, 1995년 인도 다름 살라(Dharm Shala)에서 열린 제5차 '마음과 생명회의'에서 달라이라마가 발표한 '우리의 근본적 성품을 이해함'이라는 글과 몇 년 후 이를 좀 더 본격적으로 정리한 『새천년윤리학(Ethics for the New Millennium)』에서 정리하고 있는 사상을 요약하면 다음과 같다.

일반적으로 인간의, 혹은 모든 생명 있는 존재들의 근본적인 실존문제는 시공을 넘어 보편성을 지니고 있는데, 그것은 '태어나고 늙고 병들고 죽는다(生老病死)는 것이며, 인간의 근본적 성품은 자비로운 것이다.' 라고 하는 달라이라마의 사상은 불교 전통의 기초 위에 놓여 있다. 그러나 티베트 불교는 이러한 현실 인식을 해결하는 방법론에서 매우 정교하고 독특한 전통을 만들어 오고 있다. 달라이라마의 주장에 의하면, 현대세계는 그러한 인간 실존의 문제를 해결하기 위해서 수많은 노력을 해 왔으나 조화로운 세계에 이르지 못하고 근본적인 '윤리적 위기' 에 놓여 있다. 그렇게 된 이유는 인간의 근본적 성품에 대한 혼란에 있으며, 좀 더 근본적으로는 내면적 차원에 대한 소홀함에서 온 것이라고 보고 있다.

인류는 지난 100여 년 동안 민주주의, 자유주의, 사회주의 등 수많은 경이로운 이념을 가지고 위대한 운동을 펼쳐 왔지만, 전쟁, 범죄, 폭력과 같은 외부적으로 경험하는 것에 집중하는 동안 우리가 정서적이고 심리적으로 겪는 내면적인 괴로움을 동시에 착안하고 해결하는 데 소홀히 해 온 결과, 여전히 아무런 문제도 해결하지 못하고 있다는 내면적인 문제를 제기하고 있다. 그래서 그가 주장하는 해결방향은 종교다원주의에 입각한 종교 간의 대화와 인구의 80%가 세속화된 삶을 살고 있는 현실세계에 적합한 윤리를 확립하는 일이다. 그는 그러한 윤리를 영성(spirituality, 정신성이라고 번역할 수도 있음)에 기초한 윤리의 확립이라고 보고 있다. 이러한 영성, 혹은 정신성은 자신과 타자 모두에게 행복을 가져다주는 인간정신의 근본적 성품이며, 이는 영성에 의한 보편적 종교로서의 자비(compassion as the universal religion)의 실현이다.

이와 같은 달라이라마의 윤리관, 세계관은 이천 년 이상을 이어져 내려오는 티베트의 종교적 전통 위에 놓여 있다. 티베트 전통을 대표할 수 있는 사상 중의 하나는 삶과 죽음을 보는 관점과 이를 대하는 독특한 방법이다. 티베트에서 태어나 이 시대의 가장 존경스러운 영적 스승 중 하나로 추앙받는 소걀 린포체(Sogyal Rinpoche)는 『티베트의 지혜』라는 책에서 삶과 죽음을 대하는 서구 문명의 결함을 다음과 같이 신랄하게 묘사하고 있다. "기술문명의 발달로 많은 것을 성취했음에도 불구하고 현대 서구사회는 죽음이라든가 죽음 이후의 과정 또는 죽음 이후에 무엇이 일어나는지에 대해 실제로 아무것도 이해하지 못한다(Sogyal Rinpoche, 1999: 29)."

실제로 티베트 전통에서 가장 돋보이고 잘 알려진 것은 삶과 죽음을 보는 관점과 이를 취급하는 정교한 방법들이다. 티베트의 성자인 파드마삼바바가 쓴 것으로 전해지는 『티베트 사자의 서』(Robert sherman, 2000)는 티베트의 생사관과 삶과 죽음을 대해 준비하는 방법을 자세히 일러 주고 있다.

티베트 불교(모든 불교에 공통적이지만)에 의하면, 삶과 죽음은 둘로 나눌 수 없는 하나며, 죽음이란 삶의 또 다른 시작이다. 죽음이란 삶의 온전한 의미가 반영된 거울이다. 죽음과 삶은 전부가 바르도(bardo)라고 알려진 지속적으로 변화하는 실재가 현시된 것이다. 바르도라는 말은 죽음과 환생 사이의 중간상태를 말하는데, 실재에 있어서 바르도는 삶과 죽음을 통해 지속적으로 나타나는 것이며, 자유 또는 깨달음의 가능성을 증대시키는 이음새 역할을 하는 것이다(Sogyal Rinpoche, 1999: 32).

티베트의 가르침에 의하면, 우리의 존재는 지속적으로 연결되는 네 가지 상태로 나눌 수 있다. 삶, 죽어 가는 과정, 죽음 이후, 환생이 그것이다. 이러한 네 가지 바르도에 대한 이해와 체험을 통해 무상함과 죽음 너머에 있는 그 무엇을 심사숙고하면 티베트의 오래된 가르침의 정수인 '마음의 본성'에 맞닿게 된다. 이 마음의 본성을 발견하고 실현하는 것이 죽음을 이해하는 열쇠다. 죽는 순간 일상적인 미혹은 사라지고, 그 갈라진 틈으로 끝없는 하늘과도 같은 우리의 마음의 본성이 드러나기 때문이다. 그 끝없이 광대한 품 안에서 전 우주가 전개되는 것이며, 마음의 이러한 본성이 삶과 죽음의 토대라고 보는 것이다.

오늘날 서양사람들이 가지고 있는 마음의 개념은 지극히 협소하기 때문에 최근 과학의 획기적인 성과들, 특히 정신과 신체에 관한 과학과 초개인심리학(transpersonal psychology)의 두드러진 연구 성과에도 불구하고 대다수의 과학자들은 마음을 여전히 머릿속의 물질적 과정에 지나지 않는다고 생각한다. 그러나 불교에서 말하는 '내면의 과학'은 실재에 대한 포괄적인 지식과 자아와 환경에 대한 심층적 이해에 근거하고 있는, 즉 붓다의 완벽한 깨달음에 근거하고 있는 것이다.

죽음을 명상하는 것은 무상을 넘어서 그 이면에 깔린 광대한 뜻을 발하는 섬광을 발견하는 것이다. 그것은 우리가 일생동안 비행기를 타고 난기류를 헤매다가 갑자기 무한하게 펼쳐지는 하늘을 만나는 것과 마찬가지다. 이 자유라는 새로운 차원의 출현은 우리 자신을 경이로 가득 채우는 깊이 있는 평화, 기쁨, 자기 자신에 대한 확신을 발견하고, 마음의 본성이 죽음을 넘어선 영구적인 요새임을 알아차리게 한다. 이에 대해 티베트의 성자 밀라레파는 죽음을 넘어서 끝없이 영속하는 마음의 본성이 우리에게 조용하고 맑은 하늘처럼 현존함을 의식하게 한다고 묘사했다.(앞의 책, 79쪽)

이러한 죽음에 대한 이해는 삶의 태도를 바꾸게 한다. '활발한 게으름'이라고 부르는 동양적 스타일의 게으름은 이를테면 태양 아래서 하루 종일 시간 보내기, 아무것도 하지 않기, 쓸모 있는 어떤 일도 하지 않기, 차 마시기, 라디오에서 흘러나오는 힌두 음악 듣기, 친구들과 한담 나누기 등으로 채워진다. 그러나 서양 스타일의 삶은 강제적인 활동으로 가득 채워 참으로 중요한 문제에 부닥칠

시간이 없게 한다. 우리는 책임이라고 불리는 불필요한 일들로 가득 채워져, 참된 삶이 무엇인지를 모르고 살아가고 있다는 것이다. 그러한 윤회의 세계는 고도로 정교하게 조직되어 있어서 우리의 주위를 끝없이 현대문명에 탐닉하는 환경으로 만든다. 그래서 18세기 티베트의 스승 직메 링파는 다음과 같이 말한다. "감각의 깎아지른 듯한 변화에 매혹되어 우리는 윤회의 삿된 순환 속에서 끝없이 떠돌게 된다. 행복을 약속하지만 사실상 재난으로 이끄는 거짓된 희망, 꿈, 야망에 사로잡힌 채 우리는 끝없이 펼쳐진 사막에서 갈증에 시달리며 헤매는 사람과 같다. 이 윤회의 바다에서 우리에게 제공되는 물이란 더 한층 목마르게 하는 한 잔의 소금물일 뿐이다(Sogyal Rinpoche, 1993)."

그래서 티베트 불교는 우리의 삶이 마음을 고향으로 이끌게 하기 위한 명상적인 삶이 되어야 한다고 하고, 수심(修心)의 중요성과 방법을 일러 주고 있다. 티베트 명상의 방법은 명상의 자세와 숨결 지켜보기, 대상 활용하기, 만트라 암송하기의 세 가지 방법으로 구성되어 있다. 그 구체적인 방법은 교육적으로 매우 의미 있는 내용들이지만 이 글의 구성상 생략할 수밖에 없다. 『티베트 사자의 서』가 전하는 죽음의 네 가지 단계에 따른 자세한 안내는 우리의 삶과 죽음을 성찰하기에 충분한 동기와 방법을 일러 주고 있다.

교육의 목적에 대한 티베트인의 관점은 마음의 본성을 깨닫는 일이라는 것이다. 그러므로 교육은 태어나면서부터 죽을 때까지 추구해야 하는 일이며, 여기에 반드시 필요한 것은 스승의 역할이다. 신뢰할 수 있는 스승과 헌신적인 제자가 확실한 계보에 의해 마음의 본성을 깨닫는 일을 전수받는 것이 교육이라는 생각이다(Sogyal Rinpoche, 1993: 82).

2) 아메리카 인디언의 세계관과 자연관

아메리카 인디언의 세계관과 자연관이 제대로 알려지기 시작한 것은 그리 오래되지 않았다. 할리우드에서 만든 서부영화 등에서 접할 수 있는 지극히 왜곡된 형태의 아메리카 인디언에 대한 정보는 아시아인종에 속하는 아메리카 인디언이 고대에 찬란한 마야문명, 잉카문명을 이루고 살았다는 것과 이들이 스페인, 포르투갈 및 미국의 서부개척에 저항하다가 혼혈족으로 변질되거나 거의 멸종위기에 처해 있다는 것 정도다.

아메리카 인디언의 역사와 그들의 인생관, 세계관이 잘 알려지지 않는 이유는 두 가지다. 첫째는, 아메리카 인디언의 역사를 있는 그대로 밝히면 자유와 인권 등을 표방하는 미국이라는 나라의 이미지에 치명적인 손상을 입히게 된다는 점이다. 본래 미국 전역에 퍼져서 평화롭게 살던 토착 원주민을 미국 초기 개척자가 잔인하게 인종말살시킨 치부가 그대로 드러나기 때문이다. 추산에 의하면, 남북 아메리카를 합쳐서 백인에 의해 살육된 인디언은 약 5천만 명에 이른다.[2] 서부 개척사를 통해 원래는 동부와 중서부 옥토에서 살던 각 부족들이 인종청소되고 지금은 오클라호마, 애리조나 등 사막지대나 황무지에 '인디언 보호구역'이라는 이름으로 거의 멸종되기 직전의 상태에 놓여 있다. 따라서 아메리카 인디언에 관한 학술적인 연구는 아직 미국사회에서 공인을 받고 있지 못하며, 은폐된 역사로 이어져 오고 있다.

둘째는, 아메리카 인디언의 문제는 과거 지나간 역사가 아니라 지금도 한참 지속되고 있는 현실적인 문제이기 때문이다. 미국에서도 1990년대에 사우스다코타(South Dakota) 주에서 있었던 인디언 무장폭동이나, 지금도 끝나지 않은 멕시코 남부의 치아파스타 무장게릴라들의 투쟁도 인디언과 백인의 투쟁과 관계 있다. 또 라틴아메리카의 반미제국주의 무장게릴라 활동이나 좌파정권의 등장, 혹은 70년대 이래의 라틴아메리카 해방신학 등은 여전히 미국을 중심으로 하는 백인 지배자들과 인디언 혹은 혼혈족들과의 투쟁이 지속되고 있는 현실적인 문제이기도 하다.

우리나라에서 아메리카 인디언의 삶과 생각을 가장 생생하게 접할 수 있는 자료를 제공한 사람은 류시화 시인이다(류시화, 1994). 그가 인디언의 사회를 관찰하고 글들을 모아 명료하게 소개하는 책들은 지금까지 금기시해 왔던, 아메리카 인디언의 세상을 보는 눈과 세상을 살아가는 모습을 아주 생생하게 전달하고 있다. 주로 그의 책을 중심으로 살펴본 아메리카 인디언의 삶과 세계관의 특징을 분석해 보면 다음과 같다.

첫째, 대지는 어머니다. 아메리카 인디언은 대지를 어머니라고 생각한다. 그들은 자연에 대해서 더없이 우호적이고 아름다운 긍정적인 관점을 가지고 있다. 풀과 사슴과 나무, 돌들도 형제라고 생각한다. 풀 한 포기도 그냥 뽑아서 버리지 않으며, 재미로 무엇을 죽이는 법이 없다. 인간과 우주자연의 일체감이 생활화되어 있다.

라코타족에게 있어서 산과 호수, 강, 실개천, 계곡, 덤불숲은 모두 그 자체로 완성된 아름다움이었다. 바람, 비, 눈, 햇빛, 낮, 밤, 계절의 변화 등은 끝없는 매력 그 자체였다. 새, 벌레, 들짐승들은 인간의 지식에 조금도 뒤지지 않는 놀라운 지식과 이해로 자신들의 세계를 채우고 있었다(류시화 역, 1994: 65).

둘째, 무소유의 삶이다. 아메리카 인디언들에게는 애초부터 소유의식이 없다. 아메리카 대륙에 등장한 백인들에게 그들은 형제라고 생각하고 모든 것을 나누어 주었다. 아메리카에는 옥수수 이외에 가축이나 재배작물이 없었다. 사슴, 버팔로, 늑대는 가축화할 수 있는 것이 아니라 수렵의 대상이었다. 곡물과 가축은 백인들이 유럽으로부터 가져온 것이었다. 그러면서 이들은 자연스럽게 절제하는 생활을 하고 나눔의 미덕을 갖는 생활을 하였다. 자연 속에서 동식물을 음식으로 채집하거나 수렵해서 나눌 때도 꼭 필요한 만큼만 취하며, 동물은 늙고 약한 것을 취했다. 강한 것은 계속 번성해야 하기 때문이며, 이것이 지연의 섭리라고 생각했다.

아메리카 인디언의 전통 중의 하나로 '포틀래치(potlach) 문화'라는 것이 있는데, 이는 남에게 얼마나 많은 선물을 했느냐에 따라 사회적 지위와 계급 신분이 결정되는 풍습으로 호혜적인 선물문화를 가리킨다(김성환, 2004).

셋째, 신성한 침묵과 명상이다. 아메리카 인디언들은 대지의 혼과 하나가 되어 살아가는 것이 습관화되어 있다. 이는 말이나 행동에 있어서 자연의 소리에 귀를 기울이고 자연과 대화하고 자연을 더 깊이 느끼며 살아가는 생활이다. 자연과의 마음의 조화는 '침묵'을 통해서 표현된다. 이들은 말보다는 생각이 먼저라고 본다. 슬픈 일이 닥치거나 누가 병에 걸렸거나 누가 죽었을 때 침묵하는 것을 잊지 않는다. 말보다 더 강한 힘을 가진 것이 침묵이라고 생각하기 때문이다.

이들은 사람에게는 두 개의 마음이 있는데, 하나는 육신의 삶을 사는 마음이고 또 하나는 영적인 마음이라고 한다. 육신을 생각하는 마음은 먹고 입고 잠자고 짝짓기를 하는 일이다. 그러나 영혼의 마음은 자연을 묵상하고 영혼을 생각하는 영적인 문제에 대해서 생각하고 사는 것이다. 사람이 육적인 마음에 매몰되어 있으면 영혼의 크기가 히코리[3] 알만큼 작게 쪼그라들고, 이렇게 되면 죽은 인간이나 다름이 없다는 것이다.

이들의 눈에 비친 서구 문명인의 삶은 문명화된 속도만큼이나 순수의 빛을 잃었다고 보고 있다. "문명인의 삶은 남을 희생시켜 자신의 이익을 얻는 것으로 이루어져 있다. 또 그것을 아무렇지도 않게 생각한다. 문명인은 자신들이 대단히 앞선 문명을 갖고 있다고 여긴다. 기술적인 면에서는 그럴지도 모른다. 하지만 우리가 갖고 있는 문명의 기준에서는 그들은 훨씬 뒤떨어진 문명을 살고 있다. 그들은 기본적인 진리조차 깨닫지 못하는 사람처럼 보인다.

삶의 기본 진리란 남을 해치지 않아야 한다는 것이다. 여기에는 사람뿐 아니라 모든 형태의 생명이 포함된다. 자신의 이익을 위해 남을 간섭하고 통제하고 지배하지 않는다는 뜻이다. 모든 존재는 그 자신의 방식으로 그 자신의 삶을 살아갈 권리가 있다. 모든 존재는 고귀한 것이고, 또한 생의 목적을 가지고 있다. 그 목적을 실현하기 위해서 스스로 자기를 다스리는 힘이 필요한 것이며, 그것이 곧 영적인 힘이다(류시화 역, 1994)."

그래서 아메리카 인디언 중에서 체로키족은 자연 속에 명상을 하는 자기만의 비밀장소를 가지고 있다. 그리고 그들의 아이들에게 평원이나 삼림 속에서 홀로 있는 시간을 자주 갖도록 한다. 적어도 열흘씩 먹을 것을 가지고 사람과 멀리 떨어진 곳에서 자신의 목소리에 귀를 기울이는 자기확인의 과정을 갖곤 한다. 이를 통해서 순수함과 겸허함을 배우고 전사의 품성을 기른다.

따라서 아메리카 인디언들은 교육을 자연으로부터 배우는 것이라고 보고 있다. 자연 속에서 묵상하며, 자연 속에서 정령의 소리에 귀 기울이고, 대지의 무한한 품성을 몸속에 품을 때, 아이들은 성년식을 하고 어른이 되며 공동체를 수호할 수 있는 전사가 된다고 보고 있다.

3) 라다크의 맑은 미소와 오래된 미래

작은 티베트라 불리는 라다크(Ladakh)는 보통사람들은 어디에 붙어 있는 땅인지도 잘 모른다. 인도의 북쪽 히말라야 산맥의 서북부에 위치한 라다크는 그 중심지인 레(Leh)가 해발 3,500미터가 넘는 고원이고 6,000~8,000미터 영봉들이 만년설을 이고 "파란 하늘을 찢는 히말라야처럼 절박한 기운이 넘치는 땅(최용건, 2004)" 이다. 1년 중 4개월만 농사를 지을 수 있고, 8개월은 얼어붙는 추운 곳이며, 눈 녹은 물의 양만큼 마을의 크기가 정해지는 고산기후 지대다. 라다크는 A.D. 950년부터 1834년 힌두족의 침략을 받기 전까지는 독립된 왕국을 이루어 왔고, 인도와 티베트를 잇는 고갯길에 위치하고 있으나,[4] 지금은 주민의 종교적 구성에 따라 절반은 인도에 속하고 절반은 파키스탄에 속하는 분단된 지역이다.

이와 같은 라다크가 우리에게 알려진 것은 스웨덴의 여성학자 헤레나 노르베리-호지(Helena Norberg-Hodge)의 『오래된 미래-라다크로부터 배운다』(헬레나 노르베르-호지, 1996)라는 책이 나온 덕분이다. 그녀는 라다크에서 16년간 생활하면서 이 유서 깊은 공동체에 대한 생생한 기록을 내놓았다. 여기서는 주로 그 기록에 의존하여 영혼의 건강성이 살아 숨 쉬는 라다크 사회를 들여다보기로 한다.

그녀가 전하는 라다크 사회는 "인간사회의 구조가 한편은 땅과의 긴밀한 유대를 이루고, 활발한 참여적인 민주주의를 키우며, 다른 한편은 튼튼하고 생명력 있는 공동체, 건강한 가족, 남성과 여성 간의 보다 큰 균형을 유지해 가는" 사회이며, "마음의 평화와 삶의 기쁨을 누리는 것을 타고난 당연한 권리라고 생각하는" 사람들이 사는 곳이며, 특히 그녀가 보고하는 이곳은 "공동체와 땅과의 긴밀한 관계가 물질적인 부나 고급 기술과는 비교도 할 수 없이 인간의 삶을 풍부하게 할 수 있다는 것" 이다. 한마디로 현재 산업사회의 물질문명과는 다른 삶의 길이 가능하다는 것을 확신시켜 주는 사회라고 하였다. 이를 좀 더 세부적으로 나누어 특징을 살펴보면 다음과 같다.

첫째, 땅과 함께 살며 일과 놀이가 한데 어울려 행복하게 노동하며 사는 삶이다. 파종기에는 승려들이 경을 읽고 축복을 하는 가운데 노래하면서 씨를 뿌리고, 추수는 곧 축제행사다. 늙은이, 젊은이, 남자, 여자들이 한 줄을 이루어 낫으로 곡식을 베면서 노래를 부른다. 저녁에는 모여서 노래하고 마시고 춤을 춘다. 긴 겨울은 이야기의 계절이면서 대부분 잔치와 파티로 보낸다. 그래서 라다크 사람들의 얼굴은 티 없이 맑은 미소와 행복한 모습을 띠고 있다.

척박한 고산기후지대에서 이와 같은 행복한 삶이 가능한 것은 검약이 바로 번영의 기초가 되기 때문이다. 이들은 제한된 자원을 아주 조심스럽게 쓴다. 물을 아끼는 것은 물론이고, 옷가지나 무엇이든지 쓰고 나면 버리는 법이 없이 끝까지 재순환시킨다. 땅과 짐승, 인간이 친밀하게 관계를 유지하면서 의식주 문제를 해결하고 있다. 그 결과, 자원이 부족한 곳인데도 놀라울 정도로 자립경제를 유지하는 사회다.

둘째, 라다크 사람들은 놀라울 정도로 건강하고 활기찬 삶을 산다. 신체적으로 거의 모두가 단정하고 적당한 체격을 가지고 있으며, 끝없는 원기로 늙어서 죽는 날까지 활동하면서 산다. 호흡기나 소화불량, 피부병 등이 없는 것은 아니지만 별로 심각하지 않고, 다만 영아사망률이 높은 편이나 그 기간만 지나면 늙어서 죽을 때까지 건강하게 살게 된다. 마을마다 적어도 한사람 이상의 의원이 있는데, 전통적인 방법으로 치료를 하고 존경을 받는다. 샤먼이 불교의식을 행하며, 정신적인 치료를 하기도 한다.

셋째, 전통적인 라다크 마을은 민주적으로 운영되고, 소수를 빼고는 모든 가정이 자기 땅을 가지고 있으며, 빈부의 격차는 거의 없는 사회다. 모든 농부가 거의 완전한 자급자족을 하고 대단히 독립적이므로 공동의 결정을 내려야 할 필요는 별로 없다. 그러나 마을사람들 모두가 계획을 세워야 하는 일은 돌아가면서 한다. 큰 마을은 열 가구씩 단위로 나누어서 대표 한 사람을 마을회의에 보낸다. 이 회의는 연중 정기적으로 열리고 우두머리 '고바'가 의장이 된다. 고바는 보통 돌아가면서 지명된다. 온 마을이 그가 계속하기를 원하면 여러 해를 맡을 수 있지만, 그렇지 않으면 1년 단위로 지명된다. 그가 하는 일은 주로 심판관의 역할이다. 협동이 사회관습으로 제도화되어 있기 때문에 상호의존성에 근거한 공생의 사회를 이루고 있다. 아이들도 일찍부터 책임 있는 일을 배운다.

넷째, 전통적인 라다크는 일처다부제도를 선호하는 결혼제도이고 일부일처제도 있다. 한 여자가 형, 동생과 함께 결혼하여 똑같이 사랑하며 산다. 셋째 동생은 보통 승려가 된다. 세 번째 형제도 결혼을 하는 경우가 있지만 이는 드물다. 결혼한 여자가 아이를 낳지 못하는 경우에 여자의 동생이 그 집안으로 시집을 오는 경우가 많다. 이와 같은 독특한 결혼제도는 라다크의 환경에 적응하기 위한 제도로 발전되어 온 것이다. 자원이 극히 제한된 이곳에서 인구의 통제는 공동체 전체의 생존과도 관계가 있다. 남녀 동등한 적정한 수의 인구를 유지하는 방법은 이부일처제도가 아니라 위와 같은 제도이기 때문이다. 결혼은 일을 하지 않는 겨울에 행해지며, 심지어 몇 주간이나 계속되는 축제행사다. 아기가 태어나도 한 달 동안은 온 마을이 잔치를 벌인다.

아이들은 모든 사람들에게 무조건적인 사랑을 받는다. 그러면서도 아이들은 아주 일찍, 즉 다섯 살만 되면 다른 사람에 대해 책임을 질 줄 알게 된다. 아이들은 제 집단으로부터 분리되는 일이 없고, 어린아이에서 조부모에 이르기까지 모든 나이의 사람들에 둘러싸여, 주고받는 관계의 사슬 속 한 부분으로 양육된다. 노인들도 생활의 모든 분야에 참여한다. 늙어서 혼자 외롭게 허공을 바라보며 사는 노인은 없다. 라다크는 어떤 문화에서보다도 여성들이 강한 지위를 갖고 있다. 여자들은 개방적인 태도로 남자들과 이야기하고 자신감과 위엄을 가지고 있다.

다섯째, 공(空)의 철학을 기반으로 하는 불교적인 삶이 종교적 삶을 이룬다. 지금은 달라이라마가 이끄는 티베트 불교가 중심이며, 이슬람교도 있고 기독교도도 있다. 라다크에서 종교는 생활의 모든 면에, 미술과 음악, 문화와 농업에 깊이 스며들어 있다. 그래서 사람들은 몹시 경건하다. 삶과 죽음에 대한 라다크 사람들의 태도는 무상(無常)함에 대한 직관적인 이해와 그에 따른 집착의 부재에 기초를 두고 있다. 이들은 명상에 영향을 받고 있다.

여섯째, 마지막으로 종합해 보면 라다크는 삶의 기쁨을 누리고 있는 사회다. 이들은 억누를 수 없는 기쁨을 소유하고 있다. 그들의 기쁨은 너무도 확실하게 자리잡고 있어서 잘 흔들리지 않는다. 라다크에서 조금만 지내면 전염성이 강한 그들의 웃음에 감염되고 만다.

물론 이들에게도 슬픔이 있고 문제도 있다. 그들도 병이나 죽음에 직면하면 슬퍼한다. 그러나 정도의 문제다. 불안과 공포로 채색되어 있는 산업사회의 슬픔과 불안과는 전혀 다르다. 라다크인들은 확장된, 포괄적인 자아개념을 가지고 있다. 이들은 정서적으로 건강하고 안정된 사람들이다. 이것은 그들이 가지고 있는 세계관에서 나온다. 그 가장 중요한 요인은 자신이 훨씬 큰 어떤 것의 한 부분이며, 다른 사람들과 자신이 뗄 수 없이 연결되어 있다는 느낌이라고 헬레나 노르베리-호지 여사는 확신하고 있다. 이들은 땅에 속해 있고, 삶터에 결속되어 있다. 이들의 보다 큰 자아개념은 사람들 사이의 긴밀한 유대와 관계 있다. 이들은 상호의존적인 공동체에 속해 있다.

라다크 사람들은 산업사회의 사람들보다 정서적으로 덜 의존적이다. 이들이 놀라울 만큼의 평정을 유지하고 있는 것은 집착에서부터 상당히 벗어나 있기 때문이다. 그러나 그들의 만족과 마음의 평화는 내면에서 온다. 그들과 주위와의 관계가 내면의 평정과 만족감을 키우는 데 도움을 주기 때문이다.

전통적인 라다크 사회와는 달리 지금은 산업문명이 상당한 변화를 초래하기는 했지만, 2003년도 최용건 화백의 방문기를 보면(최용건, 2004) 아직도 오지에서는 상당한 전통문화의 향기를 간직하고 있다고 전해진다. 이러한 라다크 사회와 비교해 볼 때 서구문화가 갖는 문제점은 다음과 같다. 첫째, 서구인들은 공동체 감각을 거의 잃어버렸다. 둘째, 라다크 사회의 좀 더 넓은 자아개념에 비해 서구문화는 좁은 개인주의에 매몰되어 있다. 셋째, 긴밀하게 짜인 라다크의 인간관계들은 사람을 자유롭게 해 주는 것으로 서구 자유의 개념을 다시 생각하게 해 준다.

이상의 라다크인들의 삶을 살펴볼 때 이들이 이해하고 있는 교육이란 삶과 분리되어 있지 않다. 어려서부터 일을 배우고, 함께 춤추며 놀고, 그리고 공동체의 일원으로 한 몫을 담당하며 책임감을 키워 나간다. 일과 놀이와 공동체의식이 삶과 교육 속에 통일되어 있는 이들의 삶은 노동과 오락과 가치관 교육을 각각 따로 하고 있는 우리 사회의 삶과 교육에서 성찰해 보아야 할 중요한 지점이다.

세 문화의 삶에 비추어 본 근대 학교교육의 성찰

"현대 산업사회는 광신적인 종교집단이나 다름없다. 우리는 지구상의 온갖 생명시스템을 먹어치우고 독살하고 파괴하고 있다. 우리 아이들이 도저히 감당할 수 없는 차용증서에 우리가 서명하는 셈이다. …… 우리는 이 지구상에 마지막 세대라도 되는 양 제멋대로 행동하고 있다. 나의 가슴 속에, 마음 깊숙이, 자신의 비전 한 가운데 근본적인 변화가 없다면 지구는 숯처럼 검게 그을려 황막한 금성처럼 종말을 맞게 되리라(Jose Antonio Lutzenberger, 전 브라질 환경장관)."

1) 근대 학교교육의 성격과 문제점

근대 학교교육은 시민혁명을 통해 발생한 근대 국민국가(Nation State)와 함께 발생했고, 산업혁명을 통해서 확대되었으며, 제국주의 정책과 함께 변질되어 오다가, 오늘날은 탈산업사회를 맞이하여 새로운 변화를 요구받고 있다. 많은 학교가 그러한 변화에 부적응 현상을 보이고 있는 것이 저간의 현실이다. 그와 같은 근대 학교교육은 출발할 때부터 지금까지 일관되게 다음과 같은 세 가지 공통된 특성을 가지고 있다.

첫째는, 통일성(uniformity)이다. 봉건사회에서 부르주아 혁명을 통해 국가권력을 장악한 시민계급은 근대국가를 강화시키기 위해서 무엇보다도 규범의식과 사고방식 및 지식체계의 통일을 필요로 했다. 그래서 근대 학교교육은 학교의 형태와 교실의 형태, 학생들의 교복 및 두발의 통일, 수업시작과 종료, 교과서적 지식 등이 통일되어 있다. 똑같은 내용을 같은 시간에 똑같이 훈련받은 교사에 의해서 가르침을 받는 통일된 행위가 근대교육이었다. 그러한 통일성은 절대군주제가 무너진 바탕 위에 근대국가를 수립하고 정착시키는 데에 매우 중요한 일이었다. 뒤르켐(Durkheim, E.)이 학교의 이러한 기능을 사회화(socialization)라고 정의했듯이, 근대국가가 목표로 하는 이념과 가치관을 내면화시키는 학교는 근대국가를 안정시키고 발전시키는 데 중요한 역할을 했다.

둘째는, 보편성이다. 근대국가는 시민혁명이 표방한 이념, 즉 개인의 불가침적인 권리로서의 자유와 평등사상을 전 사회의 보편적인 사상으로 전파시키는 역할을 했다. 그것은 봉건사회, 혹은 그 이전의 다양한 가치관을 근거로 하는 사상을 더욱 폭넓게 성찰하고 일반적인 생활가치로 받아들이게 하는 거대한 힘을 가지고 있었다. 학교교육은 자유와 평등의 기초개념을 배우고 연습하는 중요한 장이었다(김신일, 1976: 152-156).

셋째는, 경쟁의 원리다. 근대 시민혁명의 사상이 개인을 발견하고 개인의 자아발견과 능력개발을 통해서 사회와 국가발전에 활력을 가져온 것은 역사적인 사건이었다. 그것은 개인 간의 권리에 상응하는 의무와 책임이 중요하다는 것을 의미하며, 또한 성실한 노력을 통해서 개인 간의 경쟁이 발생하게 된다는 뜻을 포함한다. 선의의 경쟁은 개인과 국가를 발전시켰고, 이 경쟁의 원리는 학교교육에도 관철되어 학교는 개인 간 학습경쟁의 장이 되었다.

그러나 이러한 학교교육이 갖는 통일성과 보편성, 그리고 경쟁의 원리가 산업화를 거치고 산업화가 전세계적으로 전면화하는 제국주의 단계에 이르러서는 초기의 학교교육이 갖는 성격이 변질되었다. 학교교육이 갖는 보편성과 통일성은 산업화가 먼저 일어난 서구 국가들이 산업화로 인해 동원 가능했던 물적, 인적 자원을 기반으로 산업화되지 않은 사회들을 공격하여 식민지로 삼아 시장으로 편입시켰다. 그러한 과정에서 학교교육은 확대되고, 또한 식민지를 문화적으로 본국에 동화시키는 역할을 수행하게 되었다. 이 과정에서 학교교육의 통일성은 획일성으로 변하고, 보편성은 서구적 가치관을 보편적인 것으로 간주하고, 그외의 다양한 문화적 가치는 보편성을 갖지 못하게 된다. 또한 학교교육이 갖는 개인 간의 경쟁은 산업사회의 지위분배를 위한 선별장치(Parsons, 1971)로 변하게 된다.[5]

이와 같은 근대 학교교육의 변질은 산업사회가 서구적 합리주의, 이성주의에 기반을 두고 근대성의 왜곡을 가져온 것과 그 궤를 같이하는 것이다. 따라서 근대 학교교육은 이제 탈산업사회에서 새로운 재편을 요구받고 있다(한명희, 2003).

이러한 근대교육의 문제점은 이제 21세기 새로운 시대를 맞이하여, 획일성은 다양성과 창의성으로, 서구식 합리주의적 보편성은 개별성, 특수성, 전체성의 조화와 통일로 변화시키는 것이 요구되고 있으며, 무한경쟁으로 내몰려 비인간화되고 있는 학교교육을 느리고 작은 것을 소중히 하고 생명, 정의, 평화가 살아 숨 쉬는 것, 약자에 대한 배려, 화합 등의 덕목으로 대체하는 것이 교육적으로 매우 중요해졌다.

2) 세 문화에 비추어 본 근대교육의 성찰

(1) 세 문화의 공통점과 차이점

앞에서 분석해 본 영성이 살아 움직이고 있는 지역들이 갖는 공통점과 각각의 독특한 차이점을 분석해 보면 다음과 같다.

우선, 세 지역이 공통적으로 갖고 있는 가장 두드러진 점은 영적인 생활이 사회 모든 부분의 전면에 드러나고 있다는 점이다. 영적인 생활을 한다는 것은 현대사회와 비교해 볼 때 고도의 정신적인 만족과 내면적인 평화를 추구하고, 또 상당한 정도의 행복과 평화를 달성하고 사는 삶이라는 것이다. 티베트인이나, 라다크인, 심지어는 멸종위기에 놓여 있는 인디언이 현대인보다 마음의 평정을 누리는 생을 살고 있다는 점이다.

둘째, 이들 지역의 생활이 자연과 밀착되고 자연과 일체감을 갖고 있으며, 현대인보다는 포괄적인 자아개념을 갖고 있다는 점이다. 세 지역은 모두 산업화가 아직 제대로 진행되지 않았거나, 산업화가 진행될 만한 자연적 조건이 갖추어지지 않은 곳이다. 오히려 그래서 다행인지 모르지만, 산업화가 되지 않은 사회는 그 삶이 보다 자연과 밀착되어 있고, 자연과 인간에 대한 나름대로의 세계관이 확고하게 서 있다는 것을 알 수 있다.

셋째, 주로 라다크의 생활에서 분석되었지만 세 지역의 삶은 모두 일과 놀이, 그리고 학습이 분리되지 않고, 육체적으로나 정신적으로 현대인들보다 행복지수가 훨씬 높은 생활을 하고 있다는 점이다. 또한 이들 지역에서 노동하는 삶은 산업사회에서 나타나는 노동소외가 일어나지 않는 건강한 삶이다. 현대 산업사회에서 볼 수 있는 각종 질병이나 정신적 불안이 오히려 적게 나타나고, 늙어 죽을 때까지 건강하게 산다. 그리고 열악한 자연환경을 노동으로 극복하고 자립적인 생활을 하고 있다는 것을 알 수 있다.

다음 세 지역이 갖는 각각의 독특한 특징을 분석해 보면, 티베트에서는 『티베트 사자의 서』가 전하는 바와 같이 죽음과 그 이후의 삶에 대해 놀랄 정도로 자세하게 그 철학과 정교한 방법론을 발전시키고 있다는 점이다. 그리고 아메리카 인디언의 삶에서 보면 이들이 인간과 자연을 보는 철학은 '대지는 어머니' 라는 말에서 보여지듯, 모든 생활 속에 깊이 배어 있다는 점이 두드러진다. 마지막으로, 라다크의 생활은 영적이고 자연과 밀착되어 있기도 하지만 그들의 '건강한 맑은 미소' 는 일과 놀이, 그리고 학습이 결합되고 통일되어 있는 특징에서 나온다는 것을 알 수 있다. 즐겁게 일하고 건강하게 오래 사는 라다크의 생활은 방문하는 사람들에게 놀라움을 자아냈다.

교육적 측면에서 세 문화가 갖고 있는 특성을 정리해 본다면 티베트인들은 나서부터 죽을 때까지, 아니 죽음 이후 환생에 이르기까지 마음의 본성을 찾기 위해 스승을 만나 마음공부를 한다. 교육이란 영적인 삶을 배우는 일이다. 아메리카 인디언들은 자연(대지)의 품성을 체화시키는 것을 교육이라고 보고 있다. 그러므로 교육은 누가 가르치는 것이 아니라 스스로 자연 속에서 터득하는 것이다. 자연 속에서 자연의 품성을 배워 공동체를 지켜 나가는 훌륭한 전사가 되는 것을 가장 중요한 교육의 목표로 삼고 있다. 라다크의 삶 속에서 교육은 노동과 놀이와 공동체의식이 통일되어 있는 모습으로 볼 수 있다. 굳이 분석하자면 이렇게 구분될 수 있으며, 사실상 세 지역의 문화는 각각의 특징을 모두 공유하고 있기도 하다. 영적인 삶과 자연 속에서 배우는 품성, 삶과 교육이 통일되어 있는 삶은 우리의 근대교육을 성찰하고 방향을 설정하는 데 중요한 실마리를 제공한다. 다음에서 그중 몇 가지를 짚어 보고자 한다.

(2) 영적인 삶과 영성교육의 중요성

앞에서 살펴본 세 문화에서 근대교육이 성찰해야 할 가장 중요한 것은 영성교육을 학교교육에서 살리는 일이다. 교육에서 영성교육을 살리는 문제는 학교교육의 본질을 찾는 일이다. 중세의 종교가 도그마화되어서 인간의 본질적 측면인 영성, 혹은 종교성을 오히려 제약한 데서 근대 시민혁명의 사상은 세속화된 형태로 보편적인 가치를 표현한 것인데, 이는 인간이 가지고 있는 영성 · 종교성을 부정하기 위한 것은 아니었다. 그러나 서구의 이성주의, 합리주의, 과학주의 세계관을 중심으로 근대국가들은 근대화를 추진하면서 영성이라는 인간의 본질적 측면을 중세에 인간의 자유와 평등을 억압하던 종교적 도그마로 취급하여 이를 통째로 버리게 되었다. 그 결과, 근대화는 인간의 정신적 문명을 상실하게 되고 물질문명에 매몰되어 오히려 문명적 위기를 초래하게 된 것이다.

영성 · 종교성의 회복은 이성주의 혹은 합리주의 인간관을 넘어서 인간의 감성과 직관, 종교성의 영역으로 인간 이해를 확장하는 것이므로 근대교육은 이 부분에 대한 교육적 성찰 없이는 제대로 설 수 없다. 영성의 문제는 인간이 가지고 있는 초월성을 추구하고 인간과 우주 자연에 대한 합일의식에 도달하려는 노력이다. 초월성은 사람이 죽은 후에 간다는 사후의 문제, 혹은 현실을 넘어선 먼 궁극적 존재로서의 초월을 말하는 측면도 있지만, 그것보다는 '지금, 여기' 에서 나의 휘둘린(예속적인) 감정을 있는 그대로 직관하고 초월함으로써 바른 세계관을 가지고 올바른 삶을 사는 것과 관련된다(Eckhart Tolle, 1997). 교육을 통한 지성계발의 필요성은 인정하나 감성, 영성 · 종교성, 도덕성의 계발이 그 못지않게 중요하다는 인식은 교육적으로 이미 충분히 인식되고 있으나, 이를 제도교육의 틀 내로 진입시키는 데는 성공하지 못하고 아직 부차적인 교육과정(extra curriculum) 수준에 머무르고 있는 것이 근대교육의 문제점이다.

인지적 학습을 중심으로 하는 근대교육이 종교성 · 영성교육과 거리가 먼 것을 극복하기 위해서는 우선 인간의 감성을 계발하고 다른 사람의 가슴에 귀를 기울이는 삶을 사는 것이다. 그런 의미에서 요즈음 감성교육을 강조하는 것은 영성교육에 한 발짝 다가가는 것이다. 그리고 영적 생활을 한다는 것은 정신적인 문제만이 아니라 육체적인 삶도 먹는 것에서부터 입고 잠자는 기초생활이 영적으로 되어야 한다는 것을 의미한다. 산업사회의 식생활이 동식물을 대량사육(大量飼育)하여 대량살육(大量殺戮)하는 상황이 되고 있고, 그로 인해 생태계의 파괴와 각종 질병을 유발하는 식생활이라면 이것을 고치는 데서부터 교육이 일어나야 한다. 입고 잠자는 일도 검소하고 자연친화적이어야 함은 그것이 바로 영적인 생활이기 때문이다. 우리는 앞의 세 문화를 들여다보면서 배울 수 있는 너무나도 많은 성찰거리를 발견하게 된다.

(3) 특정 학령에 대한 지식중심 교육에서 평생교육, 혹은 생애 전체를 관철하는 삶의 교육으로

현재의 학교교육은 특정 학령아동(학생)을 대상으로 하는 산업사회의 사회화 프로그램이다. 산업사회는 산업생산을 가장 효율적으로 하기 위해 유아기, 학령기, 청·장년기, 노년기로 나누어 유아기와 학령기는 청장년기의 노동력의 효율성을 위해 준비하는 기간이고, 노년기는 힘든 청·장년기를 견디기 위한 휴식기로 전제되고 있다.[6] 이것은 요즘 평생학습사회에서 논의되는 학습의 이론과도 맞지 않는다. 학습(learning)은 특정 연령에만 필요한 것이 아니라 마치 인간의 육체가 음식을 필요로 하듯이, 모든 연령에서 인간의 정신은 학습을 필요로 한다는 것이다.

공교육 혹은 학교교육은 근대 국가기구가 행하는 행위, 즉 세금을 거둬서 그 중의 중요한 부분을 가지고 사회화 프로그램의 차원에서 학교를 지어 학령아동을 대상으로 하는 사회적응 프로그램을 운영하는 것이 일차적인 목적이다. 그것이 오랫동안 제도화되다 보니까 이 프로그램 속에는 차츰 국가가 직접적으로 필요로 하는 요소, 즉 노동력 확보, 산업사회 적응에 필요한 생활 태도 등을 제외하고는 공교육의 관심대상에서 멀어지게 되었다. 특히 근대국가의 위기가 보편화되면서 이러한 현상은 더욱 심화되었다. 그러나 학교교육은 교육 그 자체, 즉 문화와 삶이라는 본질적 차원의 이해를 통해서 성찰할 필요가 있다.

우리가 인간의 전 생애를 일관되고 통일되게 바라보고 교육하는 제도를 만들기 위해서는 앞에서 분석한 세 문화에서 바라보는 교육관에서 많은 것을 배울 수 있다. 이 점은 특히 티베트의 전통에서 대단히 깊이 있는 통찰을 보여 주고 있다. 『티베트 사자의 서』에서 얘기하고 있는 삶과 죽음을 하나의 통일된 연속체로서 4단계를 거쳐서 순환한다는 관점은, 살아 있는 삶을 다시 학령기로 쪼개서 그 기간에만 학습을 하는 기간으로 사고하는 근대 학교교육의 편협성을 여실히 드러내 주고 있다. 이러한 관점은 평생교육론의 지평을 훨씬 넓혀 주는 계기가 될 수도 있다.

(4) 생사일여(生死一如), 자연 우주와의 합일의식을 통한 확장된 자아의식 추구

근대교육은 삶의 문제도 제대로 다루지 못하고 있지만, 교육은 삶과 죽음의 문제를 총체적으로 다루어야 삶의 문제도 제대로 이해할 수 있는 교육이 된다. 이를테면 우리가 먹는 음식이 다른 생명의 생체세포를 파괴하는(죽이는) 행위며, 다른 존재의 생명을 소화시켜(죽여서) 나의 생명을 지속시키고 있다(살리고 있다)는 것은 우리의 일상생활에서 삶과 죽음이 일상적으로 결합되어 성립되고 있다는 것을 말해 주고 있다. 이와 같은 통찰은 나(我)와 자연 및 우주(他者)와의 관계를 통일적으로 바라보는 자아의식의 확장을 가져오므로 우리가 세계와의 관계적 생애관을 확립하는 데 대단히 중요하다. 근대교육은 이성주의의 한계에 머물면서 우리의 의식을 좁은 자아의식으로 매우 축소시켜 왔으며, 감성과 직관을 통한 세계와의 교류를 차단시키는 교육을 해 왔다고도 볼 수 있다. 감성교육과 영성교육은 인간의 확장된 의식을 통해서 자연과 우주와의 합일의식에 도달하고 삶 전체를 총체적으로 바라보는 확장된 자아의식을 키우는 일이다(wilber, 1979).

티베트와 라다크에서의 영적 삶은 불교의 우주관에 따라 윤회하는 생이 절대적인 각성에 이르기까지 수행하는 삶을 사는 것이다. 따라서 교육은 수행과 떨어져서는 제대로 이루어질 수 없다고 보고 있다. 인디언의 삶은 사람과 자연이 마치 어머니나 형제들이라고 생각하는 자연과의 합일의식에 도달하고 있다. 육체적인 삶에 집착하는 것은 영혼을 축소시키는 삶이라 여기고, 조용한 곳에 나가 자기 자신을 들여다보는 생활을 갖는 것은 자연 속에서 영혼을 개발하는 중요한 교육적 의미를 갖는다고 볼 수 있다. 이와 같은 확장된 자아의식은 공동체 의식이 되고 공동체 속에서 자기 정체성을 확립하는 토대가 된다.

(5) 행복한 삶과 삶 속에서의 행복한 교육 추구

라다크의 『오래된 미래』에서 우리가 관찰할 수 있는 것은 놀라울 정도로 건강하고 즐거운 생활을 한다는 점이다. 그런 척박한 땅에서 행복이 넘치는 생활을 한다는 것이 산업문명 속에 사는 사람들에게는 도저히 믿기지 않는 일처럼 보인다. 그러나 그것은 생생한 사실의 기록이다.

라다크 생활의 큰 특징은 일(노동)과 놀이(축제)가 항상 결합되어 있는 것이다. 씨를 뿌리면서도 노래하고 춤추며, 추수를 할 때도 노래하고 축제를 한다. 결혼을 할 때도, 아기가 태어나도 며칠씩 노래하며 춤춘다. 8개월이나 지속되는 긴 겨울은 아예 창(라다크에서 만든 맥주)을 마시며 즐기는 생활을 한다. 노동요가 매우 발달해 있으며, 노동하는 삶이 곧 건강을 가져다준다. 일을 배우고 지혜를 전수하는 학습은 생활 속에 녹아서 이루어진다.

이러한 삶은 산업화, 도시화가 진행되기 전의 우리의 농경사회에서도 많이 볼 수 있었던 것이다. 그래서 행복지수로 볼 때 산업사회가 농경사회보다 행복한 사회가 되었다고 단정하기는 어려운 것이 요즘 산업문명비판론이다. 그러나 이러한 문제를 거론하는 것이 다시 농경사회로 돌아가자는 것은 아니다.

생산노동과 교육의 통일을 제도적으로 접근하는 것은 마르크스주의 교육체제나 노작교육에서 찾아볼 수 있다. 노동하는 인간(homo-faber)은 육체와 정신이 고루 발달한 공산주의적 인간상을 구현하는 이념적 표상이기는 하나, 마르크스주의 교육은 여전히 자연을 개발하고 착취하는 근대 이데올로기의 한계 속에 있었던 게 사실이다. 일본 독립학원의 경우, 노동과 학습을 결합시키고 체육교육에서 구기종목을 없앴다. 노동과 학습이 분리되면서 나타난 과목이 구기종목이므로 이는 건강한 체육교육이 될 수 없다는 관점이 들어 있는 것이다. 그리고 학생들의 교육은 표현과 발표를 전제로 했을 때 훨씬 생동감이 있다. 표현에 흥을 가하면 곧 놀이와 학습의 결합이 된다. 일과 놀이와 학습이 결합된 교육은 분명 행복지수가 높은 삶이고 교육이다.

행복이란 좋은 느낌을 말하는 것이고, 그것은 외적인 만족감과 동시에 내면적 평화를 전제로 할 때 가능하다. 그리고 행복은 지족(至足)하는 삶[7]이 전제될 때 도달 가능하다(용타, 1997). 라다크의 생활은 지족하는 삶의 모습을 보여 준다. 그리고 티베트의 종교는 내면적 평화(평정)를 추구하는 노력이 세계에서 가장 앞서 있다고 볼 수 있다. 인디언에게는 확장된 공동체의식이 행복을 추구하는 열쇠가 되고 있다. 이렇게 앞의 세 문화가 도달하려는 행복추구의 원리는 '행복한 학교'를 만들자는 요즈음의 학교개혁에 참고할 만한 목표가 된다.

맺는 말

근대사회는 분명 인간의 자유를 신장시켜 온 역사를 가지고 있다. 그 첫 번째 공헌은 경제적 자유를 신장시킨 점이다. 중세사회가 아직 자연에 예속되고 물질적 궁핍에서 벗어나지 못하고 절대적 빈곤상태에 있었기에 과학기술의 발달을 토대로 한 산업화가 경제적 자유를 신장시킨 점은 높이 평가될 수 있다. 물론 아직 상대적 빈곤문제, 즉 빈부격차 문제를 오히려 악화시켜 물질적 풍요가 반드시 다수의 행복을 신장시킨 것이냐는 반론은 있지만, 총체적으로 경제적 자유가 근대화를 통해서 신장된 것은 사실이다. 그러나 21세기의 탈산업사회에서도 인적자원 개발이라는 틀 속에 교육을 묶어 두고 있는 것은 경제적 자유주의의 한계 속에 교육을 가두고 있는 것이다.

근대사회가 정치적 자유를 신장시켜 온 것도 인류의 역사상 중요한 발전이다. 왕권신수설을 인민주권론으로 맞서 봉건 절대왕정을 무너뜨리고 민주적인 정치제도를 확대시킨 점은 근대사회의 중요한 공헌이다. 대의제 자유민주주의 정치제도의 확립과 일반화, 제국주의적 예속으로부터의 식민지의 해방, 전체주의의 극복, 실질적 민주주의의 달성을 위한 민주정치의 발전도 매우 중요한 근대사회의 발전이라고 볼 수 있다. 소수자 그룹(minority group)의 정치적 권리와 인권의 문제는 아직 많은 노력이 필요하지만, 정치적 자유의 신장은 근대사회의 공헌임을 아무도 부정하지 못할 것이다. 그러나 이미 시민의 권리의식이 성장하여 참여를 통한 실질적 민주주의의 요구가 전면화되고 있는 현실 속에서 정치적 민주주의의 실현만 가지고 근대사회의 발전을 기대하기에는 한계가 있다.

지금의 사회는 정신적(영적) 자유주의의 확대를 요구받고 있는 시대다. 이 장에서 분석한 티베트와 라다크, 그리고 아메리카 인디언의 사회는 비록 근대사회(산업사회)를 거치지는 않았지만 근대사회가 안고 있는 문제를 너무나 명료하게 제기해 주고 있다. 그것은 바로 정신적 자유(영적 자유)의 문제다. 경제적 자유주의와 정치적 자유주의를 골간으로 하는 근대사회는 분명 인류의 경제적 · 정치적 자유를 신장시키기는 했지만, 정신적(영적) 자유를 신장시키는 제도를 발전시켰다고는 볼 수 없다. 이 점이 바로 근대사회가 안고 있는 가장 치명적인 약점이며 정신적(영적) 자유의 신장 없이는 정치경제적 자유의 신장조차도 더 이상 진전될 수 없다는 것이 근대사회가 부딪치고 있는 한계다.

우리는 이 장에서 티베트와 라다크, 그리고 아메리카 인디언 사회가 우리의 근대교육의 어떤 부분을 성찰하게 하는지를 살펴보았다. 우리가 원시사회라고 불러 왔던 오래된 삶의 전통으로부터 준엄한 꾸지람을 듣고 있다는 느낌이다. 근대교육이 다시 태어나려면 적어도 좁은 인간중심주의를 극복하고 인간과 자연과의 화해 및 그 통일성을 기반으로 하는 세계관 · 인생관이 정립되어야 할 것이다. 근대교육의 혁신은 21세기적 가치가 제도교육 속으로 명백히 자리 잡을 때라야 가능하다는 사실을 확인하게 된다. 인적자원 개발이라는 좁은 교육적 목표가 극복되고 상생(相生)적 관계, 생명 · 생태적 환경의 조성과 지속 가능한 개발, 종교성(영성)이 회복된 전일적 세계관이 기반이 되는 교육체계가 수립되어야 21세기에 맞는 교육체계가 될 것이다.

그러기 위해서는 앞에서 분석했듯이 확장된 자아의식 혹은 공동체의식을 통한 정체성의 확립과 지족하는 삶을 기반으로 하는 행복론의 정립이 급선무다. 이러한 노력을 통해서 근대교육은 사회변화에 성공적인 적응을 할 수 있다. 이를 위해 다음과 같은 원칙으로 근대교육을 재편하고 정비해 갈 것을 제안한다.

첫째, 정체관(正體觀)[8]의 확립이 중요하다. 우선 나는 누구인가? 라는 물음에 명확한 답을 할 수 있어야 한다. 물질적 욕구 충족을 근간으로 하는 산업사회의 자아관은 부정적 자아관이 지배적이다. 부정적 자아관을 지족하는 긍정적 자아관으로 바꾸어 내는 수심이 필요하다. 수심은 더 나아가 긍정적 자아관을 초월적 자아관으로 승화시켜야 확장된 자아의식과 공동체의식에 도달할 것이다.

둘째, 수심(修心)의 차원을 구체적인 교육 프로그램으로 정립하여 제도교육의 내용으로 도입해야 한다. 수심은 종교인들이 하는 전유물이 되어서는 안 된다. 수심이야말로 지금의 학교교육에 포함되어 있는 교사와 학생들이 하루 중 중요한 시간을 투입하여 힘써야 할 과목이 되어야 한다. 수심을 통해 불교에서 말하는 탐 · 진 · 치(耽 · 嗔 · 痴)를 확실히 제거하는 일이 교육내용이 되지 않고는 근대 산업사회의 질곡을 벗어날 수 없을 것이다.[9]

셋째, 내면적 자아관의 확장과 외부세계와의 관계 속에서 구체적인 행복론이 교육철학으로 정립되어야 한다. 우선 행복이 무엇인지, 왜 인간은 행복해야 하는지, 내면적인 행복을 위해서 왜 지족관(知足觀)이 필요한지, 관계 속에서의 행복은 어떻게 달성될 수 있는지, 이런 과제들을 오래된 전통 속에서 찾아내고 구체적 교육현실 속에서 구현해 내는 교육이 필요할 것이다. "교사가 행복해야 아이들이 행복하고, 아이들이 행복해야 학교가 바뀐다."

이상과 같은 주장들은 우리에겐 너무나도 오래된 이야기이며, 동시에 우리의 미래에 반드시 달성되어야 할 과업인 것이다.

Chapter2 주

1 현재 티베트 망명정부를 이끌고 있는 제14대 달라이라마인 텐진 갸초가 거주하는 인디아의 다름 살라(Dharm Shala)는 1년에도 수만 명이 방문하여 가르침을 받고 있으며, 티베트 불교사상은 동서양을 막론하고 가장 관심을 끄는 사상 중의 하나가 되었다.

2 이 숫자는 지극히 개략적인 추산이지만 근거가 전혀 없는 숫자는 아니다. 백인이 대륙에 진출하기 이전에 아메리카 대륙에 살고 있는 인디언의 숫자를 대략적으로 추산한 숫자가 오천만 명인데, 이들은 라틴 아메리카에서는 스페인, 포르투갈 군대에 의해서 정복당하면서 남자들은 모두 죽이고 여자들은 강간당하여 지금의 혼혈종인 메스티소(백인과 인디언의

혼혈)가 일반적인 인종이 되었고, 미국, 캐나다 등지의 인디언 부족은 거의 멸종되었기 때문이다.

3 히코리(hikory)는 가래나무 과 카리아 속에 속하는 견과를 맺는 목재용 나무로 약 15종이 북아메리카 동부지역에 자생한다. 작은 열매가 열린다.

4 라다크라는 이름은 티베트어로 라-다그스, 즉 '고갯길이 있는 땅' 에서 나온 것으로 전해진다.

5 학교교육의 통일성은 자본주의 산업경제가 확대되면서 규격화된 대량상품 생산을 위한 규격화와 이를 기반으로 하는 국가 간의 경쟁을 위해 학교교육이 동원되면서 획일화되었다. 특히 후발 자본주의 국가들의 전체주의적 성격이 학교교육의 획일화를 가속화시킨 점도 크다. 또한 제국주의 정책이 보편화되면서 영어(프랑스어)와 도량형의 통일을 위한 수학이 학교 교육의 주요 과목으로 된 것도 제국주의 정책이 학교교육의 보편성과 획일성을 가속화시키는 과정에서 정착된 것이라고 볼 수 있다.

6 참고로, 인도에서는 힌두교 정신에 따라 인생의 주기를 학생기, 가주기(家住期), 임서기(林捿期), 유행기(遊行期)로 나눈다. 어려서 스승을 찾아가 교육을 받고, 16세 정도가 되면 집으로 돌아와 가정을 이루고, 돈을 벌어 집안을 일으키는 데 전념한다. 그러다가 4, 50대가 되면 가업을 후손에게 물려주고 숲으로 들어가 명상을 한다. 마지막 단계는 모든 것을 버리고 걸식을 하며 운수(雲水)의 길을 떠나는 것이다(이거룡, 2006).

7 지족(知足)이란 만족할 줄 아는 것을 말하는데, 이 용어에는 석가모니 부처의 가르침이 들어 있다. 석가가 깨달음을 얻고 나서 세상을 보니 부처 아닌 것이 없다고 한 것은 이 세상의 만물은 있는 그대로가 완전함이요, 존재하는 것 자체가 천국인데, 다만 우리의 마음이 이를 보지 못하고 선과 악을 구별하고 있다는 가르침이다. 일체유심조(一體有心造) 사상은 우리의 생활에 적용하여 행복에 도달하기 위한 가르침이라고 이해될 수 있다.

8 동사섭 영성수련단체를 이끌고 있는 용타(龍陀) 스님은 수행의 목표를 삶의 5대 원리를 정립하여 이를 지행득(知行得)하는 것이라고 정리하고 있다. 그것은 정체관(正體觀), 대원관(大願觀), 수심(修心), 화합(和合), 작선(作善)인데, 그중에서 가장 앞서는 것이 정체관이다. 즉, '나는 누구인가?' 에 대한 물음이다(용타, 1997).

9 수심(修心)이란 불교수행의 가장 중요한 과제다. 불교라는 특정 종교의 수행을 제도교육으로 곧바로 도입하는 것은 문제가 있을 수 있으나, 그 원리를 배우는 것은 보편적인 종교의 정수를 배우는 것이므로 중요하다. 수심의 목표는 일차적으로 우리의 마음속에 탐진치, 즉 욕구(욕심), 화내는 마음, 그리고 무지를 몰아내는 것이다. 치심(痴心)은 궁극적으로 우리가 이 세상을 가치판단하고, 나아가서 실체시하는 어리석음을 극복해야 한다는 석가모니 가르침의 정수다. 이와 같은 수심은 꼭 그것이 불교적인 용어가 아니라도 흔히 '마음공부' 라는 이름으로 종교를 초월하여 여러 곳에서 이루어지고 있다. 여기서 불교수행을 사례로

든 것은 이것이 필자가 주로 마음공부에 접근하고 있는 방법이기 때문이며, 그 한 사례로 이해해도 된다고 본다.

| 참고문헌 |

김성환. (2004). 인디언의 자연관. http//web.kunsan.ac.kr

김신일. (1976). 교육사회학. 과학교육사.

로버트 서먼 영역. (2000). 티벳사자의 서 (정창영, 역). 시공사.

시애틀 추장 외. (1994). 나는 왜 네가 아니고 나인가 (류시화, 역). 정신세계사.

소걀 린포체. (1993). 티베트의 지혜 (오진탁, 역). 민음사.

에크하르트 톨레. (1997). 지금 이 순간을 살아라 (노혜숙, 유영일, 역). 양문.

용타. (1997). 마음 알기 다루기 나누기. 대원사.

이거룡. (2006). 힌두교 전통에서 배우는 대안적 교육론. 미래사회와 종교성 연구원세미나 자료집. p.129.

최용건. (2004). 라다크, 그리운 시절에 살다. 푸른숲.

켄 윌버. (1979). 무경계 (김철수, 역). 무우수.

프리쵸프 카프라. (1975). 현대물리학과 동양사상 (이성범, 김용정, 역). 범양사.

한명희. (2000). "변화하는 교육패러다임과 인간상의 문제". 교육사회학회 연차학술대회자료집.

헬레나 노르베리-호지. (1996). 오래된 미래-라다크로부터 배운다 (김태연, 역). 녹색평론사.

황용식. (2004). 달라이라마의 현대적 윤리의 정초에의 접근(1). 인도철학, 20, 191-234.

Vinoba Bhave (2002). 천상의 노래 (김문호, 역). 실천문학사.

Parsons (1971). *The System of Modern Societies*. Prentice-hall

03
종교성 교육과 명상

들어가는 말

우리나라는 참으로 교육열이 높은 나라다. 그럼에도 불구하고 교육의 현실은 실로 암담하다. 현재 우리나라의 초등·중등교육은 겉으로는 전인교육, 건전한 민주시민의식 함양, 창의력 개발 등을 앞세우지만 실제로는 모두 대학입시를 위한 시녀로 전락한 지 오래다. 그렇다면 대학은 제 기능을 다하고 있는가? 대학은 이미 진리를 탐구하는 상아탑이 아니라 취업을 준비하는 직업학원으로 전락하였다.

사실 우리나라 교육문제의 왜곡은 단순히 교육정책이나 교육자의 문제가 아니다. 그것은 근대화 이후 정치경제구조와 사회분위기와 밀접하게 관련되어 있다. 자식을 일류대학을 보내 사회적으로 출세시키는 것만이 교육의 유일한 목적이라고 생각하는 교육철학 부재의 현실 속에서는 대입제도가 모든 교육의 중심이 될 수밖에 없고, 어떤 교육정책도 왜곡될 수밖에 없다.

모든 것이 혼란스럽고 암담하다고 해서 절망할 필요는 없다. 원래 새로운 변혁은 혼돈과 어둠 속에서 나오기 때문이다. 총체적인 위기에 직면했을 때 비로소 더욱 근본적인 대책을 강구하게 된다. 이제 우리는 보다 근본적인 관점에서 우리나라 교육의 여러 가지 문제점을 직시하고 이를 극복할 수 있는 대안을 추구해야 한다.

우리나라 교육의 근본적인 문제에 대해 이야기하려면 근대교육의 한계를 언급하지 않을 수 없다. 왜냐하면 현재 우리나라 교육은 근대 서구교육을 거의 완제품으로 수입한 것이기 때문이다. 근대 서구문명이 세계를 제패하게 되면서 교육 분야 또한 절대적인 위세를 가지고 세계의 교육을 지배하였다. 그러나 근대 서구문명에 대한 반성과 비판이 거세어지면서 근대교육에 대해서도 여러 가지 문제점들이 제기되고 있으며, 근본적인 발상의 전환을 요구하는 목소리가 높아지고 있다.

이 장에서는 근대교육의 한계를 극복하기 위해서 교육에 종교성이 도입되어야 하며, 특히 명상교육의 도입이 필요하다는 것을 주장한다. 대안교육을 주장하는 사람들 중에서 명상의 가치를 주목하는 사람들이 많이 있고, 일부는 이미 명상을 자신들의 새로운 교육체계 속에서 응용하기도 한다. 그러나 아직은 명상에 대한 이해도가 그리 높지 않고, 게다가 명상의 세계가 워낙 넓고 깊기 때문에 특정한 명상법이 부분적으로 조심스럽게 적용되고 있을 뿐이다. 이 장에서는 거시적인 관점에서 종교성 교육이 왜 필요한지, 종교성 교육을 위해서는 왜 명상을 도입해야 하는지, 명상을 교육에 도입할 때는 어떤 부분에 유의해야 하는지를 다루고자 한다.

종교성 교육의 필요성

최근 '영성교육' 이라는 말은 교육계에서 자주 회자되고 있다. 이 장에서는 '영성교육' 이라는 말 대신에 '종교성 교육' 이라는 용어를 사용하고 있는데, 본격적인 논의를 전개하기 전에 먼저 '종교성' 이라는 용어의 의미를 살펴보고, 왜 '영성교육' 이라는 말 대신에 '종교성 교육' 이라는 용어를 사용하게 되었는지에 대해 언급하고자 한다.

'종교성' 이라는 말을 사전적으로 풀이하면 종교적 성향 내지는 종교를 추구하는 성향을 가리키는 말 정도가 될 것이다. 신앙심이 깊은 것을 나타내는 말로 풀이할 수도 있다. 다른 각도로 보면 종교의 본성 내지는 종교적 진리의 본성으로 볼 수도 있다. 이 말은 다양한 종교 속에 나타나는 공통적인 특성을 가리키는 말이다. 그리고 이 둘의 의미를 결합하면 '종교의 본성 내지는 종교적 진리의 본성을 추구하는 성향' 을 가리키는 말이 된다.

세상에는 다양한 종교가 존재하고 있고, 그들이 주장하는 신념체계 또한 무척이나 다양하다. 그들 사이의 스펙트럼이 워낙 넓기 때문에 공통점을 추출하기는 쉽지 않지만, 대략적으로 공통점을 들라면 자아와 세계의 본질과 삶의 궁극적인 가치에 대한 진지한 탐구를 들 수 있다. 그리고 그 탐구는 단순한 철학적 · 사변적 탐구에 그치는 것이 아니라 신념적 · 체험적 차원으로 나아간 것이며, 그래서 강력한 실천력과 전염력을 가지고 있다. 따라서 여기서는 종교성을 '자아와 세계의 본질과 삶의 궁극적인 가치를 신념적, 체험적 차원에서 탐구하고 실천하려는 성향' 으로 정의하고자 한다.

'영성' 이라는 말은 원래 기독교 신학에서 사용되는 용어로서 라틴어의 'spiritualitas' 에서 발전되어 나온 말인데, 물질과 반대되는 '비물질적 본질' 혹은 '내적인 영적 본질' 을 의미한다. 어떤 학자들은 영성과 종교성을 비교하면서 영성이란 종교성이란 말보다 더 큰 의미를 지니고 있으며, 인간 존재와 하느님의 영과의 관계성을 의미한다고 말하고 있다.[1]

종교성의 의미를 단순한 종교적 성향 내지는 신앙심의 정도가 깊은 것을 나타내는 말로 이해한다면 영성이 종교성보다 더 깊은 차원을 말하는 것으로 볼 수 있다. 그러나 종교성의 의미를 좀 더 확대하여 위와 같이 정의한다면 종교성과 영성에는 별 다른 차이가 없고 종교성이 오히려 포괄적인 의미가 될 수 있다.

영성이 인간 내면에 어떠한 특정한 본질이 있음을 상정하는 가운데 그러한 본질 자체와 그 본질을 추구하려는 성향을 의미한다면, 종교성은 특별한 상정 없이 존재의 본질을 추구하고, 아울러 삶의 궁극적인 가치를 탐구하고 실천하는 것을 의미하고 있기 때문이다. 즉, 영성이라는 말 속에는 기독교적인 색채가 이미 상정되어 있기 때문에 다른 종교에 적용하기 어려운 면이 있는 반면, 종교성은 보다 보편적으로 적용시킬 수 있다.

예를 들어, 기독교의 영성을 브라흐만교에서 사용하는 아트만에 대비시키는 것이나, 대승불교에서 사용하는 불성이라는 용어에 대비시키는 것은 그런대로 납득할 수 있지만, 변화하지 않는 궁극적인 실체를 인정하지 않는 남방불교에서는 영성이라는 개념을 적용시키기가 그리 쉽지 않다.[2] 이에 비해 종교성이라는 용어는 궁극적인 진리를 탐구하고 실천하려는 성향이기 때문에 어떤 종교에도 적용시킬 수 있다.

또 한 가지 영성이라는 말에는 인간 존재의 본질을 물질 내지는 육체와 대립적인 존재로 보려는 이원론적 성향이 있다. 필자의 관점에서는 인간 존재의 본질을 육체 내지는 물질세계와 확연히 구분될 수 없는 통합적인 것으로 이해하기 때문에 영성이라는 용어는 인간 존재의 본질을 적확하게 드러내기 어려운 말이라고 생각한다.

이상에서 언급한 이유 때문에 이 장에서는 영성이라는 용어 대신 주로 종교성이라는 용어를 사용하고자 한다. 그렇다면 요즈음 왜 교육에서 종교성에 대한 관심이 증대하고 있는가에 대해서 살펴보자.

근대 서구문명은 확실히 인류의 역사에서 매우 중대한 공헌을 하였다. 과학기술의 발달, 생산력의 증대, 민주주의의 확산 등은 인류의 삶을 근본적으로 변화시켰다. 교통과 통신의 발달로 지구는 하나의 마을이 되었으며, 이제는 안방에 앉아서 개인 컴퓨터와 휴대폰으로 전 세계의 정보를 접할 수 있게 되었다. 뿐만 아니라 최근 활발하게 진행되고 있는 IT, BT, NT 등의 첨단산업이 제시하는 휘황찬란한 청사진은 많은 사람들의 눈을 휘둥그레 하게 만들고 있다.

그렇지만 한편으로는 핵전쟁의 위험, 환경오염 등의 여러 가지 심각한 부작용도 낳았다. 현재 보유하고 있는 핵폭탄만으로도 지구 전체의 생명을 멸절시킬 수 있으며, 지금까지 진행되어 온 환경오염만으로도 머지않은 장래에 치명적인 기후변화 내지는 환경재앙을 초래할 수 있다는 위험성이 제기되고 있다. 그럼에도 불구하고 많은 국가와 기업들이 여전히 서로 경쟁적으로 무기와 상품을 만들고 환경을 파괴하고 있다. 그뿐인가? 생산력의 증대와 다양한 문명이기의 양산으로 인해 물질적 풍요는 크게 증대하였지만, 인간의 정신적 행복에 필요한 주요한 미덕은 날이 갈수록 빛이 바래고 있다. 이로 인해 인간소외문제, 도덕성 타락의 문제 등이 심각하게 제기되고 있다.

이러한 상황 속에서 최근에는 근대문명에 대한 비판과 반성도 활발해졌다. 문명에 대한 반성은 그 속에 담겨 있는 사유체계 및 지식체계에 대한 반성으로 이어지고, 결국 교육에 대한 반성으로 이어질 수밖에 없다.

근대 서구문명의 기조를 이루고 있는 사유체계는 근대 초기의 위대한 사상가인 데카르트(Descartes, R.)와 그 뒤를 이은 위대한 수학자이자 과학자인 뉴턴의 도움에 크게 힘입었는데, 그 주요한 특징은 기계론적 세계관, 원자론적 세계관, 환원주의, 계량주의, 객관주의다.[3] 이러한 사유체계는 교육에도 큰 영향을 미치게 되었는데, 근대 서구교육에서는 객관주의를 중시한 나머지 주관적 내면적 지식을 무시하는 태도, 명료하게 언어로 정의될 수 있는 지식을 중시한 나머지 비언어적 직관적 지식을 무시하는 태도, 이원론적 관찰을 중시한 나머지 주체의 참여 속에서 상호반응을 중시하는 참여적 지식을 무시하는 태도, 환원주의와 계량주의적 방법론을 중시한 나머지 전체와의 유기적 관계성이나 수치적 차원을 넘어서는 통합적 본질을 무시하는 태도를 낳았다.

근대교육의 이러한 태도는 근대교육의 기본적인 목적과 서로 합치된다. 근대교육의 기본적인 목적이 무엇이냐에 대해 교육학자들마다 약간의 견해 차이는 있지만, 대체로 객관적 · 외면적 지식의 습득을 통해 노동의 가치를 향상시키는 것이라고 정의할 수 있다. 물론 근대교육 속에도 도덕성의 함양, 인간성의 발현,

자아실현 등의 목적이 없는 것이 아니지만 그것들은 부차적인 것이다. 근대교육의 가장 중요한 특징은 근대에 접어들면서 새롭게 나타난 자연과학적 지식이나 인문사회과학적 지식을 습득하여 근대 이후에 새롭게 부상한 노동의 가치를 향상시키는 것이었다.[4]

근대교육의 이러한 방향성은 인류의 물질적 능력을 크게 향상시켰다. 문제는 삶의 편리를 도모하는 외면적 · 물질적 능력은 비약적으로 발전한 데 비해 삶의 진정한 가치가 무엇인지, 나아가 인간존재의 근원은 무엇인지를 탐구하는 내면적 정신적 능력은 답보상태에 있거나 오히려 후퇴하고 있다는 것이다. 인류 역사상 물질능력과 정신능력의 괴리가 지금처럼 심각한 적은 없다. 그것은 마치 가치판단능력이 별로 없는 어린아이에게 위험한 무기를 맡겨 놓은 것과 같다. 인류가 다음 세기에도 지구상에 생존하려면 하루 빨리 내면 · 정신적 능력을 키워 외면 · 물질적 능력과 조화를 이루게 해야 한다.

물론, 근대교육에서 인간의 정신적 능력을 강조하지 않는 것은 아니다. 윤리와 도덕은 근대교육에서도 분명히 한 부분을 차지하고 있다. 그러나 그것 또한 지식의 전달을 중시하는 근대교육의 전체적인 분위기 속에서 인간을 실제로 변화시키는 변용적 역할을 제대로 하지 못하고 있다. 또한 근대적 세계관에서의 인간이나 자연에 대한 이해가 매우 제한적인 것도 문제가 된다. 생리학적 · 심리학적 인간을 넘어서는 더 깊은 차원의 영역에 대해서는 관심도 없고, 자연에 대해서도 객관적 관찰의 대상 내지는 착취의 대상으로 바라볼 뿐, 깊은 교감과 조화를 추구하지 않는다. 이제는 좀 더 근본적인 차원에서 인간의 정신적 능력을 향상시킬 수 있는 방안을 모색해야 한다. 종교성 교육이 필요한 것은 바로 이 때문이다.

인류가 발달시켜 온 다양한 영역 중에서 종교만큼 우리의 정신적 능력의 향상에 직접적으로 관련되는 것은 없다. 게다가 종교성 교육은 사실 우리에게 그리 낯선 것이 아니다. 근대 이전에는 종교성 교육이 주를 이루었다. 당시 교육은 지금처럼 객관적, 외면적 지식의 습득이 주된 목적이 아니었다. 문화권마다 약간의 차이는 있지만 대체로 자신의 내면을 성찰하거나 신을 찾거나 우주와의 합일을 추구하는 것이 주류를 이루었다. 즉, 깨달음과 수행을 위한 것이었다. 그리고 주된 방편은 경전에 대한 학습과 명상이었다.

이런 관점에서 볼 때 교육에 있어서 종교성 교육의 도입은 오랫동안 지속되어 왔다가 잠시 잃어버린 전통을 다시 회복하는 것에 지나지 않는다. 그러나 이 회복은 단순히 과거로 되돌아가는 것이 되어서는 안 된다. 근대의 성과를 포용하면서 근대의 한계점을 보완하여 새로운 차원으로 나아가야 한다. 즉, 평면적인 차원의 순환이 아니라 입체적인 차원에서 나선형적 발전을 이루어야 한다.

근대 이전의 세계는 여러 문명권으로 나뉘어져 있었으며 각 문명권에는 그 문명권을 지배하는 종교가 막강한 권력을 행사하고 있었다.[5] 주류 교육 또한 대부분 종교에서 담당하고 있었다. 당시 교육의 수혜자는 소수의 지배계층에 머물렀을 뿐 대부분의 일반백성들은 교육으로부터 소외되어 있었다. 정보와 지식은 권력과 직결되는 것이기 때문에 정보와 지식을 전수하는 교육 또한 소수의 지배세력에 국한될 수밖에 없었다.

근대가 시작되면서 교육의 주체는 종교에서 국가로 넘어왔고, 교육의 대상도 소수의 종교적 수도자에서 일반 시민으로 확장되었다. 본격적으로 공교육이 시작된 것이다. 지금처럼 다양한 정보와 지식이 대중들에게 널리 확산된 것은 분명 근대교육의 큰 성과다. 그리고 그것이 가능하였던 것은 바로 합리주의와 과학기술 덕분이었다는 것을 잊어서는 안 된다. 그러므로 새롭게 종교성 교육을 도입함에 있어서 이 점에 유의해야 한다.

지금의 종교 속에는 근대적 합리성의 한계를 극복할 수 있는 심원한 진리도 담겨 있지만, 근대적 합리성의 기준에도 미달되는 부분도 많다. 고원한 진리를 표방하는 고등 종교에서도 실제로는 현세적 기복주의에서 벗어나지 못하는 유치한 측면을 보여 주기도 하고, 겉으로는 사랑과 자비 등의 보편적 인류애를 표방하고 있지만, 실제로는 편협한 배타주의로 인해 인류평화를 방해하는 부분도 많다. 많은 종교에서 행하는 종교교육 또한 궁극적인 진리에 대한 탐구보다는 도그마화된 교리를 전수하는 데 급급하고, 참된 내적변용보다는 표피적 신앙심을 강조하는 차원에 머무르고 있다.

지금 우리에게 필요한 것은 전근대적인 종교교육이 아니라 후근대적인 종교성 교육이다. 전근대적인 종교교육이 어느 특정한 종교의 교리나 신념체계를 교육시켜 신앙심을 돈독하게 하는 것이라면, 후근대적인 종교성 교육은 어느 특정한 신념체계가 아니라 인간의 내면에 잠재해 있는 궁극적 진리를 추구하려는 성향을 일깨우고 그를 통해 진정한 내적 변용이 일어나도록 인도하는 교육을 가리킨다. 이를 위해서는 종교성 교육에 명상의 활용이 필요하다.

종교성 교육과 명상

최근 사회적으로 명상에 대한 관심이 증대하고 있다. 오늘날 우리가 사용하는 '명상' 이라는 용어는 영어 'meditation' 의 일본식 한역어이고[6], 그것은 원래의 의미인 '곰곰이 생각하는 행위' 를 가리키는 것이 아니라, 동서 문화교류 이후에 새롭게 추가된 의미로서 인도의 힌두이즘과 불교에서 말하는 'Dhyana' 를 가리키는 말이다.[7] Dhyana는 초기 『우파니샤드』 문헌에 최초로 등장한 이래 시기와 문파에 따라 다양한 개념으로 쓰였기 때문에 그 뜻을 일괄적으로 규정하기는 어렵지만, 대체로 시끄럽고 산란한 마음에 대비되는 고요하고 집중된 마음상태와 그에 이르는 수양법을 가리키는 말로 보면 무난할 것이다.

초기에 명상은 인도에서 나온 힌두교나 불교의 정신수련법을 지칭하는 말로 쓰이는 경우가 많았지만, 이제는 의미가 점차 확장되어 불교나 힌두교만이 아니라 전 세계의 다양한 종교와 사상의 수련법을 통칭하는 의미도 지니게 되었다. 전세계 대부분의 고등 종교에는 일상의 의식을 변용시켜 더 깊은 종교적 의식으로 이끌어 주는 수련법이 있다. 유대교의 카발라, 기독교의 관상법, 이슬람의 수피즘, 도교의 단학 등이 있고, 초월적 세계보다는 일상적 윤리를 추구하는 유교

에도 잃어버린 본성을 되찾는 공부법이 있다.[8]

전통적인 종교성 교육에서 가장 큰 비중을 차지한 것은 역시 경전교육이다. 종교마다 경전에 대한 비중이 약간씩 차이가 있기는 하지만 대부분의 종교에서는 경전에 최고의 권위를 부여하였으며, 경전을 익히는 것을 모든 종교성 교육의 기본으로 생각하였다. 얼마나 많은 사상가와 학자들이 자신이 속한 종교의 경전에 주석을 붙이는 것에 심혈을 기울였던가?

이에 비해 명상은 비언어적 교육의 방편으로서 훨씬 더 소수의 사람들에게 전수되는 경향이 있었다.[9] 그래서 경전과는 달리 문자로 남겨진 자료가 별로 없고 문자로 남겨진 경우에도 상징적인 표현이 많아 일반인의 접근이 더욱 어려웠다. 일반인의 명상에 대한 접근이 금지되었던 것은 명상법 속에 금욕이나 특이한 호흡법 내지는 정신집중법이 있기 때문에 일반인들이 함부로 따라하는 경우 여러 가지 부작용을 발생할 수도 있어 그것을 방지하기 위함도 있지만, 종교권력의 독점을 위해, 혹은 명상의 권위를 보호하기 위해 일부러 정보를 제한하였던 측면도 있다.[10]

이렇게 깊은 산중이나 사막의 동굴 내지는 수도원에서만 전수되던 명상이 대중적으로 널리 알려지게 된 데에는 서구인의 공헌이 크다. 20세기 초에 들어 미증유의 세계대전을 겪으면서 근대 서구문명의 한계를 자각한 선구적 지식인들은 그 대안으로 동양사상에 관심을 기울이기 시작하였으며, 특히 비언어적 가르침인 명상에 매혹되기 시작하였다. 20세기 초부터 서서히 서구사회에 알려지기 시작한 명상은 68혁명 이후에 폭발적으로 확산되기 시작하였다. 초기에 힌두이즘과 불교권의 명상에 국한되던 관심이 지금은 점차 유대교, 이슬람교, 기독교, 도교의 명상에까지 확산되고 있다.

초기에 소수의 마니아들을 중심으로 퍼지던 명상이 대중적으로 확산된 데에는 서구 과학의 힘을 무시할 수 없다. 1975년에 출간된 허버트 벤슨(Benson, B.)의 『The Relaxation Response』는 명상수련이 심장박동, 신진대사, 호흡 등을 의미 있는 수준만큼 저하시킬 수 있다는 것을 증명하였는데, 이 책은 이례적으로 폭발적인 반응을 불러일으켰으며, 명상의 심리적 · 생리적 효능에 대한 연구에 불을 지폈다. 이후 한때 뇌파의 측정을 통해서 명상의 효과를 측정하는 것이 유행하더니, 최근에는 기능적 자기공명영상기록(fMRI) 장치를 통해 명상 중 뇌의 어떤 부분이 활성화되고 어떤 부분이 비활성화되는가를 밝히는 단계까지 발전하였다. 최근 출간된 제임스 오스틴(Austin, J.)의 『Zen and Brain』은 명상과 뇌생리학에 관한 저서로서 지금까지 신비에 가려져 있는 최정상의 종교체험에 대해서도 상당부분 과학적인 증명을 하고 있다.

이렇게 명상이 심신의 건강에 도움이 된다는 것이 과학적으로 입증되자, 대중적인 관심도는 더욱 높아졌다. 최근에는 심리치료 분야뿐만 아니라 일반의료 분야에서도 명상을 접목하려는 시도가 활발히 진행되고 있다. 남방불교의 위빠사나 명상법을 응용한 존 카밧진(Kabat-Zinn, J.)의 MBSR 프로그램[11]은 미국의 수천 개 이상의 종합병원과 개인클리닉에서 환자치료에 응용되고 있으며, 최근에는 우리나라의 병원에서도 도입되어 점차 확산되고 있다.

명상은 원래 종교와 함께 발달해 온 것으로 종교성을 함양시키는 것이 주 목적이다. 그 가운데서도 명상은 비언어적 교육수단으로서 종교성 교육의 가장 심층부를 담당해 왔다. 이제는 지식전수 위주의 근대교육의 한계를 극복하여 인간의 변용을 위한 종교성 교육의 필요성을 느끼는 교육계에서도 명상의 가치에 좀 더 주목해야 할 때다. 필자는 명상이 현대교육에 도입되어야 할 이유로서 대략 다음의 세 가지 정도로 들고자 한다.

첫째, 명상은 외향적 · 물질적 가치보다는 내면적 · 정신적 가치의 소중함을 자각하게 만들어 준다. 명상은 기본적으로 눈을 감고 마음을 내면으로 돌리는 것으로부터 출발한다. 눈을 감고 가만히 명상을 해 보면 누구나 어느 정도 마음의 고요와 평화를 느낄 수 있다. 명상 속에는 심신이완의 효과가 있기 때문이다. 사실 서구인들이 명상에서 가장 주목하였던 효과가 바로 이 심신이완의 효과다. 지금까지는 명상이 지닌 심신이완의 효과를 주로 치료적 관점에서 접근하였는데, 이제는 교육적 관점에서 접근할 필요성이 있다. 교육적 관점에서 볼 때 명상의 심신이완의 효과는 내면적 · 정신적 가치의 자각과 관련이 있다. 몸과 마음이 편안해지면서 얻어지는 깊은 고요와 평화는 외면적 · 물질적 가치의 추구에서는 얻을 수 없는 것이다.

가치관 교육은 교육의 중요한 부분 가운데 하나다. 근대 서구문명은 기본적으로 외향적 물질적 가치를 중시해 왔고, 그것은 생산력 증대와 인류복지 향상을 가지고 왔다. 그러나 지나치게 외향적 · 물질적 가치를 중시한 나머지 행복한 삶에 반드시 필요한 내면적 · 정신적 가치를 소홀히 다루어 온 것이 사실이다. 많은 사람들이 물질적 욕구의 노예가 되어 정신적 가치를 돌볼 틈이 없다.

교육에서도 마찬가지다. 내면적 · 정신적 가치의 중요성을 강조하는 문구나 구호는 많다. 그러나 실제로 그것이 왜 소중하고 필요한가를 체험하게 하는 구체적인 방법론이 없다. 실천적인 방법론 없이 그저 구호만 외치는 것은 공허하다. 명상은 구체적으로 마음의 고요와 평화를 체험하게 해 주어 자연스럽게 내면적 · 정신적 가치를 일깨워 준다. 이렇게 내면적 · 정신적 가치를 일깨울 수 있을 때 개인과 개인, 사회와 사회 사이에서 물질적 이익 때문에 일어나는 갈등과 충돌을 완화시킬 수 있다. 이런 면에서 볼 때 명상을 통한 내면적 · 정신적 가치의 자각은 근대 서구교육에서 반드시 보완해야 할 매우 중요한 영역일 뿐만 아니라 근대 서구문명의 폐단을 극복하는 데에도 많은 도움을 줄 수 있다.

둘째, 명상은 비언어적 직관적 인식능력을 키워 준다. 명상은 말을 그치는 데서 시작한다. 물론, 명상 중에는 만트라 명상과 같이 특정한 언어를 반복해서 외우는 명상법도 있지만, 그것은 특수한 예외이고 대부분의 명상법은 침묵으로 시작한다. 그리고 만트라 명상 또한 언어에서 출발하지만, 언어적 개념을 지적으로 이해하는 것이 목적이 아니라 언어 외적인 인식능력을 얻기 위함이다.

근대 서구교육에서는 감각적 인식과 언어적 지식의 전수를 강조한 나머지, 우리 속에 내재해 있는 비언어적 직관을 개발하는 것에 대해서는 그다지 중시하지 않았고, 결과적으로는 존재의 근원에 대한 통찰을 얻는 것을 막아 왔다. 이것은 이미 많은 교육학자들에 의해 근대교육의 한계의 하나로 지적되어 온 것이다.

교육에 비언어적 인식능력을 배양시켜 주는 명상을 도입하면 이러한 한계는 쉽게 보완될 수 있을 것이다.

그리고 명상의 궁극적인 목표는 언어를 초월하는 궁극적 실재를 인식하는 것이다. 전세계 대부분의 명상에서는 그 최종적인 목표를 어떠한 언어적 개념이나 이미지마저도 초월하고, 심지어 주객의 대립마저도 넘어서는 세계를 인식하는 것에 두고 있다. 힌두교나 불교, 도교 등 동양의 종교에서뿐만 아니라 기독교와 같은 서양 종교에서도 명상의 최고의 경지는 언어와 이미지, 나아가 주객의 대립마저 넘어선 것이다. 다만 교리를 중시하는 풍토 속에서 교리와의 갈등을 피하기 위해 지극히 조심스럽게 표현했을 뿐이다.[12]

명상의 세계에서는 어떠한 언어와 상징도 초월하는 궁극적 실재에 대한 체험을 강조하기 때문에 종교의 언어와 상징은 서로 달라도 그 속의 본질적인 진리는 하나라는 견해를 가지고 있다. 명상을 이해하는 사람들이 대체적으로 타종교에 대해서 배타적인 태도를 보이지 않고 종교 다원주의적 견해를 쉽게 받아들이는 것은 이 때문이다.

이런 면에서 볼 때 종교성 교육에 있어 명상의 도입은 단순히 근대교육의 한계 중 하나인 언어적 명제적 지식에의 경도를 해결하고, 자아와 우주의 실재에 대한 보다 근원적이고 직관적인 인식으로 인도해 주는 것에 그치지 않고, 지금 인류가 해결해야 할 주요한 과제인 종교 간의 대화를 촉진시키고 갈등을 해결하는 문제에도 도움을 줄 수 있다.

셋째, 명상은 자연과의 교감을 중시하는 환경친화적 성향을 지니고 있다. 명상은 부분과 전체의 유기적 관계를 인식할 것을 강조한다. 대부분의 종교에서도 개개의 독립성을 중시하기보다는 삼라만상이 모두 한 가족처럼 연계되어 있음을 중시하지만, 명상은 그것을 보다 직접적으로 체험적으로 느끼게 하고 실천하게 한다. 이것은 모든 존재가 하나하나의 분리된 개별적 존재임을 강조하는 근대적 세계관과는 상당히 다르다. 부분과 전체의 유기적 관계를 인식하다 보면 자연스럽게 인간과 자연이 서로 유기적으로 어우러지는 존재이지, 대립적인 존재가 아님을 알게 된다.

근대 서구문명의 치명적인 단점 중 하나는 자연을 지배의 대상 내지는 착취의 대상으로 간주한다는 것이다. 원래 기독교적인 세계관에서도 인간이 하느님의 명으로 자연을 지배해야 한다는 관념이 있지만, 근대 이전까지는 자연을 착취의 대상으로 여기는 정도는 아니었다. 그러나 기계론적 세계관이 확립되고 난 뒤부터는 자연을 아무런 생명이 없는 하나의 거대한 기계로 바라보게 되고, 인간의 이익을 위해서는 거리낌 없이 이용할 수 있는 대상으로 여기게 되었다. 특히 산업혁명 이후로 서구인들은 서로 경쟁적으로 자연에서 이익을 착취하느라 혈안이 되어 있다. 그 속에서 우리의 삶의 터전인 자연은 파괴되고 오염되어 가고 있고, 결국 인류의 생존을 위협하게 될 것이다.

이에 비해 대부분의 동양인들, 특히 명상적 전통이 풍부한 동양인들은 자연을 정복의 대상, 관찰의 대상으로 보지 않는다. 그들은 자연과 인간을 분리시키지 않는다. 범신론적 전통이 강한 힌두이즘에서는 자연은 그 자체가 바로 신이다. 불교에서도 모든 만물은 불성을 지니고 있기 때문에 소중한 존재라고 여겨졌다. 그들은 돌멩이 하나 잡초 하나에서도 신의 모습과 불성을 보려 했고, 그들과 교감하려 했다. 동북아권에서도 마찬가지다. 도가사상은 물론, 유가사상 또한 기본적으로 자연은 우리의 삶의 터이자 우리가 돌아갈 귀의처라고 인식하였다. 그들은 자연과 대화하며 교감하는 삶을 추구하였던 것이다.

명상을 직접적으로 수련하는 사람은 이러한 경향이 더욱 강하게 드러난다. 명상은 자연의 포근함과 소중함을 관념으로서가 아니라 몸으로 느끼게 해 주기 때문이다. 명상을 하게 되면 우리의 감각기관은 점차 민감하게 되고, 인공에 찌든 삶과 자연 속의 삶의 차이를 더욱 잘 느끼게 만들어 준다. 그래서 대부분의 명상가들은 자연스럽게 생태주의자가 된다. 자연이 우리에게 주는 기쁨이 자연을 파괴해서 얻은 물질적 풍요보다 훨씬 소중한 것임을 너무나 잘 알기 때문이다.

새로운 시대의 종교성 교육에는 환경교육이 반드시 있어야 한다. 그것도 이원론적 관점에서 자연을 보호의 대상으로 여기는 차원에 머무르지 않고, 인간과 자연이 서로 교감하며 유기적으로 어우러지는 차원으로 나아가야 한다. 이를 위해서는 입으로만 환경보호를 외치는 구두선으로는 부족하다. 자연과 깊게 교감하게 하는 구체적 방법론이 필요하다. 명상은 환경교육의 좋은 도구가 될 수 있다.

지금까지 새로운 종교성 교육에 왜 명상이 필요한지에 대해서 간략하게 살펴보았다. 근대교육의 한계를 극복하기 위해 많은 교육학자들이 지금까지 진행되어 온 교육의 앎의 유형을 좀 더 확대해야 하고, 전인교육에 대한 개념을 좀 더 심화하고, 도덕교육을 새롭게 해야 한다고 주장한다. 명상은 바로 이 세 가지 욕구를 충족시킬 수 있는 좋은 방편이 될 수 있다. 이제 명상은 단순히 웰빙 차원, 심리치료적 차원, 의료적 차원을 넘어서 교육적 차원에서 진지하게 검토해 보아야 한다.

종교성 교육에 명상을 활용할 때 유의할 사항들

이처럼 명상 속에는 근대교육의 한계점을 극복해 줄 뿐만 아니라 근대문명의 여러 가지 위기를 해결할 수 있는 장점이 많이 있다. 그렇지만 명상을 교육에 적용할 때는 여러 가지 주의해야 할 점도 있다.

우선, 명상의 종류가 워낙 많기 때문에 선택을 잘 해야 한다. 세계에는 종교와 사상에 따라 실로 수많은 명상법이 있다. 인도의 힌두교에는 크게 요가 명상과 탄트라 명상이 있고, 불교에도 크게 남방 불교의 위빠사나 명상과 선종의 참선과 티베트 불교의 티베트 명상법이 있다. 요가 하나만 해도 라자 요가, 하타 요가, 크리야 요가, 만트라 요가, 얀트라 요가, 쿤다리니 요가 등의 여러 가지 명상법들이 있고, 라자요가 안에도 그 파에 따라 차이가 많다. 또한 현대에 이르러 전통적인 명상법을 개량하여 새롭게 나온 명상법도 많이 있기 때문에 명상의 가짓수는 실로 헤아릴 수 없을 정도로 많다.

명상 종류에 따라 심신의 효과도 조금씩 차이가 있고, 같은 명상법 속에서도 테크닉에 따라 약간씩 차이가 날 수 있다. 예를 들어, 어떤 명상법은 심신의 이완 속에서 편안함과 깊은 휴식감을 주는 데 강력한 효과가 있는가 하면, 어떤 명상법은 산란한 마음을 한 곳으로 모아 집중력을 향상시키는 데 도움을 준다. 그리고 어떤 명상법은 자신의 마음상태나 행위의 패턴 등을 자각하는 능력을 향상시키는 데 도움을 주기도 한다. 그리고 때로는 서로 상반되는 관점을 지니기도 한다. 어떤 명상법에서는 외부의 어떤 감각과 정서의 유혹에도 동요되지 않는 것을 강조하지만, 어떤 명상법에서는 감각과 정서의 민감도를 높이는 것을 강조한다. 그리고 어떤 명상법에서는 상상의 힘과 의지의 힘을 강화하는 것을 강조하지만, 어떤 명상법에서는 상상력이나 의지력을 내려놓고 무위함을 강조하기도 한다. 이렇게 명상의 종류와 성격에 따라 그 효과나 관점이 상당히 다르기 때문에 교육의 목적과 발달단계에 알맞은 명상법을 택하는 것이 중요하다. 이를 위해서는 교육전문가와 명상전문가의 공동 작업이 필요할 것이다.

또 한 가지 매우 중요한 것은 부작용 문제다. 세상에 수많은 명상법이 있다 보니 아직 그 효능이 검증되지 않은 것들이 있고, 특히 부작용이 검증되지 않은 것들도 많다. 명상을 하게 되면 심신이완, 집중력 향상, 자각능력 향상 등의 좋은 효과를 내지만 때로는 부작용이 나타나는 경우도 있다. 가슴이 체한 것처럼 답답하고 머리가 무거워지는 경우도 있고, 몸의 특정 부위에 원인 모를 통증을 느끼거나, 몸 전체가 무기력해지는 경우도 있고, 감정이 지나치게 예민해져서 극도로 좋은 상태와 극도로 나쁜 상태가 반복되는 경우도 있고, 심한 경우 환청이나 환시 등의 현상이 나타나는 경우도 있다.

주로 호흡을 지나치게 인위적으로 조절하는 명상법이나, 단시간 내에 효과를 보기 위해 지나치게 자극적인 상상법을 동원하거나 무리한 집중법을 사용하는 명상법 중에는 정확한 지도 없이 행할 경우 부작용을 일으키는 경우가 많다. 시중의 명상단체 가운데 영리를 지나치게 추구하는 명상단체에서 이런 부작용이 나타나는 경우가 많다. 이런 단체에서는 명상의 긍정적인 효과만을 강조하지,

간혹 오용하였을 때 발생하는 부작용에 대해서는 아예 언급을 하지 않는다. 또한 피해가 발생하였을 경우 수련자 개인의 책임으로 돌리고 자신들의 책임을 회피한다. 그로 인해 피해를 보는 사례도 적지 않다.

안타깝게도 아직까지는 이런 방면에 연구나 자료의 축적이 미흡한 편이다. 이러한 정황을 볼 때 명상을 교육에 도입할 때는 좀 더 검증된 명상법을 도입하는 것이 좋다. 일반적으로 볼 때 인위적인 집중을 위주로 하는 집중명상법보다는 자연스러운 관찰을 위주로 하는 명상법이 부작용이 적은 편이다. 그리고 검증된 것이라 하더라도 교육전문가와 명상전문가가 서로 협의하여 교육의 목표와 실정에 맞게끔 명상법을 다듬고 개선할 필요성이 있다.

종교성 교육과 직접적으로 관련되는 한 가지 문제는 명상과 종교적 세계관의 문제다. 명상은 대부분 종교적 수도의 방편으로 발달되어 왔기 때문에 명상 속에는 종교적 세계관이 스며들어 있다. 물론 명상은 비언어적 인식능력을 강조하고, 또한 궁극적으로는 언어와 상징을 넘어서는 본질적 인식을 추구하기 때문에 경전공부나 교리공부나 다른 여러 가지 예배의식 등의 일반적인 종교행위에 비해 종교적 도그마의 색채가 훨씬 적은 편이다. 그러나 역사적으로 오랫동안 종교적 수도의 방편으로 쓰여 왔기 때문에 명상 속에는 특정한 종교적 색채가 어느 정도 있는 것도 사실이다.

이 때문에 일부 종교인들은 다른 종교의 명상법을 받아들이는 것을 주저하기도 한다. 이럴 경우 우선은 각 종교에 맞는 명상법을 활용하는 방안을 생각할 수 있다. 대부분의 종교권에는 다 고유의 명상법이 있기 때문이다. 기독교인이면 기독교적 전통에서 나온 명상법을 활용하면 되고, 불교도이면 불교적 전통에서 나온 명상법을 활용하면 된다. 조금 더 융통성을 가진다면 다른 종교권의 명상법을 빌려 와서 거기에다 자신들의 종교적 색채를 가미해서 새롭게 활용하는 방안도 있다. 모든 종교에 명상법이 있지만, 종교문화적 환경으로 인해 힌두교나 불교가 훨씬 풍부하고 다양한 테크닉의 명상법을 갖고 있다. 자신의 종교에 명상법이 단조롭거나 부족하다고 여길 때는 얼마든지 다른 종교의 명상법을 빌릴 수도 있다. 대신 세계관을 자기 종교의 세계관에 맞게끔 개량하면 된다. 실제로 가톨릭의 수도사 가운데서 인도의 요가적 명상법에 기독교적 세계관을 적용하여 자신들의 묵상법으로 활용하는 경우가 종종 있다. 또한 명상을 종교성 교육에 활용하게 되면 단순히 경전이나 교리만 강조하는 경우보다는 훨씬 관용적이 되기 때문에 종교 간의 대화와 교류에도 도움을 줄 수 있다.

또 한 가지 경우는 명상법에서 아예 종교적 세계관을 희석시켜 활용하는 것이다. 예를 들어, 미국의 위빠사나 명상을 보면 남방불교의 승려가 직접 명상을 가르치거나, 남방불교에 매우 심취한 미국인 지도자가 명상을 지도하는 경우 남방불교적 색채가 강하게 나타나고 있다. 이런 경우 그 명상을 수용할 수 있는 사람이 비교적 제한되어 있는 편이다. 그러나 근래에는 실증주의적이고 객관주의적 관점에서 남방불교적 색채를 현저하게 희석시킨 위빠사나 명상법이 많이 나오고 있다.[13] 이러한 명상법은 종교적 세계관에 상관없이 수용할 수 있기 때문에 훨씬 많은 대중의 환영을 받고 있다.

사실, 명상은 본질적으로 어떤 특정한 종교적 세계관과 무관하게 우리의 몸과 마음을 보다 이완되고 집중되고 자각된 상태로 이끌어 주는 것이다. 다만 오랫동안 종교인들이 그것을 종교적 세계관을 체득하기 위한 방편으로 개발해 오고 사용해 왔기 때문에 종교에 그러한 흔적들이 많이 남아 있을 뿐이다. 만약 보다 보편적인 관점에서 새롭게 명상법을 구성하게 되면 특정 종교적 색채와 무관하게 보편적인 명상법이 될 수 있다. 이런 부분에서도 교육학자와 명상전문가의 공동 작업이 필요하다고 할 수 있다. 이렇게 명상이 특정한 종교의 세계관의 테두리를 넘어서, 보다 보편적인 종교성을 고양시키는 방편이 될 수 있을 때 21세기에 걸맞는 종교성 교육의 좋은 도구가 될 수 있을 것이다.

명상을 종교성 교육에 도입할 때 또 한 가지 주의할 점이 있다. 그것은 일상생활과 조화의 문제다. 명상은 원래 종교적 수도를 위한 것이었으므로 그 궁극적인 지향점은 속세를 초월한 종교적 깨달음에 맞추어져 있다. 물론, 간혹 현실과의 조화를 강조하기도 하지만, 대체로 초월세계에 초점이 맞추어져 있다. 힌두교 요가 명상에서 추구하는 사마디(Samadhi), 불교 명상에서 추구하는 니르바나(Nirvana), 유대교의 카발라 명상에서 추구하는 데베쿳(Devekut)[14], 기독교의 관상에서 추구하는 하느님과의 영적 합일, 이슬람의 수피즘에서 추구하는 바카(Baqa)[15] 등은 모두 초월세계를 지향하는 것이다. 물론, 단순한 초월성만이 아니라 내재성도 강조하고 일상성도 강조한다고 하지만, 실제적으로 이런 의식상태에 이르게 되면 일상생활과 괴리되기 쉽다.

이런 궁극적인 의식상태는 차치하더라도, 명상에 심취하다 보면 내면적 주관성에 지나치게 치우치게 되는 경향이 있고, 이로 인해 일상의 현실생활과 괴리가 생길 우려가 있다. 대표적인 예로 현실적 삶에 대한 적극적인 의지가 약화되어 현실도피적인 성향이 나타나거나, 내적 확신이 지나치게 강화되는 나머지 주관과 객관의 혼동이 발생하고 이로 인해 세상과의 소통이 어려워지는 문제가 발생한다. 실제로 오랫동안 명상을 한 사람들 가운데서 현실도피적이 되거나, 간혹 주관적 신념과 객관적 사실을 잘 구분하지 못하는 사람들이 많다. 기존의 명상법에는 이러한 폐단을 예방하는 기제가 부족한 편이다. 특히 성찰과 자각을 중시하는 관찰 명상보다는 특정한 의식상태로 이끄는 것을 중시하는 집중명상에서 주관적 착각이 일어날 소지가 훨씬 많다. 명상을 교육에 도입할 경우에는 이에 대한 대비책이 필요하다. 현실과의 어느 정도의 긴장감은 항상 유지될 수 있도록 조치를 취해야 하며, 자신의 체험을 객관적으로 검증할 수 있는 기제도 만들어야 한다.

또 한 가지 집단주관적인 착각에도 주의해야 한다. 주관적 착각이 개인적으로 주관과 객관을 혼동하는 것이라면, 집단주관적 착각은 집단적으로 주관과 객관을 혼동하는 것이다. 원래 모든 종교는 어느 정도 집단주관적 착각의 요소가 있다. 각 종교의 진리에는 보편적으로 공유할 수 있는 객관적 진리도 있지만, 그 종교에서만 통용되는 특수한 주관적 진리도 있다. 그런데 그 집단 내에서는 모든 이들이 공유하고 있기 때문에 간혹 그것을 보편적이고 객관적인 진리로 혼동하는 경우가 생긴다. 바로 집단주관적 진리를 보편적, 객관적 진리로 착각하는 것이다.

명상은 특정 도그마나 신념체계에 걸리지 않는 자유를 추구하지만, 자칫하면 집단주관적 착각에 빠질 수 있는 소지가 있다. 특히 수용적 · 긍정적 태도를 강조하고 합리적 · 비판적 사유를 배격하는 경향이 있기 때문에 집단적으로 명상을 하는 경우 자칫 집단최면에 빠질 수 있는 위험성도 있다. 집단최면의 효과는 매우 강력하기 때문에 쉽사리 맹신의 단계로 나아가게 만든다.

집단주관적 착각은 개인의 주관적 착각보다 더 알아차리기가 어렵다. 홀로의 착각은 약하지만 집단 전체의 착각은 강한 힘을 주기 때문이다. 주변에 보면 다른 분야에서는 매우 합리적이고 비판적인 사람이라 할지라도 자신이 속한 명상 단체에서 주장하는 비합리적이고 황당한 세계관을 그대로 믿거나, 자신의 스승이 주장하는 황당한 예언이나 여러 가지 언급들을 맹신하는 경우가 많다. 이럴 경우 현실감각이 무디어지고, 집단구성원을 제외한 일반사람과의 소통이 점차 힘들어지고, 심한 경우 건전한 삶을 부정하여 여러 가지 심각한 물질적 · 정신적 피해를 발생시키기도 한다.

명상을 종교성 교육에 활용하는 경우 집단주관적 착각 부분에 대한 세심한 배려가 필요하다. 자칫 잘못된 지도자에 의해 집단 전체가 그릇된 길로 갈 수도 있다. 이를 방지하기 위해서는 명상의 테크닉 속에서도 여러 가지 방비책을 보완해야 하지만, 집단 내에서 건전한 비판을 허용하게 하고 타집단과 소통과 교류를 지속하게 하는 것도 중요하다.

21세기의 종교성은 초월적 세계와 일상적 세계가 서로 조화를 이루며 어우러지는 종교성이 되어야 하고, 아울러 자신만의 주관적 체험이나 자기집단만의 집단주관적 체험에 함몰되지 않고, 타인 내지는 타집단과 원활한 소통이 가능한 종교성이 되어야 한다. 이를 위해서는 기존의 명상법들을 전반적으로 개량 보완할 필요성이 있고, 또한 어떤 영역에서는 명상의 패러다임 전반에 걸친 진지한 논의와 검토가 필요하다.

맺는 말

지금 근대 서구문명은 변화의 고비에 와 있다. 인류문명의 미래 앞에서는 IT, BT, NT 등의 새로운 과학기술의 화려한 청사진과 핵전쟁의 위험, 종교 간의 갈등, 환경오염과 이상기후 등으로 인한 암울한 파멸의 가능성이 공존하고 있다. 교육의 현실은 더욱 혼돈스럽다. 정보화 사회, 사이버 시대, 유비쿼터스 시대가 도래하면서 교육환경은 빠른 속도로 변화하고 있다. 한편으로는 도구적이고 기능적인 능력을 배양하는 교육에 대한 요구가 더욱 거세어지고 있으며, 또 한편으로는 전인적 교육을 추구하는 대안교육의 바람도 높아지고 있다.

근대가 시작되는 시기에 많은 사상가들과 교육가들이 근대를 설계하는 새로운 사상과 교육을 꿈꾸었듯이, 이제 근대가 끝나 가고 후근대가 다가오는 이 시점에서 미래를 생각하는 사람들은 후근대를 설계하는 새로운 사상과 교육을 모색해야 한다. 그렇지 않으면 인류의 미래는 실로 어둡다. 이 장은 근대교육의 한계를 극복하기 위한 모색의 일환으로서 교육에 종교성을 도입하고, 종교성 교육을 위해 명상을 활용할 것을 주장하였다. 특히 명상전문가로서 명상이 종교성 교육에 어떤 도움을 줄 수 있고, 만약 명상을 교육에 도입할 경우 어떤 부분에 유의해야 하는가에 초점을 맞추었다.

근대 서구교육은 전반적으로 볼 때 객관적·내면적 지식을 중시하고, 언어적 지식을 중시하고, 이원론적 관찰을 중시하고 환원주의와 계량주의적 방법론을 중시한다. 이러한 태도는 과학기술을 발달시키고 노동력을 증대하는 데는 큰 도움이 되어 왔지만, 인류의 정신적 능력을 일깨우는 데는 그다지 도움이 되지 못하였다. 이러한 단점을 보완하기 위해 최근에는 주관적·내면적 지식을 중시하고, 비언어적 직관을 중시하고, 변용적 참여를 중시하고, 유기적 관계성과 통합적 본질을 중시하는 영성교육 내지는 종교성 교육의 필요성이 대두하고 있다.

필자는 종교성 교육을 효율적으로 도입하기 위해서는 오랫동안 종교성 교육의 방편으로 발달되어 온 명상을 잘 활용할 것을 강력하게 주장한다. 명상은 보다 직접적인 체험을 통해 내면적 · 정신적 가치의 소중함을 자각하게 만들어 주기 때문에 물질적 외향적 가치에 편향되어 있는 현대사회의 문제점을 해결하는 데 많은 도움을 준다. 또한 명상은 언어와 개념을 넘어서는 궁극적 진리를 체득할 것을 강조하는데, 이는 언어적 명제와 분석적 지식에 경도되어 있는 근대교육의 한계를 극복해 줄 뿐만 아니라 도그마적 신념체계에 사로잡혀 날카롭게 대립하고 있는 종교 간의 갈등을 완화시키는 데에도 많은 도움을 줄 수 있다. 끝으로, 명상은 자연과의 교감을 중시하는 환경친화적 성향을 지니고 있는데, 이러한 것들은 환경교육에 직접적인 도움을 줄 수 있다. 이제는 교육계에서도 명상의 효용성에 대해 좀 더 주목해야 할 때다.

그러나 명상의 세계는 워낙 방대하고, 갈래가 많고, 아직은 종합적인 체계가 잡혀 있지 않기 때문에 교육에 적용할 때는 신중을 기해야 한다. 이 부분에서는 명상전문가와 교육전문가의 긴밀한 협조가 필요하다. 또한 기존의 명상 속에는 전반적으로 볼 때 집단주관적 요소와 현실과의 괴리 등의 문제를 지니고 있다. 이를 해결하기 위해서는 명상의 패러다임에 대한 진지한 논의와 함께 새로운 필요성에 따라 명상법을 개량시켜야 한다. 이러한 문제가 해결될 때 명상은 근대교육의 한계를 극복하고 교육의 새로운 지평을 여는 데 많은 기여를 할 수 있을 것이다.

Chapter3 주

1 이숙종. (2001). 인간교육에서 영성교육의 중요성. 강남대학교 인문과학연구소 국제학술대회, 77-95.

2 남방불교에서는 불성이라는 개념 자체가 대승불교 후기에 이르러 힌두이즘의 영향으로 형성된 것으로서 불변하는 궁극적 자아를 인정하지 않는 석가모니의 원래 가르침과 위배되

는 것이라고 주장하기도 한다.

3 프리초프 카프라. (1993). 새로운 과학과 문명의 전환 (이성범, 구윤서, 역). 범양사.

4 정재걸. (2002). 전통교육, 근대교육, 탈근대교육. 동양사회사상, 6.

5 필자는 유교 또한 하나의 종교로 간주한다. 왜냐하면 유교는 단순한 철학사상이 아니라 존재의 본질과 삶의 가치를 신념적 차원에서 추구하는 것이기 때문이다. 그렇지 않다면 그렇게 오랜 세월 동북아의 많은 사람들의 삶을 지배할 수가 없었을 것이다.

6 중국에서는 'meditation'을 '靜坐' '冥想' '沈思' 혹은 '冥想靜坐' 등으로 번역하고 있다.

7 'Dhyana'는 이미 오래전에 불교의 수입과 함께 중국에 수입되었는데 의역어로는 '思惟修' '靜慮' 등을 사용하였고, 음역어로는 '禪那'를 사용하였다. 禪那를 압축한 말이 오늘날 불교에서 사용되는 '禪'이다. 우리의 관점에서 볼 때 선이란 말이 인도의 Dhyana를 직접 수입한 말이라면, 명상이라는 말은 인도에서 구미를 거쳐 재수입된 말이다.

8 세계의 다양한 명상법을 소개하는 저서로는 Daniel Goleman(1988)과 정태혁(1994), 박석(1997), 월터 T. 스테이스(1995) 등이 있다.

9 원시 힌두이즘의 명상에 대한 기록들이 많이 남아 있는 『우파니샤드』가 '가까이 앉다'라는 뜻이고, 유대교의 명상법인 카발라가 '구전'이라는 의미를 지니고 있고, 석가모니가 남긴 언어적 가르침보다는 비언어적 가르침을 더 중시하는 선종에서 석가모니 가르침의 진수가 '拈花微笑' 이래로 '以心傳心'의 방식으로 28조까지 전수되어 오다 중국에 전래되었다고 주장하고 있는 것만 보아도 명상은 스승과 제자 사이에 은밀하게 전수되어 왔음을 알 수 있다.

10 가톨릭교에서도 묵상은 일반 신도에게 허락되었지만, 관상은 전문 수사와 성직자에게만 개방된 수도법으로서 1960년대의 제2차 바티칸 공회에 이르러 비로소 일반들에게 허용되었고, 우리나라 불교의 참선도 최근에 이르러 시민선방이나 템플스테이를 통해 일반인에게 허용되기 시작하였다.

11 'Mindfulness Based Stress Reduction Program'의 약자다. 메사추세츠 주립대학 의과대학의 존 카밧진 교수가 남방불교의 위빠사나를 서양인들의 체질에 맞게끔 개선한 것으로서 스트레스 감소를 통해 질병의 예방 및 치료를 도와주는 프로그램이다. 존 카밧진의 『Full Catastrophe Living』에 MBSR 프로그램에 대한 상세한 기술이 나와 있다.

12 월터 T. 스테이스. (1995). 신비사상 (강건기, 정륜, 역), 198-203.

13 앞에서 소개한 존 카밧진의 MBSR 프로그램이 바로 전형적인 예이고, 국내 심리학계에서 위빠사나 명상을 심리치료에 적극적으로 도입하고 있는 김정호의 「마음챙김명상의 소집단 수행에 관한 연구」를 위시한 대부분의 위빠사나 관련 논문에서도 가급적 불교적 색채를 희

석시키고 심리학적 관점에서 위빠사나 명상을 활용하고 있다.

14 에고가 사라지고 의식이 항상 야훼에게 향한 상태를 가리킨다.

15 에고가 사라지고 의식이 항상 알라와 함께하는 상태를 가리킨다.

| 참고문헌 |

김정호. (1995d). 마음챙김명상의 소집단 수행에 관한 연구. 덕성여자대학교 학생생활연구.

박석. (1997). 명상 길라잡이. 도솔출판사.

월터 T. 스테이스. (1995). 신비사상 (강건기, 정륜, 역).

이숙종. (2001). 인간교육에서 영성교육의 중요성, 21세기 종교교육과 영성. 강남대학교 인문과학연구소 국제학술대회.

정재걸. (2002). 전통교육, 근대교육, 탈근대교육. 동양사회사상, 6.

정태혁. (1994). 명상의 세계. 정신세계사.

찰스 폰스. (2003). 카발라 (조하선, 역). 물병자리.

프리초프 카프라. (1993). 새로운 과학과 문명의 전환 (이성범, 구윤서, 역). 범양사.

Goleman, D. (1988). *The meditative mind*. Jeremy P. Tarcher.

Benson, H. (2000). *The Relaxation response*. HarperTorch.

Kabat-zinn, J. (1991). *Full Catastrophe Living*. New York: Dell Publishing.

Austin, J. H. (2001). *Zen and Brain*. MIT Press.

West, M. A. (1990). *The psychology of Meditation*. New York: Oxford University Press.

04

종교성과 생태적 감수성
: 생명교육의 한 예시

들어가는 말

오늘날 심각해진 생태위기는 우리 삶을 총체적으로 위협하고 있다. 그리하여 여러 가지 대안이 모색되고 있는데, 삶의 초기단계에서 일깨워진 생태적 감수성이야말로 가장 폭넓게, 그리고 지속적으로 삶에 영향을 미치기 때문에 특히 어린시절의 생태교육이 중요하다. 생태적 감수성과 더불어 자주 같이 언급되는 것이 종교성이다. 종교적 삶에 깊이 들어간 사람은 그렇지 않은 사람보다 훨씬 발달된 생태적 감수성을 보인다는 것이다. 더 나아가서, 요즈음은 생태적 감수성과 관련하여 기독교 등 서양 종교보다도 아시아 종교가 더 많이 언급되고 있다.

이렇게 종교성이 생태적 감수성과 밀접하게 연관되어 있고, 그것이 앞으로 우리 삶을 지속 가능한 것으로 만드는 데 필수적인 요소임에도 불구하고 정작 우리의 교육실천에서 종교 내지는 생태적 감수성에 대한 관심과 언급은 미미하다. 우리가 오늘 힘을 쏟고 있는 교육이 진정으로 생명을 살리는 교육이 되기 위해서는 어떻게 종교와 관계 맺어야 하는지, 아니 그보다 먼저 종교란 무엇이고, 종교교육을 이야기할 때 함께 언급할 수 있는 종교의 참모습이 무엇인지 등 종교와 관련한 질문들이 많이 있지만, 오늘 우리 교육실천에서 이러한 질문들은 여전히 드물다.

이러한 상황들로부터 여러 가지를 지적해 낼 수 있다. 먼저, 교육실천에서 종교적 물음이 빠졌다는 것은 교육이 단지 수단적 가치로만 접근되고 있으며, 또한 종교교육을 이야기하면서도 그것을 단지 어떤 특정 종교나 종파의 교리공부와 일치시킴으로써 우리 시대에 필요한 생태적 감수성 교육이나 타문화 · 종교에 대한 개방성과 관용성을 키우는 교육과는 거리가 먼 접근을 하고 있다는 것이다.

이러한 일반적인 사정이 아니더라도 어린시절의 교육에서 종교를 말하고, 종교교육에 대해 언급하는 것은 매우 어렵다. 그동안 아동기의 발달과정에 대한 축적된 연구들은 이 시기에 하나의 교과공부로서 종교교육을 말하는 것은 바람직하지 않다고 밝혀 주었다. 또한 20세기 현대교육에서는, 특히 공교육에서는 종교를 말하는 것이 금지되었는데, 지금까지 종교가 많은 인류 분쟁의 직접적인 원인이 되었기 때문이다.

그러나 이렇게 교육에서 모든 종교적 물음을 퇴출시켰다고 해서 문제가 해결된 것은 아니다. 특히 오늘날 어린시절의 교육이 철저히 지적 능력 위주의 교육, 분별하고 대상화시키는 이성 중심의 교육이 된 것을 보면 더욱 그러하다. 오늘날 아이들에게서 놀랄 만하고 초자연적이며 무시무시한 저 세상적으로 보이는 것에 대한 관심과 상상력은 찾아보기 힘들고, 자연과 놀이 속에 몰입하면서 자신을 잊어버리는 무아와 몰입의 경험을 기대하기 힘들다. 이러한 종교적인 감각들이 바로 자연을 깊이 있게 느끼는 생태적 감수성과 관련되어 있는 것이라면 일찍부터 철저히 인위적인 인간문화의 자식이기만 한 오늘의 아이들이 안타깝다.

이 장은 이상과 같은 문제의식에 근거해서 오늘날 의미를 주는 종교교육, 특히 어린시절 종교교육과 관련한 생태적 감수성에 대해 살펴보려고 한다. 그중 자신의 교육실천 전체를 일종의 종교교육이며, 일관성 있는 정치실천으로 파악한 페스탈로치(Johann Heinrich Pestalozzi, 1746～1827)의 사상을 중심으로 살펴본다.

종교란 무엇이며, 어떻게 종교심이 아이들 속에서 일깨워질 수 있는가

'종교(宗敎)'는 그 한자어가 지시하는 대로 '궁극적인 것(또는 뿌리, 宗)'에 대한 '가르침(敎)'이다. 또한 영어단어 'religion'은 라틴어 're-ligare' (to be tied back, 과거, 근원에 연결됨)에서 연원된 것으로, 모든 존재가 근원과 뿌리와 연결되어 있는 것에 대한 가르침이다. 우리는 일반적으로 종교를 역사상 발생한 어느 한 종교 내지는 종파의 교리체계나 실행 등과 일치시켜서 생각하지만, 사실 그런 것들은 모두 특정한 시공간의 제약을 받으면서 나름대로 궁극적인 것에 대한 관심을 펼쳐 온 것이다. 그러므로 그것들을 종교의 본질로 생각해서는 안 된다. 예를 들어, 일찍이 페스탈로치와 같은 사상가는 종교에 있어서 '신적인 것(göttliche)'과 '예배의식적인 것(gottesdienstlich)'을 분명히 구분하여 예배의식적인 것의 차이나 다름에 대해 관용할 것을 주장하였다. 그러면서 교육이 토대로 삼아야 하는 것은 바로 종교의 본질을 드러내는 '신적인 것'이라고 강조하였다. 그가 자신의 종교사상을 핵심적으로 드러낸 「종교에 관해서(Ü be die Religion, 1782)」라는 글을 보면,[1]

> …… 땅에서 하느님에 대한 인간의 믿음은 그 종족이 먹는 양식과 모습이 다르듯이 그렇게 서로 다르다. 그러므로 주의 선함의 흔적과 티끌에서 그의 권능의 길은 모든 하늘 아래 서로 다르고, 그러므로 그 모든 하늘 아래 영원자의 형상은 서로 다른 것이다. 따라서 좋은 지역에 살고 있는 너희들이여, 너희들과는 다르게 그들의 가르마가 태양에 불타고, 그들의 두개골이 북녘의 추위로 짓눌려지는 환경에 사는 형제들이 그들 나

> 름대로 하나님 형상을 경배할 때, 그것을 조롱하는 일은 너희들의 일이 아니다. …… 주를 경배하는 일에서의 오류는 먼지 속에 사는 인간들의 운명이다. 누가 그에게 완벽한 예배를 드릴 수 있겠는가? 또한 어느 누구의 영혼이 형상으로부터 완전히 자유로울 수 있겠는가?

이처럼 인간은 여러 형상의 도움을 받아서 근원과 기초에 대한 자신들의 관심을 표현해 왔다. 그 표현이 때로는 '신(하느님, God)' 의 이름과 더불어 나타날 수도 있고, 아니면 '만물일체(理)' 나 '공(空)' 등으로 그려져서 거기에 따른 나름의 예배의식을 형성해 온 것이다. 그리하여 19세기 신학자 슐라이어마허(Friedrich Ernst Daniel Schleiermacher)는 페스탈로치보다도 더 나아가서 "신은 종교에서 모든 것이 아니다. 오히려 한 가지일 뿐이며, 그것에 비해 우주가 더 중요하다." 라고 선언하였다. 그러면서 그는 종교의 본질이란 사고하고 분석하는 것이 아니라 '직관' 하고 '느끼는' 것이라고 했는데, 그것은 바로 우주를 무한한 감동으로 느끼는 것(Gefuel)이고, 그 무한자에 의해 사로잡히는 것이며, 들에 핀 한 송이의 백합화에서도 무한자를 보며, 주위의 수많은 유한자가 궁극적으로 모두 무한자에게 속해 있는 것을 직관하는 것(Anschauung)이라고 했다. 즉, 그것은 "모든 개별적인 것을 전체의 일부분으로, 모든 한정된 것을 무한자의 표현으로 받아들이는 것" 이라는 말이다.[2] 따라서 그에 의하면, 예를 들어 기독교의 '인격신' 이나 '신성' 은 인간이 무한자와 우주를 직관하는 '한 방법이자 종류(eine einzelne religiöse Anschauungsart)' 일 뿐이다. 그것은 인간이 중심이 되어 무한자를 자신의 형상대로 그린 하나의 그림일 뿐이라는 것이다.

그렇다면 우리가 어떻게 이와 같이 우주를 그 무한한 크기 가운데서 전체로서 느끼고, 주위의 수많은 유한자가 궁극적으로 무극한 전체와 연결되어 있다는 것을 감지할 수 있을까? 오늘 우리의 이야기로 하면 '만물일체(萬物一體)' 의 생태적 감수성이 되겠는데, 어떻게 하면 그 감정과 직관을 체화할 수 있을까? 라는 물음이 제기된다.

페스탈로치도 프랑스혁명 전후 유럽사회에서 고통 중에 빠져 있던 민중을 구하기 위해서 진통하면서 쓰게 된 교육서 『어떻게 게르투르드는 그녀의 아이들을 가르치는가?』(Wie Gertrud ihre Kinder lehrt?, 1801)에서 이와 유사한 질문을 하고 있다. 모두 14편의 편지글로 된 이 책의 마지막 13장과 14장을 그가 가장 중요하게 생각하는 종교와 도덕교육에 관한 글로 담고 있는데, 거기서 그는 "어떻게 내 영혼 속에 하느님에 대한 생각이 싹트게 되는가(Wie entkeimt der Begriff von Gott in meiner Seele)?" "어떻게 하느님 경외의 본질이 내가 지금까지 인간 성장에서 보편적으로 진리로 파악한 원리와 관계되는가?"라고 묻는다. 그런데 여기서 그는 단호하게 대답하기를,[3] "사랑과 신뢰와 감사와 순종의 마음이 내 속에서 먼저 일깨워져야 한다. 그것을 신에게로 향하기 전에. 나는 먼저 인간을 사랑하고, 인간을 신뢰하며, 인간에게 고마워하고 순종할 수 있어야 한다. 내가 신을 사랑하고 감사하고 신뢰하기 전에."라고 하였다. 이것은 인간의 종교교육이란 결코 두뇌와 추상의 일이 아니라 가장 직접적인 감정의 체험에 근거하며, 바로 인간적인 감정의 발달과 밀접히 연관되어 있음을 밝히는 것이다. 페스탈로치는 여기서 더 나아가서, "그러면 어떻게 내가 인간을 사랑할 수 있고 신뢰할 수 있게 되는가?"라고 묻는데, "그것은 주로 미성숙한 아이과 엄마 사이의 관계로부터 나온다."라고 대답한다. 즉, 페스탈로치에 따르면 '하느님 신앙(종교심)'도 인간 사랑과 인간 신뢰와 인간 순종에서 나오는 것이고, 이 인간적인 감정들은 다시 "아이와 엄마 사이의 본능적인 감정이 만나는 데서 나오는 순수한 흐름(eine blosse Folge des Zusammentreffens instinktartiger Gefühle zwischen Mutter und Kind)"이라고 한다.[4] 이것은 엄마와 아이 사이의 깊은 신뢰와 사랑이 주변으로 확장되고, 그래서 온 자연과 신에게까지 미치는 것을 말한다.

페스탈로치는 이렇게 신에 대한 믿음까지도 가장 기초적인 인간적인 토대 위에서 싹트는 것으로 보았다. 그 믿음의 시작은 결코 사변의 문제가 아니라 인간적인 사랑과 신뢰라는 것이다. 그런데 이 일이 가능해질 수 있는 근거는 바로 인간의 자연 안에, 비록 처음에는 감각적인 모습으로 놓여 있기는 하지만 고상한 능력에로 고양될 수 있는 신적 씨앗이 있기 때문이라고 한다. 그것은 인간 본성의 선한 씨앗이고 신적인 가능성이다. 나중에 페스탈로치는 그것을 '신적 불꽃(der götliche Funke)' 이라고도 표현했다. 이 인간 속에 놓인 신적인 씨앗에 대한 직관과 믿음은 그로 하여금 삶의 모든 고통과 곤란 중에서도 그것들을 참게 했고, 인내하게 했으며, 오히려 "세상의 모든 영역이 영원의 영역이 됨(Mir sind die Sphaeren des Weltalls Spharaen der Ewigheit)" 을 고백하게 만들었다.[5] 그가 프랑스혁명 후 아이들과의 밀도 깊은 교육실험을 하던 중 심한 귓병에 걸려 고생하고 있을 때 쓴 글인 「병든 페스탈로치가 건강한 시민에게(Der kranke Pestalozzi an das gesunde Publikum, 1812)」라는 글을 보면 다음과 같은 고백을 들을 수 있다.[6]

> 내가 극심한 절망에 빠져 있을 때, 내가 주변에 대한 짙은 울분에 싸여 있을 때, 거리에 지나가는 한 아이를 내 무릎에 앉히고 바라본다. 그 내적인 천상의 눈이 내 굳은 시선을 한 번 가볍게 스치기만 해도 나는 그 아이 속에서 나를 잊는다. 아니 진정으로 다시 나를 찾으면서 그 아이의 눈처럼 다시 웃음을 띠고, 하늘도 잊고, 땅도 잊어버리며, 또한 신과 인간의 옳고 그름도 모두 잊어버리고서 인간 본성의 환희와 순진무구 속에 살게 된다. 그렇게 해서 나는 다시 조용한 감동 속에서 내 무릎에 앉아 있는 아이가 나의 지친 영혼에 가져다주는 거룩한 기쁨을 통해 나의 현존을 기뻐하게 된다.

페스탈로치에게 있어서 종교의 본질이란 바로 이 인간 자연 안에 놓여 있는 신적인 씨앗을 믿는 일이다. 그 외 종교의 일이란, 그에 따르면 이 불꽃을 배려하고 장려하기 위한 것이다. 종교란 즉, 이 신적 기초를 인간의 '도덕적인 힘' 과 '이 세상의 모든 일을 나의 욕망과 나의 사회적 관계성으로부터 완전히 독립시켜 오로지 어떻게 하면 나의 내면의 고양을 위해 도움이 될까 하는 측면에서만 볼 수 있는 힘(eine Kraft in mir selbst, alle Dinge dieser Welt mir selbst, unabhaengig von meiner tierischen Begierlichkeit und von meinen gesellschaftlichen Verhaeltnissen, gaenzlich nur im Gesichtspunkt, was sie zu meiner innern Veredelung beitragen, vorzustellen)'[7]으로 키우기 위해 존재하는 것이라고 한다. 이 힘이란 "자기 스스로를 자기 내면의 보다 높은 도덕의 법에 복종시킬 수 있는 힘"이다.[8] 그것은 우리의 신적인 뿌리로서 자신의 완성을 바로 타인의 완성 안에서 보며, 자기 스스로를 자신의 내면에서 심판하며 고양시킬 수 있는 힘이다. 이상의 의미에서 페스탈로치에 의하면 예수는 바로 이 "인간에 대한 믿음(Glauben an die Menschen)"을 가지고 있었고, 그것을 사람들에게 설득시키다가 죽게 되었으며, 죽어가면서도 자기 자신보다 인간을 더욱 믿었고, 그래서 모든 사람들을 향한 그의 가르침이란 스스로의 신적인 뿌리에 대한 믿음을 가지고 하늘의 자녀로서 살라는 것이었다고 한다.[9]

> 자연은 자신의 일을 다 하였다. 그러니 너도 너의 일을 하여라. 너 자신을 알고 너 자신의 고양을 너의 동물적인 속성에 대한 자각에서, 그러나 동시에 너의 내적인 힘, 육체의 구속 가운데서도 신적으로 살 수 있는 너의 내적 힘에 대한 깊은 자각과 더불어 시작하라.[10]

페스탈로치는 처음에는 동물적으로 놓여 있는 이러한 인간의 신적인 씨앗을 키우기 위해 '기초교육의 이상(die Idee der Elementarbilung)'에 대해 말한다. 또한 프랑스혁명 후 인간교육에 더욱 집중하면서는 이 인간의 기초적인 힘을 '직관의 힘(die Kraft der Anschauung)'으로 표현하기도 했다. 그것은 어떠한 어려운 상황과 비참한 고통 중에 빠질지라도 결코 소멸되지 않는 가장 기초적인 인간적 인식의 힘, 느낌, 감정이라고 할 수 있으며, 여기서부터 발달된 지각력과 의지력, 그리고 행위할 수 있는 힘과 능력이 전개되는 것을 말한다. 앞에서 살펴보았듯이 종교를 '무한자에 대한 감각과 느낌'이며, 그것의 본질을 사고도 행동도 아닌 '직관과 감정(Anschauung und Gefuel)'으로 본 슐라이어마허도 우리 내면 안에 가지고 있는 '종교적 감각을 위한 기반(eine Anlage zur Religion)'을 이야기했다. 그러면서 종교교육이 '감각(der Sinn)'을 키우는 것이라고 지적하였다. 이성과 논리는 분석을 원하지만, 감각은 대상의 통합된 인식을 추구하고,

전체로서 파악하기를 원한다. 이것을 도덕적으로 표현하면 자신의 완성을 타인의 완성 속에서 보며, 이 세상의 만물을 한 몸으로 볼 수 있는 인간적인 힘을 말하는 것인데, 이 힘은 결코 처음부터 완성된 모습으로 있는 것이 아니라 하나의 씨앗처럼 내재하여 성장하며 발화하기를 원한다는 것이다. 그래서 페스탈로치는 인간의 정신이 "감각적으로 자극되어야 한다(sinnlich belebt werden)."라고 강조하고, 그 교육을 아이들의 가장 기초적인 몸의 필요물과 연결시켜서 전개되는 체험과 감각, 감정의 문제로 보기를 원했다.

어린시절 종교교육과 생태적 감수성

1) 몸과 감각의 만족을 통한 어린아이 종교교육

그러면 어떻게 아이들 속에 이상의 인간적인 도덕성이 피어날 수 있으며, 신에 대한 사랑과 신뢰, 자연에 대한 하나됨의 감수성이 피어날 수 있을까? 앞에서 페스탈로치는 그것은 바로 엄마와 아이 사이의 자연스러운 관계로부터, 그 아이의 가장 긴요한 필요물이 채워짐을 통해 가능하다고 했다. 또한 도덕성과 종교성의 발달이란 나중에 성장하여 이론으로 이루어지는 것이 아니라, 태어나서 처음부터 아이의 신체적인 필요물이 조용히 채워짐으로써, 그것을 인간적인 방법으로 평화롭게 배려하는 '어머니의 거룩한 보살핌(die heilige Muttersorge)'을 통해 가능하다고 했다. 이렇게 인간적인 더 높은 수준의 정신적인 힘을 근본적으로 인간의 기본적인 욕구와 감각적인 배려로부터 이해하는 페스탈로치에 따르면, 반면에 이 세상의 모든 악은 바로 그 요람에서부터 아이가 날마다 필요로 하는 것들이 무시되고, 그래서 자주 감각적으로 동요되고 흥분될 때 생겨난다고 한다.[11]

어머니가 자주, 그리고 불규칙적으로 울어대는 아이와 함께 있어 주지 않았을 때, 또한 필요 속에서 고대하는 아이가 자주, 그리고 오랫동안 기다려야 할 때, 그래서 고통과 절망과 아픔의 감정이 생길 때까지 내버려졌을 때, 그때 바로 악한 불안정의 씨앗이 생기고, 거기서부터 모든 동요가 따라온다. …… 이 요람의 처음 시기에 생겨난 불안정은 그 후 모든 동물적인 폭력성과 부도덕과 불신의 씨앗으로 펼쳐진다.

이렇게 아이들의 직접적인 필요물이 채워지지 않고서는 어떤 인간적인 힘의 발현도 가능하지 않다고 보는 페스탈로치의 생각은 이미 루소에게서도 여러 가지로 유사하게 표현되었다. 루소는 『에밀』에서 '자기애'와 '이기심'을 구별한다. 그러면서 온전히 자신만을 위해 존재하는 자연인인 유아시절에 자기애가 충족되지 못한 사람은 나중에 남을 위해서도 존재할 수 없다고 했다. 그런 사람은 전 생애를 통해 두 개의 힘과 싸우고, 두 개의 힘 사이에서 방황하며, 자신과 일치하지 못하고, 결국 자기를 위해서도 남을 위해서도 이바지하지 못하고 생을 마무리할 뿐이라고 하였다.[12] 가장 가까운 삶의 반경에서 가장 절실히 요구되는 삶의 필요물을 배려받지 못하고는 더 높은 인간적인 힘을 키울 수 없다. 그래서 어린시절 종교교육, 더 나아가서 생태적 감수성을 위한 교육은 먼저 그들의 직접적인 필요물을 따뜻하게 배려하는 것이고, 거기서 아이들에게 감사와 사랑, 신뢰의 인간적인 기초적 감정을 길러 주는 것이다.

오늘날 아동교육에서 아이들의 몸과 가슴의 한계와 특성이 존중되지 않고, 이른 시기부터 과도하게 '의무'로 몰리고, 아주 이른 시기부터 지적 교육이 강요되는 것은, 모두 위에서 살펴본 '종교교육'과 '생태적 감수성 교육'에 어긋나는 일이다. 그것을 통해 너무 이른 시절에 모든 인간적인 힘의 기초인 감정이 억눌리고 왜곡되어서 순수한 신뢰와 하나됨의 경험을 체득하지 못하기 때문이다. 이와 유사한 문제의식을 갖고 일찍이 동아시아의 신유교사상가 왕양명(1472~1529)이 펼친 아동교육사상은 우리에게 많은 시사점을 준다. 그는 당시 주희식 교육이 과도하게 지적 교육으로 흘러서 심지어는 어린아이의 교육까지도 피폐화시키는 것을 보고 대안을 제시하였다. 그에게 있어서 공부와 교육의 참된 목표는 이 세상의 만물을 자신의 형제자매로, 심지어 길거리에 깨어져 굴러다니는 돌멩이 하나에까지 깊은 연민을 느끼는 사람을 키우는 일이다. 즉, 깊은 만물일체의 영성과 생태적 감수성을 지닌 사람을 말하는 것이다.

양명은 1518년에 江西, 福建, 湖南, 廣東에 접하는 지역에서 군사적으로 많은 일을 하였으며, 동시에 그곳에 초등학교를 설치한다거나 향약을 만들어서 민생의 안정을 도모하고자 노력하였다. 그가 유백송 등의 선생들에게 아이들을 잘 가르치기 위한 지침으로 준 글을 보면 배움에 있어서 그가 무엇을 제일 중시했는가가 잘 드러난다. 그것은 아이들의 자발성이며, 자유로운 분위기이고, 도덕적 실천을 중시하며, 그것을 몸으로 실행하는 것을 의미한다. 양명은 당시 아이들의 교육에서 주로 행해졌던 암기와 암송(記誦), 조작적인 글쓰기(詞章), 또한 지극히 경직되고 형식화되어 있던 교실 분위기를 세차게 비난한다. 그러면서 아이들이 도덕적으로 타락하고, 공부를 싫어하며, 몸도 튼튼하게 유지하지 못하는 이유를 바로 그러한 아이들의 자유스러운 본성에 맞지 않는 공부법 때문이라고 보았던 것이다.[13]

양명에 따르면, 아이들의 본성은 노는 것을 좋아하고 구속하는 것을 싫어한다(樂嬉遊而憚拘檢). 그러므로 마치 싹을 틔우기 시작하는 초목처럼 그들을 자유롭게 놓아두면 잘 자라지만 억지로 비틀거나 방해하면 잘 자라지 못하고 말라죽기 때문에, 아이들을 자유롭게 해 주고 기쁘고 즐겁게 해 주어 스스로 할 수 없는 것을 도와 발전할 수 있도록 해야 한다고 강조했다. 이 맥락에서 그는 '노래 배우기' 수업을 중시하는데, 그것은 단지 그들의 의지를 돋우는 것뿐만 아니라 노래를 통해 고함치고 뛰노는 일을 하면서 그들의 기분을 풀어 주고 자유롭게 해 주기 위한 것이라고 밝힌다.[14] 즉, 그들 감정의 순화를 말하며, 이 감정이 순화되지 못할 때 바른 인식과 행동이 나올 수 없다는 것을 양명도 파악한 것이다. 우리들이 예술을 통해 카타르시스를 경험하여 감정을 순화하는 것처럼, 어린아이들의 감정의 순화가 그들 교육의 기초가 되어야 함을 말하는 것이다.

양명은 또한 몸으로 예절을 실습하는 활동을 중시하는데, 그것은 그들의 품행을 고상하게 해 줄 뿐 아니라 절하고 조심해서 걷는 등의 행동을 통해 피순환을 원활히 해 주고, 근육과 뼈를 튼튼히 하는 것이라고 한다. 또한 그에 따르면, 아이들에게 책 읽는 것을 가르치는 것은 단순히 그들의 지식만 확장해 주는 것이 아니다. 그것은 페이지와 문단을 반복하면서 집중력을 키워 주는 것이고, 그들의 의지를 길러 주는 일이다. 이러한 모든 교육 프로그램은 결국 그들의 의지를 바르게 해 주고, 그들의 본성과 감성을 바로잡아 주며, 속에 있는 나쁜 생각을 없애고, 그리하여 그들로 하여금 어렵다는 생각 없이 점차로 '禮'와 '義'에 다가서고 '中和' 속에 자연스럽게 잠길 수 있도록 하는 것이다.[15]

양명에 따르면, 그가 사는 시대는 아이들에게 외우는 것만을 강요하고, 과거 시험문제를 따라하게 하며, 단지 단속과 강제의 수단으로만 일삼고 있다고 비판한다. 이러한 공부는 아이들을 똑똑하게 만들려고 할 뿐이지, 선을 길러 주지는 못한다. 아이들은 채찍질당하고 결박되어 마치 죄수처럼 다뤄지기 때문에 학교 가는 것을 감옥 가는 것처럼 싫어하고, 선생이나 어른 보기를 원수처럼 여긴다고 양명은 지적한다. 이러한 싫은 감정을 감추고 더 놀고 즐기기 위해 거짓말하고 속이는 행위를 하게 됨으로써 결국은 나쁜 아이가 되고 만다고 하는데, 양명은 그러한 강제와 억지, 암기식 공부에서 어떻게 바람직한 인간이 나오기를 바라느냐고 반문한다.[16] 이를 오늘날 우리 시대에 적용시켜 볼 때 이러한 지적들은 여전히 받아들여지지 않고 있으며, 이제 종교교육과 생태교육조차 다시 암기식 교육과 주입식 교육이 될 판이니 참으로 안타까울 뿐이다.

양명은 아이들 각자의 능력에 주의하라고 권고한다. 한 아이가 만약 200개의 단어를 배울 수 있는 능력이 있으면 100개의 단어만 가르쳐 주어서 항상 에너지와 힘이 남아 있게 하는 것이 좋다고 했다. 그럴 때만이 그 아이가 즐겁고 쉬운 마음을 가지고 공부에 임할 수 있고, 나쁜 행동에 마음을 두지 않을 수 있기 때문이다. 즉, 양이 문제가 아니라 얼마나 온전히 배웠는가가 중요하다는 것인데, 아이들이 단어와 문장을 외울 때, 거기에 그치는 것이 아니라 그 배운 것을 마음으로 반복해서 뜻을 새기도록 하고, 적합한 리듬과 목소리도 중시하도록 권고한다. 매일 아침 아이들이 학교에 오면 먼저 그들의 도덕생활을 점검하고, 전에 배운 과제들을 복습하고, 새로운 과정을 배우게 하며, 예절의 실습과 노래 등을 통해 아이들이 즐거운 마음을 가지고 공부할 수 있도록 하고, 너무 지치지 않도록 하여 나쁜 행동에 마음이 몰리지 않도록 하는 것이 중요하다고 강조한다. 이것은 기초를 충실히 하고, 전체적으로 배우며, 지적인 공부와 도덕적인 공부, 머리와 몸과 가슴이 온전히 하나되는 공부에 주력하라는 당부인 것이다.

우리 시대에 모두에게 공부는 무척 어려운 일이 되었다. 특히 어린아이들이 밤늦게까지 지적 공부에 허덕이며 지쳐 있는 모습을 볼 때 양명의 이러한 지적은 시대를 초월해서 타당하게 들린다.[17] 페스탈로치도 그의 「기초교육의 이상(die Idee der Elementarbildung)」에서 말한 것처럼 기초를 중시하지 않는 교육은 사상누각이며, 결코 거기서 선한 행동이 나올 수 없고, 실천력이 없는 허풍쟁이만을 기르는 공부가 되고 만다고 하였다. 아이들 본성의 순리에 맞지 않는 교육을 통해, 지나치게 성과 위주로, 빠른 시일 안에 양적인 성취만을 추구하면서 빚어지는 결과라고 하겠다. 이렇게 지쳐 버린 아이들에게서 어떻게 선에 대한 관심을 기대하고, 자신을 넘어 타인과 자연과 세상에 대한 진정한 관심을 기대할 수 있겠는가?

2) 삶의 안정성 속에서 길러지는 생태적 감수성

가정적인 인정 속에서 아기의 첫 필요물을 채워 주는 모성의 거룩한 배려는 그러나 단순히 거기서 머무는 것이 아니다. 아이가 커 갈수록 어머니는 아이에게 주변의 자연을 지적해 주며, 그 이름을 알려 주고, 신의 창조물이라는 입장에서 그것에 대해 가르쳐 준다. 아이의 첫 번째 필요물을 평화 속에서 배려해 주었던 것처럼, 삶의 안정 속에서 온 자연을 신의 현현으로 가르쳐 주는 어머니의 모습을 페스탈로치는 다음과 같이 그리고 있다.[18]

『어머니들의 책(das Buch der Müttter)』은 어머니들에게 자신의 젖가슴에 안겨 있는 아이에게 '하느님의 이름' 을 말해 보도록 가르친다. 이렇게 그녀는 떠오르는 태양 속에서, 흐르는 냇물 가운데에서, …… 꽃의 반짝임에서, …… 사랑하는 신의 존재를 가르치고, 그 아이 자신 속에도, 그의 눈빛에서도, 모든 것 중에 존재하는 신의 모습을 지시해 준다. 그 아이가 신을 보았을 때 아이의 가슴은 뛰고, 세상에서 신을 보면서 이 세상을 사랑하게 된다. …… 아이는 신과 세계와 어머니를 모두 하나의 마음(사랑)에서 껴안는다.

그런데 여기서 어머니가 이처럼 아이에게 신의 존재를 가르쳐 주고, 온 세상과 자연을 신의 현현으로 볼 수 있는 생태적 감수성을 키워 줄 수 있었던 것은 바로 그 어머니와 아이가 처해 있는 '안정된(in der Ruhe)' 삶의 정황과 관련이 깊다. 만약 어머니와 아이가 삶의 온갖 소용돌이 속에서 개인적인, 가정적인 또는 국가 · 사회적인 어려움 속에 놓여 있다면 이렇게 조용히 평화롭게 자연을 만나고, 그것의 이름을 부르며 관찰하고 사귀어 나갈 수 없었을 것이다. 페스탈로치에 따르면, 그래서 이 안정은 모든 인간교육의 원천과 방법이 되며, 또한 목표가 되기도 한다. 이에 반해 모든 충동질과 애태움, 서두름은 만악의 근원이 되는데, 그러한 상황에서 어떻게 대상을 전체적으로 파악하며, 직관하고, 직접적으로 느껴 진정으로 하나됨을 경험할 수 있겠느냐는 의문을 제기하는 것이다. 즉, 우리가 이야기하는 생태적 감수성 육성과는 거리가 먼 것이다.

여기서 우리는 페스탈로치가 "내 정치의 시작과 끝은 교육(der Anfang und das Ende meiner Politik ist Erziehung)"이라고 한 말의 의미를 생각해 볼 수 있다. 이는 안정된 환경에서 어린시절부터 온전한 교육을 통해 길러진 인간이 아니고서는 한 사회의 진정한 정치적 개혁을 기대하기 힘들며, 역으로 정치의 목적이란 결국 각 개인과 가정과 사회에 이런 안정된 삶의 환경을 마련해 주어 참된 인간성이 피어날 수 있도록 하는 일이란 의미다. 즉, 정치와 교육은 동전의 양면과 같아서 결코 떨어질 수 없는 일인데, 진정한 인간성의 성장은 영원히 '개인

(die Sache des Individuums)' 의 일이지 결코 '집단(die Sache der Menschenhaufen)' 과 '대중' 의 일이 아니며, 교육을 통하지 않고서는 참다운 정치적 혁명을 기대하기 어렵다는 것이다.[19]

이러한 교육과 정치의 긴밀한 관계를 이미 『에밀』이라는 책에서 강력하게 설파한 루소의 이야기로 돌아가면, 이 '안정' '거룩한 평안(heilige Ruhe)' 이라고까지 일컬어지는, 생태적 감수성 발달의 기반에 대한 강조는 아이들로 하여금 '현재' 에 살 수 있도록 하라는 말과 같다. 아이들이 너무 이른 시기부터 과도한 의무와 미래의 목적을 위해 희생되고, 그래서 어린아이다운 놀이를 잃어버려 자연스럽게 대상에 몰두하여 하나되는 경험을 할 수 없다면, 생태적 감수성 계발은 기대하기 힘들다는 것이다. 또한 일찍부터 자연과 인간을 구분하고 인간적인 일에만 관심을 갖고 살아가게 되니, 거기서부터 생태적 감수성의 계발은 생각해 볼 수 없는 일이 되고 만다. 루소는 12세까지 인간과 동물은 물론이고 물질과의 차이도 의식하지 못하게 하며, 그 자연의 대상과 놀이 속에서 온전히 하나 되게 키우라고 했다. 오늘날 이렇게까지는 못한다 하더라도 아이들을 너무 일찍부터 놀이로부터 격리시키고, 미래의 목적만을 위해서 살아가도록 채찍질한다면 결과는 더욱 삭막해질 것이다.

칸트(Kant, I.)도 그의 『(미학적) 판단력비판』에서 개인적인 목적에 사로잡힘 없이 '사심 없이' 세상과 자연과 만날 때 그 '美' 를 감지할 수 있고, 또한 자연의 아름다움을 볼 수 있다고 했다. 美를 감지하고 그것을 예술로 표현해 낼 수 있는 능력이란 '사적 관심' 없이 현재 그 대상이 나에게 주는 기쁨을 순수하게 느낄 수 있을 때 가능해진다는 의미다(uninteressiertes Wohlgefallen).[20] 20세기 최고의 정치철학자로 일컬어지는 한나 아렌트(Hannah Arendt)는 이러한 칸트의 사심 없이 대상과 하나될 수 있는 능력으로서의 인간 판단력에 착안하여, 칸트의 진정한 정치철학서는 이 『(미학적)판단력비판』이라고 했다. 이는 '감정' 의 문제를 '오성' 과 '실천이성' 의 문제와 따로 구별해서 그 작동의 독특한 구조를 탐색한 것인데, 각 개인이 자신들의 사적 이익에 좌우되지 않고 자연스럽게 타인에게 관심을 둘 수 있는 능력, 그래서 그 타인에게 나의 인간성을 보이며, 그를 연민하고, 그의 사정을 알 수 있는 능력이야말로 참으로 정치적인 능력이고, 여기에 기초해서 인간의 공론이 형성될 수 있다고 보았기 때문이다.[21] 즉, 인간 미적 감각의 뛰어난 정치적 의미를 밝힌 것이라고 하겠다.[22]

이런 의미로 보면 생태적 감수성이야말로 뛰어난 정치능력이다. 그렇다면 한 사회와 문화 속에서 예술의 발달도 바로 이 현재 속에서 살아가는 구성원들의 경험이 축적되어서 가능해지는 것이라고 할 수 있으며, 역으로, 예술교육은 아이들로 하여금 다시 안정과 현재 속에서 살게 하고, 몰두할 수 있게 하며, 자연의 미를 깨닫고 생태적 감수성을 일구어 나가는 데 도움을 준다고 하겠다. 어린 시절의 (종교)교육은 그러므로 각종 예술체험과 더욱 밀접하게 관련되어야 하며, 자연의 '美'를 탐색하는 작업으로 풍부히 채워져야 한다. 예를 들어, 이탈리아의 유치원 교육인 '레지오 에밀리아' 교육을 살펴보면, 거기서 아이들은 온갖 색과 소리와 형태의 풍부함 속에서 자연을 탐색해 나간다. 그들에게는 매 식사 시간이 만찬시간이 되고, 모든 아이들의 현재 활동이 가장 큰 관심거리가 되며, 그들이 참으로 안정된 환경 속에서 현재를 살아간다는 것을 알 수 있다. 그 속에서 아이들의 생태적 감수성은 자연스럽게 커 가고, 꼭 좁은 의미의 종교교육을 거론하지 않더라고 참으로 풍성한 종교교육이 이루어지는 것을 볼 수 있다.[23]

3) 도덕교육과 연결되어 수행되는 종교교육

페스탈로치의 종교교육, 즉 아이들의 마음에 신의 형상을 심어 주고 만물을 신의 창조물로 볼 수 있게 하는 교육은 여기서 더 나아간다. 생애 처음의 필요물을 사랑과 신뢰로 채워 주는 어머니는 아이가 커 가면서 만나게 되고 이름을 알아 가게 되는 세상과 자연의 대상물을 신의 선한 창조물로 제시해 준다. 이제 여기서 더 나아가서, 어머니는 아이가 그 대상물을 측정하고 계산하면서 좀 더 지적으로 알아 가기 시작할 때, 아이에게 "온전하여라, 하늘에 계신 우리 아버지가 온전한 것처럼(Sei vollkommen, wie unser Vater im Himmel vollkommen ist)." 이라고 말한다. 오늘날의 의미로 이야기하면, 아이들이 커 가면서 학교에서의 교과목이나 자신들의 삶의 의무를 나름대로 온전히 수행한 경험, 그래서 그것의 완성에 대한 기쁨과, 자신이 온전하게 행한 것에 대해서는 확실히 안다고 하는 만족감이 쌓일 때, 그것이야말로 참된 종교교육과 도덕교육이 된다는 의미다. 예를 들어, 자연탐구 과목을 통해 지금 배우는 자연대상을 온전히 안 느낌, 그 대상의 구조와 질서를 나름대로 파악함으로써 얻게 되는 그 대상의 아름다움에 대한 인식, 이런 것이야말로 참된 생태적 감수성 교육이 되고, 바로 앞에서 지적한 참된 예술교육이 된다는 뜻이다. 이러한 모습과는 달리 오늘 우리 아이들은 항상 할 것이 너무 많아서 어느 것 하나도 온전히 수행하지 못하고 있으며, 따라서 도무지 '온전성(Vollkommenheit)' 의 경험하고는 거리가 먼 것을 볼 수 있다. 아이들이 항상 지쳐 있고, 수많은 표피적이고 분절적인 지식정보들을 외우느라 시간을 보내고 있다면, 이것이야말로 가장 반종교적이고 비도덕적이며 반생태적인 교육이라고 할 수 있겠다.

페스탈로치에 따르면, 종교교육은 아이가 이제 사춘기가 되어서 어머니 품을 떠나려고 할 때, 나름의 판단력과 목표를 가지고 세상으로 나아가려 할 때 더욱 더 필요한 것이라고 말한다. 이것은 루소가 15세 이후 드디어 아이에게 '정념(특히 性적 사랑)' 이 싹트기 시작할 때, 인간의 일과 관계되는 역사, 도덕, 종교에 관한 교육이 필요하다고 말한 것과 유사하다. 페스탈로치는 하나의 '전환점(der Scheideweg)' 에 대해서 말한다. 이것은 이제 아이에게 세상의 어머니를 대신해서 하늘의 부모가 필요한 때임을 말하는 것으로, 이 정신적인 또 하나의 태어남을 위한 위기 상황에서 어머니는 더욱 큰 배려와 염려를 가지고 아이에게 사랑과 신뢰와 감사로 하늘의 부모를 지시해 주어야 한다는 것이다.[24] 우리가 일반적으로 말하는 좁은 의미의 종교교육의 필요성이란 바로 이때를 말하는 것이다. 그 이전 시기에 과도하게 언어와 개념으로 종교교육을 강요하는 것은 사실 이익보다는 해가 더 많다는 것이 루소를 비롯한 자연주의적 교육사상가들의 생각이다.

아이들이 역사나 도덕, 윤리, 종교적 이념 등 인간적인 관념들과 관계하기 이전에 먼저 자연과 충분히 교류하게 해야 하고, 자연이 더욱더 그들의 관심과 사랑의 대상이 되어야 한다는 것이다. 이제 사춘기를 거치면서 정념이 싹트기 시작하면, 다시 말하면 '性'에 대한 관심이 생기고 인간적인 일에 대한 관심이 커지기 시작되면, 아이들의 관심을 자연이나 우주로 다시 돌리기란 쉽지 않다는 것이다. 초등학교에도 들어가기 전에 먼저 성적 욕망을 자극하고, TV드라마 등을 통해 온갖 인간적인 복잡한 일들이 여과 없이 아이들의 머리로 들어가는 것을 보면, 아이들에게 생태적 감수성을 일깨울 수 있는 일이 그렇게 쉽지는 않음을 알 수 있다.

물론 이때 인간의 성숙기에 性 이념의 발달이 한 사람의 정신적인 성숙을 위해 큰 역할을 한다는 것을 부인할 수 없다. 性은 삶의 근원적 신비인 사랑, 헌신, 죽음 등을 가장 짙은 농도로 가르쳐 줄 수 있기 때문이다. 그래서 스탠리 홀(Stanley Hall)과 같은 종교심리학자는 이 사춘기 시기에 종교교육을 위해 성의식이 억압되어서는 안 된다고 주장하였다.[25] 예를 들어, 그에 따르면 타자에 대한 사랑과 헌신의 극도를 보여 주는 그리스도교의 상징은 사랑을 추구하는 청년기에 적절한 종교상징이 될 수 있다고 말한다.

앞에서와 같이 페스탈로치는 종교교육의 방법에 대해 매우 세밀하게 이야기하였다. 그러나 그는 자신의 기초교육 이념을 마지막으로 정리해 낸 『백조의 노래』 끝 부분에, 종교는 세상의 교육을 인간 본성의 발전을 위해서 사용하지만, 세상은 종교에 대해서 아무것도 아니며 아무것도 될 수 없고, 은총 없이는 어떠한 믿음과 사랑도 가능하지 않다고 말한다. 그럼에도 불구하고 그가 '종교' 대신에 자신의 방법론으로 '교육'을 선택한 이유는 바로 어린시절부터 교육을 통해서 참되게 일깨워진 종교심이 아니고서는 그것들이 후에 참된 생활을 영위하기 위한 지속적이고도 구체적인 힘이 되지 못한다는 것을 너무나 깊이 체험했기 때문이다. 또한 우리 안에 이미 놓인 신적 씨앗이란 한편으로 인간의 교육하는 예술, 그 씨앗을 길러 주는 인간적인 배려의 예술을 필요로 하기 때문이라고 그는 밝힌다.[26] 이렇게 해서 페스탈로치에게 있어 종교와 교육은 서로 동전의 양면처럼 떼려야 뗄 수 없는 관계이며 참된 인간교육을 위해서 같이 가게 된다. 참된 종교교육이란 생태적 감수성의 교육과 밀접한 관계에 있으며, 인간의 초월적인 근거에 기초한 자연적 교육이야말로 정치와 사회의 발전을 위해서도 진정한 지름길이 된다는 것이 그의 믿음이다.

생태적 감수성 육성을 위한 몇 가지 마무리 정리들

지금까지 우리는 특별히 페스탈로치 사상을 중심으로 어떻게 아이들의 종교교육이 이루어질 수 있으며, 거기서 어떻게 생태적 감수성이 육성될 수 있는지 살펴보았다. 지금까지 살펴본 내용들로부터 어린아이들의 생태적 감수성 육성을 위한 몇 가지 정리들을 끄집어 내고자 한다.

첫째, 페스탈로치가 신에 대한 고상한 감수성, 자연을 모두 신의 창조물로 느낄 수 있도록 하는 감수성의 계발도 지극히 직접적이고 인간적인 필요물을 배려하는 데서 시작하는 것으로 보았듯이, 특히 어린시절 생태적 감수성이란 아이의 몸과 감각과 직관의 배려를 통해 가능하다는 것이다. 또한 인간의 생태적 감수성이란 그것만을 따로 떼어서 별도로 육성할 수 있는 것이 아니라 전체적인 인간적인 배려 속에서 함께 길러지는 것이며, 그러므로 그 생태적 감수성이란 별개의 구별된 인간능력이 아니라 인간의 통합적인 능력 안에 같이 포괄된다는 것이다. 페스탈로치는 말년에 자신의 기초교육 이상으로서 인간의 '통합능력(Gemeinkraft)'을 이야기하는데, 이것은 궁극적으로 '사랑'과 '믿음'의 능력에 기초해 온 세상과 화합하는 방식으로 관계하는 능력을 말한다. 이 통합능력을 키우기 위해 인간교육은 하나의 '예술'로서 필요하지만, 그 교육이 가능한 이유는 바로 통합능력으로서의 인간적인 힘이 신적인 뿌리로서 인간 속에 이미 놓여 있기 때문이라는 것이다. 아이의 생태적 감수성을 일깨울 수 있는 진정한 근거도 바로 교육자가 자신의 아이를 그렇게 귀하게 신적 씨앗을 간직한 존재로 받아들일 때, 아이의 성장에 대한 믿음을 보여 줄 때 존재할 수 있으며, 거기서 모든 섬세한 배려가 나온다. 생태적 감수성이란 세상을 향한 기본적인 신뢰가 자라난 것이며, 교육자가 아이를 배려하면서 이 신뢰를 보여 줄 때 싹트는 것이다. 그래서 페스탈로치에 따르면 어머니와 교사나 교육자는 '신의 중보자(Gottes-vermittler)' 가 된다.[27]

물론, 오늘날 인류가 산업사회를 거치고 난 후 강력한 성의식의 변화로 페스탈로치가 지적하는 '어머니' 가 단순히 신체적인 구별로서 여성들만의 역할이라고 할 수 없는 상황이 되었다고 하더라도, 삶에서 남성이든 여성이든 누군가에 의해 실행되는 모성의 배려가 없이는 성장 자체가 이루어질 수 없다는 점에서 여전히 이 모성의 역할은 의미 있다고 하겠다.

둘째, 우리가 앞에서 지적했듯이 생태적 감수성이란 아이들의 '현재적' 삶이 보호될 때 가능해지는 것이다. 아이들이 과도하게 미래적 · 목적적 삶에 휘둘려질 때, 그래서 그들의 감정과 순수한 직관력과 상상력이 훼손되고 서둘러 이성의 계발로 내몰려질 때는 이루어질 수 없다는 것이다. 적어도 유아시절만큼은 오늘날 우리의 현대적인 속도보다 느리게 전개되는 자연의 순리 속에서 살아갈 수 있도록 한다면 상황은 훨씬 달라질 것이다. 페스탈로치는 궁극적인 교육방법으로서 "삶이 기른다(das Leben bildet)." 라는 말을 남겼다. 조작적으로 분절되고 추상화되고 개념화된 지식만을 이른 시기부터 쏟아 부을 것이 아니라, 아이들을 좀 더 자연 속에 놓아두고, 전체적인 모습 속에서 연결되어 나타나는 세상의 여러 대상을 스스로 관찰하며 교감하게 하고, 놀이 속에서 손과 몸의 사용을 통해 세상과 만나게 할 때 생태적 감수성이 길러질 수 있다는 의미다.

또한 우리들 삶에서 현재를 다시 회복시켜 주는 '축제' 를 아이들이 좀 더 경험할 수 있도록 여유를 주고, 거룩을 체험할 수 있도록 감정적으로 잘 배려된 예배의식에 자주 참석하게 하며, 시나 판타지, 초자연적이고 무시무시한 이야기를 즐길 수 있도록 배려해 주는 것은 아이들로 하여금 그들의 종교적 감수성, 생태적 감수성을 계발할 수 있게 해 주는 것이다. 또한 우리 사회가, 아이들을 구체적으로 돌보는 가정이, 그곳에서의 어머니나 아버지가, 또한 유아원과 유치원의 선생님들이 여유를 가지고 스스로가 현재 속에 살 수 있도록 배려해 주는 것, 이것이야말로 생태적 감수성 교육을 위해 빼놓을 수 없는 하나의 중요한 정치적 조건이 된다고 하겠다.

셋째, 페스탈로치가 '신의 온전성' 을 들어 아이들의 학습과정에서도 그것을 닮아 가도록 촉구한 방법에서도 알 수 있듯이, 아이들의 종교교육과 생태적 감수성 교육은 도덕교육과 밀접하게 연관되어 있다. 앞에서 우리가 들었던 칸트가 지적하기를, '善' 에 대해 이미 훈련되어 있는 사람이 자연의 미에 대한 관심도 표현할 수 있다고 했는데,[28] 아이들의 도덕적 힘과 생태적 감수성은 그렇게 같이 가는 것이다. 예를 들어, 자기 주변을 잘 정리할 수 있는 아이, 글씨도 반듯하게 쓰고, 사실에 부합되지 않는 거짓을 말하는 것에 대해 괴로워할 줄 아는 아이, 청결한 것을 좋아하고, 주변의 질서와 아름다움을 기뻐하는 아이가 생태적 감수성이 일깨워진 아이며, 그런 아이야말로 나중에 어른이 되어서 사심 없이 자연과 환경을 보호하는 데 앞장설 수 있고 노력할 수 있다는 것이다. '眞' 과 '善' 과 '美' 는 그래서 인간 속에서 하나의 통합된 힘으로 같이 육성되는 것이며, 그것이 성스러운 기반에 근거되어 있음을 인지하면서 행해지는 교육이야말로 바른 종교교육, 즉 세상이 모두 나와 한 형제자매라는 것을 느낄 수 있도록 하는 참된 생태적 감수성(聖) 교육이 된다고 하겠다. 이 세상의 만물이 성스러운 근원에 모두 함께 연결되어 있음을 느끼는 마음, 또한 그 근원이 다시 우리 삶과 생명의 궁극적인 지향점이 된다는 믿음을 키우는 것이 우리의 종교교육이고, 생태적 감수성 교육이다. 이 마음이 바로 삶의 초기단계인 어린시절에 잘 놓여야 한다는 것이다.

Chapter4 주

1 Pestalozzi, J. H. (1977). *Etwas ueber die Religion, in: Auswahl aus seinen Schriften 1*. UTB Haupt Verlag. pp.52-54.

2 SChleiermacher, F. (1967). *Ueber die Religion-Reden an die Gebildeten unter ihren Veraechtern*. Vandenhoeck & Ruprecht in Goettingen. p.53.

이은선. (2000). "슐라이어마허의 종교교육론-한국사회와 교육을 위한 의미와 시사", 한국교육철학의 새지평-聖 · 性 · 誠의 통합학문적 탐구. 내일을 여는 책. pp.82-104.

3 J. H. Pestalozzi, Saemtliche Werke, Kritische Ausgabe, begruendet von A. Buchenau, E. Spranger, H. Stettbacher, Berlin/Zuerich 1927ff. Bd. 13, p.341. 여기서부터 KA로 표기하여 인용한다.

4 Ibid, p.345.

5 KA 23, p.21.

6 KA 23, p.218.

7 J.H. Pestalozzi, Auswahl aus seinen Schriften, Bd. 1, p.219.

8 Ibid, p.243.

9 Ibid, p.279.

10 KA 12, p.125.

11 KA 28, p.63.

12 루소. (2000). 에밀 상 (정봉구, 역). 범우사. p.33.

13 『傳習錄』 中 44조, 古之教者, 教以人倫, 後世記誦詞章之習起, 而先王之教亡。今教童子, 惟當以孝弟忠信禮義廉恥爲專務, 其栽培涵養之方, 則宜誘之歌詩以發其志意, 導之習禮以肅其威儀, 諷之讀書以開其知覺。今人往往以歌詩習禮爲不切時務, 此皆末俗庸鄙之見, 烏足以知古人立教之意哉!

14 『傳習錄』 中 44조, 今教童子必使其趨向鼓舞, 中心喜悅, 則其進自不能已, 譬之時雨春風, 霑被卉木, 莫不萌動發越, 自然日長月化, 若冰霜剝落, 則生意蕭索, 日就枯槁矣, 故凡誘之歌詩者, 非但發其志意而已, 亦所以洩其跳號呼嘯於詠歌, 宣其幽抑結滯於音節也.

15 『傳習錄』 中 44조, 導之習禮者, 非但肅其威儀而已, 亦所以周旋揖讓而動蕩其血脈, 拜起屈

伸而固束其筋骸也, 諷之讀書者, 非但開其知覺而已, 亦所以沈潛反復而存其心, 抑揚諷誦以宣其志也, 凡此皆所以順導其志意, 調理其性情, 潛消其鄙吝, 默化其麤頑, 日使之漸於禮義而不苦其難, 人於中和而不知其故, 是蓋先王立教之微意也.

16 『傳習錄』 中 44조, 若近世之訓蒙揮者, 日惟督以句讀課倣, 責其檢束而不知導之以禮, 求其聰明而不知養之以善, 鞭撻繩縛, 若待拘囚. 彼視學舍如囹獄而不肯入, 視師長如寇仇而不欲見, 窺避掩覆以遂其嬉遊, 設詐飾詭以肆其頑鄙, 偸薄庸劣, 日趨下流。是蓋驅之於惡而求其爲善也, 何可得乎!

17 이은선. (2003). 왕양명 공부법에 대한 오늘의 성찰, 유교, 기독교 그리고 페미니즘. 지식산업사. p.338.

18 KA 13, p.351.

19 KA 24a, p.12.

20 칸트, I. (2003). 판단력비판 (이석윤, 역). 박영사.

21 한나 아렌트. (2004). 칸트 정치철학 강의 (김선욱, 역). 푸른숲.

22 이은선. (2003). 한나 아렌트 사상에서 본 교육에서의 전통과 현대. 교육철학, 30, p.152.

23 루이즈 보이드 캐드웰. (1999). 레지오와의 만남, 귀향 그리고 적용 (오문자 외, 공역). 양서원.

24 KA 13, p.346.

25 김재영. (2001). 인격 형성의 궁극적 상징으로서의 종교 이해-그랜빌 스탠리 홀의 발생 종교심리학을 중심으로" (in 이계학 외 지음), 인격 확립의 초월성. 청계. p.270.

26 KA 28, p.270.

27 KA 28, p.165.

28 I. 칸트, 앞의 책, p.178.

| 참고문헌 |

김재영. (2001). "인격 형성의 궁극적 상징으로서의 종교이해-그랜빌 스탠리 홀의 발생 종교심리학을 중심으로" (in 이계학 외 지음), 인격 확립의 초월성. 청계.

루이즈 보이드 캐드웰. (1999). 레지오와의 만남, 귀향 그리고 적용 (오문자 외, 공역). 양서원.

왕양명. 傳習錄.

이계학 외. (2001). 인격 확립의 초월성. 청계.

이은선. (2000). 한국교육철학의 새 지평-聖 · 性 · 誠의 통합 학문적 탐구. 내일을 여는 책.

이은선. (2003). 유교, 기독교 그리고 페미니즘. 지식산업사.

이은선. (2003). 한나아렌트 사상에서 본 교육에서의 전통과 현대. 교육철학, 30, 152.

Arendt, H. (2004). 칸트 정치철학 강의 (김선욱, 역). 푸른숲.

Arendt, H. (1968), *Between Past and Future*. Penguin Books.

Kant, I. (2003). 판단력비판 (이석윤, 역). 박영사.

Pestalozzi, J. H., Saemtliche Werke, Kritische Ausgabe, begruendet von A. Buchenau, E. Spranger, H. Stettbacher, Berlin/Zuerich 1927ff. Bd. 13.

Pestalozzi, J. H., Etwas ueber die Religion, in: Auswahl aus seinen Schriften 1, UTB Haupt Verlag 1977.

Rousseau, J. J. (2000). 에밀 상 (정봉구, 역). 범우사.

Schleiermacher, F. (1967). *Ueber die Religion-Reden an die Gebildeten unter ihren Veraechtern*. Vandenhoeck & Ruprecht in Goettingen .

제2부

전통적 종교영성에서 배우는 대안교육론

05

불교의 지혜를 통해 생각해 보는 대안적 교육론

들어가는 말

우리 교육이 당면하고 있는 위기에 대한 해법과 대안 모색은 이미 오래전부터 교육계의 중요한 관심사가 되어 왔다. 그러나 이와 관련하여 그동안 단행되어 온 정부의 각종 교육개혁 조치가 사회 각계각층의 공감대 형성과 만족할 만한 성과를 거두지 못하고 있는 것으로 보인다. 최근 교사 혹은 민간주도의 '대안학교(alternative school)' '홈스쿨링(home schooling)' '아름다운 학교 만들기' 와 같은 교육운동의 전개와 확산은 기존 교육적 질서에 안주하고자 하는 우리 교육이 직면하고 있는 문제의 심각성을 잘 말해 주고 있다.

이러한 상황이 전개되고 있는 것은 먼저 우리 교육이 인간다운 인간을 형성하는 데 실패하고 있다는 자성에 기초하고 있다. 교육을 통해 키우고자 하는 '인간다운 인간' 에 대한 사회 혹은 교육계의 합의 도출이 쉽지는 않겠지만, 우리 교육이 지향해야 할 기본 방향에 대한 대체적 공감대 형성은 이루어진 것으로 보인다. 그동안 우리 교육은 지식 중심의 교육을 지향해 왔다. 현대 자본주의사회 이후 우리가 추구하고 있는 지식 혹은 지식교육은 일종의 욕망의 소비와 창출과 밀접한 관련이 있다. 우리의 교육에서 추구되는 지식은 개인의 욕망을 달성하는 수단이자 기제로 전락하고 있기 때문이다.

이러한 관점에서 우리 교육의 문제점과 위기를 해결하기 위해서는 욕망 추구를 목표로 하는 지식교육에 대한 비판적 접근이 요구된다. 최근에 등장한 대안적 교육론이 교육을 인간의 영적 능력의 발현과 육성의 계기로 보고 있다는 점에 주목할 필요가 있다. 그리고 이러한 관점에서 불교에서 추구하는 지혜(智慧, paňňā)의 의미를 살펴볼 필요가 있다. 불교의 지혜는 지식(욕망)을 극복할 수 있는 핵심적 방안이며, 지식중심교육에 대한 대안 모색에 도움을 제공할 수 있을 것으로 보이기 때문이다. 물론, 불교적 지혜는 불교적 종지(宗旨), 즉 고집멸도(苦集滅道)의 사성제(四聖啼)와 계정혜(戒定惠)의 삼학(三學)에 대한 믿음과 종교적 윤리성을 전제로 한다. 그러나 불교의 지혜는 특정 종교(파)에서 획득이 가능한 비의(秘儀)가 아닌, 체험이 수반되는 실증적 인식이라는 점, 계(戒)와 율(律)로 상징되는 불교적 윤리성도 인간의 자기선택과 자발성을 강조하고 있다는 점을 간과해서는 안 될 것이다.

불교의 지혜는 '지식(욕망)'의 본질을 통찰하고, 대상과 현상을 올바르게 보는 앎이다. 이러한 점에서 우리 교육의 기본적인 체제인 지식 중심(욕망 지향)교육의 문제에 대한 해법과 대안을 불교의 지혜로부터 추구하는 일은 나름대로의 교육적 의미와 타당성을 지닌다. 교육을 통해 단순히 개인이나 사회적 욕망을 표출하고, 달성하는 그 자체에 목적을 두기보다는 욕망의 본질을 꿰뚫어 통찰하고 다스림으로써, 바람직한 방식으로 삶의 방식을 전환하는 계기를 이루려는 노력이 필요하다고 볼 수 있다.

불교의 지혜를 교육문제의 해법과 대안으로 활용하기 위해서는 먼저, 불교적 관점에서 우리 교육이 당면한 위기의 본질과 문제의 성격을 살펴보고, 이를 해결해 나갈 수 있는 방안에 대한 탐색이 필요하다. 이 장에서는 ① 우리 교육의 위기 진단과 불교적 해법의 가능성을 제시하고, ② 불교적 지혜의 교육적 의의와 지식교육의 문제에 대한 불교적 해법을 모색하며, ③ 불교의 지혜의 관점에서 교육적 대안을 제안하고자 한다. 이러한 고찰을 통해서 우리 교육이 당면한 교육적 위기와 문제를 진단 · 고찰하고, 우리 교육이 지향하고 있는 지식(욕망) 중심 교육의 대안을 불교적 지혜의 관점에서 모색 · 제시하고자 한다.

교육위기의 진단과 불교적 해법 모색

1) 교육위기의 진단

최근 우리 교육이 직면한 교육적 위기는 매우 심각하다. 정부가 제시하고 있는 교육적 청사진과는 달리, 학교교육 현장은 날로 황폐화되고 있는 것이 사실이기 때문이다. 학교현장에서 배우는 지식과 생활 간의 괴리현상은 그 단적인 예다. 학교의 교실현장에서 야기되고 있는 삶(생활) 따로, 앎(지식) 따로 지식(앎)과 생활(생활)이 겉도는 상황이 총체적인 국면에서 공교육의 위기와 학교교육의 붕괴로 이어진다고 볼 수 있기 때문이다.[1]

그렇다면 이러한 교육적 위기의 본질은 무엇인가? 그리고 이러한 상황이 발생하게 된 원인을 어디서 찾을 수 있는가? 교육적 위기상황은 먼저 교육 자체를 본질적인 것이 아닌 수단적 기제로서만 생각해 온 우리의 의식과 교육풍토에서 비롯된다. 이러한 상황하에서는 학교교육은 직업과 출세를 얻거나 보장받기 위한 방편으로 전락할 수밖에 없고, 학교에서 배우게 되는 지식은 욕망을 실현하는 도구 이상의 의미를 지니지 못하게 마련이다.[2]

이러한 지식관은 현대 산업자본주의사회에서 추구하는 이념과도 일치한다고 볼 수 있다. 우리의 학교교육이 욕망 달성을 실현하는 지식 중심 교육체제를 지향할 수밖에 없는 것도 바로 이러한 이유 때문이다. 학교교육에서 지식의 효율적 습득과 습득된 지식의 총량은 욕망을 충족시킬 수 있는 지표다. 따라서 교육에 있어서 '욕망'과 '지식'은 일종의 등가어(等價語)다. 학교교육이 지식(욕망)의 분출(산출)과 실현(소비)과 관계된다는 점에서 교육은 권력의 논리, 생산과 소비에 따른 만족 추구, 물질적 쾌락과 직·간접적 연관을 갖는다. 이러한 의미에서 우리 교육은 물질적 풍요론, 상업문화적 분위기에 잠식당한 지 이미 오래다.[3]

이러한 상황을 문화적 관점에서 볼 때 우리 학교의 지식중심교육이 내포하고 있는 문제점은 매우 심각한 수준이다. 학교교육에서는 지식을 진리와 동일시하는 경향이 팽배해 왔기 때문이다. 우리의 학교교육은 소위 '진리중심주의(logocentrism)'를 지향하고 있다.[4] 이러한 점에서 우리 교육은 하나의 진리 외에 다른 것을 인정하지 않는 배제의 논리, 진리 아니면 비진리라고 하는 흑백의 논리, 모든 것은 하나의 진리로서 회귀한다는 일점근원주의를 배태하고 있다. 따라서 절제와 인내, 지식(앎)과 생활(삶)의 일치, 이론과 실천의 조화, 협동과 관용과 같이 중도, 혹은 중용에 입각한 교육적 덕목들은 단지 구호로만 존재할 뿐, 이를 생활세계에서 구체적인 실천으로 옮기는 일은 사실상 어렵거나 불가능해 보이기 마련이다.

2) 불교적 해법의 모색 가능성

우리가 직면하고 있는 교육적 위기와 문제를 타개해 나가기 위해 '지식', 혹은 '지식교육'을 전환하자는 주장이 제기되고 있다.[5] 이러한 주장은 지식의 효율적 이용이나 실제적 사용, 창의성이라는 측면에서 학교의 지식교육이 지향해야 할 방향에 대한 새로운 관점과 방법론을 제시하고 있다는 면에서 긍정적으로 평가할 만하지만, 이러한 주장들이 우리 교육문제 해결을 위한 해법이나 근본적 대안이 되고 있지는 못하다.

우리 학교교육의 문제는 지식, 욕망, 자아를 하나의 혼합적 동일체(지식=욕망=자아)로 보는 오류에서 기인한다. 학교에서 지식은 욕망의 달성수단이고, 자아는 지식(욕망)을 산출, 소비하는 주체로 인식되고 있기 때문이다. 데카르트의

'생각하는 자아(Cogito)' 는 우리 교육에서 '욕망하는 자아' 로 탈바꿈되었다. 이러한 상황은 학교교육이 지식(욕망)의 실현(충족)을 지향하는 교육으로서의 성격을 지향하고 있다는 사실을 의미한다. 이런 점에서 우리 학교교육은 의식적, 혹은 무의식적 측면에서 지식(욕망)이 내포하는 분열과 대립, 차별과 선택, 경쟁과 모순을 내재할 수밖에 없다.

학교의 교육 패러다임의 전환이 필요하다. 이러한 패러다임의 전환은 우리 지식교육에 내재된 문제를 근본적으로 해결해 나갈 수 있는 종합적 관점에서의 논의를 필요로 한다. 종합적 관점이란 단순히 인식론적 관점에서 교육이 추구하는 지식의미를 탐구하는 일뿐만 아니라, 지식을 받아들이는 존재의 관점에서 지식교육의 문제를 통합적 차원에서 살펴볼 필요가 있다는 사실을 의미한다. 불교적 관점은 이러한 논의에서 해법을 제공해 줄 수 있다. 불교는 지혜를 통해 지식, 욕망, 자아가 실재한다고 보는 지식교육의 허상, 지식, 욕망, 자아가 혼합적 동일체라고 보는 오견(誤見)을 극복하는 과정을 제시하고 있을 뿐만 아니라, 지식을 받아들이는 인간의 존재론적 실체성의 문제를 근원적으로 제시하고 있다.

교육문제의 해법으로서 불교의 지혜

1) 불교적 지혜의 교육적 의의

불교는 지혜(智慧, paňňā)를 추구하는 종교다. 불교적 지혜의 본질은 지식(욕망)의 본질을 꿰뚫어 지식과 자아, 욕망이 일종의 허구적 실재임을 파악하게 하는 데 있다.[6] 따라서 불교에서는 지혜와 지식을 완전히 다른 차원으로 이분화하지 않는다. 불교에서는 지식을 마음(心, citta)[7]과 대상과의 상관작용(緣起作用)에서 생성되는 것으로 본다. 지식의 범주에는 대상에 대해 서로 다른 이름을 붙여 명명하거나, 인습적으로 표현(vohāti)하거나, 개념적으로 생각(paňňā)하는 것[8]

이 포함된다. 불교에서 지식은 실재가 아니라 궁극적인 것들이 모여 이루어진 것에 대해 편의상 다른 이름을 지어 부른 것에 지나지 않는다.[9] 지식은 사념작용을 통해서 임시적으로 이루어진 대상에 대해 논리성과 의미를 부여하여 개념화, 범주화한 것에 불과한 것으로 보고 있기 때문이다.

불교적 의미의 지식은 우리 학교에서 지식교육의 근간을 이루고 있는 '개념적 지식' '명제적 지식' '논리적 사고' 등과 동일한 것으로 보아도 무리가 없을 듯하다. 인식론적 측면에서 살펴보면 지식은 인식대상을 대상화(의미화)하고자 하는 인식주체(자아)의 의도성이 투영된 결과로 나타난다. 그러나 마음의 작용과 관련된 인식론적 가정—자아가 인식대상과의 상관작용을 통해서 대상을 파악함으로써 지식이 생성된다고 하는—을 불교에서는 일종의 착오(遠離顚倒夢想)로 본다.[10] 불교의 이러한 관점은 마음(mind)은 지식을 창출하는 근원[11]이기 때문에, 마음의 도야와 계발을 통해서 학생의 지적 능력과 안목을 넓혀 나가는 것이 교육의 목표라고 보는 우리의 상식화된 교육적 신념과는 정면으로 대립되는 견해다.

불교에서는 마음을 찰나(刹那)의 생멸(生滅)을 거듭하는 일시적 정신작용에 불과한 것으로 보고, 마음에 의한 작용을 정신-물리적 작용(名色, nama-rū pā)에 불과한 것으로 보고 있다. 따라서 불교에서는 마음과 마음이 만들어낸 지식(욕망), 자아도 모두 일종의 허구, 혹은 허상을 의미하는 희론(戱論)으로 본다. 이러한 마음작용의 본질을 깨닫고, 궁극적 실재(paramatta)[12]를 통찰할 수 있는 앎이 바로 불교적 지혜다. 불교의 지혜를 통해 알게 되는 궁극적 실재는 체험을 정확하게 분석한 결과로 얻어질 수 있는 직관적 인식의 대상으로서의 법(法, dhamma)[13]을 의미한다.

따라서 불교의 지혜는 지식과는 명백한 차이를 보이고 있다. 지식이 인식주체와 대상과의 인식작용을 통해 아는 것을 의미한다면, 불교적 지혜는 정신(名, nama)과 물질(色, rū pā)의 과정으로서 마음의 현상을 통찰함으로써 자아와 대상의 본질을 파악하는 앎을 의미하기 때문이다. 이런 점에서 불교의 지혜와 일반적인 의미의 지식은 인식의 방법론에서도 차이를 내포하고 있다. 지식이 마음의 계발과 도야를 통해서 획득 · 성장될 수 있다면, 불교의 지혜는 신수심법(身, 受心法)에 대한 마음챙김(正念, sati)의 과정(四念處, cattāro satipattana)을 통해서 주어진다고 볼 수 있기 때문이다.[14]

불교의 지혜는 자아, 사물이나 대상의 실체를 올바로 보는 앎(正知, sampajana)[15]이다. 불교의 지혜는 자아와 지식, 욕망을 혼합적 동일체라고 보는 오견(誤見), 자아, 지식, 욕망이 항구적 실체라고 보는 사견(邪見)을 극복하고, 대상과 현상의 본질, 자아와 욕망의 실상을 인식할 수 있는 혜안을 제공하고 있다.

2) 지식교육에 대한 불교적 해법

불교의 지혜는 지식 중심(욕망집착)의 체제를 지향하고 있는 우리 교육의 문제점을 자각케 하고, 지식교육에 대한 해법을 시사하고 있다. 그러나 이러한 사실에도 불구하고 우리의 학교교육에서 '지혜'를 교육적 차원에서 진지하게 고려해 본 적이 거의 없다. 혹자는 이러한 이유를 ① 지혜는 좋은 것이기는 하나, 지혜를 가르치기 위해서는 학교의 역량과 체제 면에서 한계가 있고, ② 교육의 현실적 측면(입시교육 등)을 고려해 볼 때 학교에서 지식을 가르치는 것이 더 중요하고 시급하기 때문으로 분석하기도 한다.

물론, 이러한 이유에는 타당한 측면이 있다. 그러나 불교적 지혜와 일반적 의미의 지식을 괴리된 것으로 보아서는 안 될 것이다. 불교의 지혜를 지식과 분리된 것이나[16], 선(善)과 악(惡)의 이분법으로 보는 것은 불교적 측면에서 볼 때도 바람직하지 않기 때문이다.[17] 마치 번뇌(煩惱, kilesa)가 열반(涅槃, nibbana)의 조건이 되는 이치와 같이, 불교의 지혜는 지식(욕망)으로 인해 그 존재 의의가 있다고 보아야 한다.

다소 역설적일는지는 모르겠지만, 지식중심교육을 지향하고 있는 우리의 교육 현실은 불교적 지혜의 복전(福田)이라고도 할 수 있다. 불교의 지혜가 우리 교육에 대해 전달하는 메시지는 지식과 지식의 주체인 자아의 실체를 깨닫고, 나와 대상의 상관적 인식작용의 본질, 지식의 한계점에 대한 깨달음을 통해 대상과 현상, 자아와 세계에 대한 올바른 앎이 필요하다는 점이며, 이러한 자각을 통해서 우리 지식교육의 한계를 깨닫고 그 해법의 방향을 제시하고 있다.

불교의 지혜는 일체의 현상적 존재가 지닌 생멸의 원리와 과정을 통찰케 하는 앎으로서의 성격을 지닌다.[18] 불교의 지혜는 지금, 여기의 시공간에서 자아의 존재성과 지식과의 관계를 통찰하도록 함으로써 존재와 지식을 결합시키는 힘을 내재하고 있다.[19] 따라서 불교의 지혜는 현재진행형적 앎으로서의 성격을 지닌다. 이에 비해 지식(욕망)은 항상 과거형 혹은 미래지향적 성격을 지닌다. 지식교육에서 있어서 항상 지식(욕망)은 결핍을 전제로 하고 있고, 과거에 대한 집착, 미래를 지향한다는 점에서 지식 중심의 교육을 통해서 진정한 의미의 행복을 경험하기란 어렵다.

우리 교육의 또 다른 문제점은 지식과 실천(행동)이 일치되지 않고 있다는 점이다. 실천(행동)이 따르지 않는 지식은 '죽은 지식' 이며, 자각적이지 않는 실천(행동)은 맹목적일 수밖에 없다. 지식과 실천(행동)의 결합은 이상적 결합을 촉진함으로써 지식과 실천에 대한 성찰(省察, reflection)의 과정을 필요로 한다. 성찰은 지식과 행동의 과정, 존재와 인식이 분리되지 않고 일련의 과정 속에서 통합적 결합이 이루어지는 행위 속의 성찰(reflection-in-action), 성찰 속의 행위(action-in-reflection)를 의미하고,[20] 이러한 점에서 불교의 지혜는 일종의 성찰적 인식의 과정이라고 할 수 있다.

불교의 지혜(智慧, paňňā)는 성현(聖賢)의 말씀, 혹은 행적을 상고(詳考)하거나, 지적 유산에 대한 고증(考證), 과학적 추론(推論)과 지식의 발견(發見) 과정을 통해 얻는 일반적인 지혜(知慧)와도 그 성격을 달리한다. 불교의 지혜는 마음작용의 본질을 올바르게 지금 이 순간에 명확히 인식(省察)함으로써, 지식(욕망)의 허상을 깨닫고 사물과 현상, 자아에 대한 올바른 앎을 추구하는 데 핵심이 있기 때문이다.

이러한 점에서 볼 때 불교의 지혜는 학교교육이 목적으로 하는 지식의 차원을 넘어서는 인식의 차원이 존재하며, 이러한 인식(지혜)의 차원을 진지하게 다루려는 교육적 노력과 시도를 통해서, 현재 우리 교육이 당면하고 있는 교육문제를 해결할 수 있다는 것을 보여 주고 있다.

불교적 관점에서 본 교육적 대안

1) 교육과정

교육은 항상 미래, 혹은 과거를 지향하는 성격을 내포하고 있다. 학교교육과정에서 목표는 항상 중요한 것으로 인식되어 왔다. 목표는 결과를 낳을 것으로 기대되며, 그러한 결과를 통해 새로운 목표를 세울 수 있다는 것이 우리 교육의 기본적 인식이 되어 왔다. 학교교육의 현장에서 이러한 목표의식이 전적으로 불필요하거나, 무의미한 것으로 폄하되어서는 안 된다. 그러나 학생으로 하여금, 지금, 여기의 순간을 경험하게 해 줄 수 있고, 지식의 차원을 넘어서는 인식의 차원이 존재하며, 이를 체험하게 할 수 있는 '성찰적 교육과정(reflective curriculum)' 도 필요하다.

이러한 의미에서 교육과정을 성찰적, 과정중심적으로 구안하려는 노력이 요청된다. 학생의 인식과정과 내용(사고, 경험, 느낌, 행위)을 드러나게 하는 성찰의 과정이나 학생의 체험을 그대로 드러내는 표현적 교육과정(expressive curriculum), 학생 자신의 자아와 지식, 세계의 문제에 대한 고백과 통찰적 기법에 토대를 둔 자서전적 기법(autobiographical method), 자신의 행위와 인식의 과정을 관찰함으로써 새로운 사실에 대한 앎을 추구하는 기법이 학교교육과정 차원에서 대안으로 제시될 수 있다.

학교에서 배우는 지식의 문제를 학생 스스로 본질적으로 통찰할 수 있는 힘을 길러 주기 위해 불교적 명상의 교육적 의의를 적극적으로 검토할 필요가 있다.

불교적 명상(冥想, meditation)을 통한 교육은 학교와 교사와 학생이 당면한 현실적인 문제(예, 학교의 지식)와의 관련 속에서 시행될 때 교육적 타당성과 의미를 지닌다.

이러한 점에서 학교에서의 명상은 지식의 본질적 의미, 지식과 자신과의 관계, 지식의 한계와 사용에 대한 근본적 질문을 던질 수 있는 성찰적 과정으로서 의미를 지녀야 한다. 학교교육으로서의 명상을 마음의 안정을 도모하는 수단으로 생각할 수도 있겠지만, 그보다는 학생의 지식, 생활, 행동, 자아를 통합적 차원에서 이해하도록 할 수 있는 전인격적 교육 체제인 성찰적 행동, 성찰적 지식, 성찰과 함께하는 지식-행동, 지식-행동과 함께 하는 성찰을 지향하는 교육적 프로그램으로 발전시켜 나가야 한다.

2) 교수 · 학습 체제

최근 학교현장의 획일적인 교수 · 학습의 체제를 보완하기 위해 '토론(discussion)' 을 통한 교육이 장려되고 있다. 토론을 통한 교육은 학교의 교사와 학생, 학생과 학생의 관계를 생동감 있게 유지하고, 지식교육을 효과적으로 달성하는 데 기여할 수 있다. 그러나 이러한 점에도 불구하고 토론을 통한 교육은 한계를 지니고 있다. 토론은 지식의 전달, 학습, 교수라고 하는 지식교육을 목적으로 하는 차원에서만 의의를 지닐 수 있다.

우리 교육에서 지혜를 탐색할 수 있는 방법의 과정으로서 토론을 통한 교육은 한계를 내포한다. 지혜의 과정은 토론의 방식에서 흔히 볼 수 있는 바와 같이, 정과 부라고 하는 합리적 이분화의 결과로서가 아니라 대상을 관조하는 성찰적 인식의 과정, 초월적 앎의 과정, 직관적 인식에 기초하고 있기 때문이다. 이러한 점에서 지혜는 일종의 간접적 의사소통의 과정[21]을 기반으로 하고 있다.

이러한 점에서 불교의 선문답(禪問答)을 교수 · 학습의 체제로서 개발할 필요가 있다. 선문답은 기존의 지식교육의 영역에서는 접근하지 못한 문제를 탐색하

는 방법론을 내포하고 있기 때문이다. 불교의 선문답은 논리와 개념의 전제에 대한 되물음, 학생 자신과 지식, 교사의 관계를 자각하게 하는 것, 학생과 교사의 행동을 성찰적 과정을 통해서 실질적으로 경험하게 함으로써 지혜를 추구할 수 있는 교육적 방편의 의미를 지니고 있다.[22]

3) 교사의 교육과 학생의 학습

학교교육이 지혜를 추구하기 위해서는 지혜를 가르치고 배울 수 있는 교사가 육성되어야 하고, 학생을 위한 학습 여건이 조성되어야 한다. 먼저, 교사의 교육적 행위와 학생의 학습에 대한 재개념화가 선행될 필요가 있다. 특히 교사의 교육적 실천(행위)과 학생의 학습을 과학주의적 전제하에서 이해하고자 해 온 관점이 극복되어야 한다.

학생이 교육을 통해 지혜를 경험하게 하기 위해서는 교사의 교육적 실천 자체가 지혜로워야 한다. 교사의 교육적 실천의 본질을 재개념화할 필요가 있다. 교사의 실천이 지혜로운 행위로서 기예(tact, Takt)의 과정[23]이 되기 위해서는 교사의 교육적 행동에 성찰의 과정이 함께 수반되어야 한다.[24] 이러한 점에서 교사의 교육적 행위를 위한 성찰의 과정으로서 불교적 마음챙김(sati)의 보완을 검토해 볼 필요가 있다.[25]

학생의 지식에 대한 학습에서도 자신의 의도를 깨닫게 하는 자각적 학습의 과정이 필요하다. 지식교육의 패러다임에서 학습이 수동적이었다면, 지혜교육에서는 자기조절에 의한 능동적 학습이 요청된다. 이러한 관점은 지식을 보다 많이, 잘 알게 하기 위한 목적과 결과에 비중을 두는 학습이라기보다는 학생 스스로가 지금 현재 이 순간에 자신이 지식을 얼마나 올바르게 인식하는가를 아는 것과 관련된 초인지적 학습, 성찰적 학습을 지향하는 방식으로, 학습에 대한 우리의 기본 관점을 전환해야 할 필요성이 있다는 의미다.[26]

4) 공동체로서의 학교환경

학교의 환경은 지혜를 위한 교육적 모티브를 제공해 줄 수 있는 필수불가결한 공간이다. 따라서 학교는 공동체 의식을 공유할 수 있는 환경을 지향해야 한다. 학교의 환경은 편리하고 아름답고 자연친화적이며 쾌적한 환경이 되어야 한다. 그리고 무엇보다도 교사와 학생의 마음이 쉬어 갈 수 있는 공간, 교사와 학생, 학생과 학생 간의 대화와 사색, 활동이 보장될 수 있는 공간적 기능을 할 수 있는 일종의 공동체적 공간이 되어야 할 것이다.

이러한 점에서 불교의 승가공동체(sangha)는 하나의 중요한 모델로 제시될 수 있다.[27] 불교의 승가공동체는 신앙공동체인 동시에 교육공동체다. 승가공동체의 경전공부, 계율에 의한 생활, 명상 수행, 보시, 공양을 통한 선행, 포살(布薩)과 자자(自恣)를 통한 자기고백, 예배의식 등을 비롯한 공동체적 생활과 활동을 현대교육의 체제에 적합하게 재구성하려는 노력과 시도에 의해, 지혜를 추구하는 교육공동체로서의 학교환경을 발전시켜 나갈 수 있는 방법론적 가능성을 시사받을 수 있을 것으로 보인다.

맺는 말

교육이 지혜를 추구하는 과정이라는 생각은 이미 오래전부터 주장되어 왔다. 그러나 근대 이래로 교육에 대한 이러한 이상은 사라져 버리고 지식교육이 교육의 전형으로 자리 잡게 되었다. 지식교육은 인간의 세속적 욕망을 실현하려는 목적을 달성하는 데는 효율적이지만, 인간에게 진정한 의미의 행복을 주는 데는 성공적이지 못했던 것이 사실이다. 우리의 지식교육이 과학의 진보, 인간 이성의 회복, 물질적 풍요를 추구하는 데 일정 부분 기여했음에도 불구하고, 인간에게 배타심과 이기심, 경쟁심을 조장하고 촉발하게 함으로써 교육 본래의 목적을 달성하는 데는 실패해 왔다.

교육에 있어 지식의 차원을 넘어 지혜에 관심을 돌려야 하는 시점에 와 있다. 전통적으로 종교의 영역에서 논의되고 탐색되어 왔던 불교의 지혜를 교육적 차원에서 재해석하고, 그로부터 교육적 대안을 모색하려는 노력도 이러한 시대적 요청에 부응하려는 하나의 시도로 보아야 할 것이다. 불교의 지혜를 교육적으로 환원하기 위해서는 먼저 불교의 지혜에 대해 갖기 쉬운 선입견에서 벗어나야 한다. 불교의 지혜를 초월적 대상에 대한 직관적 인식의 획득, 인생이나 우주의 법칙에 대한 위대한 발견, 신비로운 능력의 획득과 같은 차원에서 이해하려는 방식은 타파될 필요가 있다.

불교의 지혜는 사물의 대상, 현상을 올바르게 보자는 앎으로서의 의미를 지니고 있다. 우리는 불교의 지혜를 통해 지식(욕망)에 대한 집착, 자아에 대한 허상(有我見), 지식(욕망)에 내재된 모순과 배제, 배중(排中)의 논리를 극복하고, 조화와 균형, 중도(中道)를 향해 나아갈 수 있는 교육적 해법과 대안을 추구할 수 있다. 불교의 지혜는 전범(典範)으로서의 지혜, 현실과 괴리된 지혜가 아니라 살아 숨쉬는 역동적, 체험적인 지혜다. 불교의 지혜는 지식(욕망)과 양립, 대립되는 인식이라기보다는 지식을 보완해 줄 수 있는 앎으로서의 성격을 지닌다. 이러한 점에서 불교의 지혜는 지식교육의 문제에 대한 해법과 대안을 제공하고 있으며, 앞으로도 교육적 차원에서 불교적 지혜를 다양하게 활용하기 위한 이론적, 실천적 노력이 필요할 것으로 보인다.

Chapter5 주

1 조혜정. (1992). 탈식민지 시대 지식인의 글 읽기와 삶 읽기〈1〉 바로 여기 교실에서. 또하나의문화.

2 지식을 욕망을 실현하는 도구로 보고 있다는 사실은 배재학당의 설립자인 아펜젤러 목사의 일기에도 잘 나타나 있다. 그는 “한국인들에게 어째서 영어를 배우냐고 물으면, 대답은

거의 다 한결같이 벼슬을 하려고 배운다고 하였다." 라고 적고 있다(이혜영, 1996).

3 한명희. (1999). 21세기 한국의 교육학. 한국교육학회, 연차학술대회 논문집, pp.16-17.

4 고진호. (1998). 한국교육에 있어서 탈교과서주의적 경향성 분석. 敎育課程 硏究, 16(1), 245-276.

5 이러한 주장은 지식·정보의 효율적 이용과 처리기술에 비중을 두는 관점, 신지식인의 예에서 볼 수 있듯이 지식의 유용성과 실제성을 강조하는 관점, 분과적 지식보다 통합적 지식을 강조하는 관점 등으로 제시되었다.

6 불교의 지혜(paňňā)는 통찰하여 아는 앎이다. 지혜(paňňā)와 유사한 것으로는 생각(saňňā)과 인식작용(viňňāna)이 있다. 그러나 이 세 가지는 대상을 아는 수준 차이에 의해서 구별된다. 생각은 대상을 기억하는 정도, 인식작용은 대상을 실재로 아는 것을 의미하는 것임에 비해 지혜는 대상도 알고 무상(無常), 고(苦), 무아(無我)의 본질도 확철하게 아는 앎을 의미한다. Buddha Gosa(2000) *Visuddhi-magga*, 淸淨道論(II)(범라, 역). 학은각. p.698.

7 불교의 마음(心, citta)은 현대적 의미의 마음(mind) 혹은 지식(knowledge)에 가장 근접하는 용어다. citta와 유사한 용어로 viňňāna, mano가 있다. citta는 정신적 의미를, viňňāna는 지식(알음알이)을, mano는 법을 아는 감각기관, 기능의 의미로 사용되는데, 이 세 가지는 그 뜻에서는 하나다(대림 스님, 각묵 스님 공역, 2002).

8 『상게역주해서(상)』, p.94.

9 『상게역주해서(상)』, p.95.

10 이러한 관점에는 우리 지식교육에 내재된 가정인 지식과 욕망과 자아를 동일적 결합체(지식=욕망=자아)로 보는 견해, 지식과 욕망과 자아를 항구적 실재로 보는 인식론적 관점이 내재되어 있다.

11 Ryle, G. (1994). *The Concept of Mind*, 마음의 개념 (이한우, 역). 문예출판사.

12 궁극적 실재(paramattha)는 사물의 궁극적 단위로서 지계(地界), 수계(水界), 화계(火界), 풍계(風界)의 고유한 성질(sabhāva)을 가지고 있다. 궁극적 실재에 진리를 의미하는 sacca를 첨가해서 중국에서는 paramattha를 승의제(勝義啼), 진제(眞啼)로, 세간에 통용되고 있는 일반적인 의미의 지식 sammuti-sacca를 속제(俗啼)로 번역하고 있다. 『상게역주해서(상)』 94쪽 하단역해자주를 참조하라.

13 인간은 의언분별(依言分別, 개념 혹은 언어)에 통해서는 대상(존재자)를 볼 수 없다고 본다. 이에 대한 깨달음이 법(法)에 대한 깨달음이다. 불교적 지혜는 분별적 사유가 아니며, 앎의 대상을 주관(能取)과 객관(所取)으로 분별하지 않는 앎을 의미한다(이지중, 2004).

14 사념처는 마음챙김(正念, sati)의 확립(pattana)을 의미한다. 사념처 수행은 마음의 본질과 작용을 통찰하는 지혜의 획득을 목적으로 하는 관(觀, vipassan)과 마음의 고요함을 의미하는 지(止, samdhi)를 포괄한다. 지(止)와 관(觀)을 위해서는 청정(淸淨)함으로써의 계(戒, sila)의 조건이 충족되어야 한다(임승택, 2002).

15 sampajanna는 sam(올바르게, 진실하게), janna(앎)의 결합어다. pa는 특수하게, 구분되게 라는 뜻이며, 체험적 앎이라는 뜻을 내재하고 있다. sampajanna의 구체적인 내용은 Sayadaw U. Pandita(1999: 214-215)를 참조하라.

16 붓다(佛陀, Buddha)는 "이것이 생각, 이것이 인식작용, 이것이 지혜라고 따로따로 나눌 수 없는 특수함이 있다고 설한 바 있다. 마음을 도와주는 기능인 심소(心所)들이 서로 다른 모습을 이것이 닿음(phassa), 이것이 느낌(vedana), 이것이 생각(sanna), 이것이 의도(cetana), 이것이 마음(citta)이라고 한다."라고 설하였다는 사실은 인식작용의 측면에서 일반적인 사념작용을 통해서 얻게 되는 지식이 인식작용의 측면에서 지혜와 확연히 분리되기 어렵다는 점을 시사하고 있다. 범라가 번역한 앞의 책 699쪽을 참조하라.

17 불교에서는 지식(욕망)을 선도 악도 아닌 중립적 요소인 무기(無記)로 본다. 이러한 언급은 지식(욕망) 자체가 문제가 아니라, 과도한 지식(욕망)을 어떻게 조절하고 다스리는가가 중요하다는 점을 시사한다. 우리가 지향하는 교육이 지식(욕망)중심적이라는 말에서와 같이, 불교에서는 과도한 욕망(탐욕, lobha), 다스려지지 않는 욕망을 문제로 보고 있다(增谷文雄, 1992).

18 불교의 관법(vipassana) 수행은 수관(隨觀, anupassana)을 특징으로 한다. 수관이란 마음에 나타난 대상을 거스리지 않고 따라가면서 본다는 의미로, 불교에서는 일체의 현상적 존재가 지닌 특성인 생멸의 원리를 통찰케 하기 위해서 제시되고 있다(임승택, 2002: 12).

19 Gurdjieff는 올바른 이해는 지식과 존재의 이상적 결합을 통해 이루어진다고 보고 있다(정인석, 2000: 125-136).

20 Tremmel은 행위 속의 성찰(reflection-in-action)의 개념을 마음챙김(正念, Sati)과 비교한 바 있다. 마음챙김은 지식과 행동, 성찰이 하나의 합일적 과정 속에서 파악해야 할 것을 시사하고 있다는 점에서 성찰과 유사성이 있다. '행위 속의 성찰' 의 과정은 마음챙김에 의해 보완될 수 있다고 보고 있다(Tremmel, 1993: 434-456).

21 서명석. (1999). **선문답의 탈근대 교육**. 도서출판 아름다운 세상. p.88.

22 고진호. (1998). 교육적 텍스트로서 선문답에 관한 독법: J. Derrida의 해체론적 관점. **宗敎敎育學 硏究**, 6, 139-159.

23 Max van Mannen (1991). *The tact of teaching-The Meaning of Pedagogical*

Thoughtfulness. Albany, State Univ. of N. Y.

24 '행위 속의 성찰(reflection-in-action)' 은 교사와 같은 전문가 교육론을 주장하기 위해서 제시된 개념이다. 이 개념은 사람들이 무엇인가를 할 때, 그가 무엇인가를 하는지에 대해 생각하는 것(thinking what they are doing while they are doing it)으로 정의할 수 있다 (Schön, 1987).

25 Tremmel은 성찰 속의 행동을 보완하기 위해 마음챙김(sati, mindfulnness)이 교사교육의 장에서 적극 활용될 필요가 있다고 주장하였다.

26 우리의 학습의 행태는 목적론(telos)적이다. 학습의 과정을 중시하지 않기 때문이다. 비유하면, 가령 그릇을 닦는다고 할 때 그릇을 깨끗이 하기 위해(목적), 깨끗한 마음으로(전제) 그러한 행위를 한다고 생각할 뿐, 그릇 닦는 과정에 집중함으로써 얻을 수 있는 이익(마음이 깨끗해짐)은 간과하고 있다. 이와 동일한 차원에서 학습과정에 대한 자각이 존재하면, 학습에 대한 자기조정력이 생긴다(Zimmerman, & Schunk, ed., 2000).

27 대한불교 조계종 교육원/사단법인 가산불교문화연구원. (불기 2541). 세계승가공동체의 교학체계와 수행체계. pp.70-76.

| 참고문헌 |

고진호. (1998). 한국교육에 있어서 탈교과서 주의적 경향성 분석. 敎育課程 硏究, 16(1), 245-276.

고진호. (1998). 교육적 텍스트로서 선문답에 관한 독법: Derrida, J.의 해체론적 관점. 宗敎 敎育學 硏究, 6, 139-159.

대림스님, 각묵스님 공역 및 주해. (2002). 아비담마 길라잡이(*Abhidammatta Sangha*) 상, 하. 초기불교 연구원.

대한불교 조계종 교육원/사단법인 가산불교문화 연구원. (불기 2541). 세계승가공동체의 교학체계와 수행체계.

서명석. (1999). 선문답의 탈근대 교육. 도서출판 아름다운 세상.

鈴木大拙. (1998). 가르침과 배움의 현상학 (서명석, 김종구, 역). 경서원.

이지중. (2004). 교육과 언어의 성격-유식학의 관점을 중심으로. 문음사.

이혜영. (1996). 근대교육의 도입과정에서 표출된 교육관의 유형과 갈등. 韓國敎育學會 敎育學硏究, 34(3).

임승택. (2002). 대념처경의 이해. 대념처경의 수행이론과 실제, 근본불교 학술대회 자료집. 근본불교 도량(홍원사).

정인석. (2000). 자기를 이기는 자는 자유롭다. 학지사.

增谷文雄. (1992) 근본불교 이해 (홍사성, 역). 불교시대사.

조혜정. (1992). 탈식민지 시대 지식인의 글 읽기와 삶 읽기〈1〉 바로 여기 교실에서. 또 하나의 문화.

한명희. (1999). 21세기 한국의 교육학. 한국교육학회 연차학술대회 논문집, 1-20.

Gosa, Buddha (2000). 淸淨道論(II)(범라, 역). 서울:학은각

Mahasi, S. (1983). *Thoughts on the Dahamma*. Kandy;Buddhist Publication Society.

Pandita, S. U. (1999). 위빠사나 수행의 길. (김재성, 역). 보리수 선원.

Ryle, G. (1994). 마음의 개념 (이한우, 역). 문예출판사.

Schön, D. (1987). *Educating the Reflective Practitioner*. SanFrancisco, Jossey-Base Publishers.

Tremmel, R. (1993). Zen and the Art of Reflective Practice in Teacher Education. *Havard Educational Review, Winter*, 434-456.

van Mannen Max (1991). *The tact of teaching-The Meaning of Pedagogical Thoughtfulness*. Albany, State Univ. of N. Y.

Zimmerman, B. J., & Schunk, D. H. (ed.). 자기조정 학습 (전성연 외, 역). 원미사. pp.114-115.

06

그리스도교 전통에서 배우는 대안적 교육론
: 가톨릭 학교 교사의 영성[1]

들어가는 말

대안(代案)이라는 것은 적어도 세 가지 의미를 지닌다. 첫째, 기존의 것에 대한 거부와 부정이다. 둘째, 기존의 것과 다른 창조와 참신함이다. 그리고 마지막으로, 기존의 것의 본질에 관한 추구와 회복이다. 이 가운데 가톨릭 교육에서 말하는 대안이라면 세 번째 '대안' 을 의미한다고 볼 수 있다. '가톨릭 교회' 라는 존재는 본질적으로 기존사회에 대항하는 '대안' 이다. 마찬가지로, 가톨릭 교회가 설립한 학교 역시 이미 존재하였던 다른 학교들과는 차별화된 독특한 교육이념과 목적, 그리고 교육내용과 방법을 지니고 있다. 또한 가톨릭 학교는 교육의 본질인 인간의 전인적 성장을 교육의 목표로 삼고 있다. 이 목표는 사실 동서고금을 막론하고 교육기관이면 누구나 추구하는 교육적 목표임에는 틀림없으나, 가톨릭 학교가 이를 명시적으로 또 우선적으로 추구한다는 점을 강조하고 싶다.

일반적으로 가톨릭 학교들은 설립이념과 운영방식에 있어 다른 학교들과 '어떤' 차이를 보일 뿐만 아니라, 이를 당연한 것으로 생각한다. 그 '어떤' 차이는 분명 그 학교가 지니고 있는 '가톨릭' 적인 특성에서 연유한 것이다. 교회의 역사를 통해 땀과 순교로써 보전하고 발전시켜 온 특유의 가치관과 정신은 가톨릭 학교의 이념과 운영에 깊이 아로새겨져 있다. 가톨릭 학교는 교육이념을 통해 학교가 지니는 '이중적 사명' 을 명료하게 제시하고 있다. 즉, 가톨릭 학교는 미래를 짊어질 사회적 인재를 양성하는 것과, 그리스도교의 복음정신에 입각하여 세상에서 신앙의 정신으로 봉사할 하느님의 백성을 양성하는 것을 사명으로 표방하고 있다. 몇몇 가톨릭 학교의 건학이념을 살펴보면, 다른 학교의 교육이념에서 발견할 수 없는 가톨릭의 특성을 쉽게 알 수 있다.

"가톨릭 정신의 사랑에 입각한 그리스도인 공동체의 활성화를 통해 정의와 양심에 따라 사는 사람, 실력을 갖춘 전문인을 지향한 성취인의 초석을 다지는 사람, 봉사의 정신이 몸에 배인 생활인이 되어 민주시민으로서 국가와 사회에 공헌할 수 있는 사람을 양성하는 중등교육을 지향한다(인천 대건고등학교 건학이념)."[2]

살레시오 교육은 친절한 사랑, 이성, 믿음을 바탕으로 교사는 학생과 늘 함께 생활하며 그가 가진 소질, 개성을 발굴 · 신장시키며 학생의 마음속에 있는 문제를 발견하여 장애가 되는 요인을 미리 제거하고 모범을 보임으로써 의식 있는 젊은이로 올바르게 성장할 수 있도록 이끌어 주는 교육방법이다. 살레시안들은 이를 '예방교육' '마음의 교육' '사랑의 교육' 이라 한다. "21세기를 이끌어 갈 실력 있는 인재 양성과 함께 종교적으로도 성숙한 전인(全人)의 양성을 그 이상으로 삼으며 예방교육을 실천하는 가운데 보람을 느끼면서 청소년 교육에 헌신하고 있다(살레시오 중 · 고등학교 교육이념)."[3]

한편, 이런 학교교육의 이념들을 구현하는 주체는 역시 교육자, 특히 매일 학생들을 가르치고 지도하는 교사들이다. 좋은 교사는 근본적으로 학생들의 전인적 성장을 위해 또 동료 및 선후배 교사들과 인격적 관계를 맺기 위하여 상당한 시간과 에너지를 투자하며, 동시에 교실과 교내에서 자신이 속해 있는 학교의 교육이념에 충실한 업무수행을 보여 준다. 즉, 좋은 교사는 학생과 동료교사, 그리고 학교를 위해 항상 최선의 선택을 한다.[4]

그러나 오늘날 가톨릭 학교의 교사들은 학교 안에서 '최선의 선택' 을 하지 못하고 있다. 그들은 다른 교사들처럼 교실과 교내에서 다람쥐 쳇바퀴 돌듯 지루한 반복을 체험하고 있으며, 한때 스스로 소명감을 부여해 주었던 높고 뜨겁던 이상, 가치관, 혹은 신앙은 이제 미지근하고 때로 냉소적이 되어 더 이상 아무런 힘이 되지 못하고 있다. 나아가, 교실에서 행하는 자신의 행위는 가톨릭 학교의 설립목적과 교육이념을 반영하기보다는 개인적 성격과 취향을 좀 더 반영하고 있으며, 신앙적이고 절대진리를 담은 가톨릭 교육이념을 표방하고는 있지만 좀 더 깊은 관심으로 이어지지 못하고 있다. 오늘의 교육현실이 전달하는 긴박함 때문에 이런 가톨릭의 고유한 교육이념과 다른 학교의 교육이념 사이의 차이점에 별반 관심을 기울이지 못하고 있는 것이다.

이러한 분위기 속에서 과연 가톨릭 학교의 교사들은 자신과 학교와 학생들에게 최고의 선택을 제공할 수 있을지 의문이다. 그렇다면 문제를 해결하는 관점에서 몇 가지 질문을 해 보자. 가톨릭 학교의 교사들은 어떤 점에서 다른 학교의 교사들과 구별되는 독특한 교육적 소명을 받고 있을까? 어떻게 하면 가톨릭 학교의 교사들은 학교가 표방하는 교육목적에 충실하면서, 동시에 학생들의 현실적 필요에 효과적으로 응답할 수 있을까? 어떻게 하면 가톨릭 학교에 봉직하는 교사들은 한 인격체로서, 또 동시에 교육자로서 충만한 삶을 영위할 수 있을까?

이러한 문제에 대해 가톨릭 교회가 제시하는 해답은 '영성(靈性, spirituality)' 이다. 영성이란 개념은 모든 인간이 육체성을 지닌 존재일 뿐 아니라 근본적으로 초월적인 생명을 지닌 영적인 존재(spiritual being)라는 인간관에서 출발한다. 육체적이면서 동시에 영적인 존재인 인간은 자연과 육체를 넘어선 초자연적인 삶의 목적과 동기를 지니며 그것을 추구한다. 일차적으로 영성의 개념은 일정 종교나 종파를 초월한 보편적인 의미를 지니고 있다.

이 장의 목적상 영성의 개념을 가톨릭의 전통 안에서 살펴볼 필요가 있다. 가톨릭 교회의 관점에서 볼 때, 초자연적인 목적과 동기를 지닌 인간은 자기생명의 근원인 하느님과의 완전한 합일을 지향하는 존재다. 그 때문에 영성이란 개념은 교회 안에서 줄곧 하느님과 함께하는 크리스천의 생활(Christian life with God)이라고 이해되어 왔다.[5] 즉, 영성이란 한 인격이 하느님과 깊은 친교를 이루고 자신의 삶을 그분께 전적으로 의탁하는 것이다.[6] 이런 영성을 계발하고 실천해 가면서 그 인격은 자신의 존재와 행동을 일관되고 활기차게 만들며, 궁극적으로는 자신에 대한 하느님의 부르심의 의미와 그에 응답하는 자신의 사명을 깨닫고 이를 성실히 수행함으로써 충만한 삶(mindfulness)을 영위하게 된다.[7] 충만한 삶이란 간단히 말해서 자신과 자신의 활동의 궁극적인, 혹은 초월적인 목적을 깨닫고 이것을 완수하기 위해 헌신하는 삶이다.[8]

영성은 교사들을 충만한 삶으로 인도한다. 교사들은 자신의 교사로의 삶이 지니는 영성적 차원을 깨달을 때 매일매일 학생들과 학교에 수행하는 모든 활동의 목적에 확신을 갖게 되고, 이에 헌신함으로써 교육적인 면에서 또 인간관계 면에서 탁월한 교사가 될 수 있기 때문이다. 그렇다면 가톨릭 교회가 말하는 가톨릭 학교 교사들의 영성은 무엇일까? 즉, 가톨릭 교회는 공식적인 문헌에서 가톨릭 학교 교사들이 수행하는 교육적인 활동의 초월적인 목적과 헌신적인 투신을 통한 삶의 충만함에 대해 어떻게 증언하고 있을까?

이 장은 질문에 올바른 답을 하기 위해 구성되었다. 첫 부분은 성서 안에서 발견되는 교사의 영성에 대해, 둘째 부분은 제2차 바티칸 공의회 이전의 교회 문헌에서 나타나는 교사의 영성에 대해, 마지막 부분은 제2차 바티칸 공의회 이후에 발표된 문헌 안에서 증언되는 교사의 영성에 대해 일별하고자 한다.

성서적 관점에서 본 교사의 영성

성서는 가톨릭 학교의 교사들에게 자신의 소명을 어떻게 설명하고 있을까? 이

성서적 조망은 가톨릭 학교의 교사들이 '왜(why)' 그토록 맡은 바를 헌신적으로 수행해야 하는지를 알려 준다.

성서는 교사인 예수에 대한 수많은 예화와 이야기로 가득 차 있다. 예를 들면, 예수는 수많은 군중들을 산기슭에 모아 가르치셨고(산상수훈), 때로는 유대교 회당에서 거짓교사들과 격렬한 토론을 벌이셨고, 자주 제자들을 따로 불러 하느님 나라에 대해 가르치셨다. 그래서 그리스도교가 생긴 이래 그리스도인들 안에서 예수를 랍비(스승, 혹은 교사)로 여기는 것은 너무도 분명하고 아주 자연스러운 것이었다.[9]

특별히 이런 교사로서의 예수의 이미지는 교사들에게 그들의 삶과 일을 반성할 수 있게 하는 원형(原型)이 된다. 사람들은 흔히 예수께서 무엇을 사람들에게 가르치셨는가에 관심을 가질 수 있겠지만, 이 장의 관심은 그보다는 신약성서 안에서 예수께로부터 '가서 가르치라' 는 소명을 받고 파견되는 제자들의 모습을 전해 주는 대목에 집중되어 있다. 예수께서는 제자들을 왜 교사로서 파견하셨을까? 여기서는 제자들의 부르심의 본질이 무엇인지, 교사로서 제자들이 해야 할 일이 무엇인지, 어디로 파견되는지, 그리고 어떻게 제자들이 가르치는 가운데 끊임없이 영적으로 힘을 얻는지를 살펴본다. 이를 위해 마르코복음, 마태오복음, 그리고 요한복음을 중심으로 살펴보겠다.

1) 마르코복음 안에서 나타난 교사 영성

마르코복음의 결론은 예수께서 제자들을 세상에 파견하는 장면으로 마무리되어 있다. 마르코의 이 대목(16장 15~20절)을 보자.

> 15 예수께서는 그들에게 이렇게 말씀하셨다. "너희는 온 세상을 두루 다니며 모든 사람에게 이 복음을 선포하여라. 16 믿고 세례를 받는 사람은 구원을 받겠지만 믿지 않는 사람은 단죄를 받을 것이다. 17 믿는 사람에게는 기적이 따르게 될 것인데 내 이름으로

마귀도 막아 내고 여러 가지 기이한 언어로 말도 하고 18 뱀을 쥐거나 독을 마셔도 아무런 해도 입지 않을 것이며 또 병자에게 손을 얹으면 병이 나을 것이다." 19 주님이신 예수께서는 제자들에게 말씀을 다 하시고 승천하셔서 하느님 오른편에 앉으셨다. 20 제자들은 사방으로 나가 이 복음을 전하였다.

위의 마르코복음에서 예수는 부활하여 제자들 앞에 나타나, 그들을 하느님의 기쁜 소식(복음)을 전하도록 파견하였다.[10] 흥미롭게도, 예수는 제자들에게 자신이 살던 장소와 일하고 있던 곳으로 가라고 지시하지 않았다. "너희는 온 세상을 두루 다니며 모든 사람에게 이 복음을 선포하여라(15절)." 부활한 예수를 만난 이후 제자들은 어떤 지역적, 혹은 민족적 경계 없이, 모든 사람에게 진리를 가르침으로써 그들이 하느님 나라에 속하도록 맞아들이는 임무를 수행해야 한다.

그리고 교사들은 자신들의 교육활동을 통해 예수께서 당신의 놀라운 능력을 발휘하게 하는 것이다(17~18절). 즉, 교사들은 '기이한 언어', 혹은 놀라운 감화를 담은 가르침으로 학생들이 죄를 멀리하고 복음적 가치를 받아들여 구원의 길에 들어서게 할 수 있다. 또 예수의 가르침에 충실한 교육을 받은 제자들은 '뱀을 쥐거나 독을 마셔도 아무런 해도 입지 않듯', 교사들은 학생들에게 인간성숙에 필요한 지성적, 심리적, 생리적, 사회적, 영적인 다양한 문제들(뱀과 독)을 필요할 때마다 용감하게 대면하고 지혜롭게 해결하도록 도와줄 수 있다.

이 복음의 말씀을 오늘날 가톨릭 학교의 교사들로 하여금 자신이 수행하는 교사의 직무가 얼마나 중요한지를 상기하게 해 준다. 마르코복음의 관점에서 볼 때, 모든 가톨릭 학교의 교사들은 이 거룩한 직무를 부여받았으며, 기꺼이 가르침(기쁜 소식)을 수행하도록 예수로부터 끊임없는 격려를 받고 있다. 그들은 자신의 가르침을 통해 학생들이 놀라운 구원의 체험을 하도록 해 준다. 그들은 예수 그리스도가 자신들을 통해 일을 하고, 또 그분의 구원의 능력이 발휘되도록 하는 역할을 함으로써 교직을 하나의 소명으로 여기게 된다. 즉, 교직은 이제 더 이상 직업이 아니라 소명이 된다. 이것이 가톨릭 학교의 교사들이 지닐 영성적 기초다. 마르코복음은 우리에게 묻는다. "당신은 이 사실을 믿고 있으며, 당신이 학교에서 하는 모든 행위의 기초로 삼고 있습니까?"

2) 마태오복음에서 나타난 교사의 영성

마태오복음은 마르코복음과 아주 유사한 장면을 전하고 있지만, 교사의 영성에 대해 두 가지 관점을 더 추가하고 있다. 마태오복음 28장 16~20절을 보자.

> 16 열 한 제자는 예수께서 일러 주신 대로 갈릴레아에 있는 산으로 갔다. 17 그들은
> 거기에서 예수를 뵙고 엎드려 절하였다. 그러나 의심하는 사람들도 있었다. 18 예수께
> 서는 그들에게 가까이 오셔서 이렇게 말씀하셨다. "나는 하늘과 땅의 모든 권한을 받았
> 다. 19 그러므로 너희는 가서 이 세상 모든 사람들을 내 제자로 삼아 아버지와 아들과
> 성령의 이름으로 그들에게 세례를 베풀고 20 내가 너희에게 명한 모든 것을 지키도록
> 가르쳐라. 내가 세상 끝 날까지 항상 너희와 함께 있겠다."

마태오복음이 강조하는 첫 번째 관점은 제자들의 불리움과 파견이 하느님으로부터 왔다는 점이다. 예수는 아버지 하느님으로부터 모든 권한을 받은 분이다(18절). 그분이 제자들을 파견한다(19~20절). 제자들은 자신의 이름이 아닌 자신을 파견한 분의 이름으로 세례를 베풀고 가르친다(19~20절).

이 관점을 가톨릭 학교의 교사들에게 적용해 보자. 오늘날 교사들에게 자격을 주는 것은 세속적인 국가권력이다. 국가권력은 교사자격과 승진을 위해 필요한 다양한 기준을 제시한다. 예비교사들과 교사들이 이런 기준을 채우기 위해 많은 관심을 갖는 것은 현실이다. 이러한 현실을 부정하지 않지만, 여기서 마태오복음이 강조하는 바는 교사를 교사답게 만드는 진정한 기준은 외적인 자격증이 아니며, 진정한 기준은 교사 자신이 하느님께로부터 부르심을 받은 존재이며, 자신이 소유물이 아닌 하느님께서 위탁하신 그분의 귀한 자녀들을 가르치는 것이며, 또 학생들을 가르칠 땐 자신의 이름(개인의 성격과 가치관)으로가 아닌 하느님의

이름(진리, 사랑, 선함)으로 가르쳐야 한다는 영성적 관점이라는 것이다.

논리적 귀결로서 마태오복음이 강조하는 두 번째 관점은 제자들이 가져야 할 하느님과의 친밀한 관계다. 복음을 전하는 사람이 복음을 몰라서는 안 된다. 복음은 하느님의 말씀이고 그분의 뜻이다. 복음을 알고 전하기 위해서는 믿음이 필요한데, 믿음 없이는 하느님의 말씀과 뜻을 알아들을 수 없다. 가톨릭 학교의 교사들이 자신의 이름이 아니라 하느님의 이름으로 교육을 수행한다면, 그들은 끊임없이 진실한 것(진리)에 대한 추구를 멈추어서는 안 되며, 발견한 참신한 진리를 통해 사랑과 선한 의지로서 학생들을 교육해야 한다. 가톨릭의 전통 안에서 하느님은 진리이며 사랑이고 선(善)이다. 그러므로 교사들은 하느님과 깊은 관계를 맺어야 한다. 교사들은 자신의 내면 깊숙이 하느님이 머무시도록 해야 한다. 이로써 가톨릭 학교의 교사들은 그저 좋은 선생이 되는 것이 아니라 탁월한, 혹은 훌륭한 교사로 성장할 수 있다. 마태오복음은 하느님과의 관계가 교사가 수행하는 모든 교육활동의 영성이라고 강조하고 있다.

3) 요한복음에 나타난 교사의 영성

요한복음은 또 다른 제자들의 파견 대목(20장 19~23절)을 전해 주고 있다.

> 19 안식일 다음 날 저녁에 제자들은 유다인들이 무서워서 어떤 집에 모여 문을 모두 닫아걸고 있었다. 그런데 예수께서 들어오셔서 그들 한가운데 서시며 "너희에게 평화가 있기를!" 하고 인사하셨다. 20 그러고 나서 당신의 손과 옆구리를 보여 주셨다. 제자들은 주님을 뵙고 너무 기뻐서 어쩔 줄을 몰랐다. 21 예수께서는 다시 "너희에게 평화가 있기를! 내 아버지께서 나를 보내 주신 것처럼 나도 너희를 보낸다." 하고 말씀하셨다. 22 이렇게 말씀하신 다음 예수께서는 그들에게 숨을 내쉬시며 말씀을 계속하셨다. "성령을 받아라. 23 누구의 죄든지 너희가 용서해 주면 그들의 죄는 용서받을 것이고 용서해 주지 않으면 용서받지 못한 채 남아 있을 것이다."

마르코복음과 마태오복음과는 다른 상황에서 제자들을 파견하는 장면을 전해 주는 요한복음은 몇 가지 중요한 관점을 제시하고 있다. 첫째는 제자들을 파견할 때, 예수 그리스도는 제자들에게 입김을 불어 성령을 넣어 준다. 성령의 힘으로 제자들은 복음을 가르치라는 사명을 완수할 힘을 얻는다는 것이다. 요한복음은 마르코복음에서 보였던 제자들의 불신이나 그들의 임무 수행 중 체험할 기적적인 능력에 관심을 갖지 않는다. 또한 마태오복음과 다르게 제자들이 지녀야 할 하느님 아버지와의 관계에도 관심을 갖지 않는다. 요한의 관심은 성령의 능력이다. 성령은 예수 그리스도가 자신의 일을 제자들을 통해 할 수 있도록 계속된 능력을 제공하는 존재다.[11]

어떻게 성령은 제자들의 삶 안에서 활동할까? 요한복음에서 볼 때, 그 대답은 간단하다. 즉, 제자들은 성령의 능력으로 사람들의 마음을 짓누르는 것들을 덜어 주는 것이다(23절). 성령은 제자들의 마음속에 깊이 자리하면서, 그들이 다른 사람의 죄를 용서해 주고, 다시 사람들을 죄와 자신을 짓누르는 것에서 벗어나 자유로운 사람이 되어 하느님과의 깊은 친교에 다가갈 수 있도록 해 준다.[12]

요한복음의 관점에서 본다면, 가톨릭 학교의 교사는 치유하는 사람이다. 이 관점에서 볼 때, 학교에서 수행하는 가톨릭 학교 교사들의 일차적인 임무는 가르치는 일이라기보다는 학생들로 하여금 자신들이 하느님의 자녀로서 죄와 부담으로부터 벗어난 자유로움을 체험하게 도와주는 것이다. 치유자로서의 가톨릭 학교의 교사들은 학생들을 죄로 빠뜨리는 악으로부터 보호하고, 그로 인한 상처를 치유해 주면서 하느님으로부터 오는 자유를 제공하는 영성을 지닌 존재들이다.

4) 요약

지금까지 살펴본 성서말씀은 교사의 영성에 대해 중요하면서도 다양한 몇 가지 관점을 제시해 주고 있다. 이 관점들을 잘 종합한다면 가톨릭 학교의 교사들이 지녀야 할 영성의 중요한 요소들이 어떻게 구성되는지 알 수 있다.

성서말씀에서 가톨릭 학교의 교사들에게 제시하는 영성의 첫 번째는 교사들이 예수 그리스도로부터 부르심을 받았다는 점이다. 제자들에 대한 부르심은 위의 모든 성서구절에서 공통적으로 제시되고 있다. 제자들이 말씀을 사람들에게 선포하고 세례를 베풀고 기적을 행하고 용서를 베풀도록 불리었다는 점을 깨닫는 것은 그들이 활동하는 가운데 지녀야 할 영성 중 첫 번째 정신이다. 앞에서 살펴본 성서말씀의 관점에 의하면, 훌륭한 교사가 되고 자신에게 맡겨진 업무를 통해 학생들의 지성과 감성, 그리고 영성적 성숙을 돕는다는 것은 자신의 인간적인 의지로서 시작하고 마치는 것이 아니다. 그들의 소명은 하느님께로부터 온 것이며, 그 소명의 시작과 과정, 그리고 결과는 신적인 도우심에 달려 있다는 것이다.

성서가 제시하는 교사 영성의 두 번째 요소는 가톨릭 학교의 교사들은 성령의 감화를 받으면서 사는 존재라는 것이다(요한복음). 학생들을 가르치고, 용서와 자비를 알려 주고, 자유를 체험하게 해 주는 일은 자신의 인간적인 능력을 넘어서는 영역이다. 물론, 그것을 인간적인 동기와 방법으로 어느 정도 할 수 있지만, 만일 그 동기와 방법들이 초월적인 것으로부터 활력을 얻지 못한다면 계속 지속할 수 없다. 성서는 그 초인간적인 동기와 방법은 바로 성령의 능력이라고 강조한다. 교사들의 마음에 거처하는 성령께서는 그들에게 계속적으로 활력을 주어 지치지 않고 학생들과 동료들의 죄를 용서해 주고, 자유를 주며, 참된 삶이 무엇인지 알게 해 주고, 결국 하느님의 진리와 신앙을 전할 수 있게 한다.

세 번째 영성적 요소는 예수 그리스도께서 제자들을 '세상'에 파견하셨다는 점에서 비롯된다. 예수는 제자들이 내면적 반성이나 기도에 머물기를 바라지 않고, 세상으로 달려가 복음을 전하도록 하였다. 그러므로 가톨릭 학교의 교사들이 지니는 영성은 '활동하는 관상'이다. 그들은 하느님과 깊은 관계를 지녀야 한다(마태오복음). 그러나 동시에 그들은 실제로 치열하고 냉혹한 현실세계에서 만나는 학생들과 동료들에게 진리를 따라 사는 법과 죄를 피하는 법, 용서

하는 법과 자유롭게 사는 법을 가르치고, 또 스스로 모범을 보여야 한다(마르코복음, 요한복음).

가톨릭 학교의 교사들이 지녀야 하는 영성의 마지막 측면은 '신앙의 증거자'로서의 모습이다. 가톨릭 학교의 교사들은 자신의 말과 행위를 통해 일거수일투족 예수 그리스도의 말씀과 행위를 증거해야 한다. 그들은 삶 안에서 마치 예수 그리스도께서 보듯이 보며, 예수께서 말씀하듯이 말하며, 예수께서 행동하듯이 행동한다. 그리고 예수께서 가르치듯이 가르쳐야 한다(Teach as Jesus did).[13]

교회문헌을 통해 본 교사의 영성

1) 제2차 바티칸 공의회 이전의 교회문헌(1800~1960)

가톨릭 학교의 교사들이 지녀야 할 영성에 대해 살펴본 성서적 관점들은 교회의 역사를 통해 가톨릭 교회가 공동체 구성원에게 하느님의 복음을 교육하는 데 필요한 기본적인 관점을 제시하였다. '신약성서의 시대' 이후 15세기 동안 가톨릭 교회가 지녔던 교육관은 서구문화가 지녔던 사회적, 혹은 세속적 교육관과 별다른 충돌 없이 공존하였다. 그러나 이런 두 교육관의 공존은 반(反)종교개혁 시대, 특히 계몽주의를 전후로 해서 국가권력이 대중성을 띤 사회적 유형으로 대두되고, 실용주의 철학이 영향력을 발휘하던 시기를 기점으로 변화를 겪기 시작했다. 결국, 시민사회의 권력이 19세기 초기에 모든 공립학교에서 종교교육을 배제하도록 강제규정을 시행하면서 교회와 국가권력은 상당한 갈등을 경험하였다. 가톨릭 교회는 과연 학생들에게 어떤 교육적 프로그램이 가장 최선의 것인가라는 관점에 대해 심각한 논쟁을 하였다.[14]

그러나 가톨릭 교회의 상부와 국가권력 사이에, '공립학교 내에서 종교교육이 필요한가 그렇지 않은가' 하는 주제에 대해 벌였던 논쟁은 교육적인 견지에서 볼 때, 교사의 중요성과 상당히 연관되어 있다. 즉, 사회적 권력의 입장에서 볼 때, 교사는 일차적으로 세속적인 국가의 일꾼으로서 학생들이 성인이 되었을 때 자신의 사회적 책임을 수행할 수 있는 지식, 능력, 가치관을 가장 잘 전달할 임무를 지니고 있는 존재였다. 반면에, 가톨릭 교회의 지도자 입장에서 볼 때, 교사들은 학생들에게 훗날 비단 사회의 시민으로서뿐 아니라 하느님 나라의 구성원으로서 자신의 책임을 다할 수 있는 도덕적 · 지성적 능력을 배양시키는 존재였다.[15]

이제 본격적으로 교회의 공식적인 문헌 안에서 제시된 교사의 영성을 살펴보기로 한다. 여기에서는 살펴볼 문헌을 두 시기로 나누어 보려고 하는데, 먼저 제2차 바티칸 공의회 이전(1800~1960)에 나온 문헌들을 살펴보고, 공의회 이후(1960~1990)로 공포된 문헌들을 살펴보겠다. 이 공의회는 현대 가톨릭 교회의 역사 안에서 가장 큰 변화를 주도했던 전환점에 등장했으며, 이렇게 두 시기를 제2차 바티칸공의회(1962~1965)를 중심으로 나누게 된 이유는 그 역사적 중요성에 있다. 그러나 이러한 구분에도 불구하고 공의회 전후의 교회문헌에 나타난 가톨릭 학교에 대한 교육관은 대체로 그 맥락을 같이하고 있다. 따라서 이 두 시기를 독립된 역사의 단절로 보기보다는 교육과 교사에 대한 발전적이고 점진적인 연결선으로 보는 것이 옳다.

(1) 교황 비오 9세의 문헌에 나타난 교사의 영성

가톨릭 학교의 교육과 교사들이 지니고 있는 영성적 의미는 19세기 초반 유럽에서 국가들이 공립학교에서 종교교육을 제거하기 위한 교육법을 제정하기 시작하면서 교회문헌에 등장하기 시작했다. 표면적으로 국가권력들이 이런 법제정을 시도한 이유는 아주 간단하다. 즉, 학생들을 교육하는 것은 공공사회의 문제이므로 국가의 주도권이 인정된다는 것이다.[16] 정부는 학부모, 혹은 교회가 지금까지 교육에 대해 했던 개입들을 포기하도록 몰아 갔다. 예를 들면, 교회는 이런 국가의 정책을 따르든지, 아니면 국가가 하는 일에 상관 말라는 것이며, 학부모는 가톨릭 사립학교에 자녀를 보내든지, 보낼 돈이 없으면 종교교육을 포기하고 공립학교에 자녀를 보내라는 것이다.[17]

교육에 관한 국가권력에 대해 가톨릭 교회가 했던 첫 이의 제기는 교황 비오 9세(1846~1878)의 「사목서한(司牧書翰, Quum non sine, Secularism in Education)」(1864)에서 나타난다. 이 문헌은 프리부르(Fribourg)의 대주교가 새로운 교육법에 대해 적극적으로 반대 입장을 표명한 것에 대한 축하의 인사를 담은 편지형식이었는데, 이 문헌에서 교황은 공립학교에서 신앙을 수호할 교사와 종교적 권위를 제거한 것에 대해 반대 입장을 분명히 하였다. 교황은 교육에 있어 가장 핵심적인 문제는 어떻게 학생들에게 최상의 교육을 제공할 것인가 하는 문제인데, 국가권력은 지금껏 학부모와 가톨릭 교회가 지녀 왔던 자녀교육의 권리를 어떻게 자신이 가져올 것인가 하는 지엽적인 문제에 골몰한다고 지적했다(1960: 49-50).

교황 비오 9세에 의하면, 교육의 세속화를 주장하는 사람들이 말하는 것처럼 종교는 단순히 개인적인 문제로 국한될 수 없다(1960: 51). 오히려 종교는 공공의 문제이며, 사회의 시민으로서 성인들의 도덕적 책임감을 전달해 주는 역할을 한다. 그러므로 국가권력이 내세운 이 교육법은 단순히 학교에서 종교교육을 제거하는 것만을 의미하는 것이 아니라, 사실상 자녀들의 교육에 대한 부모와 교회의 권리를 찬탈하는 것이며, 사회 공공성에 관한 사항에 대해 수행해야 할 종교의 역할을 빼앗은 것이라는 점을 지적했다. 만일 학교가 학생들에게 도덕교육에 대한 훌륭한 프로그램을 제공하지 못한다면, 그 아이들은 앞으로 사회의 성인으로서뿐만 아니라 하느님 나라의 시민으로서 권리와 책임을 수행할 도덕성을 갖추지 못한 세속적인 분위기 속에서 교육받게 될 것이다(1960: 51-52).

1875년 미국의 주교들에게 보냈던 서한(Attendance at Non-Catholic Schools)에서도 교황 비오 9세는 역시 같은 입장을 견지하였다. 즉, 교황은 종교교육을 하지 않는 공립학교에서 학생들은 훗날 세상에서 사회인으로 살아가는 데 필수적인 덕목들을 제공하는 종교의 중요한 역할에 대해 아무런 감사의 마음 없이 성장한다는 점을 지적하였다(1960: 66). 또 가톨릭 신자 부모들에게는 학생들의 신앙과 도덕성에 대한 위험을 최소화시키기 위해서 그들이 위험을 깨닫고 신앙 수호에 앞장서야 한다고 강조하였다(1960: 67).[18]

(2) 교황 레오 13세의 문헌에 나타난 교사의 영성

교황 레오 13세(1878~1903)는 그의 교서 「Officio Sanctissimo」(1887)에서 학부모, 교회, 그리고 국가가 지닌 학생교육에 대한 권리와 책임에 대한 교회의 견해를 밝혔다. 이 문헌은 먼저 학부모의 권리와 책임에 대해 언급하면서, 부모들은 자녀들을 신앙과 도덕의 문제에 대해 교육할 신성한 의무를 지니며, 이는 부모의 어떤 관심보다 선행되어야 한다고 밝혔다(Leo XIII, 1887/1960: 106).

가톨릭 교회 또한 영적인 자녀들의 교육에 대해 지대한 관심을 지녀야 한다. 즉, 교회는 부모가 자녀에게 종교적 · 도덕적 교육에 헌신할 수 있도록 적극적으로 관여해야 한다는 것이다. 예를 들면, 정부가 부모로 하여금 자녀를 종교교육을 제공하지 않는 학교로 보내려 할 때에는 교회가 개입해야 하며, 나아가 가톨릭 신자인 부모가 자녀의 종교교육에 대한 의무를 망각하고 있을 때에도 역시 적극 개입해야 한다(Leo XIII, 1887/1960: 106).

레오 13세에 의하면, 국가권력(정부)도 역시 학생들의 교육에 관심을 갖고 있는데, 왜냐하면 결국 교육받은 시민들은 국가 발전의 원동력이 되기 때문이다. 이를 위해 정부는 학생의 교육을 지성적인 측면에만 국한시키지 말고 학생의 도덕성 교육을 위해 헌신해야 하고, 또한 정부는 부모들을 도와 자녀들을 위한 도덕교육을 제공해야 한다(Leo XIII, 1887/1960: 106).

교황 레오 13세의 문헌은 가톨릭 교사들의 영성을 이해하는 데 중요한 자료다. 교황에게 있어 가톨릭 학교의 교사들은 두 세계(국가의 시민사회와 교회의 신앙 공동체)에 속해 있는 존재다. 그러므로 그들은 학부모, 가톨릭 교회, 정부의 요구들을 모두 충족시키기 위해 헌신해야 한다. 가톨릭 학교의 교사들은 학생들에게 사회와 하느님나라의 시민으로서 필요한 도덕과 지성적 훈련뿐 아니라, 종교적 영성과 세속적 지식을 조화시킨 교육 프로그램을 제공해야 한다.

(3) 교황 비오 10세의 문헌에 나타난 교사의 영성

교황 비오 10세(1903~1914)는 「On the Teaching of Christian Doctrine」(1905)에서 당시의 신자들이 세속적인 지식을 많이 지녔으되, "종교에 대해서는 경솔하고 무지하다." 면서(pp.3-4), "대부분의 사람들은 올바르게 배우고 있지 못하다." 라고 엄하게 표현하고 있다(p.3). 교황은 당시 종교적인 기초를 배제한 세속의 교육에 의해 많은 사람들이 하느님께서 보존하고 발전시키라고 위임한 세상에 대한 종교적이고 도덕적인 책임을 회피하게 되었다고 말하고 있다.

비오 10세에게 이상적인 가톨릭 학교의 교사는 교리교사의 모습을 갖고 있었다. 교황은 가톨릭 학교의 교사들은 강단에 올라가 분명하고 확실하게 그리스도교의 교리와 윤리적 가르침을 선포해야 한다고 말한다(p.4). 교사들은 기회가 닿을 때마다 학생들에게 교리교육을 시키고 자신들의 말이 아니라 행동의 모범을 보인다면 학생들은 죄를 멀리하고 복음을 쉽게 받아들일 것이라고 강조했다. 또한 이 문헌은 도덕교사로서의 역할을 강조하면서, 만일 교사들이 학생들의 잘못된 행동이나 부도덕성을 계속해서 못 본 척한다면, 이 무관심의 결과는 훗날 그 학생들이 성인이 되었을 때 그 자신의 삶에 엄청난 악영향을 미칠 것이라고 경고하고 있다(pp.6-8).

비오 10세는 교사들의 영성은 학생들에게 교회의 가르침을 충실히 전달하면서 효과적인 교리교육을 위해 필요한 기술과 지식을 습득하는 것이라고 하였고, 교실과 학교에서 학생들이 배운 도덕교육이 다음 세대에 전달되는 것을 영성적 열매라고 믿었다.

(4) 교황 비오 11세의 문헌에 나타난 교사의 영성

교황 비오 11세(1922~1939)의 가톨릭 교육사상은 「On the Christian Education of Youth」에 담겨 있다. 이 문헌은 전대(前代)의 문헌들에 비교할 때 두 가지 발전된 관점을 보여 주고 있다. 한 가지는 교사의 임무를 학부모, 교회, 국가의 관계 안에서 재정립한 것이고, 다른 한 가지는 교사의 이상적인 모습을 제시하면서 교사의 영성을 정리한 것이다.

비오 11세는 교사의 임무를 설명하면서 첫째로, 교사는 학부모와 교회와 국가로부터 위임받았으며, 이들의 이름과 역할을 대신해서 학생들에게 봉사한다고 했다. 즉, 가톨릭 학교의 교사들은 학생들을 교육하는 데 있어 부(모)성적, 교회적, 사회적 요구를 충실하게 수행할 의무가 있다는 것이다. 둘째로, 이 문헌은 가톨릭 학교의 교사의 영성에 대해 교사의 이상적인 모습을 제시하면서 다음과 같은 설득력 있는 설명을 한다.

> 완전한 학교는 좋은 교수법의 결과가 아니라 좋은 교사들에 의해 얻어진 결실이다. 철저하게 교과내용을 순비하고 자신의 분야에 전문적 지식이 있는 좋은 교사들, 공식적 기구에서 요구하는 지성적, 도덕적 자격을 갖춘 교사들, 예수 그리스도와 거룩한 교회를 사랑하기 때문에 자신에게 맡겨진 아이들에 대한 순수하고 거룩한 사랑을 품는 교사들, 그리고 가족과 나라의 진정한 선을 마음에 진지하게 품는 교사들의 결과다(1929: 48).

교황 비오 11세에게 교사의 영성의 첫째 기초는 교사의 전문성이다. 학교는 교육적인 능력을 갖춘 교사들 없이 자신의 목적을 완수할 수 없다. 교사의 교육적인 능력은 교사의 교육적 사명의 시작이며, 탁월한 혹은 완전한(perfect, 교황의 표현대로 한다면) 교사가 되기 위한 기초다.

교사의 영성의 둘째 기초는 교사의 내적 동기다. 교황은 좋은 교사(good teacher)와 완전한 교사(perfect teacher)를 구분하면서 그들의 내적 동기를 중요시하였다. 교사들이 완전한 교육자가 되기 위해서는 교사들 안에 예수 그리스도의 사랑을 지녀야 한다고 강조한다. 즉, 교사들은 그리스도의 사랑을 마음 깊이 간직하며, 그리스도는 교사들에게 아이들을 사랑할 수 있는 영감을 불어넣어 주고, 또 그들이 어떤 교육적 환경 속에서도 학생들을 위해 자신의 교육적 행위를 완전하게 만들 동기를 심어 준다는 것이다.

(5) 교황 비오 12세의 문헌에 나타난 교사의 영성

교황 비오 12세(1939~1958)의 문헌들은 전임 교황들이 전개한 교육사상을 보다 치밀하고 정교하게 다듬은 개념을 담고 있다. 비오 12세가 1954년 쿠바 하바나에서 열렸던 제5회 가톨릭교육을 위한 북남미 대륙 회의(The Fifth Inter-American Congress on Catholic Education)에서 행한 라디오 메시지를 정리한 교황 문헌 「Good teachers」(1954b)은 훌륭한 교사(이 문헌의 표현으로는 '좋은 교사')의 특성을 다음과 같이 제시하였다.

> 좋은 교사들은 결국 단순히 가르치는 것(instruct)이 아니라 교육(educate)을 하는 데 힘씁니다. 그들은 무엇보다 학생들과 직접 만남으로써 그 영혼들을 빚어 내고 형성해 냅니다.……이 목적을 달성하기 위해 교회는 다음과 같은 조언을 계속해 왔습니다. "빈약한 정보의 전파자가 되지 말고 영혼의 아버지가 되십시오." "여러분이 생활의 모범을 보임으로써 여러분의 아이들을 교육하십시오(1954b: 483-484)."

이 연설에서 교황은 교사들에게 모범의 영성을 지니라고 권고한다. 교사들로 하여금 위선이 아닌 자신의 도덕성을 내세워 학생들이 그들의 모범을 따라하고 싶도록 동기부여를 하라고 촉구하고 있다. 탁월한, 혹은 완전한 교사들이란 바로 학생들에게 모범이 되는 교사이며, 자신의 모범이 가장 효과적인 교육적 자료가 된다. 자신이 가르치는 모든 내용을 구체적으로 실현시킨 것이 바로 교사들의 삶의 모범이다.

그로부터 일 년 뒤, 교황 비오 12세는 이탈리아 초등학교 교사연합회에서 행한 연설에서 '교사란 누구인가?' 라는 주제로, 학생들과 교사의 특별한 관계를 다음과 같이 강조하였다.

> '교사(teacher)' 는 아이들을 가르치는 사람에게 주어질 수 있는 최상의 호칭이다. 교사의 기능은 단순히 지식을 전달하는 사람이 지닌 기능보다 훨씬 높고 깊은 차원을 지닌다. 교사는 어떻게 자신과 학생의 영혼이 맺는 친밀한 관계를 형성하는지를 아는 사

람이다. 또한 그는 경험이 부족한 아이들이 진리와 덕을 형성하도록 자신을 헌신하는 사람이다. 또 그는 아이들의 지적 능력을 형성하고 나아가 아이들이 인격적으로나 신앙적으로 완전함에 이를 수 있도록 최선을 다해 노력하는 사람이다(Pius XII, 1955: 514).

이 문헌에서 교황은 특히 단순지식을 전달하는 사람(instructor)과 교사(teacher)를 조심스럽게 구분했다. 교사들은 교실과 학교에서 특별한 형식의 통교, 즉 영혼들 사이의 친밀한 통교를 분출한다. 이 통교는 학생들로 하여금 교사의 언어, 행위, 감정적 표현을 통해 하느님 사랑의 육화를 경험하도록 자극을 주는 특별한 통교를 말하는 것이다. 이런 깊은 차원의 통교를 하기 위해서는 "진정한 교사들은 유일한 스승이신 예수 그리스도를 닮은 사람, 즉 인간적으로나 신앙적으로 완전해야 한다."라고 교황은 말한다(1955: 514). 진정한 교사들은 학생들을 관찰하고 또 함께 대화를 나눔으로써 그들을 알 수 있다.

교황 비오 12세는 이태리 중등교육연합의 임원들에게 행한 연설 『The Condition of the Christian Teachers』(1954a)에서 다음과 같이 표현했다.

지금 한창 예민한 발달단계에 있는 수천 명의 청소년들이 그대들을 신뢰하고 있습니다. 그대들은 (이태리)[1] 학생들을 양성할 중대한 책임을 지니고 있고, 이 나라의 미래 발전을 준비하는 데에 중요한 부분을 담당하고 있습니다. 그리스도인으로서 그대들이 (나라의 미래를 위한)[2] 이런 준비에 무관심할 수 없는 것처럼, 또 교사로서 그대들은 후세의 종교적 쇄신을 위해 효과적으로 협력할 수 있는 기쁨을 누리고 있습니다(1955a: 481).

좋은 교육은 학생들이 사회생활에 필요한 것을 수행하는 데 불편함이 없도록 준비시키는 것이다. 그러나 보다 중요한 교육은 학생들이 자신의 존엄성을 깨닫고 키워 갈 수 있도록 도덕적 가치를 체득하게 하는 것이다. 교황 비오 12세에 의하면, 진정한 가톨릭 학교의 교사들은 자신의 일생을 학생들에게 복음적 영감을 주는 데에 봉헌해야 한다. 가톨릭 학교의 교사들은 복음적 이상을 따르고, 그리스도의 권위를 갖고 학생들을 가르침으로써, 그들이 사랑하는 아이들을 위해 모든 어려움을 견딤으로써 자신의 소명을 완수한다. 그들은 학생들이 하느님과 교회와 사회를 위해 봉사할 사도들의 도덕성과 지성을 완벽하게 갖추도록 해 줌으로써 복음의 증거자가 된다.

(6) 요약

19세기에서 20세기 중반까지 혹은 제2차 바티칸 공의회 이전의 시기 동안 교회는 계몽주의 이후에 형성된 소위 모더니즘(modernism)의 표현인 세속주의(secularism), 물질주의(materialism), 그리고 도덕적 상대주의(moral relativism)에 맞서 투쟁했다. 교회는 모더니즘 사상이 인간의 진정한 자유와 품위를 위협하고 있음을 경고하고, 아이들을 위한 진정한 교육에 대한 철학적, 신학적 기초들을 견고히 해 가면서 이에 대응해 나갔다.[19]

그 시기에 모더니즘의 영향을 받은 교육사상들, 특별히 듀이(John Dewey) 같은 출중한 진보주의적 교육사상가들이 등장하면서 교회의 교육사상은 또 다른 도전을 겪게 되었다.[20] 초자연적인 계시진리를 신앙적 이성으로 파악하고자 하는 연역적 교육방법을 견지하고 있던 교회의 교육사상과는 다르게, 진보주의에서는 학생들의 경험과 이런 경험적 학습을 극대화시킬 수 있는 경험적 학습환경을 중요시하였다. 따라서 교사의 역할 역시 아동들의 개별적인 경험을 중요시하면서 절대적 진리에 입각하기보다는 상대적인 경험적 진리를 촉진시킬 수 있는 경험의 인도자로서의 교사의 이상적 모습이 부각되었다.[21] 교회의 교육사상은 진보주의와 갈등과 타협을 반복하면서 성장해 나갔다.[22]

시대적, 사상적 도전 속에서 이 시기 교회문헌에 나타난 교사의 모습은 일관된 영성적 기초를 지니고 있었다. 무엇보다도 가톨릭 학교 교사들의 영성은 그들 자신과 학생들이 세상의 시인인 동시에 하느님 나라의 시민이라는 이중적 정체성에서 비롯된다(레오 13세의 문헌들). 교사들은 시민사회의 구성원으로서뿐 아니라 하느님 나라의 시민으로서 필요한 지식, 기술, 그리고 도덕적 덕목들을 훈련하고 몸에 익혀야 한다. 그러므로 가톨릭 학교의 교사들은 세속적 지식의 전문가일 뿐 아니라 계시진리와 신앙에 철저한 교리교육의 전문가여야 하며, 동시에 절대 진리에 입각한 도덕성을 실천하는 삶의 모범이어야 한다(비오 9세, 비오 10세의 문헌들).

교사의 영성에 있어 가장 중요한 요소인 그들의 '순수하고 거룩한 사랑'을 강조한 문헌은 비오 11세의 「The Christian Education of Youth」(1929)였다. 가톨릭 학교의 교사들이 행할 수 있는 이런 지고한 사랑의 원천은 하느님과 교회가 자신들에게 베풀어 준 선험적(a priori) 사랑이다(1929: 48). 즉, 가톨릭 학교 교사들의 이런 사랑의 영성은 원형적 · 신적 사랑에 기초한 것이며, 이 영성으로써 교사들은 자신을 교직으로 부르신 하느님의 부르심에 화답하여 학생들의 영적 성숙을 위해 자신을 헌신할 수 있는 것이다.

비오 12세의 문헌들(1958, 1979)은 교사들의 영성은 육화한 하느님 사랑에 기초하는 것으로서, 교사와 학생 사이에서 발생하는 영혼의 통교를 통해 수행되며, 학생들이 그리스도 안에서 지성과 신앙의 설계자가 될 때 완성된다. 그러므로 가톨릭 학교의 교사들은 단순한 지식을 전달하는 사람이거나(instructor), 혹은 단순히 유능한 교실 관리자가 아니라 하느님으로부터 소명을 받아 사회와 교회의 유능한 일꾼을 준비시키는 영혼의 교사다.

다음에서는 이런 교회의 문헌 안에서 밝혀진 교사의 영성이 제2차 바티칸 공의회를 통해 획기적으로 변화된 교회론 안에서 어떻게 형성되어 가는지를 살펴보겠다.

2) 제2차 바티칸 공의회 이후 교회문헌(1960~1990)

신학자들과 역사학자들은 교황 요한 23세의 제2차 바티칸 공의회를 가톨릭 교회가 세계를 향해 자신을 개방한 일대사건으로 기록하고 있다(Dulles, 1988: 10). 공의회의 문헌인 사목헌장(Gaudium et spes: GS, 1965c, 1983) 4항은 다음과 같이 말하고 있다.

> …… 교회는 모든 세대를 통해 그 시대의 특징을 탐구하고 복음의 빛으로 그것을 해명해 줄 의무를 지니고 있다. …… 이제는 사회적 내지는 문화적 참된 변혁에 대해서 말하지 않을 수 없게 되었고, 이것은 종교생활에도 영향을 미치고 있다.

공의회가 제시하는 교육과 교사의 모습은 위에서 살펴본 공의회 이전 문헌들의 기본적인 관점을 간직하고 있다. 그러나 공의회는 가톨릭 교사의 소명에 대해 보다 명확하게 설명하고 있고, 특별히 현대 세계질서 안에서 고통받고 있는 학생들과 새로운 질서를 위해 적극적으로 참여하고 있는 학생들에게 특별한 관심을 표명하고 있다.

(1) 제2차 바티칸 공의회 문헌에서 나타난 교사의 영성

공의회 문헌 「평신도 사도직에 관한 교령(AA)」(1965b, 1983)은 공의회가 평신도 사도직에 대해 관심을 가지면서 그리스도와 교회에 대한 봉사를 위한 활발하고 광범한 평신도의 역할을 강조하고 있다(1항). 교회 안에는 여러 가지 직책이 있지만 그 사명은 오직 하나뿐이다(AA, 2항). 즉, 모든 크리스천은 복음적 삶과 가치에 따라 다른 사람들을 복음화시키고 거룩하게 하도록 불리었다(AA, 4항). 크리스천들은 자신의 가정생활과 사회생활을 통해서뿐 아니라 그들의 정의감, 진실함, 신실함, 친절과 도덕성을 통해 복음을 증거하고 있다. 그들이 또 다른 방법으로 복음을 증거하는 길은 자신들의 직업생활을 통해서다(AA, 4항).

가톨릭 학교의 교사들은 이런 사명에 적합하다. 예를 들면, 학교 안에서 개별적인, 혹은 집단적인 신앙의 증거들을 보임으로써 가톨릭 교사들은 "자신의 재능과 지식에 따라 교회의 정신대로 그리스도교의 원리를 밝히고 옹호하며, 현대의 여러 문제해결에 적응함으로써 자신의 임무를 보다 열심히 수행해야 한다(AA, 6항)." 교사들이 학생들의 지성적, 도덕적 필요를 위해 열심히 봉사하는 것은 예수께서 당신 곁에 있었던 사람들의 영적, 신체적, 정신적 필요를 위해 헌신하셨던 모습을 재현하고 있는 것이다(AA, 8항). 더욱이 교사들은 학생들을 지성적으로 또 도덕적으로 양성함으로써 훗날 그 학생들이 성인이 되어 정치권력을 올바로 행사하고 공동선에 이바지하도록 한다면, 이 역시 새로운 세계질서를 건설하는 데 협력하는 것이다(AA, 14항). 교사들은 학생들을 교리적, 영적, 실천적인 성숙을 위해 적절한 교육을 함으로써 사도로 양성하는 특별한 부르심을 받고 있다(AA, 30항).

평신도 사도직에 관한 교령 외에도 공의회의 다른 문헌 「그리스도적 교육을 위한 선언(Gravissimum Educationis: GE)」(1965a, 1983)은 가톨릭 학교의 교사들에 대한 특별한 문헌이다. 이 문헌은 교사들의 소명에 대해 언급하고 있다. 학생들을 사회, 특히 경제와 정치, 사회에 활약할 수 있도록 준비시킴으로써 훗날 그들이 성인이 되었을 때 사회의 공동선을 위해 공헌할 수 있는 인물로 양성하는 책임에 대해 말하고 있다(GE, 서론). 교사는 학생들이 지적 능력을 계발하고, 올바른 판단력을 키우며, 문화유산을 발전시키고, 직업생활에 필요한 갖가지 준비를 시킨다(GE, 5항).

제2차 바티칸 공의회 문헌들은 가톨릭 학교 교사들의 영성을 정리할 때 이를 전체 그리스도교 평신도의 사도직이라는 보다 큰 사고의 틀에서 조명하였다. 즉, 비록 모든 크리스천이 세상에서 가르치고 성화하고 다스리는 일을 하고 있지만, 특별히 가톨릭 교사들은 나이 어린 학생들과 관계를 맺으며 그들에게 복음을 증거하는 삶을 살면서, 독특한 평신도 사도직을 수행하고 있으며, 교사들이 자신의 말로 하는 교육뿐 아니라 행동으로 하는 모범을 통해 학생들에게 미래를 위한 자신의 재능과 재주를 선용하도록 준비시킨다. 이로써 학생들은 지식을 함양하는 데 그치는 것이 아니라 미래의 교회와 사회의 새로운 질서를 위해 투신할 책임감을 갖게 되는 것이다.

(2) 제2차 바티칸 공의회 이후 문헌에 나타난 교사의 영성

교사들의 특별한 양성과 그 양성에 필요한 요건에 대해 언급한 문헌들은 바티칸 가톨릭 교육성성이 발간한 두 문헌에 잘 나타나 있다. 「학교 내의 가톨릭 평신도: 신앙의 증인들(Lay Catholics in Schools: Witnesses to Faith: LCS)」과 「가톨릭 학교 교육의 종교적 측면들(The Religious Dimensions of Education in a Catholic School: RDECS)」이 그것이다.

제2차 바티칸 공의회가 폐막한 후 거의 20년 만인 1982년에 바티칸 가톨릭 교육성성(The Sacred Congregation for Catholic Education)은 가톨릭 학교 교사들의 영성에 대해 교회의 풍요로운 전통을 담은 문헌인 「학교 내의 가톨릭 평신도(LCS)」를 내었다. 이는 공의회 이후 가톨릭 학교 교사에 대한 교회의 가르침을 담은 중요한 문헌으로서 가톨릭 학교에 종사하는 가톨릭 교사들의 신원과 영성에 대한 신학적 정리다. 이 문헌 37항은 가톨릭 학교에 종사하는 가톨릭 교사의 신원에 대해 그리스도교적 소명의식의 측면에서 다음과 같이 묘사하고 있다.

> 평신도 교육자의 일이 직업적 측면을 가지고 있다는 것은 어김없는 사실이다. 그러나 그것이 직업 자체만으로 귀착될 수는 없다. 직업의식은 초자연적인 그리스도교적 소명에 의하여 특징지어지고 고양된다. 가톨릭 교사의 삶은 교회 내에서의 자신의 소명이 수행에 의해 특징지어져야 하며, 단순히 직업 자체의 수행으로만 그쳐서는 안 된다. 평신도의 소명에 있어서 초연성과 관대성이 자기권리의 합법적인 옹호와 결부되어 있다. 그러나 그것은 어디까지나 하나의 소명이며, 이 낱말이 내포하고 있는 충만한 삶과 인격적인 투신을 내포하고 있다. 이 소명은 열성에 찬 삶의 기회를 제공해 주고 있다.

나아가, 이 문헌은 가톨릭 교사의 영성을 '증거자로서의 영성'으로 표현하고 있다. 가톨릭 교사들에게 있어 교사의 직무는 교회 공동체의 구성원으로서 자신의 정체성을 나타내는 일차적 도구다(LCS, 11, 15, 25항). 가톨릭 학교 내에서 가톨릭 교사로서 직업을 갖는다는 것은 단순히 학교와 교실 안에서 교육적인 활동을 한다는 의미로 축소시키지 않고 신앙, 생활, 문화를 자신의 삶의 증거, 혹은 모범을 통해 종합시키는 것을 의미한다(LCS, 25~26항 참조). 가톨릭 교사의 직업의식은 세속적이지 않고 종교적인 것이다(LCS, 27항). 즉, 그들은 교실과 학교 안에서 부활한 그리스도를 증거하는 사람들이다(LCS, 18항).

한편, 이 문헌은 가톨릭 교사들이 학교와 교실 안에서 참다운 그리스도의 증거자가 되기 위하여, 교사들의 지속적인 성장을 돕는 총체적 전인교육의 내용에 대해 다음과 같이 언급하고 있다.

- 자신의 인간적 능력 개발
- 직업적 전문성 확충
- 사회의식과 윤리의식의 고양
- 초월자에 대한 의식 제고
- 계속적인 종교교육(LCS, 17항)

이 교육내용은 교사 당사자뿐 아니라 자신의 미래를 위해 학생들이 갖추어야 할 능력에 대한 것으로 구성되어 있다. 그러므로 이 교육의 내용은 교사들이 수행하는 교육활동의 목적과 동기를 드러내고 있는 것이다.

1988년 가톨릭 교육성성은 바티칸 공의회 폐막 25주년을 기념하면서, 가톨릭 교사의 영성에 대해 또 다른 문헌 「가톨릭 학교 교육의 종교적 측면들(RDECS)」을 반포하였다. 이 문헌은 교육의 문제, 학생의 문제, 그리고 현대의 풀기 어려운 상황들을 언급하면서, 가톨릭 학교가 추구해야 할 이중적 목표의 완전한 통합을 강조하였다. 즉, 가톨릭 학교는 다른 학교들과 마찬가지로 학생들이 학업 성과에 있어서 뛰어난 결과뿐 아니라 다른 학교와는 차별되는 종교적 태도와 도덕성의 탁월함도 성취하도록 하는 교육의 이중적 목표의 통합을 꾀하고 있다(RDECS, 18항). 그러나 가톨릭 학교 안에서 공공연히 벌어지고 있는 현실은 이와 같은 이상적인 통합의 모습과는 거리가 있었다. 이 문헌은 가톨릭 학교의 현실을 다음과 같이 묘사하고 있다.

> 오늘날 일부 학생들에게 (가톨릭)[3]학교에서 보내는 몇 년의 시간은 별로 효과가 없어 보인다. 그 학생들은 가톨릭의 종교생활이 표현하는 기도, 미사참례, 혹은 규칙적인

> 성사생활에 대해 부정적인 태도를 지니는 듯 보이고, 심지어 일부 학생들은 가톨릭 교회와 본질적으로 결부되어 있는 학교의 이런 종교적 표현들을 즉각 거부해 버리는 일도 있다(RDECS, 19항).

그러나 가톨릭 교육성성은 이런 학생들의 부정적인 태도에 대해 보다 깊고 심오한 도덕적 본질의 차원에서 바라봐야 할 문제, 즉 과학기술과 물질주의가 과도한 문화 안에서 제기되는 진리와 궁극적 삶에 대한 의구심의 징후이며, 적절한 방법으로 그 학생들에게 해명해야 할 부분이라고 강변한다.

이 문헌에 따르면, 이러한 도덕적인 문제에 적절하게 대응하는 방법은 가톨릭 교사들이 학생들의 학업성과를 높이는 것이 아니라 모든 학과목을 가르치면서 그 안에 담긴 신앙과 문화의 대화를 촉진하는 것이다. 이를 위해 교사들은 합당한 교과과정과 교수법을 발굴하여 학생들이 도덕적 상대주의와 냉소주의를 버리고, 이 세상에서 여전히 힘차게 일하는 하느님과 하느님 나라에 다가갈 열정을 갖도록 해야 한다. 이 주제에 대해 문헌은 다음과 같이 말하고 있다.

> 하느님은 전혀 실재하지 않는 존재이거나, 혹은 환영받지 못하는 불청객이 아니다. 창조주 하느님은 당신이 창조한 세계에 대해 배우려는 어떤 인간적인 시도에 대해서 막지 않으신다. 그러나 만일 누가 이 우주를 신앙의 눈으로 보기 시작한다면 그때부터 우주는 새롭고 중요한 의미로 그에게 다가올 것이다(RDECS, 51항).

하느님은 가톨릭 교사들을 부르시고 학생들의 마음속에서 끊임없이 터져 나오는 신앙적 질문들에 올바로 응답하도록 하셨다(RDECS, 23항). 교사들은 학생들로 하여금 냉소와 무관심의 장벽을 뚫고 그리스도교의 지혜를 배우도록 길을 열어 줄 수 있다. 그런 결과를 얻기 위해 교사들은 학교행정가들과 함께 협력하면서, 학생들이 가톨릭 학교의 특별한 종교적 전통에 대해 고마움을 느끼게 할 수 있다(RDECS, 26항).

이 문헌에서 또 하나 강조하는 것은 교사와 교과목, 그리고 학생들이 갖는 상호연관성이다. 교사는 교과과정의 내용을 학생들에게 전해 주는 단순한 교과전문가가 아니다. 그리고 교과목은 젊은 학생으로부터 요구되는 신앙, 생활, 문화를 통합시킨 일종의 종합매체다. 학생들은 훌륭한 교사나 교과과정 없이 신앙과 생활과 문화를 통합시킨 진정한 교육을 받을 수 없게 된다. 이런 관점에서 가톨릭 학교는 이런 점들을 채울 수 있는 이상적인 장소다. 가톨릭 학교의 교사들은 학생들에게 학문적이면서 동시에 도덕적인 교육을 제공할 수 있다. 이런 교육을 통해 학생들은 과거에 지녔던 세상에 대한 부정적인 태도와 권위에 대한 지나친 냉소적 태도를 바꿀 수 있게 된다. 가톨릭 학교에서 학생들은 인간존재에 대한 그리스도교적 관점을 배우고 이에 감동받음으로써, 자신의 삶에 의미와 목적을 던져 주는 신앙과 사회적 생활의 통합을 점차 깨닫게 된다. 그리하여 학생들의 부정적인 태도는 긍정적인 것으로, 무기력한 생활은 활력이 넘치는 생활로 바뀌게 되며, 의심과 냉소는 치유되어 평화와 기쁨으로 변화된다(RDECS, 27~28항).

가톨릭 교사의 영성은 그들의 진정한 전문성에 있다. 그 전문성은 역시 이중적인 의미를 지닌다. 가톨릭 교사들은 지식과 신앙을 통합시켜 교과목을 구성하며, 교실에서 학생들에게 그리스도가 교회를 사랑하는 바로 그 사랑을 보여 준다. 교사들의 말과 행위를 통해 드러나는 그리스도의 사랑을 체험하면서 학생들은 점점 더 섬세하게 구성된 교과 안에 깊이 들어온다(RDECS, 110항). 이제 그들은 신앙과 진리의 통합 안에서 진정한 하느님의 자녀가 된다.

(3) 요약

제2차 바티칸 공의회 이후의 문헌들을 살펴보면서, 교회가 얼마나 교육과 교사의 영성에 대한 개념을 발전시켜 왔는지 알 수 있다. 공의회는 세례를 받은 신자들이 갖는 복음선포의 사명에 기초하면서, 훌륭한 교사들의 영성과 역할이 세상과 교회를 새롭게 하는 것이라고 결론짓고 있다(그리스도적 교육에 대한 선언, 1965a, 1983).

가톨릭 교육성성의 두 문헌은, 가톨릭 학교의 교사들이 교육에 부름을 받았다는 뜻은 자신의 교육활동을 통해 그리스도의 증인이 되라는 부르심이며(학교 내의 가톨릭 평신도, 1982), 신앙과 진리를 통합한 교육을 제공함으로써(The Religious dimensions of a Catholic School, 1988) 학생들로 하여금 세상과 교회에 대한 부정적인 태도와 냉소주의를 일소하는 기쁨과 평화를 전해 주는, 그리스도의 메시지를 듣게 만들어야 한다는 의미다. 그 결과 학생들은 유능한 사회인으로 활약하는 데 필요한 지식과 기술을 습득하는 동시에 하느님의 자녀로서 뛰어난 도덕적 감각과 궁극적 진리를 향한 열정으로 새로운 세계질서(하느님 나라)를 건설하는 일꾼이 된다.

맺는 말

지금까지 성서와 교회의 문헌 안에서 증언되고 제안되었던 가톨릭 학교의 교사의 영성에 대해 살펴보았다. 이로써 우리는 하느님께서 부르시고 가르치도록 사명을 주신 가톨릭 학교의 교사가 갖는 영성적 의미를 생각할 수 있었다. 그리하여 지식과 능력을 갖춘 교사와 이런 능력 외에 영성적 소명으로 가득 찬 가톨릭 학교 교사들의 탁월함의 차이도 발견할 수 있었다.

이런 교사의 영성을 교사의 탁월함(excellence)과 연결시킨 학자는 서지오바니(Sergiovanni T. J., 1995)다. 서지오바니는 탁월한 교사(excellent teacher)를 좋은 교사(good teacher)와 구별하는 모델을 제시하였다. 이 모델에 의하면, 좋은 교사는 다음 세 가지 능력을 지니고 있어야 한다. 경영능력(예, 계획, 조직, 재정), 인간관계능력(예, 갈등을 다루고, 다양한 견해를 조정하고, 긍정적 분위기를 조성하고, 동기부여를 하는 것), 교육적 능력(예, 교과개발, 교수법)이 그것이다. 이 능력들은 서로 활발하게 상호작용하면서 좋은 교사의 일상생활을 구성한다. 즉, 경영과 인간관계, 그리고 교육에서 발휘되는 능력은 교사로 하여금 학교와 교실을 효과적으로 운영하게 하고, 학교 구성원들이 상호협조, 상호격려 및 상호도전을

경험하게 하며, 교과내용과 교수법은 그의 교육전문가로서의 지식을 효과적으로 반영한다.[23]

그러나 서지오바니(1995)는 탁월한 교사가 되기 위해서 위에서 언급한 좋은 교사의 능력 외에 다른 능력들이 추가로 필요하다고 주장하였다. 그는 탁월한 학교에는 반드시 탁월한 교사가 존재한다고 믿었다. 탁월한 교사는 위에서 언급한 뛰어난 능력(경영능력, 대인관계능력, 교육적 능력)을 갖추고 있을 뿐 아니라, 교실과 학교 안에 자신이 존재하는 목적을 명확하게 깨닫고, 이 깨달음을 자신의 말과 행동으로 실천하는 사람이며, 학교의 교육적 이념과 목표를 존중할 뿐 아니라, 그것을 자신과 자신의 교육활동으로 구현하는 교사다(1995: 87).

서지오바니의 모델은 우리에게 교사의 탁월함과 가톨릭 학교의 교사들의 영성의 관계를 이론적으로 연결시키는 데 도움을 줄 수 있다. 즉, 가톨릭 학교의 교사가 단순히 좋은 교사가 아닌 탁월한 교사가 될 수 있는 것은, 이들이 가톨릭 학교의 교육적 이념과 목표를 이해하면서 동시에 자신이 하는 일의 초자연적 의미를 파악하고 이를 위해 헌신하는 충만한 삶을 살아갈 때 가능하다는 것이다. 다시 말하면, 그들은 자신의 정체성과 소명에 대한 영성적 의미를 분명히 깨닫고 실천함으로써 교사로서 탁월함을 지니게 된다.

이 장에서 예수께로부터 부름을 받고 만인을 가르치기 위해 파견된 제자들의 모습을 살펴보았던 성서적 관점은 가톨릭 학교의 교사의 정체성과 임무에 대한 신학적 기초를 제공한다. 즉, 가톨릭 학교 교사들은 예수께로부터 부름을 받고 파견된 사도들이며, 그들이 하는 일은 모든 세상 사람들에게 전하는 복음 선포다. 그러므로 성서적 관점에서 볼 때, 가톨릭 학교 교사의 영성은 성소(聖召, 거룩한 부르심), 파견, 복음 선포를 축으로 구성되고 있으며, 이 영성의 성숙은 어떻게 교사들이 성령의 감화(요한복음)와 하느님 아버지와의 긴밀한 관계(마태오복음)를 유지하느냐에 달려 있으며, 그 영성의 완성은 그들의 일거수일투족이 사도로서 삶을 살 때 이루어진다(사도행전).

교회의 문헌들은 가톨릭 학교 교사들의 영성을 그들의 이중적 정체성으로부터 파악한다. 가톨릭 학교의 교사들은 세속사회의 시민이면서 동시에 하느님 나라의 시민이다. 그리고 그들에게 교육적 양육을 위해 위임된 학생들 역시 이 두 세계의 시민이다(레오 13세). 그러므로 교사들은 학생들에게 성인이 되어 시민사회에서 활약할 세속적인 지식과 기술을 가르쳐야 함과 동시에, 하느님 나라의 시민으로서 높은 도덕성을 지니도록 양성해야 한다. 이런 교사의 사명은 가정(학부모), 교회, 시민사회(정부)를 대신해서 그들의 이름과 권위로서 수행되기에, 교사는 부모, 교회, 사회에 대해 책임을 지고 있다(비오 11세). 이 사명은 하느님께서 백성을 사랑하시는 그 초월적 사랑을 기초로 수행된다(비오 11세). 교사들에게 발출되는 이 사랑은 초월적 진리와 신앙에 기초한 선험적(a priori) 사랑이며, 이 교사의 사랑은 교사와 학생 사이에 영혼의 커뮤니케이션, 혹은 영적 통교를 가능하게 한다(비오 12세). 교사는 영혼의 교사다. 참다운 영혼의 통교는 학생들의 영혼을 고양하고 감동을 주고, 그들이 초자연적 삶을 그리워하게 만든다. 교사와 학생의 영적인 통교는 교사의 삶의 모범을 통해 더욱 강화된다. 교사는 학생들에게 모범(모델)이 되며, 최고의 교재가 된다(비오 12세).

제2차 바티칸 공의회 이후 교육과 교사에 대해 언급하는 문헌은 기본적으로 선대(先代) 교황의 문헌과 기본적인 맥을 같이 하고 있다. 교사는 사도이며, 그들의 교직은 사도직이라는 것이다. “가톨릭 교사들은 특별히 나이 어린 학생들과 관계 맺으며, 그들에게 복음을 증거하는 삶을 살면서, 독특한 평신도 사도직을 수행하고 있으며, 말로 하는 교육뿐 아니라 행동으로 하는 모범을 통해 학생으로 하여금 미래를 위해 자신의 재능과 재주를 선용하도록 준비시킨다. 이로써 학생들은 비단 지식을 증진시키는 데 그치는 것이 아니라 스스로 미래의 교회와 사회의 새로운 질서를 위해 투신할 책임감을 갖게 되는 것이다”(pp. 17-18). 또한 교사는 진리와 신앙의 증거자다(학교 내의 평신도 사도직). 그들 자신이 생활의 모범이 됨으로써 학생들에게 삶의 의미와 목적을 던져 주고 신앙과 사회적 생활의 통합을 깨닫도록 해 주며, 그리하여 학생들의 부정적인 태도는 긍정적인 것으로, 무기력한 생활은 활력이 넘치는 생활로 바꾸어, 의심과 냉소는 치유시키고 평화와 기쁨으로 변화시킨다(RDECS).

학교에서 수행하는 교사의 임무는 쉽지 않다. 일거리도 많거니와, 더욱이 몸과 마음과 정신을 다하여 헌신하는 교사로서 사는 것은 어려우며, 때로는 참으로 기진맥진하게 된다. 그러나 한 번쯤 깊이 생각해 볼 점이 있다. 과연 나는 왜 지쳐 있는 것일까? 무엇이 나를 이처럼 무기력하고 낙담하게 만드는 것일까? 나는 언제부터 무엇 때문에 교사로서 목표를 잃어버리고, 교육보다는 개인적이고 사소한 문제에 마음을 빼앗기며 방황하고 있을까? 교사를 지치게 하는 대부분의 것은 그들 자신의 교육적 사명을 열성으로 수행할 때 겪는 불가피한 것이 아니라 사소하고 지엽적이고 개인적인 것이다. 그렇다면 어떻게 교사로서 나는 다시 무기력에서 일어서서 활력을 되찾고, 교사로서의 보람을 만끽하면서 뚜렷한 인생의 목표를 성취하면서 살 수 있을까?

그에 대해 가톨릭 교회가 역사를 통해 일관되게 주는 대답은 교사들이 영성을 회복해야 한다는 것이다. 교사의 영성은 자신의 정체성과 목적을 파악하고, 이에 확신을 가지며 헌신하는 가운데 존재한다. 위에서 살펴본 것처럼, 교회가 제시하는 교사의 영성은 예수 그리스도의 제자, 교회의 사도, 신앙의 증거자로서의 영성이다. 영성은 교사 자신의 능력, 재능, 관심, 사랑을 드러냄으로써 발휘되는 것이 아니라, 부름을 받고 파견받고 위임받은 사람으로서 학생들과 학교공동체를 통해 세상을 새롭게 창조하시는 하느님의 능력을 증거하는 가운데 구현되는 것이다. 그러므로 영성은 교사들이 자신의 생각과 습관, 개인적 소신과 가치관을 붙들고 늘어지지 않게 하며, 사소하고 지엽적이고 개인적인 문제로 갑자기 삶의 방향을 잃고 헤매게 만들지 않는다. 왜냐하면 영성은 교사들로 하여금 인간성이 아닌 초월적인 진리에 의지하게 하고, 교직을 직업이 아닌 소명으로 여기게 하며, 무기력에서 활력으로, 부정과 냉소에서 긍정과 사랑의 정신으로 가득 차게 한다. 그러므로 영성을 지닌 교사는 자신이 수행하는 교직이 하느님의 은총의 선물이라는 사실에 감사하게 된다.

Chapter6 주

1 이 글은 가톨릭 대학교에서 발간하는 『가톨릭 신학과 사상』 52권에 "가톨릭 학교 교사의 영성" 이란 제목으로 실린 글을 일부 수정하여 옮겼다.

2 안중한. (2003). 마리아수도회의 학교교육. 학교교육의 정체성을 찾아서: 가톨릭 학교 교육에서의 전망 제1회 심포지엄 자료집. p.35.

3 이승용. 살레시오 수도회의 학교교육. p.132.

4 Burlingame, M., & Sergiovanni, T. (1993). Some questions about school leadership and communication theory. *Journal of Management Systems, 5*(2), pp.51-61.

5 Lakin, E. E. (1967). Christian Spirituality. *New Catholic Encyclopedia, 13.* Washington, D.C.: Catholic University of America Press. p.598.

6 박재만. (2001). 21세기 한국 교회의 사제 양성을 위한 신학교의 영성교육. 교회의 심장: 한국천주교회 신학교 교육의 오늘과 내일. 부산가톨릭대학교출판부. pp.55-99.

7 Jacobs, Richard M. O.S.A. (2001). *The vocation of the Catholic educator.* Washington, D.C.: The National Catholic Educational Association.

8 Silberman, C. (1970). *Crisis in the classroom.* New York: Random House.

9 Pelikan, J. (1985). *The rabbi.* New Haven, CN: Yale University Press. pp.9-20.

10 Schnackenburg, Rudolf. (1971). The gospel according to St. Mark for spiritual reading. *New Testament for spiritual reading, 2,* 318. London: Sheed and Ward.

11 Huckle, John, Visokay, Paul, & Blank, J. (1981). The gospel according to St. Johnfor spiritual reading. *New Testament for spiritual reading, 4.* London: Sheed and Ward. pp.129-131.

12 Ibid, pp.132-134.

13 National Conference of Catholic Bishops. (1972). To teach as Jesus did, a pastoral message on Catholic education. In H. J. Nolan(Ed.), *Pastoral letters of the United States Catholic Bishops,* 3, 306-340. Washington, D.C.: National Catholic Conference of Bishops/United States Catholic Conference.

14 Jacobs, Richard M. O.S.A. (2001). *The vocation of the Catholic educator.*

Washington, D.C.: The National Catholic Educational Association.

15 Ibid, pp.27-28

16 Ibid

17 Ibid

18 Bryk, A. S., Lee, V. E., & Holland, P. B. (1994). *Catholic schools and the common good.* Cambridge, MA: Harvard University Press.

19 Jacobs, Richard M. O.S.A. (2001). *The vocation of the Catholic educator.* Washington, D.C.: The National Catholic Educational Association.

20 Bryce, M. C. (1978). Four decades of Roman Catholic innovators. *Religious Education, 73,* 36-57.

21 김정환, 강선보. (2003). 교육철학. 박영사.

22 Bryce, M. C. (1978). Four decades of Roman Catholic innovators. *Religious Education, 73,* 36-57.

23 Bryk, Lee, & Holland, 1993; Coleman, Hoffer, & Kilgore, 1982; Coleman & Hoffer, 1987.

| 참고문헌 |

가톨릭교육성성. (1982, 1999). 학교 내의 가톨릭 평신도: 신앙의 증인들. 가톨릭교육재단협의회 한국의 가톨릭 학교교육, pp.233-267.

가톨릭교육재단협의회. 한국의 가톨릭 학교교육. 서울: 본협의회.

가톨릭 학교교육포럼. (2003). 학교교육의 정체성을 찾아서: 가톨릭 학교교육에서의 전망. 제1회 가톨릭 학교교육포럼 심포지엄 자료집.

김율옥. (2003). 성심 수녀회의 학교교육, 학교교육의 정체성을 찾아서: 가톨릭학교교육에서의 전망. 제1회 가톨릭 학교교육포럼 심포지엄 자료집, 61-90.

김정환, 강선보. (2003). 교육철학. 박영사.

바오로 6세. (1965/1983). 제2차 바티칸공의회문헌. 한국천주교중앙협의.

박재만. (2001). 21세기 한국 교회의 사제 양성을 위한 신학교의 영성 교육. 교회의 심장: 한국천주교회 신학교 교육의 오늘과 내일. 부산가톨릭대학교출판부. pp.55-99.

안중한. (2003). 마리아 수도회의 학교교육, 학교교육의 정체성을 찾아서: 가톨릭 학교교육에서의 전망. 제1회 가톨릭 학교교육포럼 심포지엄 자료집, 19-46.

이승용. (2003). 살레시오 수도회의 학교교육, 학교교육의 정체성을 찾아서: 가톨릭 학교교육에서의 전망. 제1회 가톨릭 학교교육포럼 심포지엄 자료집. 111-144.

제2차 바티칸 공의회. (1983). 사제 양성에 관한 교령(1965. 10. 28). 서울: 한국천주교중앙협의회.

제2차 바티칸공의회. (1965a/1983). 그리스도적 교육에 관한 선언(Gravissimum Educationis: GE). 한국천주교중앙협의회.

제2차 바티칸공의회. (1965a/1983). 현대 세계의 사목 헌장(Gaudium et spes: LG). 한국천주교중앙협의회.

제2차 바티칸공의회. (1965b, 1983). 평신도 사도직에 관한 교령(Apostolicam Actuositatem: AA). 한국천주교중앙협의회.

Bryce, M. C. (1987). Four decades of Roman Catholic innovators. *Religious Education, 73,* 36-57.

Bryk, A. S., Lee, V. E., & Holland, P. B. (1994). *Catholic schools and the common good.* Cambridge, MA: Harvard University Press.

Burlingame, M., & Sergiovanni, T. (1993). Some questions about school leadership and communication theory. *Journal of Management Systems, 5*(2), 51-61.

Coleman, J., & Hoffer, T. (1987). *Public and private high schools; The impact of communities.* New York: Basic Books.

Coleman, J., Hoffer, T., & Kilgore, S. (1982). *High school achievement: Public, Catholic and private schools compared.* New York: Basic Books.

Dulles, A. (1988). *The reshaping of Catholicism: Current challenges in the theology of church.* New York: Haper & Row.

Huckle, John, Visokay, Paul, & Blank, Josef (1981). The gospel according to St. Johnfor spiritual reading. *New Testament for spiritual reading, 4.* London: Sheed and Ward.

Jacobs, Richard M. O.S.A. (2001). *The vocation of the Catholic educator.* Washington, D.C.: The National Catholic Educational Association(NCEA).

Kürzinger, Josef (1978). The Acts of the Apostles for spiritual reading. *New Testament for spiritual reading, 5.* London: Sheed and Ward.

Lakin, E. E. (1967). Christian Spirituality. *New Catholic Encyclopedia, 13.* Washington, D.C.: The Catholic University of America.

Leo XIII. (1887/1960). Common duties and interests. *The Benedictine Monks of Solesemes, Education: Papal teachings*(A Robeschini, Trans., pp. 104–108). Boston: St. Paul Editions.

Leo XIII. (1888/1960). Freedom of education. *The Benedictine Monks of Solesemes, Education: Papal teachings*(A Robeschini, Trans., pp. 110–115). Boston: St. Paul Editions.

Leo XIII. (1897/1960). Education at the service of faith. *The Benedictine Monks of Solesemes, Education: Papal teachings*(A Robeschini, Trans., pp. 129–135). Boston: St. Paul Editions.

National Conference of Catholic Bishops. (1972/1984). To teach as Jesus did, a pestoral message on Catholic education. In H. J. Nolan(Ed.), *Pastoral letters of the United States Catholic Bishops*(Vol. 3, pp. 306–340). Washington, D.C.: National Catholic Conference of Bishops/United States Catholic Conference.

Pelikan, J. (1985). The rabbi. *Jesus through the centuries*(pp. 9–20). New Haven, CN: Yale University Press.

Pius IX. (1864/1960). Secularism in education. *The Benedictine Monks of Solesemes, Education: Papal teachings*(A Robeschini, Trans., pp. 49–53). Boston: St. Paul Editions.

Pius IX. (1875/1960). Attendance at non-Catholic schools. *The Benedictine Monks of Solesemes, Education: Papal teachings*(A Robeschini, Trans., pp. 66–70). Boston: St. Paul Editions.

Pius X. (1905/1960). *On the teaching of Christian doctrine*. Boston: St. Paul Editions.

Pius XI. (1929). *The Christian education of youth*. Boston: Daughters of St. Paul.

Pius XII. (1945/1960). The vocation of the teacher. *The Benedictine Monks of Solesemes, Education: Papal teachings*(A Robeschini, Trans., pp. 336–345). Boston: St. Paul Editions.

Pius XII. (1954a/1960). The condition of the Christian teacher. *The Benedictine Monks of Solesemes, Education: Papal teachings*(A Robeschini, Trans., pp. 476–481). Boston: St. Paul Editions.

Pius XII. (1954b/1960) Good teachers. *The Benedictine Monks of Solesemes, Education: Papal teachings*(A Robeschini, Trans., pp. 482–485). Boston: St. Paul Editions.

Pius XII. (1955/1960). Redemption and education. *The Benedictine Monks of Solesemes, Education: Papal teachings*(A Robeschini, Trans., pp. 500–503). Boston: St. Paul Editions.

Pius XII. (1958/1960). The Catholic school in the face of the realities of the modern world. *The Benedictine Monks of Solesemes, Education: Papal teachings*(A Robeschini, Trans., pp. 573–578). Boston: St. Paul Editions.

Sacred Congregation for Catholic Education. (1988). *The religious dimensions of education in a Catholic school*(RDECS).

Schnackenburg, Rudolf. (1971). The gospel according to St. Mark for spiritual reading. *New Testament for spiritual reading, 2*. London: Sheed and Ward.

Sergiovanni, T. J. (1995). *The principalship: A reflective-practice perspective(3rd ed.)*. Needham Heights, MA: Allyn and Bacon.

Silberman, C. (1970). *Crisis in the classroom*. New York: Random House.

Trilling Wolfgang (1978). The gospel according to St. Matthew for spiritual reading. *New Testament for spiritual reading, 1*. London: Sheed and Ward.

07

유학의 전통에서 배우는 대안적 교육론

들어가는 말

현대 교육의 문제점 중 하나는 무엇보다도 추상적 개념을 중심으로 학습이 이루어진다는 것이다. 학교에서 배우는 지식이 사회문화적 맥락과의 관련성을 상실하고, 자신의 삶을 반추하고 성찰해 보는 실제적인 기준이 되지도 못한다. 경험학습, 체험학습, 생활교육을 강조하게 된 것은 이와 같은 분절적인 지식교육의 한계를 느꼈기 때문이다.

동양의 사상전통 중에서 특히 유학(儒學)은 일상에 대한 독특한 개념을 바탕으로 학문 혹은 배움의 실천적 행위가 일상과 유리되어서는 안 됨을 강조한다. 『논어』에는 군자로서 잃지 말아야 할 자세로 용모는 오만한 모습을 멀리할 것, 얼굴빛을 신실하게 할 것, 말을 도리에 맞도록 할 것을 들고 있다(「태백」). 이것은 증자(曾子)가 죽음을 앞둔 상황에서 한 말이라 하여 그 진정성이 더욱 부각되는데, 여기서 증자는 삶에 대한 허무함이나 삶의 문제를 초연하기보다는 소박한 일상으로 수용하고 일상에서 마땅히 해야할 바를 잔잔하게 실천할 것을 강조한다. 이것은 일상을 지극한 선의 소재로 여기는 유가의 독특한 관점에 기인한다. 즉, 삶의 궁극적 원리는 우리의 일상을 벗어나서는 이해할 수 없고 또 우리 삶의 소소한 일들을 통해 표현되어야 한다는 것이다.

일상을 지극한 선의 소재(所在)로 여기고 일상을 벗어나지 않는 탐색과 실천을 통해 이치를 인식할 수 있다고 여기는 유학의 관점은 지식과 삶이 유리되어 있고, '무엇이 좋은 삶인가에 대한 물음과 좋은 삶을 실현하기 위한 윤리적 실천성을 상실한 현대 교육이 배워야 할 관점으로 볼 수 있다. 본 장은 우리가 삶에서 실현해야 하는 가치는 무엇인가, 그것은 인간사의 중요한 부분인 타인과의 관계를 통해 어떻게 실현될 수 있는가라는 물음에 대한 유가의 입장을 밝히기 위한 시론이 될 수 있다.

본 장에서는 유학의 전통에서 왜 일상을 지선의 소재처로 보았는가, 일상에 대한 강조는 자기 수양이라는 유가의 문제의식과 어떤 관련성을 갖는가를 고찰함으로써 하학에 대한 유가의 이해를 살펴본다. 그리고 하학에 대한 유가의 이해가 거경과 궁리의 공부를 통해 어떻게 실현되는가를 논의한다.

유학 사상에서 하학의 의미

1) 하학과 이치

공자는 자신의 학문의 성격을 '하학이상달(下學而上達, 「헌문」)' 이라 하여 천리(天理)를 이해하는 출발점이 하학(下學), 즉 평범한 인간사에 있음을 강조하였다. 공자는 제자들에게 효제를 실천한 다음에 글을 읽으라고 가르친 바 있다(「학이」). 그러나 하학의 실천을 강조해 왔음에도 불구하고 그것이 교육의 과정에서 어떤 의미를 갖는가라는 면에서는 유학자들 간에 많은 이견이 있었다. 「자장(子張)」편에 제시되어 있는 '자하지문인소자장(子夏之門人小子章)' 은 학문 전체의 규모, 선후, 본말에 대한 공자 제자들의 이해 차이를 보여 주는 대표적인 부분이다.

> 자유(子游)가 말했다. "자하(子夏)의 문인과 소자들은 쇄소응대진퇴의 일에 접해서는 괜찮지만, 이는 말절일 뿐이고 근본은 없으니 어찌하겠는가." 자하(子夏)가 듣고서 말하였다. "아! 자유의 말이 지나치다. 군자의 도에 대해 어느 것을 먼저라 하여 전하며, 어느 것을 뒤라 하여 게을리 하겠는가. 초목에 비유하자면 구역으로 구별되는 것과 같으니, 군자의 도가 어찌 이처럼 속이겠는가. 처음과 끝을 겸비한 것은 오직 성인일 뿐이다."[1]

자유(子游)에 의하면 쓸고 닦고 응대하는 등의 소소한 일은 가르침의 말절에 해당하는 것이다. 자유는 자하(子夏)의 제자들이 선왕의 도[2]와 같은 중요한 지식을 방기하고 자질구레한 일의 습득에 머물러 있는 것을 비판하는 것이다. 그런데 여기에서 주의해야 할 것은 자유가 쇄소응대와 선왕의 도 사이에 아무런 관련성을 설정하고 있지 않다는 점이다. 분명히 공자는 하학(下學)을 거쳐서 상달(上達)할 수 있다고 했지만, 자유는 하학의 공부를 중시하지 않을 뿐 아니라 하학과 상달의 관련성을 인식하지 못하고 있다. 반면 자하(子夏)는 교육내용의 난이, 천심을 막론하고 모두 가르쳐야 하지만 학습자의 수준에 상응하는 선후의 순서가 있다고 이해한다. 「자장」 편의 다른 구절에서 자하는 '절실하게 묻고 가까운 것으로부터 생각한다(切問而近思)' 고 하여 자신의 실천적 상황과 문제에 기초하여 묻고 생각하는 학문 태도를 강조한 바 있다. 자하는 배우는 사람의 수준을 고려하지 않고 고원한 것을 가르치는 것은 배움을 지속할 수 있는 의미를 줄 수 없다고 비판한다. 이처럼 자유와 자하는 각각 하학과 상달, 본과 말 중 어느 하나를 강조하고 있지만 구체적으로 양자가 어떤 관계인지에 대해서는 주목하지 않았다.

인간사의 실천에 대한 강조와 함께 또 한편으로 보다 차원 높은 지식을 추구하기 위해 하학을 경시하는 것은 이후 다양한 형태로 변주되어 나타난다. 불교에 심취했던 주희(朱熹)가 유가로 돌아서게 된 것이나 거경과 궁리의 공부론을 체계화할 수 있었던 것도 하학을 경시하는 당시의 지식인들을 비판하고 그것이 갖는 교육적 의미에 주목함으로써 가능했다. 자하와 자유의 논쟁에 대하여 주희는 다음과 같은 주석을 붙이고 있다.

> 정자(程子)가 말하였다. "쇄소응대는 곧 형이상자이니, 이치에는 대소가 없기 때문이다. 그러므로 군자는 다만 근독에 있을 뿐이다." 또 말하였다. "성인의 도는 다시 정밀함과 조잡함(精粗)이 없다. '쇄소응대' 와 의를 정밀히 하여 신묘한 경지에 들어감(精義入神)은 일리로 관통하지만, 비록 쇄소응대라도 다만 소이연이 어떠한가를 보아야 한다." 또 말하였다. "쇄소응대로부터 올라가면 성인의 일에 도달할 수 있다."[3]

인용문은 하학의 교육적 의미와 하학과 상달의 관련성에 대한 성리학의 인식을 단적으로 보여 주는 글이다. 여기에서 핵심이 되는 말은 "이치에는 대소가 없다."는 것이다. 형이하의 차원에서 본다면 일에는 정조(精粗), 대소(大小), 본말(本末)의 차이가 분명히 존재한다. 인용문에서 정자(程子)는 자질구레한 일상사에 대비되는 것으로 정의입신(精義入神)을 들고 있다. 이치를 정밀하게 탐구하여 그 신묘함을 체득하는 '정의입신' 과 쓸고 닦고 응대하는 실천인 '쇄소응대' 는 사람들이 접하게 되는 일의 스펙트럼에서 양쪽 끝 지점을 의미하는 것이다. "리에는 대소가 없다."는 것은 이와 같이 다양한 수준의 일에 실려 있는 이치에 정조(精粗)의 차이가 없다는 것이다. 즉, 근소한 일이라 하여 이치가 없는 것이 아니며, 또 의리를 탐구하는 일이라 하여 모든 이치를 홀로 떠맡고 있는 것도 아니다.

도리는 자신을 현현하기 위한 통로가 필요하다. 일상의 모든 경험, 관계, 현상, 사물, 활동 각각은 도리가 드러나는 한 갈래의 길이다.[4] 이치라고 하면 고원한 것 같지만 그것은 우리의 곡절한 삶의 경험 속에 드러나 있다. 따라서 일상과 유리된 추상적 사고나 일상의 얽매임을 벗어난 초월에 대한 지향으로는 삶의 모든 순간에 존재하는 지선(至善)을 인식하고 실천하는 진정한 힘을 얻을 수 없다.

즉, 비근한 일에서도 '근독' 해야 할 충분한 이유가 있는 것이다.

앞서 자유(子游)는 지엽적인 인간사에도 이치가 있다는 것을 알지 못하였기 때문에 그것의 교육적 의미를 부여하지 않았고, 자하(子夏)는 쇄소응대의 일이 중요하다는 것은 알았으면서도 그것이 상달과 어떻게 연결되는가를 인식하지 못하였다. 이에 반해 이후의 성리학자들이 구체적인 일을 가지고 본다면 본말, 정조의 차이가 있지만 그 모든 일에 동일한 이치가 실려 있음을 천명함으로써, 평이한 일상의 삶은 중요한 탐구와 실천의 공간으로 인식되었다.

2) 하학의 실천과 자기 수양

유가에서는 무엇이 옳고 그른가를 확실하게 인식하지 못한 아이들이라도 일상에서 올바로 실천할 것을 강조한다. 행위의 의미, 이유, 근거를 알기 전부터라도 인간이라면 누구나 행해야 할 공통의 일이 있는데, 이것이 효와 제의 실천이다.

> 그 사람됨이 효하고 공경스럽고서 윗사람 범하기를 좋아하는 자 드물고, 윗사람 범하기를 좋아하지 않고서 난을 일으키기 좋아하는 자는 아직 있지 않았다. 군자는 근본을 힘쓰니 근본이 확립되면 도가 발생하는 것이다. 효와 제라는 것은 인을 행하는 근본이 아니겠는가.[5]

여기에서 효제의 실천은 인간에게 주어진 덕성을 실행하는 것으로 이해된다. 효는 친족 내부에서 친소를 헤아려 친애하는 혈연적 연대의 감정을 의미하고, 제는 친족 외부의 사회적 관계에서 신분과 연령에 따라 공경의 마음을 다하는 것이다. 이것은 선진유학자들이 활동하던 당시의 경쟁학파였던 법가가 이기적 충동을 인간의 기본적인 욕구로 인식하고 상벌을 통한 제재를 주장하였던 것에 비해 인간의 자발적 동기에 근거하여 사회규범을 세우고자 하였던 유가의 문제의식을 보여 주는 대목이라 할 수 있다(이봉규, 1993).

유가는 내 부모에게 갖게 되는 특별한 애경의 감정을 양지(良知), 양능(良能)으로 귀결시켜 자연적인 본성으로 인정한다. 가까운 것에서 더욱 두텁게 실천하는 것은 받은 은혜의 차이가 있기 때문으로 당연한 것으로 간주된다. 유가의 주석가들은 부모와 다른 어른을 차별없이 대할 것이 아니라 친소를 구별하여 그에 마땅하게 대하는 것을 올바름(義)이라 한다.[6] 부모는 공경의 최대치를 실천해야 하는 존재로서 유가의 예법은 그 구체적인 방법을 제시하고 있다. 예컨대 부모의 상(喪)은 3년이며 참최복(斬縗服)[7]을 해야 한다거나, 부모의 잘못에는 간쟁을 해야 하지만 부자간의 사랑을 어그러뜨리는 정도에 이르러서는 안된다거나, 은애의 감정이 상할 수 있기 때문에 자식을 직접 가르치지 않는다는 등의 규정을 볼 때, 친(親)으로 규정되는 부자관계를 허물어뜨리지 않기 위한 유가의 고심을 알 수 있다.

부모에 대한 보은의 감정을 자발적인 것으로 인정하는 유가사상에서 부모에 대한 효의 실천은 자기 수양이라는 측면에서도 매우 중요한 의미를 갖는다. 무엇보다도 효는 부모에 대한 깊은 사랑을 바탕으로 부모와의 관계에서 최대의 조화를 이루어 가도록 한다.

> 효자로서 부모에게 깊은 사랑이 있는 사람은 반드시 온화한 기운이 있고, 온화한 기운이 있는 사람은 반드시 기쁜 기색이 있고, 기쁜 기색이 있는 사람은 반드시 온순한 용모가 있으니, 효자는 옥을 잡은 듯이 하며 가득찬 것을 받들 듯이 하며, 한결같이 공경하고 조심하여 감당하지 못하는 듯이 하며, 장차 잃을 듯이 여기니, 엄숙하고 위엄이 있으며 엄연하고 씩씩함은 어버이를 섬기는 바가 아니다.[8]

유가의 예(禮) 사상에서 공자의 중차대한 공헌 중의 하나는 무수한 의례들의 내면적 근거를 밝혔다는 것에 있다. 부모에 대한 효의 핵심은 물질적인 봉양이 아니라 공경의 마음에 있다. 인용문에서는 부모를 대하는 자식의 온화한 얼굴빛, 온순한 용모의 근거가 부모에 대한 깊은 사랑의 마음에 있다고 한다. 그리고 부모를 대하는 태도의 근간은 "옥을 잡듯이 한결같이 조심하는(洞洞屬屬)" 것이라 한다.

여기에서 "한결같이 공경하고 조심하는" 태도는 당면하고 있는 사태에 적절하게 조응해 가기 위해 충분히 주의를 기울이고 있는 상태를 의미한다. 『논어』에서는 군자와 말을 하면서 안색을 살피지 않는 것은 '눈멈' 이라 하듯이(「계씨」) 상대방의 몸짓을 읽고 그에 최적의 상태로 감응하는 것을 중시한다. 실제로 『논어』에는 공자의 모습은 주어진 규범을 수동적으로 실천하는 사람이 아니라, 도리를 일상에서 가장 잘 실현하고자 세심한 주의를 기울이는 모습으로 그려지고 있다. 목소리, 얼굴빛 등의 세세한 것까지 최적의 상태로 표현하는 것에 관심을 두는 모습은 개념적 이해나 동의가 아니라, 관계 맺음의 한 축에서 정확하게 조응해 가는 주체로서의 관계 맺음을 보여 주는 것이다. 또한 부모와의 관계는 자신을 낮추는 겸손을 배우게 되는 적극적 계기가 된다.

> 부모를 섬기는 도리는 마땅히 자신을 낮춤으로써 부모를 높이는 것이며, 자신의 몸을 무겁게 여김으로써 스스로를 사랑해야 하는 것이다. 아랫목을 차지하고 자리의 한가운데 앉고 하는 것은 모두 존귀한 자가 하는 것이고, 길의 한 가운데나 문의 가운데는 모두 존귀한 이가 지나는 곳이며, 손님에게 음식을 대접하거나 제사를 모실 때에 미리 물품의 양을 한정하거나 시동이 되는 것은 모두 존귀한 자의 일이어서 자식된 사람은 모두 감당할 수 없는 일이다. …… 높은 곳에는 오르지 않는다고 한 이후의 조목은 모두 자기의 몸을 아끼는 것을 말하는 것이다.[9]

인용문은 자식된 사람은 아랫목을 차지하거나 길의 한 가운데를 가지 않는다는 등의 예절에 대한 이유를 설명하고 있다. 주석가는 자식된 사람으로서 지켜야 할 예절이 부모에 대해 자신을 낮추거나 자신을 자중자애 하는 마음이 표현된 것이라고 설명한다. 예의 근본적인 정신인 겸양은 내 존재에 대한 기쁨과 그 존재를 낳고 보살펴 준 부모에 대한 자발적인 사랑의 실천에서 얻어지는 것이다. 이러한 효의 실천은 천자라 하더라도 벗어날 수 없는 것으로서, "위에 처해서 교만하지 않는" 자질은 부모에 대하여 자신을 낮추는 실천으로부터 얻어지는 것이다.[10]

성리학의 공부론

유가의 글에서 성인의 단계와 학습자의 단계를 명백히 구분하고 혼동하지 않아야 함을 강조하는 대목을 자주 볼 수 있다. 예컨대 성인의 단계에서 '하학상달' 이라는 것은 하학을 접했을 때 바로 천리를 깨닫는 것이지만, 배우는 사람에게는 하학의 지평에서 꾸준하게 習, 察, 力行함으로써 자기 수양할 것을 강조하는 것이다.[11] 이 부분에서는 주희에 의하여 체계화된 성리학의 공부론이 앞서 논의한 일상에 대한 이해와 어떤 관련성을 갖는지 논의한다.

1) 함양

(1) 함양 공부의 필요성

주희는 함양 공부가 이치를 탐구하는 것에 앞서 이루어져야 함을 강조하였다. 그가 만년에 『소학』을 편집한 것도 『대학』의 격물치지 공부에 앞서 함양이 우선되어야 한다고 여겼기 때문이다. 성리학에서 인간의 마음은 인의예지의 본성을 간직하고 있다는 점에서 식물의 종자로 비유되기도 한다. 종자에는 무엇으로 자랄 수 있는 생의(生意)가 있다. 그러나 그것은 가능성일 뿐, 적절한 돌봄이 있어야 실제로 싹을 틔우고 자라게 할 수 있다. 종자에게 이러한 조건을 만들어 주는 것이 마음에 있어서의 함양 공부로서,[12] 본성에 대한 감각을 유지하고 길러서 일상생활에서 적절하게 발현되도록 하는 것을 뜻한다.

주희가 함양 공부를 우선적으로 요청하게 된 것은 자신의 중화구설(中和舊說)에 대해 문제점을 인식하게 된 것과 맥락을 같이 한다. 중화구설에서는 마음의 작용을 사물과 접해서 구체적으로 발현되는 상태(已發)로 한정하고, 발현된 마음을 고요하게 묵식하고 확충함으로써 본성을 함양할 수 있다는 '선찰식 후함양

(先察識 後涵養)' 의 관점을 취하였다. 즉, 사친(事親), 종형(從兄), 처사(處事), 접물(接物) 등 사물과의 실제 교섭 과정에서 발현하는 단서를 통해 그러한 마음을 있게 한 본체를 알게 된다는 것이다. 주희는 당시 중화구설을 함께 공유하고 있던 장경부(張敬夫)에게 수행과정에서 생긴 문제상황을 다음과 같이 토로하고 있다.

> 인(仁)을 찰식해 아는 것이 무엇보다 중요하다는 가르침을 누차 받고서 스스로에 입각해서 공부할 것이 없음을 깨달았습니다. 생각건대 바로 근원을 알고(直截根源) 경추도해(傾湫倒海) 식의 기상임을 알게 된 것입니다. 다만 요며칠 사이에는 대화(大化)를 위하여 다그치는 것이 마치 큰 파도에 휩쓸려서 잠시도 정박할 수 없는 배와 같음을 깨닫게 되었습니다. 생각건대 보는 바가 한가지로 이와 같으니, 이 때문에 일을 하거나 사물을 접할 때에 거칠고 사나워지거나 지나치게 용맹스러워지는 것이 전보다 곱절이나 더해져서 관대하고 온화한 기상이 털끝만큼도 없음을 알게 되었습니다. 이것을 염려하면서도 그 유래를 알지 못하였는데, 지금에야 비로소 넓은 변화 가운데에 한 집안에는 편안한 거처(安宅)가 있듯이, 참으로 자신이 안신입명(安身立命)하고 주재지각하는 곳이야말로 대본을 세우고 달도를 실천하게 하는 중추임을 알았습니다.[13]

여기서 주희는 '선찰식 후함양' 의 공부방법이 갖는 문제점을 세 가지로 들고 있다. 첫째, 생활 세계에서 드러난 인(仁)의 실마리를 살핌으로써 인(仁)의 본체를 알 수 있다는 것은 곧바로 근본을 대상으로 하여 이해하려는 공부다. 둘째, 사물과 접하기 이전의 함양 공부를 중시하지 않음으로써 일상의 실천이 안정적으로 근거할 만한 입각처를 형성하지 못한다. 주희는 무엇을 구하기 위해 몰아붙이는 공부과정에서 조급하고 안정감이 없음을 알게 되었다고 토로하고 있다. 셋째, 한 집안에 편안한 거처가 있듯이, 마음이야말로 근본을 세우고 일상에서 도를 실현하는 핵심인 것이다. 주희에게 있어서 중화론(中和論)의 정립은 마음에 대한 이론과 수양론의 정합적인 변화를 수반한 것이었다. 음과 양, 고요함과 움직임이 있듯이 마음은 사물과 교접할 때도 있고 사물로부터 벗어나 고요한 상태에 있기도 하다. 고요한 상태의 마음은 본성을 간직하고 있고, 사물과 접한 상태의 마음은 감정, 사고, 의지 등으로 대응해 간다. 따라서 마음 공부는 동정을 포괄하고 있는 것이어야 한다. 즉, 사물과 접했을 때 발현되는 마음을 성찰하는 것뿐 아니라 일이 없을 때에는 인간의 본성에 잠겨 보존하는 공부가 병행되어야 한다. 함양 공부가 되어야 사물에 접해 적절하게 교응할 수 있다.

> (맹자가) …… '반드시 일삼음이 있어라(必有事焉)' 라고 한 것은 경(敬)을 말한 것입니다. 그 마음이 엄연하여 늘 일삼는 바가 있다는 것과 같을 뿐입니다. 마음이 엄연하고 숙연하여 늘 일삼음이 있는 듯이 한다면 비록 사물이 어지러이 이르고 뒤섞여 올지라도 어찌 나의 앎과 생각을 어지럽힐 수 있겠습니까. 그리고 마땅함과 마땅하지 않음, 가함과 가하지 않음의 기미가 이미 가슴 속에서 판연히 구별되어 있을 것입니다. 이러하면 내 마음은 느긋하게 만물의 변화에 대응할 수가 있을 것이니, 무슨 조급하고 망령됨이 있겠습니까.[14]

맹자는 존심(存心)의 방법을 싹을 키우는 것에 비유한 바 있다. 어린 싹이 당장의 유익함이 없다고 여겨 버려두거나 빨리 자라도록 뽑아 주지 않듯이, 마음을 기르는 것도 인위적으로 조장하거나 무심하게 내버려 두어도 안된다는 것이다. 인용문의 처음에 제시되고 있는 '반드시 종사하는 것이 있으라(必有事焉)' 하는 것은 조장하지도, 잊지도 않는 상태를 표현하는 말이다. 주희는 이것을 엄연하게 흐트러뜨리지 않고 집중하는 것으로 설명하고 있다. 이러한 상태에서는 마음에 깃들어 있는 본성에 대한 감각이 증대되어 시비 적부를 분별할 수 있는 기준이 세워지고, 외적 사물이 어지럽게 있어도 안정감 있게 대응해 갈 수 있다고 한다.

앞서 거칠고 조급해진다는 주희 자신에 대한 걱정은 함양 공부가 결여된 것에서 유래한 것이었다. '선찰식 후함양' 의 공부는 평소의 함양을 중시하지 않음으로써 일상의 실천이 근거할 만한 바탕을 형성할 수 없고, 따라서 사물에 접했을 때 억지로 탐색하고 몰아붙이는 식의 공부가 많았다는 것이다. 주희는 입각처

(立脚處), 의거처(依據處), 착력처(着力處), 본령(本領)과 같은 말을 사용하여 함양을 통해 보존되고 길러진 본성을 표현하고 있다.

(2) 함양의 방법

① 정좌와 함양

유가 사상에서 정좌를 공부방법으로 본격적으로 인정하게 된 것은 정명도에 이르러서다(南懷瑾, 최일범, 1988 :47-50). 정명도는 사물에 따라 적합하게 대응하기 위해서는 평소에 마음의 평정을 얻는 존양공부가 필요함을 강조하였다.[15] 정좌의 기본 조건은 몸과 마음을 고요하게 유지함으로써 내면에 집중하는 것이다. 정좌를 비롯한 명상의 전통에서는 외부의 감각적 자극으로부터 거리를 유지하기 위한 구체적인 자세와 방법을 고안해 왔다. 정좌 공부의 효과를 주희는 다음과 같이 설명하고 있다.

> 고요하게 앉아 있는 공부는 마치 앉아서 명상하여 선정에 들어가는 듯이 생각을 끊어 버리는 것이 아니다. 다만 이 마음을 내면으로 거두어들이고 잡다한 상념을 일으키지 않으면 이 마음이 담연히 아무 것도 일삼지 않아서 저절로 한결같이 집중하게 된다. 일이 있으면 일에 따라 응하고, 일이 끝나면 다시 담연하게 된다.[16]

> 마음은 고요함을 통해서 안정되고, 도리는 고요함을 통해서 밝아진다. 주자가 말했다. "정좌하면 마음을 거두어 모을 수 있어 정신이 안정된다. 그렇게 해야 도리가 비로소 머무를 곳이 생긴다."[17]

첫 번째 인용문에서 주희는 유가의 정좌법이 불교와 다르다는 것을 강조하고 있다. 불교의 선정이 생각을 끊는 것이라면 정좌는 하나로 의식을 집중하는 것이라고 한다. 정좌의 상태에서는 외적 사물에 대해서 구체적으로 일삼는 것이 없으되, 일이 있으면 바로 일에 따라 응하는 것이다. 두 번째 인용문에서는 정좌 공부의 효과를 도리가 머무는 것으로 설명한다. 정좌 공부는 정신을 안정시킴으로써 마음 속에 깃들어 있는 본성에 대한 자각능력을 높여 줌으로써 일에 따라 안정감 있게 대응해 갈 수 있는 힘을 길러 준다.

주희는 정좌 공부에 대해 "사람으로 하여금 묵묵히 마음의 신령함(心之靈)을 알아서 단장(端莊), 정일(靜一)한 가운데 이를 보존하여, 이치 탐구의 근본으로 삼게 하는 것"[18]으로 설명한다. 따라서 정좌의 목적은 고요함 그 자체가 아니라 일상에서 이치에 맞는 삶을 살아가는 데 준거가 될 수 있도록 본성을 체험하고 함양하는 것이라 할 수 있다. 즉, 정좌를 통해 고요함 속에서 경험되는 내면에 대한 감각을 바탕으로 하나하나의 문제를 능동적으로 탐구해 갈 수 있는 바탕을 기를 수 있다.

② 하학의 실천과 함양

유가에서는 모든 일에 정해진 준칙이 있음을 강조한다. 이는 근본적 원리가 구체적인 사회적 실천으로 연결되어야 함을 강조하는 것이다. 유가 전통에서 예(禮)의 강조는 보편적 원리에 입각하여 현실 문제를 어떻게 풀어 가야 할 것인가에 대한 관심의 반영이라 볼 수 있다. 또한 일상의 올바른 실천을 통해 이치를 함양할 수 있다고 여겨졌다.

구체적인 덕목의 전수와 실천을 통한 가치의 함양을 중시하는 생각은 주희의 '소학' 교육관에도 잘 드러나 있다. 초학교재인 『소학』은 하루하루의 삶을 구체적으로 어떻게 살아가야 하는가를 세세하게 제시하고 있다. 아직 명확한 이해에 도달하기 이전의 학습자들에게 본(本)이 되는 행위를 알려 주고 실천하도록 함으로써 자신의 삶이 의거하고 타인의 행위를 평가할 수 있는 가치기준을 형성할 수 있다고 여긴다.

특히 유가사상에서 몸은 의사소통의 매개로서 타인의 요구에 응하고 자신의 의견을 전달하는 통로로 여겨진다(이승환, 1999). 따라서 전수해야 할 바람직한 가치를 구체적 행위를 통해 드러내는 것을 매우 중요한 교육내용으로 여겼다. 『소학』에서는 공경의 마음이 얼굴빛, 말투, 절차, 풍모, 옷 매무새 등의 구체적 표현으로 나타나도록 했다. 공경을 표현하는 방식은 대상에 따라 달라진다. 예를 들어, 위엄 있는 태도는 부모를 대하는 바른 태도가 아니지만(명륜, 6) 윗사람으로서는 위엄이 있는 태도를 보여야 한다(가언, 32). 연장자를 대할 때에도 나이에 따라 공경을 표현하는 방법이 달라진다. 즉, 장자보다 뒤에 가는 것이 공경이며, 장자보다 앞서 가는 것이 공경이 아니지만(명륜, 70), 아버지만큼의 나이 차이가 있다면 뒤따라가고, 형의 연배라면 조금 처져서 가야 한다(명륜, 87).

이와 같은 타인과의 관계에서뿐 아니라 개개인의 몸가짐에 있어서도 유가에서는 '예(禮)에 합당한 것'을 보고 듣고 말해야 한다는 분명한 기준이 설정되어 있다. 그래서 의관을 바르게 할 것, 용모를 엄숙히 할 것 등의 몸가짐을 우선적으로 중요하게 가르친다. 이것은 "보통의 말도 미덥게 하고, 보통의 행동도 삼가 사특한 생각을 막고 성실한 마음을 보존하라."라고 했듯이,[19] 한마디 말과 행동으로부터 마음을 수렴할 수 있다고 여겼기 때문이다. 즉, '아버지'와 '선생님'에 대한 의식보다, '아버지' 혹은 '선생님'이라고 불려졌을 때 우리의 삶이 '아버지'와 '선생님'에게 합당한 틀로 형성되듯이(李奎浩, 1994 :138-148), 외면의 몸가짐을 통해 마음을 형성할 수 있다는 것이다. 주희는 몸공부가 마음에 미치는 영향을 소극적으로 평가하고 내면을 대상으로 하는 공부를 중시하는 경향에 대하여 다음과 같이 비판하고 있다.

> 다만 근본과 지엽은 본래 일관된 것이며 마음과 몸, 안과 밖은 원래 간격이 없는 것입니다. 이제 '오로지 안에 간직하고 바깥은 소홀히 해도 된다.'라고 말씀하신다면 이는 스스로 간격을 만드는 것으로서 이 마음이 유행하는 전체 가운데서 항상 그 반만 얻고 반은 잃게 됩니다. …… 두 선생이 심술(心術)에 대해 논의한 것을 볼 때 '마음을 보존하라.'라고 말하지 않고 '경을 주로 하라.'라고 하였습니다. (또한) '경을 주로 하라.'라고 논할 때에도 '고요하고 묵묵히 하라.'라고 말하지 않고 반드시 의관과 용모를 삼가도록 하였으니, 말은 비근하면서도 가르치는 바는 심원합니다. 이제 사람들을 가르칠 때 근본 위에서 공부하도록 하지 않는다고 생각하시고, 경은 줄곧 바깥으로 치달아

> 서 의거하여 지킬 수 없다고 말씀하신다면 이것을 살피지 아니한 잘못입니다. …… 반드시 그대가 논의하신 바와 같이 한다면 그 근본을 간직하는 방법은 인위적으로 안배하고 벼 이삭을 뽑아 벼가 자라는 것을 돕는 것과 같은 염려가 있습니다. 그렇지 않다면 간직한다고 말할지라도 역시 있는 듯 없는 듯하여 그 방향을 알지 못하면서도 스스로 깨닫지 못하는 일이 될 것입니다.[20]

상대방은 외면을 정제하고 엄숙하게 유지하는 실천이 외면을 치장하는 것에 머물게 됨을 우려하면서 직접적으로 내면에서 이루어지는 공부가 중요하다는 입장을 갖는다. 말은 마음의 소리이고, 행동은 마음의 흔적이라 하듯이[21] 마음은 몸에 비해 근본적인 것이다. 그러나 그렇다 하더라도 마음 자체를 대상으로 하는 공부는 풀을 억지로 뽑아 빨리 자라도록 하는 것과 같다. 마음에서 얻고자 인위적으로 조장하면 보다 신속하게 그 결과를 얻는 듯 하지만, 실제의 일에서는 '그 향방을 알지 못한다.' 몸과 마음을 이분법적으로 나누어 보지 않는 동양사상에서 몸은 정신적 고양을 위한 수단으로서 적극적 의미를 갖는다. 내면에서만 얻고자 한다면 그것은 천리(天理)를 얻는 방법의 절반에 불과한 것이며, 더구나 내면의 직접적인 깨달음을 추구하는 것은 조장되어 그 절반마저도 온전할 수 없게 된다. 주희가 보기에 마음의 변화는 풀이 자라는 속도와 같다. 따라서 보다 지속적으로 마음을 보존하는 기제가 필요하다. 주희를 비롯한 성리학자들은 이를 구체적인 삶의 행위 가운데 찾았다. 즉, 걷고 있을 때, 앉아 있을 때, 책을 읽을 때, 일처리에 응하고 외물과 접할 때를 막론하고 언제나 이루어질 수 있는 몸쪽에서의 공부로 내면을 깨우는 것이다.

실제로 『맹자』에서 확인할 수 있는 마음상태에 대한 진정한 대비는 "잡으면 보존되고, 놓으면 잃는다."[22]라는 언급에서 볼 수 있다. 즉, 인간 본연의 양심(良心)과 반대되는 것은 나쁜 마음이 아니라 마음의 작용에 대한 주재력을 잃은 것이다. 그런데 마음을 잡는 것은 일상에서 몸가짐을 '함부로 하지 않으며' '두려운 듯하며' '조심하는' 식의 긴장된 태도를 통해 가능하다. 성리학자들은 이에 반하는 태도를 편벽됨(僻), 사특함(邪), 사치스러움(侈), 게으름(惰), 방종, 태만함(怠慢), 거만함(驕) 등으로 들고 있는데, 이것은 '마음의 흐름을 방치하는', '절제되지 않은', '함부로 하는' 등의 의미로 읽힌다. 따라서 몸 공부를 강조하는 것은 인간의 심층에 있는 본성에 대한 감각을 간직하고 적절하게 발휘하면서 살아가기 위해 몸 쪽에서 노력하는 것이다. 이것은 마음의 흐름에 내맡기는 것이 아니라 마음의 중심을 잡는 일이다. 이치를 탐구하는 일은 이러한 태도를 통해 참된 마음을 보존하고, 참된 마음으로 책을 읽고, 참된 마음으로 시비를 분별하는 것이다.[23]

2) 인식과 실천

(1) 이치탐구

유가의 입장에서 볼 때 모든 사물에는 법칙이 있다. 개별 사물의 법칙을 정밀하게 이해하지 못한다면 사물과 적절하게 교응해 갈 수 없다. 예를 들어, 명료한 인식이 결여되어 있다면 인(仁)은 당장의 편안함을 취하는 것으로, 공경은 아첨으로, 효는 부모를 죄악의 구렁텅이에 빠지게 하는 것으로, 자애로움은 자식을 버리게 하는 것이 될 수 있다.[24] 또한 인식에 바탕한 동의와 결단이 없다면 오래도록 선을 지켜갈 수 없다. 주희는 마음을 보존하는 면에서는 뛰어나지만 강학을 중시하지 않는 육자수(陸子壽)에 대하여 비판적이었다.[25] 이치의 당연함을 알지 못한다면 일을 행함에 사적인 의도를 가지고 안배하게 되어 그 의미의 실제를 이해할 수 없다는 것이다. 도(道)는 언어나 추론이 미칠 수 없는 것으로서, 그것이 삶 속에서 발현되는 당연함을 인식하고 실천하는 중에 그 의미를 체득해 갈 수 있는 것이다.

불교나 마음의 이해에 빨리 도달하고자 하는 당시 지식인들의 공부법에 대한 비판을 관통하고 있는 것은 일상의 지평에서 정밀하게 탐구하지 않는다는 점에 있다. 이치는 자기 마음에서만 구할 수 있는 것이 아니라 객관적이고 누적적인 활동에 의해 얻어지는 것이다. 주희는 삶의 모든 현상, 관계, 경험, 사물 등이 모두 격물의 대상이 되지만 또한 가까운 것에서부터 탐구해 가야 함을 강조한다.

> 격물에 대한 정이천 선생의 뜻을 '비록 눈 앞에 전개되는 것이 사물(物) 아닌 것이 없다.' 라고 할 수 있지만 이를 규명하는 데에는 또한 완급과 선후의 순서가 있으니, 어찌 대번에 하나의 초목과 기용에 마음을 두었다고 해서 홀연히 깨달을 수 있겠습니까. 또 지금 이 학문을 하면서 천리를 궁구하고 인륜을 밝히고 성인의 말씀을 강론하는 등 세상의 일은 통달하지 아니하고 마침내 오뚝이처럼 앉아서 하나의 초목과 기용에 마음을 둔다면 이것이 무슨 학문이겠습니까.

> 가만히 생각해 보건대, 공자의 이 말(삼 년 동안 아버지의 방법을 고치지 않아야 효자라 할 수 있다)은 다만 효자의 마음을 밝힌 것일 뿐입니다. 대개 아버지가 행했던 것 중에서 혹 마땅히 고쳐야 할 것일지라도 진실로 하루라도 그대로 둘 수 없는 정도에 이른 것이 아니라면 아들된 사람은 차마 갑자기 고치지 못하고 삼 년 동안 기다림이 있어야 하니, 그가 차마 아버지의 마음을 없애지 못함을 볼 수 있습니다. 이런 마음이 근본입니다. 다만 능히 이런 마음만 간직할 수 있다면 아버지의 도 가운데서 혹 종신토록 고칠 수 없는 것이나, 혹 하루도 행할 수 없는 것도 모두 그 일의 경중에 따라서 처리하여 그 알맞음을 잃지 않으면 되는 것입니다. 성인은 이런 마음을 가리켜서 사람들에게 보여 준 것입니다.[27]

이치 탐구의 대상이 되는 사물의 예를 주희는 신심성정(身心性情)의 덕, 일상생활의 떳떳한 인륜, 천지 귀신의 변화, 금수 초목으로 들고 있다.[28] 사물이란 초목의 구체적 물체로부터 천지 변화의 큰 것에 이르는 것, 감정의 움직임으로부터 덕행과 규범에 이르는 모든 것을 포괄한다. 첫 번째 인용문에서는 이러한 모든 것이 궁리의 대상이 되지만 일상의 요긴한 일에서부터 시작되어야 함을 강조한다. 또한 격물이란 "일의 변화에 응하면서 강론하고 분변하고 곰곰히 생각하여 이치를 찾아내는 것"[29]으로서 구체적인 사물과의 관련 속에서 깊이 있는 탐구를 중시한다. 이후에 왕양명(王陽明)이 격물궁리의 공부를 행하기 위하여 정원의 대나무 앞에 앉아서 그것의 이치를 탐구하고자 했다는 일화가 무색하리만큼 사물을 대상으로 놓고 그것으로부터 깨달음을 얻으려는 태도를 비판하고 있다. 두번째 인용문은 부모님이 돌아가신 후 3년 동안 그 뜻을 고치지 말아야 효라는 구절(『논어』, 『학이』)에 대하여 지인과 논의한 것이다. 여기에서 주희는 하루라도 연장할 수 없는 것이 아니라면 아버지의 뜻을 차마 바꾸지 못하는 심정을 근본이라 하고, 이 심정에 기초하여 일의 경중에 따라 처리할 것을 말하고 있다. 이와 같이 격물은 성인들이 살아간 삶의 궤적을 보면서 성인의 마음을 이해하고, 그 마음을 일상에 되살려 체험하는 것이라 할 수 있다.

이치탐구에 있어서 이러한 원칙과 학문태도는 사서(四書)를 우선으로 하는 커리큘럼에서도 나타난다. 역사서는 역사적 사실에 대한 기록으로서, 배우는 사람들은 역사적 인물들의 잘잘못을 비교하고 결과를 논의하는 식으로 공부하게 되어 자신에게 절박한 수양의 문제를 뒤로 하는 경향이 있는 반면에, 경서는 딱딱하지만 평이한 일상 가운데 성인의 마음을 알 수 있도록 하기 때문에 학습자들은 경서를 먼저 배워 성인의 마음을 이해하고 함양할 것이 요구된다. 그래서 주희는 마음이 아직 안정되지 않은 상태에서 『춘추』를 보겠다는 지인에게 우선 『논어』를 읽을 것을 주문하고 있다.[30] 궁리의 과정은 성인의 평이한 삶의 행적을 통해 그 마음을 이해하고 그것을 내 안에서 체험하는 것이다. 성인의 삶에 대한 대상적 이해가 아니라 그것을 지금 이곳의 내 삶으로 되살려 나의 이해로 전환하는 것을 의미한다.

(2) 실천

8조목에서 격물치지 이후의 과정은 성의정심(誠意正心)으로 제시된다. 격물치지가 이치의 이해와 판단의 공부라면 다음의 과정은 일상에서 그 지혜를 적용하고, 실천의 영역을 가(家), 국(國)으로 넓혀 가도록 할 것으로 생각되지만, 8조목은 다시 인간의 내면으로 향한다. 이것은 내면과 관련 맺지 못한 외면의 실천이

상대에게 진정한 울림을 줄 수 없다고 여기기 때문이다. 주희는 성의(誠意) 공부를 신독(愼獨)으로 풀면서, 독(獨)을 '남들은 알지 못하고 자기 혼자만이 아는 것' 이라고 하여[31] 생각의 마디마디를 삼가는 것으로 해석하였다. 성의(誠意) 공부의 효과는 다음과 같다.

> 한 몸의 주재는 마음이다. 덕을 쌓으면 마음이 넓고 너그러우니 이는 내면의 덕을 윤택하게 한다. 한 몸을 움직이는 것은 형체다. 덕을 쌓으면 몸이 편안하고 만족스러우니, 이는 바깥의 덕을 윤택하게 한다. 그 덕은 의지(意志)에 있고, 그 응함은 형체에 있다. 윤택함은 몸에 나타나지만 그 근본은 한 생각에 달려 있다. 성의의 증험이란 이와 같은 것이다.[32]

내면의 덕은 마음이 넓고 관대한 것으로, 외면의 덕은 편안하고 만족스러운 모습으로 나타난다. 이와 같이 안팎의 덕이 충만한 상태는 안의 덕이 저절로 밖으로 표현되는 심광체반(心廣體胖)의 경지를 뜻한다. 성리학자들은 성의 공부를 소인과 군자를 나누는 분기점으로서, 내면의 성찰을 바탕으로 외면의 몸가짐이 올바르다면 군자이지만, 외면의 몸가짐만을 그럴듯하게 꾸민다면 소인일 뿐이라고 한다.[33]

성의의 공부 단계는 격물치지 이후의 단계로서 선에 대한 인식이 전제되어 있다. 성리학자들은 기미를 살필 것을 강조하는데, 기미란 사물에 접해서 발현되는 것으로 사려, 조작이 가해지기 이전의 1차적인 반응이다. 성의는 심리적 충동, 욕심, 행위를 왜곡하는 감정 등에 의해 즉각적으로 발현되는 차원의 심리를 살펴서 선(善)과 일치시키는 공부라 할 수 있다. 이와 같은 수행의 과정은 의식 차원의 인식과 더 깊이 잠재된 무의식 차원의 심리적 활동을 통합시키게 된다(유아사 야스오, 박희준 역, 1990: 40). 성리학자들은 실천 과정에서 깊은 맛을 느껴야 함을 강조한다.[34] 이러한 음미의 순간은 자기 극복의 인위적 노력에 의해 유지되었던 실천이 내면의 힘에 의해 지탱되고 있음을 느끼는 지점일 것이다.

성의정심의 실천 공부와 관련하여 욕망에 대한 성리학의 관점을 살펴볼 필요가 있다. 존천리알인욕(存天理遏人欲)이라는 말에서 보듯이, 성리학은 천리와 인욕을 대립된 것으로 이해하고, 인간을 추동하는 근원적 힘인 욕망을 없애는 정도에 이르는 것을 추구하는 매우 억압적인 수양론으로 여겨진다. 예를 비롯한 몸공부의 강조, 마음의 움직임에 이르기까지 성찰의 대상으로 삼는 성리학의 수양론은 확실히 매우 엄격한 측면이 있다. 그러나 성리학에서 욕망을 없애라, 욕망을 줄이라고 요구하는 것은 그 욕망의 본질이 마음을 '지금 여기'가 아닌 다른 곳으로 향하도록 하기 때문이다.[35] 즉, 욕망은 마음을 보존하지 못하게 하는 것이다.

성리학 수양론의 핵심은 본성을 간직하고 적절하게 실현하는 것에 있다. 함양과 몸 공부에 대한 강조는 이에 대한 절박한 호소라 할 수 있다. 그러나 욕망은 마음을 '지금 여기'가 아닌 욕망하는 대상으로 향하게 하여 참된 마음의 소리를 듣지 못하게 한다.[36] 본성을 함양하는 공부가 『소학』 식의 실천을 벗어나지 않는다는 것에서도 확인할 수 있듯이 사회적으로 받아들여질 수 있는 욕망의 한계선과 조절을 강조한다. 하지만 더 본질적인 것은 마음을 흐트러지게 만든다는 것이다. 성리학에서 욕망을 재구성하는 방법은 '욕망을 없애라'는 것이 아니라 본성의 소리를 들을 수 있도록 '마음의 주재력을 확립하라'는 것에 있다.

이러한 점에서 성리학의 수양론에서 의지가 작용하는 힘의 방향을 알 수 있다. 사물에 의해서 촉발된 수많은 관념에 대해 주재력을 가질 것을 주문하듯이, 의지의 힘은 부지불식간에 일어나는 관념 사이에서 본심에 대한 주의를 잃지 않는 것에 있다. 성리학은 선한 생각이라도 그것이 때에 맞지 않게 일어났을 경우 잘못된 것이라 한다.[37] 너무 쉽게 다른 것으로 치달아 버리는, 끊임없이 일어나는 잡념으로부터 본성에 주의를 기울이고 마음의 주재성을 확립하는 것이 의지의 힘이 발휘되어야 하는 지점이다.

맺는 말

이 글에서는 하학에 대한 유학의 관점을 이치와 자기 수양의 문제와 관련지어 논의하였다. 그리고 성리학의 공부론을 고찰함으로써 이치를 이해하고 실현하는 것이 인간 삶의 맥락에서 유리되지 않은 것임을 논의하였다. 성리학의 수양론은 일상의 평이한 곳에서부터 이치를 탐구하고, 탐구된 이치와 본성을 함양하는 두 차원의 공부를 통하여 궁극의 이치를 이해할 수 있다고 한다. 일상을 자기 수양의 교육공간으로 여기는 성리학 공부론의 특징은 본성에 대한 감각을 잃지 않으려는 함양 공부와 일상 속에 현현되어 있는 이치를 탐구할 것을 강조한다는 것이다. 이를 통해 자신의 본성에 대한 자각을 잃지 않고 사물의 이치에 순응할 수 있다. 이상의 논의에 기초하여 유학의 수양론이 현대 교육에 주는 몇 가지 시사점을 지적하고자 한다.

첫째, 유학은 규범의 근거를 내면적인 것에서 확립하고자 하였다. 규범의 근거를 상벌과 외적인 강제에 두고자 했던 법가에 대비하여 볼 때, 부모에 대한 애친의 감정을 인정하고 그것을 인(仁)을 행하는 기초로 삼은 것은 보다 자발적인 실천으로 이끌기 위한 것으로서, 유가의 성격을 이해하는 데 중요한 함의를 갖는다.

둘째, 일상의 실천을 통해 삶의 원리를 확립시켜 주는 것을 중시한다는 점이다. 유가의 사상가들이 일상을 벗어난 초탈이나 마음의 깨달음을 경계하는 것은 이치가 사회윤리적 실천으로 나타나야 한다는 신념 때문이다. 유가 전통에서 예(禮)에 대한 강조는 보편적 원리에 입각하여 현실 문제를 어떻게 풀어 가야 할 것인가에 대한 관심의 반영이다. 그리고 이것을 가장 중요한 학습내용으로 강조하는 것은 쉽게 안주하고 굴복하는 평범한 일상인들에게 일상에 바람직한 질서 형식을 부여함으로써 그 질서의 의미를 이해하도록 하는 것이다.

셋째, 유학의 전통에서는 마음의 함양을 중시한다. 만약 고요하게 앉아 있더라도 마음 속에 얼마나 많은 잡념이 밀려오는지, 마음이 얼마나 쉽게 안일에 굴복하는지 그리고 내면의 진실함에 의해 지탱되지 않은 실천이 얼마나 허약한지를 절실하게 경험하지 않았다면 정좌, 몸 공부, 성의 공부를 이와 같이 강조하지는 않았을 것이다. 주희는 함양 공부를 통해 마음을 안정되게 할 것과 이를 바탕으로 사물을 판단할 것을 강조한다. 이것은 주체가 당면한 사태를 민감하게 이해하고 최적의 상태로 감응하기 위한 조건이다. 그리고 정좌와 몸의 수렴을 통한 마음 공부를 강조하면서도 또 한편으로 구체적인 사물에서의 탐구활동을 중시한다는 점에서 균형감을 확인할 수 있다. 비록 많은 유학의 실천가들이 예(禮)의 형식을 절대화하고 경직되게 형식을 고수하는 경향을 나타냈지만, 적어도 그러한 한계를 탈피할 수 있는 가능성이 함양 공부를 통해 마련되었음에 주목할 필요가 있다.

Chapter7 주

1 『論語』『子張』子游曰, “子夏之門人小子, 當洒掃應對進退則可矣, 抑末也, 本之則無, 如之何?” 子夏聞之曰, “噫言游過矣, 君子之道, 孰先傳焉, 孰後倦焉, 譬諸草木, 區以別矣, 君子之道焉可誣也, 有始有卒者, 其惟聖人!”

2 『論語注疏』卷 19. ‘本’ 謂 ‘先王之道’ . … 今子夏弟子, 於其本先王之道, 則不有, 不可奈何, 故云 ‘如之何’ 也.

3 『論語集註』『子張』朱子註. 程子曰, “洒掃應對, 便是形而上者, 理無大小故也, 故君子只在謹獨.” 又曰, “聖人之道, 更無精粗, 從?掃應對, 與精義入神, 貫通只一理, 雖?掃應對, 只看所以然如何.” 又曰, “自?掃應對, 上 便可到聖人事.”

4 『近思錄集解』『道體』道寓於器, 本不相離也. 蓋言日用之間, 無非天理之流行, 所謂 ‘終日對越在天’ 者, 亦敬循乎此理而已.

5 『論語』『學而』其爲人也孝弟, 而好犯上者, 鮮矣, 不好犯上而好作亂者, 未之有也. 君子務本, 本立而道生, 孝弟也者, 其爲仁之本與.

6 『孟子注疏』『盡心上』先親其親戚, 然後仁民, 仁民然後愛物, 用恩之次者也. 正義曰 … 故楊子所以事得其宜之謂義也.

7 '참최' 란 거친 베로 지은 옷으로서 아랫단을 꿰매지 않은 상복이다. 부모가 돌아가시면 아랫단을 꿰맬 정신이 없을 정도로 슬픈 마음을 표현한 것이다.

8 『禮記』『祭義』孝子之有深愛者, 必有和氣, 有和氣者, 必有愉色, 有愉色者, 必有婉容, 孝子如執玉, 如奉盈, 洞洞屬屬然, 如弗勝, 如將失之, 嚴威儼恪, 非所以事親也,

9 『禮記大全』『曲禮上』事親之道, 當自卑以尊其親, 尤當自重以愛其身, 主奧中席, 皆尊者所居, 中道中門, 皆尊者所由, 爲?爲尸, 皆尊者之事, 人子皆不敢當, 旣不嫌於逼其親矣. …不登高而下, 皆愛其身也.

10 『孝經』經一章. 愛親者, 不敢惡於人, 敬親者, 不敢慢於人. … 天子之孝, 在上不驕, 高而不危… 蓋諸侯之孝.

11 『朱子語類』卷49. 亞夫問, "『集注』云 '始終本末一以貫之, 惟聖人爲然', 此解得已分明, 但聖人事是甚?樣子?" 曰, "如云下學而上達, 當其下學時, 便上達天理是也."

12 『性理大全』, 卷 45. 涵養工夫, 如一粒菜子, 中間含許多生意, 亦須是培壅?溉方得成. 不成說道有那種子在, 此只待他自然生根生苗去. 若只見道理如此, 使要受用去, 則一日止如一日, 一年止如一年, 不會長進, 正如茶子. 無糞去培壅, 無水去?溉也.

13 『朱熹集』, 卷 32「答張敬夫」, 所以累蒙教告以求仁之爲急, 而自覺殊無立脚下工夫處, 盖只見得箇直截根源, 傾湫倒海底氣象, 日間但覺爲大化所驅, 如在洪濤巨浪之中, 不容少頃停泊. 盖其所見一向如是, 以故應事接物處, 但覺粗厲勇果, 增倍於前, 而寬裕雍容之氣, 略無毫髮, 雖竊病之, 而不知其所自來也, 而今而後, 乃知浩浩大化之中, 一家自有一箇安宅, 正是自家安身立命, 主宰知覺處, 所以立大本, 行達道之樞要.

14 『朱熹集』卷40. 『答何叔京』. 夫 '必有事焉' 者, 敬之謂也. 若曰其心儼然, 常若有所事云爾, 夫其心儼然肅然, 常若有所事, 則雖事物紛至而沓來, 豈足以亂吾之知思? 而宜不宜 · 可不可之幾, 已判然於胸中矣. 如此則, 此心晏然, 有以應萬物之變, 而何躁妄之有哉?

15 程明道. (1994). 정주철학원론(장윤수, 편역). 이론과 실천. 374-387.

16 『朱子語類』, 卷12, 141. 靜坐非是要如坐禪入定, 斷絶思慮. 只收斂此心, 莫令走作閑思慮, 則此心湛然無事, 自然專一. 及其有事, 則隨事而應, 事已, 則復湛然矣.

17 『近思錄集解』『存養』心以靜而定, 理以靜而明. 朱子曰, 靜坐則收拾得精神定, 道理方有湊泊處.

18 『大學或問』, 傳 五章. (是以聖人設教,) 使人默識此心之靈, 而存之於端莊靜一之中, 以爲窮

理之本.

19 『心經附註』『閑邪存誠章』. 『易』『乾』之九二, 子曰, “庸言之信, 庸行之謹, 閑邪存其誠.”

20 『朱熹集』, 卷40, 「答何叔京」. 但根本枝葉, 本是一貫, 身心內外, 元無間隔, 今曰專存諸內而略夫外, 則是自爲間隔, 而此心流行之全體, 常得其半, 而失其半也. … 觀二先生之論心術, 不曰存心, 而曰主敬, 其論主敬, 不曰虛靜淵默, 而必謹之於衣冠容貌之間, 其亦可謂言近而指遠矣. 今乃曰不敎人從根本上做起, 而便語以敬往往一向外馳, 無可據守, 則不察乎此之過也. … 必如所論, 則所以存夫根本者, 不免著意按排揠苗助長之患, 否則, 雖曰存之, 亦且若存若亡, 莫知其鄕, 而不自覺矣.

21 『栗谷集』, 「聖學輯要」. 節齋蔡氏曰, 言者心之聲, 行者心之跡.

22 『孟子』『告子上』. 孔子曰, 操則存, 舍則亡, 出入無時, 莫知其鄕, 惟心之謂與.

23 『朱熹集』卷40, 『答何叔京』. 若使主一不貳, 臨事接物之際, 眞心現前, 卓然而不可亂, 則又安有此患哉.

24 『大學或問』, 傳 3章. 得其名而不得其所以名, 則仁或流於姑息, 敬或墮於阿諛, 孝或陷父, 而慈或敗子.

25 『朱熹集』卷31 『答張敬夫』 子壽兄弟, 氣象甚好, 其病却是盡廢講學, 而專務踐履, 却於踐履之中, 要人提?省察, 悟得本心, 此爲病之大者.

26 『朱熹集』卷39 『答陳齊仲』 格物之論, 伊川意雖謂 ‘眼前無非是物’, 然其格之也, 亦須有緩急先後之序, 豈遽以爲存心於一草木器用之間, 而忽然懸悟也哉? 且如今爲此學, 而不窮天理 · 明人倫 · 講聖言 · 通世故, 乃兀然存心於一草木一器用之間, 此是何學問?

27 『朱熹集』卷43 『答陳明中』 竊謂夫子此言, 只是發明孝子之心耳, 蓋父之所行, 雖或有所當改, 然苟未至於不可一朝居, 則爲之子者, 未忍遽革, 而有待於三年, 亦可見其不忍死其親之心矣. 此心是本, 但能存得此心, 則父之道, 或終身不可改, 或終日不可行, 皆隨其事之輕重而處之, 不失其宜矣. 聖人特指此心以示人.

28 『大學或問』, 傳 5章. 使於心身性情之德, 人倫日用之常, 以至天地鬼神之變, 鳥獸草木之宜, 自其一物之中, 莫不有以見其所當然而不容已, 與其所以然而不可易者.

29 『朱熹集』卷43. 『答李伯諫』 此理初無內外本末之間, 凡日用間涵泳本源, 酬酌事變, 以至講說辨論考究尋繹, 一動一靜, 無非存心養性變化氣質之實事.

30 『朱熹集』卷39 『答魏元履』. 欲爲『春秋』學甚善. 但前輩以爲此, 乃學者最後一段事. 盖自非理明義精, 則止是較得失考同異, 心緖轉雜, 與讀史傳撿, 故實無以異. 况如老兄心中本鬧, 恐非所以矯失而趨中也 愚意以爲, 不若只看『論語』, … 聖人之言, 平易中有精深處, … 直須是置心平淡慤實之地, 玩味探索, 而虛恬省事, 以養之遲久不懈當.

31 『心經附註』,「誠意章」. 朱子曰, 獨者, 人所不知, 而己所獨知之地也.

32 『大學講語』 傳6章. 身之主宰, 爲心. 作德, 則此心廣大寬平, 德之潤於內也. 身之運動, 爲體. 作德, 則此身安舒自得, 德之潤於外也. 夫其德在意志, 其應在形骸, 其潤在一身, 其原在一念. 誠意之驗, 若此.

33 『心經附註』,「誠意章」. 雲峰胡氏曰, …蓋誠意, 爲善惡關, 過得此關, 方是君子, 過不得此關, 猶是小人.

34 『朱熹集』, 卷45, 「答吳德夫」. 孔子程子所示求仁之方, 擇其一二切於吾身者, 篤志而力行之於動靜語默間. 勿令間斷, 則久久自當知味矣.

35 『心經附註』,『養心章』. 南軒張氏曰, 有所向則爲欲, 多欲則百慮紛紜, 其心外馳, 尙何所存乎

36 『心經附註』『養心章『 呂氏曰, 欲者感物而動也. … 多欲則好動而無節, 妄作而失常, 善端所由喪, 而天理虧焉.

37 近思錄集解』「存養」, (葉采集解.) 發之而當, 則無害也, 苟發不以 時, 或雜然而發, 或過而無節, 其事雖正, 亦是邪念.

| 참고문헌 |

근사록 집해. 論語集註. 論語或問. 孟子集註. 性理大全. 小學集註. 心經附註. 禮記. 朱子語類. 朱熹集. 대학 · 대학혹문 · 대학강어. 擊蒙要訣.

南懷瑾. 최일범 역. (1988). 정좌수행의 이론과 실제. 논장.

陶行知. 김귀성 역. (1996). 생활이 바로 교육이다. 내일을 여는 책.

신동은. (2004). 성리학의 몸공부 이해. 교육철학, 32.

신동은. (2006). 선진유가의 禮論 연-묵자와의 비교를 중심으로. 교육철학, 36.

신창호. (2004). 공부 그 삶의 여정. 서현사.

야콥 무트. (2000). 학교에서 일어나는 작은 일상에 주목하라. 플리트너, 쇼이얼, 사유하는 교사. 내일을 여는 책.

유아사 야스오. (1990). 氣 修行 身體 (박희준 역). 범양사 출판부.

윤영해. (2000). 주자의 선불교 비판 연구. 民族社.

이광호. (2004). 조선조 유학의 공부론 : 남명과 퇴계의 공부론에 대한 고찰. 유교의 공부론과 덕의 요청. 청계.
이봉규. (1993). 규범의 근거로서 혈연적 연대와 신분의 구분에 대한 고대 유가의 인식. 태동고전연구, 10.
李奎浩. (1994). 말의 힘. 제일출판사.
이승환. (1999). 유가적 몸과 소속된 삶. 전통과 현대, 8. 여름.
이승환. (1998). 유교와 인권 : 상호보완의 필요성에 대하여. 한상진 (편), 현대사회와 인권. 나남.
이은선. (2003). 유교, 기독교, 그리고 페미니즘. 지식산업사.
정순우. (1997). 퇴계 사상에 있어서의 '日常'의 의미와 그 교육학적 해석. 김형효 외, 退溪의 사상과 그 현대적 의미. 정신문화연구원.
정순우. (2007). 공부의 발견. 현암사.
최진덕. (2006). 인문학, 철학, 그리고 유학. 청계.
한국정신문화연구원. (2004), 유교의 공부론과 덕의 요청, 청계.
한형조 외. (2002). 전통 예교와 시민윤리. 청계.
홍순명. (2001). 삶과 분리되지 않은 교육. 처음처럼, 28.
황금중. (2005). 성리학의 마음교육 이해와 현대 공교육에의 시사. 한국교육, 32(3).
플리트너. (2000). 학교를 경험의 공간으로 만들기 위한 논의. 처음처럼, 21.

08

힌두교 전통에서 배우는 대안적 교육론

들어가는 말

모든 종교는 어느 정도 염세적이게 마련이다. 지금 여기의 '나'를 그대로 긍정하면서 출발하는 종교는 없다. 그리스도교의 경우에는 원죄라는 개념으로 인간의 원초적인 결함을 말하고 있으며, 불교나 힌두교의 경우에는 인간이 지금처럼 고통과 무지의 질곡에 처한 배경을 업(業, karma)에 두고 있다. 원래는 청정무구한 것이 인간의 본질이지만, 무시(無始) 이래로 업에 물들었기 때문에 삶은 고통이라는 것이다.

그러나 또한 모든 종교는 인간의 미래에 대한 낙천적이고 희망적인 메시지를 담고 있다. 현존에 대한 부정은 부정을 위한 부정이 아니라 긍정을 위한 부정이라는 말이다. 현존은 비록 무지와 고통 속에 있지만, 결국에는 본래의 행복한 상태를 회복할 수 있다는 것이다. 이런 점에서 종교는 염세적인 전제로 시작하여 낙천적인 결론에 도달하는 길이다. 목적지에 닿은 사람에게는 더 이상 필요 없는 길이다. 마치 강을 건너고 나면 뗏목은 필요 없는 것처럼, 종교는 결국 필요

없게 될 때 그 존재의미가 완성된다. 종교는 그 자체를 위해 있는 것이 아니라 다른 무엇을 위한 방편에 지나지 않는다는 말이다.[1]

힌두교의 믿음에 따르면, 인간은 업의 결과로 고통의 윤회세계에 태어나지만, 또한 몸을 가지고 이 세상에 태어나기 때문에 업을 없애고 윤회의 세계를 벗어나 해탈을 실현할 수 있다. '원래 나'는 그렇지 않았는데, 업(業) 때문에 '지금 나'는 고장나 있다는 것이며, 고장난 나를 고치는 공부가 바로 '요가(yoga)'다.[2] 『바가바드기타(*Bhagavadgītā*)』에서는 요가를 지식의 길(*jnana-yoga*), 믿음의 길(*bhakti-yoga*), 행위의 길(*karma-yoga*) 세 가지로 나누며, 이 세 가지 공부는 별개가 아니라 아니라 상호보완적인 것으로 이해된다. 다시 말해, 각자의 성향과 자질에 따라 어떤 하나의 요가를 주된 공부로 택하지만, 나머지 둘도 배제되는 것이 아니라 함께 추구된다.

힌두교의 모든 학파들은 삶의 방식으로 요가를 택하고 있으며, 이것은 공부란 단지 인식의 차원에서 이루어지는 알음알이가 아니라, 존재 자체의 전환을 도모하는 '구제의 도(道)'여야 한다는 것을 보여 준다.[3] '너 자신을 알라'는 것이 아니라, '너 자신을 실현하라'는 것이다. 자아실현의 과정에서 신을 믿느냐, 믿지 않느냐는 중요하지 않다. 한 신을 믿느냐, 여러 신을 믿느냐도 중요하지 않다. 힌두교는 '영원한 진리(*sanatana-dharma*)'를 추구하는 삶의 방식이기 때문이다.[4] 힌두교 교육의 핵심은 영원한 진리의 실체인 브라흐만에 대한 지식(*brahmavarchasa*)을 실현하는 것이다. 제사도 영적 목적의 실현을 위한 수단으로 언급되지만, 거룩한 텍스트에 대한 공부를 더욱 강조하고 있다. 이러한 의미의 공부를 스와디야사(*svā dhyā sa*)라고 한다. 스와디야사는 불멸의 세계가 얻어지는 일종의 희생제(犧牲祭, *brahmajajña*)로 간주된다.[5]

이 장의 목적은 힌두교의 전통적인 교육방식을 살펴보고, 이를 통해 우리의 현실 안에서 교육의 근본적인 의미와 새로운 방안을 제시하는 것이다. 힌두교가 삶의 방식(a way of life)이라고 정의되는 것처럼, 힌두교 전통에서 교육은 근본적으로 인간의 종교성에 토대를 두고 있으며, 궁극적으로는 각 개인이 본래부터 지니고 있는 신성을 일깨우는 데 초점이 있다.[6] 이 점은 이미 인도의 근대사상가들에 의하여 거듭 강조된 적이 있다. 교육에 대한 새로운 접근은 무엇보다도 개개의 아이들이 모두 신성의 표현이라는 사실에 토대를 두어야 한다는 것이다.[7] 또한 오늘날의 과학적인 사고방식은 종교적인 심성과 하나로 어우러질 때 비로소 새로운 차원의 교육이 이루어질 수 있다는 통찰도 있었다. 일찍이 아이들 교육에 남다른 관심을 보였던 크리슈나무르티(Krishnamurti)는 다음과 같이 말한다.

> 새로운 인간 정신의 탄생은 오직 종교적인 심성과 과학적인 사고방식이 한 인간의 의식 속에 녹아 공존할 때 가능하다. 그 둘이 서로 갈등하거나 따로 떨어져서 평행선을 긋는 두 과정이 아니라, 하나의 총체적인 꿈틀거림으로 작용할 때, 새로운 지평의 인간 의식이 일어난다.[8]

먼저, 힌두교의 전통적인 교육제도에 대하여 살펴본 후에, '가능한 것에 대한 포기', 인간의 본질을 환희, 또는 '재미'로 규정하는 힌두교의 인간 이해, 생명존중사상과 동식물에 대한 친근감, 그리고 다섯 감관의 균형과 마음의 평화에 대하여 차례로 논의하고자 한다.

힌두교의 교육제도

> 아루나(Āruna)의 아들 슈웨타케투(Śvetaketu)라는 아이가 있었다. 아버지가 아이에게 말했다. "사랑하는 아들아, 스승을 찾아서 그 문하에 들어가 공부하고 오너라. 우리 가문의 어느 누구도 공부하지 않고 단지 태생적으로 바라문이 된 자는 없다." 그래서 그는 열두 살에 제자로 입문하여 베다의 모든 지식을 배운 후, 스물네 살에 집으로 돌아왔다.[9]

힌두교 전통에서는 사람이 태어나서 죽을 때까지 학생기(*brahmācharin*), 가주기(家住期, *gribastba*), 임서기(林捿期, *vānaprastba*), 유행기(遊行期, *sannyāsin*)의 네 가지 단계를 거치는 것을 이상적인 삶의 형태로 친다.[10] 첫 단계는 학습과 금욕의 기간이다. 두 번째 단계는 결혼하여 가정을 이루는 단계이며, 가장으로서의 의무를 다하는 기간이다. 자식을 낳아 대를 잇는 것은 중요하다. 욕망은 금지되는 것이 아니라 바른 방향으로 피어날 수 있도록 이끌어진다. 세 번째 단계는 앞의 두 단계를 통해 이룬 경제적인 기반과 가업을 후손에게 물려주고 숲으로 들어가 명상하는 단계다. 아내와 함께 또는 무리를 이루어서 숲으로 들어가 명상에 전념한다. 마지막 단계는 모든 것을 버리고 운수(雲水)의 길을 떠나는 시기다. 이때는 걸식(乞食)이 주요 생계수단이다. 아무것에도 집착하지 않고 세상을 떠도는 산야신이 된다. 인생의 마지막 단계는 포기에 바쳐진다. 행위도 가족도 사회도 초월하며, 해탈에 대한 집착도 벗어버린다. 이 네 단계의 삶은 희생제, 공부, 자손의 번식을 통해 각각의 신(*deva*), 조상, 시성(*rsi*)들에게 의무를 실천하는 과정으로 이해된다.

고대 인도에서 교육은 기본적으로 바라문 남자에게 국한되었으며, 위에서 말한 학생기를 통하여 집중적으로 이루어졌다. 5세가 되면 '비디야람바(*vidyā rambha*)'라는 성례를 통하여 공부가 시작된다.[11] 약 1시간 정도 계속되는 이 성례에서는 신들이 권청(勸請)되고, 그런 후에 아이는 첫 스승에게 예경을 드린다. 스승이 산스크리트(Sanskrit) 철자들을 쓰고 하나씩 낭송하면 아이는 따라한다. 비디야람바 성례 후에 아이는 가정에서 읽고 쓰는 초급단계의 공부를 계속한다. 대개 8세까지 서사시에서 발췌한 간단한 텍스트를 읽고 쓰는, 간단한 산수를 배운다. 8세가 되면 성사(聖絲)를 매는 '우파나야나(*upanayana*)' 성례를 한다.[12] 이 성례에서 아이는 공식적으로 두 번째 스승(guru)을 만나게 되는데, 구루는 아이에게 귓속말로 가야트리 만트라(*gā yatrī-mantra*)[13]를 왼다. 이로써 스승은 제자에게 베다와 종교적인 가르침을 베푸는 공식적인 관계를 맺게 된다. 이 성례의 의미는 스승이 제자를 잉태하여 해산하는 일에 비유되어 설명된다. "스승은 자신의 오른손을 제자의 이마 위에 올린다. 이로써 그는 제자를 잉태하게 되며, 그 후

3일째 되는 날 스승으로부터 태아가 나온다."[14] 이 성례로부터 본격적인 베다 공부가 시작된다. 정확히 가야트리 만트라를 낭송하는 법을 배워서 매일 행하는 제사를 드릴 수 있도록 하며, 또한 여러 가지 종교적인 준수사항을 익힌다. 특수한 방법에 따라 베다의 쉬운 부분들을 암송하는 방법을 배운다. 그러나 보다 어려운 텍스트에 대해서는 사제가 되기로 예정된 제자들에게만 학습이 요구된다.

우파나야나 성례를 통하여 만나게 되는 스승을 찾아갈 때는 제자가 손에 땔감을 들고 가는데, 이것은 그가 기꺼이 스승을 섬기겠다는 의미이며, 또한 특히 '신성한 불' 을 잘 돌보겠다는 의지의 표현이다. 제자의 입문을 허용하기 전에 그의 출신내력을 묻는 관습이 있었으나, 그것이 입문 여부를 결정하지는 않았다.[15] 성사성례 후에 아이는 부모의 집을 떠나서 스승의 집에 살게 되며, 그곳은 아이의 학교가 된다. 이와 같은 학교를 아슈라마(*āśrama*)라고 하며, 한정된 수의 학생들이 하나의 아슈라마에서 공부한다. 또한 이와 같은 교육체계를 구루쿨라(*guru-kula*, 스승의 집)라고 부른다.

제자(śisya)는 스승의 집에서 함께 기거하며 공부하는 것이 강조된다.[16] 제자는 스승을 섬기고 그의 명령에 절대 복종하며 신에 대한 공경의 마음으로 그를 대했다. 머리를 길게 기르고 간편한 옷을 입으며, 고행을 실천하며 스승의 지도하에 공부를 했다. 제자로서 일반적으로 요구되는 몇 가지 의무사항이 있다. ① 범행기의 학생이 스승을 위해 탁발을 하는 것은 일반적인 규범이었다.[17] 탁발을 한 것은 단지 스승의 끼니를 위한 것만은 아니었으며, 한편으로는 학생이 겸손한 마음을 지닐 수 있게 하는 방편으로 이해되기도 한다. ② 제자는 땔감을 마련하여 신성한 불이 꺼지지 않게 잘 돌보아야 한다.[18] 신성한 불을 돌보는 것은 '마음에 불을 밝히고 거룩한 원(願)을 지닌다' 는 의미를 지닌다. ③ 스승의 집과 가축을 돌보는 것도 제자의 중요한 의무 중 하나였다.[19] 범행기의 학생은 낮잠을 자지 않아야 한다는 규정도 있다.[20] 이와 같은 의무를 실천하면서, '스승을 위한 일이 끝나고 남는 시간에' 제자는 자신의 공부를 했다.[21] 외적인 의무의 실천을 통해, 제자는 진정한 지식을 얻기에 적합한 내적인 상태를 닦을 수 있다. 우파니샤드에서는 학생이 최고의 지식, 즉 브라흐만에 대한 지식을 배우기 전에 고요하고 산만하지 않은 마음(*santa*), 자기제어(*dānta*), 자기부정(*uparata*), 인내(*titikshu*), 침착함(*samāhita*)을 갖추어야 한다고 말한다. 최고의 지식을 얻는 과정은 일생을 통해 실현해야 하는 과제다. 이런 점에서 삶의 네 단계 중 첫 단계인 학생기는 단지 평생교육의 준비과정에 불과하다.[22]

제자는 스승을 자신의 아버지처럼 공경했다.[23] 하루의 공부를 시작할 때 낭송했던 '샨티(*śanti*) 찬트'[24]에서 보는 것처럼, 스승과 제자는 거룩한 가르침을 보전하고 스스로의 삶과 행위 속에서 그 자치를 드러내 보인다는 공동의 목적으로 하나가 되었다. 제자는 '서원을 한 자(*varta-chārin*)'로서 엄격한 규율에 따른 생활이 강조되었다. 이 규율은 특히 금욕(*brahmacharya*)의 맹세에 적용된다. 브라흐마차리(*brahmāchari*)라는 말이 곧 '독신자'라는 말과 동의어로 사용될 정도로 금욕은 학생기의 가장 중요한 덕목이었다. 금욕의 서원을 일깨우기 위한 특별한 성례가 행해진다. 이것은 케산타(*keśanta*)라고 불리는 성례이며, 처음으로 수염을 깎는 의례다. 이는 13～16세 사이에 아슈라마에서 이발사에 의하여 이루어진다. 남성성이 발현하는 표징인 수염을 짧게 깎음으로써 충동적인 성욕을 엄격하게 통제해야 함을 가르친다.[25)]

케샨타 성례 후에 제자는 스승에게 암소를 드리는 성례(*godāna*)를 한다. 스승에게 암소를 바치는 것은 아이의 공부가 끝났다는 것을 상징한다. 이 마지막 성례는 사마와르타나(*samāvartana*) 또는 '돌아감', 즉 구루의 집에서 본가로 돌아가는 것이며, 공식적인 공부가 끝나고 브라흐마차야(*brahmacharya*)가 끝났다는 것을 의미한다. 이제 제자는 집으로 돌아가도 좋다.[26] 그는 성례목욕(*snāna*)을 하며, 이로부터 그는 스나타카(*snātaka*)로 불린다. 왜냐하면 배움과 서원에 멱을 감은 자로 간주되기 때문이다. 그것은 또한 독신자로서, 그리고 스승과의 접촉을 통해 얻은 거룩함과 힘의 기운을 씻어내는 데 필수적인 목욕으로 간주되기도 한다. 스나타카, 즉 베다 공부를 마친 학생은 구루로부터 떠날 수 있다는 공식적인 허락을 얻고, 수업료를 지불하고, 구루의 발에 머리를 조아리는 예경을 드린

후에, 자신이 돌보던 거룩한 불에 땔감을 던져 넣는다. 그런 다음에 그는 머리에 기름을 붓는 의례를 한 후에 평소에 입던 간편한 옷을 벗고 훌륭한 겉옷을 입는다. 그리고 집으로 돌아간다. 가장이 되는 순간, 그는 우파쿠르바나(upakurvāṇa)로 불린다.

공부방법은 주로 아누바다(*anuvāda*), 즉 큰 소리를 내어 반복적으로 낭송하는 것이다. 처음에는 스승이 먼저 낭송한 후에 함께 낭송하는 방법이 주가 되며, 나중에는 혼자서 낭송한다. 이와 같은 반복의 근본체계는 아주 다양하다. 전통적으로 우파니샤드에서는 세 가지의 공부방법, 즉 ① 경전을 듣는 것(*śravana*), ② 텍스트의 내용을 곰곰이 생각하는 것(*mamama*),[27] ③ 배운 내용에 대한 지속적이고 깊은 명상(*nididhyāsana*)이 언급된다. 공부의 나중 단계들은 종종 상가(*sangha*, 會合)에서 행해지는 토론에 의하여 상세히 설명된다. 상가는 다양한 학파의 대변자들이 철학적 이슈들을 토론하기 위하여 모이는 지식층의 회합이다.

지식을 얻는 데 스승의 중요성은 거듭 강조된다.[28] 스승은 우리의 감관을 통하여 경험적으로 얻는 지식의 안개를 걷어 내는 데 필수적인 존재다.[29] 성사성례에 의하여 받아들인 아들 또는 제자 외에는 지식을 전수하는 것이 엄격히 금지되었다.[30] 스승은 최고의 도덕적 영적인 자격요건을 갖추어야 했다. "이 진리는 저급한 사람에 의해서는 파악될 수 없다."[31] 스승은 제자에게 전수해야 할 범아일여(梵我一如)의 합일을 실현하고, 이에 대한 확고한 신념을 지니고 있어야 한다. 만일 그렇지 않다면, 소경이 소경을 인도하는 것과 같다. 마음의 문제를 다루는 의사와 몸의 문제를 다루는 의사는 차이가 있다. 후자는 반드시 스스로의 체험을 전제로 하지 않는다. 예를 들어, 심장병 전문의는 반드시 심장병을 앓아 보지 않아도 훌륭한 의사가 될 수 있다. 그러나 후자의 경우에는 스승이 반드시 체험을 지니고 있어야 한다. 그렇지 않으면 그의 가르침은 단지 피상적인 것에 그칠 수밖에 없다. 이와 같이 스승은 자신의 체험에 바탕을 둔 지식을 제자에게 전수해야 하며, 또한 스승은 자신이 지닌 지식을 아무에게나 나누어 주어서는 안 된다.

자격 있는 사람에게 선별적으로 전수해야 하며, 만일 제자 중에 자신과 맞지 않는 제자가 있다면, 그에게 적합한 스승을 추천하여 보내는 것은 의무였다.

작은 거주공간으로서의 아슈라마가 고대 인도의 일반적인 교육기관이었다 할지라도, 그럼에도 불구하고 오직 아슈라마만이 지식이 얻어지는 원천은 아니었다. 대중적인 식자(識者)는 유행자(*charaka*)였다. 원래 젊은 바라문이 이곳저곳을 유행하면서 소정의 수업료를 받고 공부를 가르쳤다. 이들이 받는 수업료는 좀 더 공부하는 데 필요한 비용으로 충당되었다. 이와 같은 떠돌이 사상가들은 힌두교 사상의 발달에 큰 공헌을 했다. 왜냐하면 그들은 바라문적 신조의 견고한 정통학파에 신선한 기운을 불어넣은 개혁가들이었기 때문이다. 중세에 와서 고대의 교육제도에 다소 변화가 생기게 되고, 초등학교(*pāṭhaśāla*)와 산스크리트를 배우기 위한 기숙학교(*ṭol*)가 병행되었다. 이때부터 공교육의 개념이 도입된 것으로 볼 수 있다. 힌두교 사원에 부설된 수도원(*maṭha*) 또한 종교적인 공부의 중요한 역할을 했다.

가능한 것에 대한 포기

> 우리의 삶을 지금과는 다른 차원으로 끌어올리고, 고통의 삶에서 벗어나게 하는 것은 오직 의식의 본질적인 변화를 통해서다. 이성의 차원에서 이루어지는 교육은 단지 피상적인 처방에 불과하다.
> – 슈리 오로빈도 고슈 –

앞에서 말한 이상적인 삶의 네 단계를 통하여 이루어야 할 인생의 목적은 부(富, *artha*)의 축적, 욕망(*kāma*)의 실현, 의무(*dharma*)의 실천, 그리고 해탈(*mokṣa*)이다. 앞의 세 가지 목적은 궁극적으로 해탈을 위해 있다고 할 수 있지만, 종교적인 삶의 목적 가운데 하나로 부의 축적이나 욕망의 실현을 들고 있다는 것은 의미심장하다. 인간이 추구할 수 있는 가치 있는 행위는 몸 가진 존재로서의 욕망을 부정하지 않으며, 몸의 연장으로서 세간의 삶이 지니는 가치를 부정하지 않는다. 진정으로 세속의 잡다한 것을 버리고 자유인이 되기 위해서는 우선 물질적인 부의 기반을 마련해야 한다는 것이다. 힌두교인이라면 누구나 산야신이 되기를 원하지만, 그 이전에 우선 부를 축적하고 욕망을 실현하는 삶을 성공적으로 살아야 한다.

욕망에 대한 접근방식에서 볼 때, 힌두교는 불교와 정면으로 대비되는 점이 있다. 욕망을 극복의 대상으로 본다는 점에서는 동일하지만, 그 방식은 서로 다르다는 것이다. 불교의 경우에는 이른바 '소욕지족'을 통하여, 즉 가능하면 욕심을 덜 내고 욕망의 대상을 멀리함으로써 욕망에서 자유로워지는 방식을 택한다. 이에 비해 힌두교의 경우에는 '욕망은 오직 욕망 속에서 초월될 수 있다.'는 입장이다.[32] 예를 들어, 돈에 대한 욕망으로부터 자유로워지려면 우선 돈을 많이 벌어야 한다. 그러나 단지 돈을 많이 버는 것만으로 돈에 대한 욕망이 초월되지는 않는다. 정의롭게 번 돈을 일시에 포기할 때, 돈에 대한 욕망으로부터 자유로워질 수 있는 큰 에너지가 일어난다. 돈에 대한 욕망은 단지 돈을 멀리한다거나, 또는 단지 많이 버는 것만으로는 초월될 수 없는 것이다. 가능한 것을 포기할 때, 큰 에너지가 일어난다.[33]

힌두교가 제시하는 이상적인 삶의 네 단계는 바로 '욕망 속에서 욕망을 초월'하는 삶의 방식이다. 앞의 두 단계, 즉 학생기와 가주기가 열심히 쌓고 모으는 세간의 삶이라면, 뒤의 두 단계는 그것을 포기함으로써 시작되는 출가의 삶이다. 재가(在家)와 출가를 한 개인의 삶 속에서 일어나는 연속적인 관계로 보는 점에서도 불교와 차이가 있다. 불교의 경우에는 재가와 출가는 연속의 관계가 아니라 병행하는 관계다. 다시 말하여, 재가 우바새와 우바이는 출가 비구 비구니와 병행하는 관계일 뿐이며, 한 사람의 삶 속에서 일어난 연속적인 관계로 간주되지 않는다.

재가의 삶은 출가의 삶을 위해 있지만, 그럼에도 불구하고 재가의 삶은 무의미하지 않다. 오히려 재가의 삶을 통해 출가의 삶이 가능하며, 재가의 삶을 성공적으로 마친 사람만이 출가할 자격이 있다. 재가와 출가의 관계는 비행기의 이륙과정에 빗대어 설명할 수 있다. 재가의 삶이 비행기가 활주로를 미끄러져 가는 과정이라면, 출가의 삶은 비행기가 하늘을 나는 과정이다. 이륙은 포기다. 비행기가 활주로를 미끄러져 갈 때는 그것이 전부인 것처럼 미끄러져 가야 하지만, 그럼에도 불구하고 그것은 이륙과 비행을 위해 있다. 하늘을 날기 위해서는 우선 활주로 위를 미끄러져 가야 하며, 마침내 땅을 포기하는 순간에 하늘을 얻을 수 있다는 것이다. 이와 같이 재가의 삶은 철저하게 출가의 삶을 위해 있지만, 재가의 삶이 전제되지 않은 출가의 삶은 있을 수 없다는 것이 힌두교의 기본 입장이다.

오늘날 인도의 현실을 생각한다면 다소 역설적으로 들리겠지만, 힌두교 사상이 오늘 우리에게 전하는 메시지는 '포기의 철학'이다. 쌓아 올리는 것은 결국 버리기 위하여 있다는 것을 우리에게 분명히 보여 주고 있다. 가진 자만이 버릴 수 있다. 그러나 버리지 않는다면 가진 것은 무의미하다.[34]

'포기의 철학'은 현대문명의 근간인 합리주의와 양립할 수 없다. 누구든 합리적인 한 애써 가진 것을 버리기 쉽지 않다. 합리란 이성(理性)에 합치한다는 말이다. 그러면 이성이란 무엇인가? 그것은 서유럽 근세 이성주의가 규정하는 바, 인간에게 선천적으로 내재하는 계량적 추리능력을 추상적으로 총칭하는 말이다. 다시 말해, 그것은 수학문제를 푸는 인간의 능력을 말한다. 1+1=2라는 것을 가르쳐 줄 뿐이다. 그러나 1+1=0, 혹은 1+1=100이 될 수도 있다는 것을 알지 못하는 한 포기는 불가능하다.

지금까지 우리는 이성에 모든 것을 걸어 왔다. '인간은 이성적인 동물'이라는 명제에 감히 시비를 거는 사람은 없었다. 인간이 지니는 모든 기능 가운데 가장 중요하고 핵심적인 것이 바로 이성, 즉 수학문제를 풀고 기하학을 하는 기능이라는 것을 당연한 것으로 받아들여 왔다. 그래서 합리성을 추구하는 우리 사회에서는 지금도 중·고등학교 공부의 중심은 영어와 수학이다. 왜냐하면 영어 속에 이성적 인간과 사회에 관한 정보가 모두 들어 있고, 수학은 이성적 사고를 가르치고 습득하는 기초라고 믿기 때문이다.

흔히 이성은 유리처럼 투명하다고 말한다. 합리(合理)가 무비판적으로 수용된 것도 이 투명성에 대한 선호 때문이었다. 그러나 알다시피 투명한 것은 얕다. 밤이 낮보다 깊은 이유는 거기에 있다. 깊이는 어둠에 있다. 끝모를 창공이나 깊이 모를 물속은 푸르다 못해 검은 것도 같은 이유다. 오히려 우리의 삶에 깊이를 더하는 것은 투명한 이성이 아니다. 다른 무엇이다. 우리에게 중요한 사랑에 대하여, 죽음에 대하여, 혹은 종교에 대하여 이성이 우리에게 말할 수 있는 것은 아무것도 없다. 그럼에도 불구하고 우리는 지금까지 이성에 모든 것을 걸었으며, 합리적인 인간은 가진 것의 '포기'를 거부할 수밖에 없었다.

인식이라는 차원에서 볼 때, 이성은 인식의 주관과 객관의 구분이 가능한 영역에서만 작용할 수 있는 것이기 때문에, 다만 진리에 '대하여' 말할 수 있을 뿐이며, 진리 자체와의 합일을 가능하게 할 수 없는 한계를 지닌다. 오늘날의 철학이 상대주의라는 중병을 앓을 수밖에 없는 한계를 이미 그 도구인 이성 자체가 내포하고 있는 셈이다. 이성지상주의(理性至上主義)로 살아온 현대인의 삶은 얕고 가벼울 수밖에 없다. 모든 것을 물량화하고 이성의 잣대로 재는 한 타인을 도구삼아 나를 살찌우는 구시대의 문화를 되풀이하는 악순환에서 벗어날 수 없다.

'포기의 철학'은 인간의 무게중심이 머리가 아니라 가슴에 있다는 것을 가르친다. 인간의 가장 내밀한 본질은 지(知)가 아니라 정(情)이다. 그러나 이때의 정은 지를 배제하는 것이 아니라 종합 지양하는 차원이다. 인간의 무게중심이 머리가 아니라 가슴에 있을 때 우리는 비로소 포기의 의미를 알게 된다. 포기할 줄 아는 자의 지혜를 이해하게 되며, 오직 그때 너를 살림으로써 나도 사는 살림의 문화가 우리의 현실로 다가올 것이다.

우파니샤드의 인간 이해

> 어린아이들의 교육에 중요한 것은 모든 배움이 즐겁고 재미있다는 것을 알게 하는 것이다. 가까이에서부터 먼 곳에 이르기까지, 탐구되어야 할 놀라운 세계가 있으며, 각각의 새로운 발견은 이루 말할 수 없는 즐거움의 원천이라는 것을 알게 해야 한다. 이해의 문이 하나씩 열릴 때마다 숨 막히는 놀라움이 있다. '놀라움' 이라는 것은 '합리적' 이라는 것, 즉 법칙과 역할을 통하여 스스로를 나타내는 세계에 대한 합리적인 지각을 배제하지 않는다. 그러나 미래의 필요는 학문적인 합리성이 아니라 살아 있는 교육과정, 즉 아이들이 시시각각 삶의 예기치 않은 흐름에 놓여 있는 비밀을 파악할 수 있게 허락하는 것이다.
>
> - 크리슈나무르티 -

『타잇티리야 우파니샤드(*Taittirīya Upanisad*)』[35]에서는 다섯 겹의 동심원으로 인간을 분석하고 있다. 이에 따르면, 인간은 바깥으로부터 차츰 안으로 다섯 겹의 층으로 이루어져 있다. 가장 바깥에 있는 안나마야코샤(*annamayakośa)*, 음식으로 이루어진 층)는 물질적인 몸이며, 머리, 팔, 다리, 몸통 등과 같은 부위로 이루어져 있다. 이 층을 특히 '음식으로 이루어진 층' 이라고 한 것은 음식은 육체의 형성과 유지에 토대가 될 뿐만 아니라, 또한 그것은 마음에 직접적인 영향을 미친다고 보기 때문이다. 힌두교 사상에서는 '먹는 대로 생각한다' 는 사고방식이 현저하다. 첫 번째 층이 육체(physical body)라면, 프라나마야코샤(*prāṇamayakośa*, 生氣로 이루어진 층)라고 불리는 두 번째 층은 생물학적인(biological) 몸이다. 『타잇티리야 우파니샤드』에 따르면, 호흡 또는 생기는 살아있는 존재의 생명이며, 프라나마야코샤는 안나마야코샤의 소멸 후에도 여전히 존속한다. 전자는 후자보다 더욱 미세한 요소로 이루어진 층이다. 차르와카(Carvakas) 같은 유물론자들은 프라나마야코샤를 인정하지 않으며, 따라서 이들의 윤리는 다만 감각적 욕망의 충족과 관련된다. 바깥으로부터 세 번째 층은 마노마야코샤(*manomayakośa*,

의근意根으로 이루어진 층)다. 동물은 마노마야코샤를 지니기 때문에 식물이나 무생물보다 고차적인 존재일 수 있다. 네 번째 층은 식(識) 또는 지성(intellect)으로 이루어진 비갸나마야코샤(*vijnāñamayakośa*)며, 오직 인간에게만 있는 층이다. 비갸나마야코샤는 그 바깥에 있는 음식으로 이루어진 층, 생기로 이루어진 층, 의근으로 이루어진 층보다 미세한 요소로 구성되며, 이들을 주관하는 입장에 있다. 지성은 영적(spiritual) 자아와 가장 가까운 곳에 있기 때문에, 그것의 발달은 영적 자아의 실현과 관련될 수 있다. 그러나 비갸나마야코샤조차도 인간의 가장 내밀한 층이 아니다. 가장 안에 있는 다섯 번째 층은 아난다마야코샤(*ānanda-mayakośa*, 환희歡喜로 이루어진 층)며, 인간 존재의 최고 차원이다.

이와 같이 환희를 인간의 가장 내밀한 층으로 보는 것은 힌두교 인간 이해의 중요한 특징이며,[36] 아이들의 교육과 관련하여 특별한 의미를 지닌다. 우선, '재미있다' 는 것의 의미를 살펴보자. 흔히 재미있는 것은 가벼운 것, 얕은 것으로 간주된다. 재미는 내면의 깊이와 반비례한다는 것이다. 그러나 위의 인간 분석으로 보면 재미는 인간의 가장 내밀한 곳을 구성하는, 깊고 깊은 것이다. 이 점은 우리가 재미를 느끼는 과정을 생각해 보면 쉽게 알 수 있다. 재미있다는 것은 마음에 든다는 것이며, 마음에 든다는 것은 동질감을 느낀다는 것이다. 동질감을 느낄 때 주관과 대상 사이에 공감이 일어나며, 공감이 일어날 때 기쁨이 있고 재미도 있다. 좋다는 것, 또는 아름답다는 것도 이런 의미다. 재미있다는 말과 아름답다는 말은 같은 말이다. 어떤 시를 듣고 '기가 막힌다' 는 생각이 들 때, 그것은 그 시가 내가 하고 싶은 말을 대신하고 있다고 느끼기 때문이다. 재미있다는 것은 나의 본질 깊은 곳을 두드리는 무엇인가가 있다는 것을 의미한다.

오장설(五藏說)의 입장에서 보면, 재미있는 것만이 나의 깊숙한 내면까지 가서 닿을 수 있는 가능성이 있다. 아무리 좋은 내용이라도 제미가 없으면 나의 내면 깊숙한 곳에 닿을 수 없다. 따라서 아이들의 교육에서 첫 번째로 고려해야 할 내용이 바로 재미가 있어야 한다는 것이다. 재미있어야 깊이를 얻을 수 있다. 재미있는 것만이 나의 내면 깊은 곳까지 전달될 수 있기 때문이다. 우선은 재미있어야 한다. 그래야 그 다음이 보인다. 재미있을 것 같은 호기심이 발동하지 않는 한 배움은 더 이상 진전될 수 없으며, 마침내는 무덤덤하고 무의미한 것으로 전락하게 된다. 물론 호기심은 그냥 생기는 게 아니다. 마음을 끄는 그 무엇이 있고, 또한 손에 잡힐 듯한 가능성을 풍겨야 호기심이 발동한다. 마음을 끈다는 자체가 이미 가능성을 전제로 한다고 봐야 한다.[37]

재미있는 것은 깊고, 깊기 때문에 위험하다. 다시 말하여, 재미없는 것은 사람을 바꾸어 놓아도 아주 얕은 차원에서만 바꾸어 놓을 수 있기 때문에 상대적으로 덜 위험하지만, 재미있는 것은 사람을 본질적으로 바꾸어 놓을 수 있기 때문에 위험하며 때로는 치명적이다. 합리적인 이성이 닿을 수 있는 마노마야코샤와 비갸나마야코샤 차원에서의 변화는 아난다마야코샤와 관련된 변화와 비교가 되지 않는다. 전자에 비하여 후자는 강력하고 심원하다. 재미있는 것이 금지되고 터부시되는 것은 바로 이런 이유 때문이다. 집에서 재미로 하는 컴퓨터게임은 아이의 내면 깊숙한 곳까지 영향을 미칠 수 있기 때문에 학교에서 억지로 하는 공부보다 훨씬 위험할 수 있다. 이것은 컴퓨터게임이나 학교공부의 좋고 나쁨에 대한 문제가 아니다. 재미있는 것일수록 더욱 위험하기 때문에 항상 세심한 주의가 필요하다는 것이다.

이제 '위험하다' 는 것에 대하여 생각해 보자. '위험하다' 는 것은 '귀중하다' 는 것을 의미한다. 나에게 귀중하지 않은 사람은 절대로 나에게 치명적일 수 없다. 예를 들어, 나와 전혀 무관한 아프리카 짐바브웨의 어떤 사람이 나에게 치명상을 줄 수 있는 가능성은 거의 없다. 그러나 나와 가장 가깝고 귀중한 사람은 오히려 나에게 치명상을 입힐 가능성이 높다. 나의 아내, 나의 자식, 나의 제자가 나를 욕하고 비판한다면 나는 바로 치명상을 입겠지만, 짐바브웨에 있는 어떤 사람의 비난은 나에게 그다지 큰 상처를 안길 수 없다.

귀중하기 때문에 위험하다. 따라서 위험하다고 하여 무조건 피하고 터부시하는 것은 능사가 아니다. 만일 그렇게 한다면 안전할 수는 있겠지만 귀중한 것을 잃어버릴 수 있기 때문이다. 꽃은 위험하다. 사소한 바람에도 제 몸이 찢길 수 있으며, 운수 사납게 모진 바람이라도 만나면 목을 꺾고 땅바닥에 떨어질 수도 있는 것이 꽃이다. 씨앗은 꽃보다 안전하다. 단단한 껍질 속에 있는 한 씨앗은 안전하다. 그러나 아름다운 꽃을 원한다면, 위험하지만 싹을 내야 한다.

현대사회에서 대개 술은 터부시되는 경향이 있다. 위험천만이라고 생각하기 때문이다. 특히 종교적인 영역에서 그렇다. 불교는 애초부터 5계(戒) 가운데 불음주(不飮酒)계를 포함시켜 수행자들의 음주를 엄격히 금지했으며, 그리스도교에서도 술을 멀리하기는 마찬가지다. 음주는 재미있기 때문에 위험하며, 위험하기 때문에 터부시된다. 오늘날 힌두교에서도 음주에 대한 시각은 이와 별반 다르지 않지만, 원래부터 그렇지는 않았던 것으로 볼 수 있다. 베다 시대만 해도 소마(soma)라는 신주(神酒)는 종교의례에서 신에게 바쳐지고, 제관이나 시주(施主)들도 함께 나누어 마셨다.[38] 모든 신들이 즐겼으며, 신들조차도 소마를 마셔야 불멸을 얻을 수 있다고 믿었다. 술은 신들과 인간에게 불멸을 가져다주는 중요한 매개물, 즉 더할 나위 없이 귀중한 것으로 여겨졌다. 오늘날과는 달리 고대 힌두교에서 술은 지극히 성스러운 영역에 속한 음료였다.

대개의 종교전통에서 터부시되는 성(性) 또한 힌두교에서는 원래 지극히 거룩한 영역에 속한 매우 귀중한 종교적 삶의 핵심이었다. 섹스를 속(俗)의 영역이 아니라 성(聖)의 영역에 두려는 경향이 강했다. 섹스는 추하고 감추어져야 하는 것이라기보다는 거룩함을 실현하는 방편으로 간주하는 경향이 있다. 그래서 섹스는 늘 종교의 영역에 있었다. 인도에서 섹스가 가장 자유롭게 표현되는 곳은 사원이다. 사원의 은밀한 곳이 아니라 누구나 쉽게 볼 수 있는 외벽에 남녀의 섹스 장면이 적나라하게 조각되어 있는 것을 흔히 볼 수 있다. 사원은 신과 인간이 만나는 곳, 차안과 피안이 만나는 곳이다. 이 성스런 곳에 에로틱한 여인상과 남녀의 교합이 이토록 대담하게 묘사되어 있는 것은 성이 그만큼 종교적인 삶에서 중요한 의미를 지니고 있었기 때문이다. 남녀의 성적인 결합은 우주적 여성 원리와의 합일을 의미한다. 합일은 완성이다. 남성, 여성은 절대자 속에 존재하는 이원성을 상징한다. 성적인 결합을 통하여 차별이 해소되고 대우주와 소우주 사이에 조화가 이루어진다. 신과 인간의 합일에서 오는 환희는 남녀의 섹스에서 구체성을 띤다. 따라서 남녀의 성교는 단순한 육체적 결합의 차원을 넘어, 거룩한 존재와의 합일이라는 거룩한 제사로 받아들여진다. 남녀의 성교는 대우주의 생식을 상징한다. 세계 창조의 과정은 남신과 여신의 결합으로 나타나며, 이것은 다시 남성과 여성의 성교로 받아들여진다.

이와 같이 고대 힌두교에서 술이나 성은 지극히 성스럽고 중요한 종교적인 삶의 일부였지만, 차츰 전달수단에 불과한 상징이 곡해되면서 오히려 힌두교도들에게 성적인 문란이라는 치명상을 안겨 주었다. 귀중한 만큼 위험했으며, 위험한 만큼 치명상을 안길 가능성이 있었던 셈이다.[39] 아주 가깝던 사람이 원수가 되기 쉽고, 일단 원수가 되면 원래부터 모르던 사람보다 더 소원한 관계가 되는 것처럼, 힌두교에서는 원래 술이나 성이 아주 가깝고 귀중한 것이었지만, 지금은 원수가 되어서 오늘날 힌두교 사회만큼 술과 성이 터부시되는 종교전통은 드물다. 재미있는 것은 귀중하며, 귀중한 것은 언제나 치명적이라는 것을 다시 한 번 일깨워 주는 대목이다. 그럼에도 불구하고 또한 "위험이 있는 곳엔 구원도 따라 자란다."라는 사실을 간과해서도 안 될 것이다.

생명존중사상과 동식물에 대한 친근감

모든 생명에 대한 경외와 존중은 힌두교 문헌들에 현저하게 나타난다. 인도사상에서 인격신 이슈와라(*Isvara*)는 인간의 생사에 대하여 전권을 휘두르는 존재가 아니며, 인간 또한 자연을 지배하거나 그 위에 군림하는 입장이 아니다. 힌두교 전통에서 인간이 다른 모든 존재에 대하여 특별한 위상을 지니지 않는다는 것은 이들의 유기체적 우주론에서 쉽게 발견된다. 브라흐만(Brahman)은 전체 세계의 동력인(動力因, *nimitta-karana*)인 동시에 질료인(質料因, *upadana-karana*)이며, 세계 전개의 과정은 전변(轉變, *parinama*)으로 설명된다. 마치 거미가 제 몸에서 실을 뽑아 집을 짓는 것처럼, 브라흐만의 자기전개의 결과가 곧 세계라는 것이다. 세계는 원인상태의 브라흐만이 결과상태의 브라흐만으로 전변한 것이며, 이런 의미에서 원인으로서의 브라흐만과 결과로서의 세계는 둘이 아니다.[40] 브라흐만과 세계는 존재론적으로 연속하며, 이런 의미에서 인간과 세계의 모든 존재는 동일하게 브라흐만의 존재론적 연속체다. 따라서 브라흐만이 신성한 것처럼 인간과 세계도 신성하다.

이슈와라가 창조한 모든 존재가 신성하다는 것은 세계 내의 어떤 한 존재, 예를 들어 인간이 그 외의 다른 어떤 존재에 대하여 타당한 이유 없이 손상을 가하지 말아야 한다는 것을 의미한다. 힌두교 사상은 인간에게 만물에 대한 주관권을 부여하지 않을 뿐만 아니라, 오히려 다른 모든 존재에 대한 보다 차원 높은 책임을 부여한다. 땅 위의 모든 생명이 신성하다는 관념은 힌두교 사상 밑바닥에 깔린 근본 전제다.

힌두교인들의 생명존중사상은 구체적으로 동식물에 대한 친근감으로 나타난다. 일상생활을 보면 힌두교인들이 동식물에 대한 친근감이 남다르다는 것은 금방 알 수 있다. 비단 소뿐만이 아니다. 다른 모든 동식물에 대해서도 지극한 애정을 보인다. 어떤 경우에는 사람보다 오히려 동물이 우선이 아닌가 하는 의구심이 들 때도 많다. 한 끼 식사로 '짜빠티' 한 장을 먹지 못하는 길거리의 사람들이 숱하게 많지만, 그 옆에서 지나가는 소들에게 짜빠티를 갈라 주고 있는 사람도 있다. 교수나 학생들이 점심 도시락을 풀면 먼저 음식의 일부를 갈라서 창틀에 놓아둔다. 까마귀나 다른 새들에 대한 배려다. 학교 강의실 뒷자리 책상 위에는 열어둔 창문으로 까마귀들이 날아 들어와 함께 강의를 듣는 모습도 흔히 볼 수 있다. 이런 장면은 사람들이 동물에 대하여 남다른 친근감을 지니지 않는 한 있을 수 없다. 눈에 보이지 않는 것이 마음이지만, 동물들은 민감하게 반응한다. 까마귀나 다른 동물에 대해 살심을 품고 있는 사람들이 강의실에 있다면, 까마귀는 설사 먹이로 유인한다 해도 들어오지 않을 것이다. 『요가 수트라(*Yoga-sūtra*)』에서 불살생을 실천하는 요가행자에게는 다른 생명체들이 살심을 품지 않는다고 한 것도 같은 맥락에서 이해할 수 있을 것이다.

사실 힌두교인들의 사유방식 가운데 가장 특징적인 측면 중 하나는 자연에 대한 존중과 배려라고 말할 수 있다. 이러한 사유방식은 땅 위의 동식물뿐만 아니라, 땅속이나 물속의 생명체들에 대해서도 마찬가지로 적용된다. 이와 같이 힌두교인들의 생각이나 생활 속에 인간과 다른 모든 존재들과의 친근한 관계가 현저한 것은, 이들의 마음속 깊이 뿌리내린 '모든 존재의 유기적 통일'에 대한 믿음과 관련된다. 이들의 오랜 믿음에 의하면, 모든 존재는 지고한 자에 의하여 창조되어, 지고한 자로부터 왔으며, 마침내 그 지고한 자로 돌아간다.[41]

힌두교인들의 마음속에 현저한 인간과 동물의 친근감은 종종 동물숭배의 형태로 나타나기도 했다. 이미 인더스 계곡의 도시문명에서도 어떤 형태의 동물숭배가 사람들 사이에 널리 성행했다. 이것은 힌두교인들의 세계 내의 모든 존재들이란 궁극적 실재가 다자(多者)로 현현한 것이라는 믿음에 기인한다. 고대로부터 소 숭배가 인도 종교전통에서 신성한 의무로 간주되어 왔다는 것은 널리 알려진 사실이다. "베다와 암소와 신을 존중하는 자, 오직 그만이 힌두교도라고 불릴 수 있다."

힌두교인들은 동물과 식물의 생명을 존중했을 뿐만 아니라, 산이나 들과 같은 무생물에 대해서도 똑같은 입장이었으며, 특히 대지에 대해서는 특별한 애정을 보였다. 이러한 인식은 우파니샤드에 잘 나타나 있다.[42] 힌두교도들이 특히 대지를 신성한 것으로 여기고 존중한 것은, 그것을 아기를 잉태하는 어머니와 같은 것으로 여겼기 때문이다. "대지는 우리의 어머니요, 우리는 그것의 자녀들이다."[43] 이러한 자세는 대지가 특히 숭배되는 『아타르와-베다』에서 더욱 구체화된다.[44] 여기서 대지는 물, 곡식 등 인간의 생존에 필요한 모든 것을 부여하는 자로 간주된다.[45] 또한 마치 자녀들이 어머니로부터 고유한 품성을 부여받는 것과 마찬가지로, 인간은 대지로부터 여러 가지 속성들을 받는다는 믿음도 보인다.[46] 베다의 성자들에 따르면, 대지는 어떤 개인이나 공동체, 또는 어떤 종족에 속하는 것이 아니라, 온갖 다양한 언어를 사용하는 모든 종족들에게 속한다.[47] 대지가 단지 인간에 의해서만 사용되는 것이 아니라, 다른 생명체들에 의해서도 사용된다는 견해는 우파니샤드의 여러 곳에서 발견된다.[48] 대지는 모든 존재에 대하여 어머니 같은 입장을 지닌다.

힌두교에서 종교적 의무로 육식이 금지되고, 전통 또한 생태계에 대한 불교와 힌두교의 입장을 잘 보여 주는 전형적인 예라 할 수 있다. 『마누법전』에 따르면, 육식은 수백 년 동안 말(馬)희생제를 지낸다 해도 씻을 수 없는 죄다. 따라서 힌두교인들은 설사 굶는다 해도 동물의 고기를 먹겠다는 마음을 품지 않는다. 육식금지 전통은 불교와 힌두교가 공유했던 윤회사상에 기인하는 점도 있다. 만일 길거리의 소나 돼지가 전생에 나의 아버지나 어머니였을 수도 있다고 생각한다면, 어떻게 그 소나 돼지를 함부로 대할 수 있으며, 하물며 '먹겠다는 흑심'을 품을 수 있겠는가?

다섯 감관의 균형과 마음의 평화

마음이 자유로우려면 우선 신발을 벗어라. -인도 격언-

힌두교인들은 사원에서 신에게 예배할 때, 멀리서 신상을 향하여 합장하는 것으로는 성이 차지 않는다. 우선 손으로 만지고 그와의 확실한 실제적인 관계를 확인하는 것이 중요하다. 신과 인간의 교감은 단지 눈을 감고 마음으로 하는 것이 아니라 접촉이 필수적이다. 우리의 사고방식으로는 신상을 손으로 만지는 것은 불경스러운 행동이며, 따라서 금지되는 것이 보통이지만, 힌두교인들은 우선 신상에 손이 닿고, 그 손을 다시 자신의 이마에 대는 접촉을 강조한다. 신과 사람의 관계를 손으로 만져서 확인하는 셈이다.

이와 같이 사람과 신의 관계는 아주 친밀하며, 직접적인 접촉을 통해 확인되지만, 이에 반해, 사람과 사람 간의 피부접촉에 대해서는 전혀 다르다. 사람과 사람 사이의 피부접촉에 대해서는 그야말로 촉각을 곤두세운다. 가장 천한 계층의 사람들을 불가촉천민이라고 표현하는 것도 이런 사고방식의 단적인 예다. 서로 접촉해서는 안 될 인간이라는 말로 가장 천한 계급을 나타낸다. 얼마 전까지만 해도 불가촉천민이 거리를 지나갈 때는 큰 소리로 외치며 지나가야 하는 관습이 있었다. 다른 사람들이 미리 피하여 그와 신체적인 접촉이 일어나는 것을 방지하기 위해서였다.

이들이 피부접촉에 촉각을 곤두세우는 이유는 신체적인 접촉은 우리의 마음에 깊은 영향을 준다고 보기 때문이다. 예를 들어, 불결한 것, 혹은 불길한 것을 만져야 하는 직업을 가진 사람과 몸이 닿는다는 것은 곧 몸이 더러워질 뿐 아니라 영혼 또한 오염된다고 본다. 몸이 닿으면 마음도 닿는다는 것이다. 영혼의 오염이 신체적인 접촉을 통해 일어날 수 있는 것과 마찬가지로, 역으로 영혼의 정화 또한 신체적인 정화를 통해 가능하다고 본다. 갠지스 강에 사람들이 몰려드는 것은 바로 이런 사고방식과 무관하지 않다.

생각해 보면, 우리의 오관 가운데 촉각은 좀 특별하다. 시각이나 청각 혹은 후각과는 분명히 다른 점이 있다. 촉각은 시각과 가장 대비되는 특징을 지닌다. 우리의 오관 가운데 시각은 가장 빠른 시간 안에 가장 많은 정보를 획득할 수 있게 하는 감관이다. 이에 비하여 촉각은 가장 느리고 굼뜨다. 외계 대상을 촉각으로 아는 것은 적어도 피부가 닿아야 가능하지만, 시각은 그렇지 않다. 시력에 문제가 없다면 이삼백 미터 바깥에 있는 사물도 인식할 수 있다. 이와 같이 촉각은 다른 감관에 비하여 느리고 굼뜨지만, 그럼에도 불구하고 촉각은 지속력이 가장 길다는 중요한 특징을 지닌다. 이 점에서도 촉각은 시각과 가장 큰 대조를 이룬다. 시각은 오관 가운데 지속력이 가장 짧다. 눈으로 보아 인식한 것은 그 잠재인상이 금방 사라진다는 것이다. 우리의 오관 가운데 지속력이 가장 긴 것은 촉각이다. 손으로든 몸으로든 피부로 닿은 것은 마음속에 오래 간다. 두고두고 잊혀지지 않는다. 눈으로 보는 게 아니라 몸으로 닿는다는 것의 의미는 바로 이런 것이다.

이런 점에서 오관 가운데 촉각은 마음에 드는 외계 대상과의 관계를 가장 구체적으로 오랫동안 지속시키는 수단이라 할 수 있다. 피부가 닿는 것보다 더 확실한 것은 없다. 따라서 관계를 맺어야 할 대상은 멀찌감치 서서 바라보기만 하는 것이 아니라, 피부로 직접 닿아서 확실한 끈으로 연결하고, 피해야 된다고 생각되는 것에 대해서는 어떤 경우에도 피부가 닿아서는 안 된다는 것이다. 몸이 닿아도 마음만 닿지 않으면 그만이라는 생각은 통하지 않는다. 몸이 닿으면 마음도 닿으며, 마음은 몸을 따라 가게 마련이라는 것이 힌두교인들의 생각이다.

힌두교인들의 삶 속에는 아직도 원초적인 피부접촉이 많이 남아 있다. 지금은 많이 변하고 있지만, 여전히 식사는 손으로 하는 것이 일반적이다. 문명인이 보기에는 도무지 불결하고 비위생적인 것으로 보일 것이다. 그러나 이들의 생각은 다르다. 손으로 식사하는 것이 수저를 사용하는 것보다 훨씬 위생적이라고 본다. 이들은 손으로 식사를 하면서 손끝에 와 닿는 음식물의 감촉을 즐긴다. 눈에 와 닿는 시각과 코에 들어오는 후각과 혀끝에서 느끼는 미각에 그치는 것이 아니라 손끝에 와 닿는 촉각을 즐기는 것이다. 마치 어린아이들이 찰흙을 만지면서 놀듯이, 손끝에 와 닿는 여러 가지 음식의 제각기 다른 온도와 감촉을 즐기면서 식사한다. 손으로 식사를 하면 음식에 대한 친밀감이랄까, 수저로 식사를 할 때와는 다른 어떤 느낌이 분명히 있다. 편안함이 있다. 수저로 식사할 때는 음식이 혀에 닿기 전에는 그것이 더운지 찬지, 혹은 거친 것인지 매끄러운 것인지 단지 시각을 통하여 추상할 수 있을 뿐이다. 이에 비하여 손으로 식사하는 경우에는 우선 음식물이 손끝에 와 닿는 촉감을 통해 모든 것이 확인된 다음에 입으로 들어간다. 오른손으로 식사를 하는 한편, 왼손으로는 똥을 눈 후에 밑을 닦는다. 입으로 들어가는 음식을 손으로 만질 뿐만 아니라, 항문으로 나오는 똥을 손으로 만진다. 아직도 시골에서는 대개 맨발이다. 심지어는 학교에 오는 학생들도 맨발이고, 교수도 맨발로 강의실에 온다. 맨발로 흙길을 걸으면 홀가분함, 편안함이 있다. 맨발은 해방감을 준다.

이른바 문명화 과정이라는 것은 따지고 보면 피부로 닿는 직접적인 체험을 차단하는 과정이었다. 옷이라는 것이 그렇고 신발이라는 것이 그렇다. 집이라는 것도 마찬가지다. 문명인의 기준은 얼마만큼 적나라한 인간의 몸을 외부환경으로부터 차단하고 감싸는가 하는 데 있다. 나뭇가지를 얼기설기 엮어서 만든 움집에 사는 사람들보다는 단단한 시멘트 콘크리트 벽으로 둘러싸인 아파트에 사는 사람들이 보다 문명화된 사람들이며, 중요한 부분만 나뭇잎으로 가리고 사는 사람들보다는 전신을 옷으로 가리고 사는 사람들이 문명인이다. 가능한 한 외부환경과 피부가 직접 닿는 것을 피한다.

고작해야 피부접촉은 입고 있는 옷에 닿는 것, 양말이나 신발에 닿는 것이 전부다. 손을 제외한 다른 부분이 외부대상에 닿는 것은 거의 불가능하다. 손에 닿는 것도 한쪽에만 집중되어 있다. 오늘날 우리는 매끈한 것만 만지고 산다. 옷감이 그렇고 가전제품이 그렇고 우리 주변에 만져지는 것은 온통 매끈한 것뿐이다. 거칠고 성긴 것은 없다. 터실터실한 나무껍질의 질감은 잊어버린 지 오래다. 덩달아서 사람도 매끈해지려고 기를 쓴다. 가능하면 매끈해지려고 하는 것은 여자든 남자든 마찬가지다.

우리의 눈은 이런저런 여러 가지를 본다. 입도 마찬가지다. 미식가들은 이집저집 골라 다니면서 맛있는 음식을 찾아 먹는다. 귀도 자유롭게 이런저런 소리를 듣는다. 집안에서 음악을 듣다가도 싫증 나면, 차를 몰아 조금만 나가면 새소리도 들을 수 있고, 바람에 낙엽이 서걱거리는 소리도 들을 수 있다. 코도 그런대로 자유롭다. '재래식' 변소가 아니라서 이제는 도시 사람들이 똥냄새를 맞기 어려워지긴 했지만, 이런저런 냄새를 맡으며 산다.

이에 비하여 우리의 오관 가운데 유독 피부만 옷 속에 갇혀 있고, 신발 속에 갇혀 있다. 뿐만 아니라 피부에 직접 닿는 옷감이라는 것은 매끈하고 부드러운 것 일색이다. 눈이 한 가지 색깔만 보고 살 수 없는 것처럼, 피부도 한 가지 감촉만으로 살 수 없는 것이다. 입이 매일 한 가지 음식만으로 만족할 수 없는 것과 마찬가지로, 피부도 매일 한 가지 감촉만으로 만족할 수 없다. 촉각이 지나치게 억눌리고 있다는 것이 분명하다. 피부를 통한 촉각에도 보고 듣고 맛보고 냄새 맡는 것에 걸맞는 정도의 다양한 대상이 필요하다. 예나 지금이나 눈은 여전히 열려 있고 귀와 코와 입은 여전히 뚫려 있는데, 유독 피부만 갇혀 있는 것이다.

피부접촉이 차단된 현대인은 눈으로 보는 것에 목을 맨다. 철저하게 볼거리에 집착한다. 현대문화는 몸으로 닿아 체험하는 문화라기보다는 보는 문화다. 그러나 접촉은 인간에게 최종적인 확인이다. 보는 것에는 한계가 있다. 보는 것이 피부로 닿는 것을 대신할 수는 없다. 따라서 어떤 형태로든 접촉을 갈구하는 것이 사람이며, 눈으로 보는 대상들과의 직접적인 접촉을 잃어버린 현대인은 불안할 수밖에 없다. 우리가 의식하든 의식하지 않던 촉각의 억눌림에서 오는 불안은 대단하다. 경험세계에서 우리에게 주어진 오관 가운데 가장 확실한 접촉이 거세되고 있기 때문이다. 불안하면 흉포해지는 게 사람이다.

오늘날 힌두교인들이 가난하지만 그래도 아직은 순박하고 덜 흉포한 것은, 이들의 삶 속에는 외계의 대상을 접하는 우리의 오관에서 나름대로의 균형을 유지하고 있는 것과 무관하지 않을 것이다. 특히 여러 형태의 원초적인 피부접촉이 그대로 남아 있다는 점이 중요하다.

맺는 말

학창시절은 즐겁고 아름다운 것으로 남아야 한다. 그런데 오늘 우리의 현실은 어떠한가? 교실은 전쟁터이며, 학우는 이미 친구가 아니다. 경쟁 위주의 교육이 지속되는 한, 점수를 매겨 아이들을 비교하는 한, 아이들의 마음속에는 언제나 두려움이 도사리고 있다. 따라서 무조건적인 권위의 수용이 있게 마련이며, 기존의 가치체계에 대한 무기력한 길들여짐이 있을 뿐이다. 아이들은 자유로워야 한다. 아이들이 경쟁적이지 않을 때, 두려워하지 않을 때, 학교는 새로운 의미로 다가올 것이다.

-크리슈나무르티-

지금까지 힌두교의 전통적인 교육방식, 그리고 힌두교인들의 삶 속에서 강조되는 '가능한 것에 대한 포기', 재미가 있어야 인간 내면의 깊은 곳까지 닿을 수 있다는 우파니샤드의 인간 이해, 생명존중사상과 동식물에 대한 친근감, 그리고 비교적 촉각이 억눌려 있지 않은 힌두교인들의 삶과 마음의 평화가 지니는 관계를 살펴보았다. 힌두교의 전통적인 교육제도가 오늘 우리에게 주는 의미는 교육체계 그 자체보다 그 과정에서 두드러지는 종교성과 영성이라고 해야 할 것이다.

힌두교의 사고방식으로 본다면 삶은 익숙함과 처음, 만남과 이별, 일상과 일탈을 두 극으로 하는 타원형이다. 한 극에서 다른 한 극으로 이동하는 것이 삶이 그 의미를 계속 유지하는 비결이다. 한 극에 머물러 있는 한 가슴 떨리는 삶은 없다. 이별 없는 익숙함은 무덤덤하다. 이별은 익숙함으로부터의 일탈이며, 자유는 일탈에 있다. 이 점은 힌두교에서 재가의 삶과 출가의 삶을 한 개인의 삶에서 일어나는 연속적인 관계로 본다는 점에서 두드러지게 나타난다. 익숙해지기 위해 노력하는 것은 결국 익숙해진 것들과의 이별을 통해 또 다른 차원의 처음을 맞이하기 위한 것이다. 가능한 것에 대한 포기는 익숙한 것들과 이별하는 방식이다. 성공적인 재가의 삶이 전제되지 않는 한 출가의 삶이 큰 의미를 지니지 못하는 것처럼, 가능하지 않은 것에 대한 포기는 다만 무기력한 자의 공허한 말장난에 불과하다. 포기가 의미 있으려면, 의미 있는 이별과 익숙한 처음을 잇는 다리가 될 수 있으려면, 그것은 반드시 가능한 것에 대한 포기여야 한다.

인간의 가장 내밀한 본질인 '재미'는 처음이라는 생각과 관련이 있다. 처음이라는 생각이 들 때 재미가 있다. 처음은 새로운 것과의 만남이기 이전에 익숙한 것과의 이별이다. 익숙한 것과의 이별을 두려워하는 한 가슴 떨리는 처음은 없다. 첫 경험이 재미있고 의미 있는 것은, 그것이 우리 인간의 본질을 향한 내면으로의 침잠이기 때문이다. 우파니샤드의 인간 이해에서 본 것처럼, 인간은 본질적으로 재미를 추구하게 되어 있다. 사람이라면 누구나 자아실현의 욕구를 지니고 있기 때문이다.

생각해 보면, 오늘날 우리 교육의 초점은 익숙해지는 법을 배우는 데 있다. 이

점에 대해서는 유치원이나 대학이 마찬가지다. 낯선 환경, 낯선 사람, 낯선 이론에 적응하여 익숙해지기를 바라는 것은 학생과 학부모와 교사 모두의 관심사라 해도 과언이 아니다. 익숙해지자는 것은 살아남자는 몸부림이다. 살아남기 위해서는 적응해야 한다. 그러나 익숙해지는 가운데 '처음' 을 상실한다면, '익숙함' 은 무의미하다. 생명 없는 익숙함이다. 아이들의 교육이 단지 익숙함에 머무는 한 그것은 '길들이는 것' , 또는 '길들여지는 것' 일 뿐이며, 살아 있는 교육은 아니다.

익숙해지자는 노력이 자연 환경으로 향할 때, 그것은 '개발' 이라는 이름의 '정복' 으로 나타나기 쉽다. 강을 막고 산을 뚫는다. 남을 죽여 나를 살찌우자는 것처럼, 자연을 개발하여 익숙한 대상으로 소유하려는 것은 인간의 지나친 이기심이다. 낯선 대상과의 투쟁을 통하여 서로 익숙해지려는 노력은 필요하다. 그러나 이때 낯선 것들 간의 투쟁은 승리를 위한 투쟁이 아니라 이해의 지평을 맞추려는 투쟁이어야 한다. 그래야 '너를 살림으로써 나도 사는' 문화를 기대할 수 있다. 승자가 있는 투쟁은 '너를 죽임으로써 나를 살찌우는' 문화의 산물이다.

모든 생명의 유기적인 통일과 평등을 강조하는 힌두교는 인간에게 어떤 특별한 지위를 인정하지 않는다. 다만 의식의 진화라는 차원에서 보면, 인간의 만물 가운데 어른이라 할 만하다. 또한 아버지나 어머니가 가정의 중심이라는 의미에서 만물의 중심이라 할 만하다. 그러나 여기서 중심이라는 의미는 생각해 볼 필요가 있다. 아버지와 어머니가 그런 것처럼, 인간이 만물의 중심이라는 것은 가장 많이 포기하는 존재라는 의미다. 동물에 대하여, 식물에 대하여 가장 많이 포기하여야 하는 존재가 인간이라는 것이다. 물론, 이 경우에도 포기는 '가능한 것에 대한 포기' 다. 가능하지만 포기할 때 오히려 아름답다. 수학적 좌표로 본다 해도 중심은 희생의 자리, 죽음의 자리임에 틀림없다. 중심은 제로(0) 포인트이기 때문이다. x좌표 또는 y좌표 어디에도 값을 가지지 않는 것이 중심이다. 좌표 위의 어디에도 자기를 나타내지 않지만, 그럼에도 불구하고 좌표상의 모든 점과 이어져 있는 것이 중심이다. 힌두교의 범아일여, 불교의 무아, 또는 그리스도교의 십자가는 바로 이 자리를 의미한다. 유기체적 세계관이 토대가 되는 힌두교의 유기체 사상은 특히 환경문제와 관련하여 오늘날 우리에게 중요한 의미를 지닌다.

문명화 과정에서 촉각이 억눌리는 것은 심각한 문제다. 오관에서의 불균형은 곧 마음의 불안으로 이어지고, 마음이 불안하면 난폭해지기 쉬운 것이 사람이기 때문이다. 촉각은 오관 가운데 가장 지속력이 길다. 일단 눈으로 봐서 좋다고 생각되면 만져 보고 싶어지는 것은 이런 이유 때문이다. 칠판과 백묵만으로 공부를 하던 이전과는 달리 요즘 교실에는 시청각 자료가 많아졌지만, 오히려 이전에 비하여 오관의 불균형은 더욱 심각하다고 볼 수 있다. 우리가 외계의 대상을 접하는 것은 시청각뿐만이 아니다. 특히 시각과 대척점에 있는 촉각의 역할이 중요하다. 억눌린 촉각을 해방하는 것은 온통 '보는 것' 에 목을 매는 현대문화의 불균형을 회복하는 데 중요하다. 고도로 다기능화된 현대사회에서 맨발로 땅을 밟고, 손으로 음식을 만지며, 맨몸으로 풀밭에 눕는다는 것은 쉬운 일이 아니겠지만, 그럼에도 불구하고 어떤 형태로든 차단되고 퇴화된 원초적인 접촉을 회복할 필요가 있다. 균형 잡힌 생각을 지닌 조화로운 삶이라는 것은 결국 감각세계에서의 균형으로부터 출발한다고 보아야 할 것이다. 감각에 있어서의 불균형이 심각해질수록, 피부를 통한 직접적인 접촉이 억제될수록 심리적인 불안은 가중될 것이다.

Chapter8 주

1 이런 의미에서 종교는 '자기부정적 상징체계' 다.

2 넓은 의미에서 요가(yoga)는 길(marga)이라는 뜻으로 이해된다.

3 힌두교 사상에서는 인식론과 존재론의 구분이 그다지 중요한 의미를 지니지 않는다. '브라

흐만을 안다'는 것은 '브라흐만이 된다'는 의미다. 이와 같이 존재의 문제는 인식의 문제로 접근되며, 이 과정에서 실천수련이 강조된다.

4 로버트 찰스 제너. (1966). 힌두이즘 (남수영, 역). 도서출판 여래. pp.7-9.

5 Shatapatha BraahmaNa, xi. 5. 6. 3; TaittirIya AAraNyaka, ii. 9-15.

6 인도사람들의 일상생활에서 흔히 접하는 '나마스테(*Namaste!*)'라는 인사말은 '당신 안에 깃든 신성에게 예를 드린다.'라는 의미를 지닌다.

7 "만일 우리가 인습과 편견에 찌든 고정관념에서 자유로울 수 있다면, 교육에 대한 새로운 접근은 전혀 어렵지 않다. 그러나 무엇보다도 우리가 명심해야 할 것은, 하나하나의 아이는 신성의 표현이라는 것이다." (Sri Aurobindo Ashram Trust, 1992.)

8 *Krishnamurti On Education*, Krishnamurti Foundation India, 1987, p. 8.

9 *Chāndogya Upaniṣad*, vi. 1.1-2.

10 이에 대하여 *Manu*, ii. 41-iv. 74 및 *Mahābharata*, xii. 243-246에서 상세하게 규정하고 있다.

11 학생기 아이의 공부가 진전되는 과정은 여러 단계의 종교적인 성례를 통하여 구분되며, 각 성례의 절차와 내용은 경전에서 상세하게 규정한다.

12 세 가닥의 실을 꼬아 만든 성사는 재생족(再生族, dvija)을 상징하며, 오른쪽 어깨에서 왼쪽 허리춤까지 내려오도록 둥글게 맨다. 세 가닥의 실은 모든 지식의 원천인 3베다(*Rig-veda, Sama-veda, Yajur-veda*)를 의미하며, 또한 신(身), 구(口), 의(意) 3업에서 청정하다는 의미를 지니기도 한다.

13 힌두교의 여러 만트라 중에서 가장 대중적인 것으로, 원래는 땅위에 축복을 내리는 태양에 대한 기원(祈願)이었다. 그러나 차츰 우주적인 힘을 지닌 신비한 진언으로 간주되었다. 힌두교인들은 이 만트라가 힌두교 경전 가운데 가장 거룩한 구절들을 담고 있다고 믿는다.

14 *Śatapatha-brāhmaṇa*, xi. 5.4.

15 *Chānadogya Upaniṣad*, iv. 4.4.

16 *Atharvaveda*, vii. 109. 7; *Śatapatha-brāhmaṇa*, xi. 3. 3. 2.

17 *Chānadogya Upaniṣad*. iv. 3.5; *Atharvaveda*, vi. 133. 3.

18 *Śatapatha-brāhmaṇa*, xi. 3. 3. 4.

19 찬도기야 우파니샤드(iv. 4. 5)에 따르면, 가우타마(Gautama)의 제자 사티야카마(Satyaka ¯ma)는 스승의 소떼를 몰고 멀리 떨어져 있는 지방에 가서 수년 동안 머물렀으며, 그동안

4백 마리의 소가 천 마리로 늘어났다. 들판에 나가 스승의 가축들이 풀을 뜯게 하는 의무는 *Ś aṇkhāyana Āraṇyaka*, vii. 19에도 언급된다. *Śatapatha-brāhmaṇa*, iii. 6. 2. 15.nsd

20 *SŚatapatha-brāhmaṇ a*. 5. 4. 5.

21 *Chānadogya Upaniṣad*, viii. 15.

22 *Bṛhadāraṇyaka Upaniṣad,* iv. 4. 22를 보라.

23 *Pratśn Upaniṣad*, a, vi. 8.

24 *Kaṭha Upaniṣad*, Invocation, "*saha nāv avatu, saha nau bhunaktu, sahaviryaṃ karavāvahai: tejasvi nāv adhitam astu: mā vidviṣāvahai; auṃ śāntiḥ śāntiḥ, śāntiḥ.*" 우리(스승과 제자)를 보호해 주소서. 우리로 인하여(그가) 기뻐하소서. 우리가 함께 힘차게 공부하게 하소서. 우리가 배운 지식이 우리 자신을 빛나게 하소서. 우리가 서로를 미워하지 않게 하소서. 옴, 평화, 평화, 평화가 있으라.

25 *Manu*에서는 혈기왕성한 제자와 그의 스승의 아내가 일상적인 접촉을 통하여 일어날 수도 있는 유혹의 제어에 대한 고대의 금계를 명문화했다. 구루의 침실을 더럽히는 것은 중죄 중의 중죄(*mahāpātaka*)이며, 이생에서는 그 과오를 씻을 수 없다.

26 오늘날 이 성례는 거의 무의미하며, 성사성례 후에 곧장 치러진다.

27 이것은 또한 자기 스스로의 반성적 사유과정(*svā-dhyāya*), 즉 경전에 대하여 독자적으로 생각하는 것이다.

28 Kaṭha Upaniṣad, ii. 8; Muṇḍaka Upaniṣad, i. 2.3; iii. 2.3.

29 CChānadogya Upaniṣad, vi. 14. 1-2.

30 "고대로부터 전수된 베단타의 이 최고의 비의는 아들이 아니거나 제자가 아닌 사람에게 주어져서는 안 된다." (*Śvetāśvatara, Upaniṣad* 6. 22). 또한 *Atharva-veda*, xi. 5; *Aitareya Āraṇyaka*, iii. 2.6.9를 보라.

31 *Kaṭha Upaniṣad*, i. 2. 8.

32 '욕망 속에서 욕망의 초월', 또는 '행위 속에서 행위의 초월' 은 『바가바드기타』의 여러 곳에서 강조된다.

33 가능한 것에 대한 포기만이 의미를 지니는 것은, 인간의 욕망이란 오직 가능한 대상에게 일어난다는 사실과 관련된다. 힌두교에서 욕망의 일차적인 의미는 에너지다. 의욕이 일지 않는 한 성취할 수 있는 것은 아무것도 없다. 흔히 우리는 시도 때도 없이 일어나는 게 욕망이라 생각하기 쉽지만, 사실은 그렇지 않다. 욕망은 가능성이 있을 때 일어난다. 아예 가능성

이 없으면 기대하는 마음도 전혀 일어나지 않는다. 실현 가능한 대상에 대하여 욕망, 에너지가 일어나며, 그것을 포기했을 때는 몇 배의 증폭된 에너지가 일어날 수 있다. 아예 돈을 벌 수 있는 가능성이 없는 사람이 돈 버는 것을 포기하는 것은 그가 무기력하다는 증거일 뿐, 그 이상의 아무런 의미도 없다. 육교 위에서 구걸하는 거지의 무소유와 수행자의 무소유는 전혀 다른 차원이다. 거지가 끼니를 거르는 것이나, 수행자가 단식을 하는 것은, 겉으로 보면 차이가 없지만 전혀 다르다. 하나는 불가능한 것에 대한 포기라면, 다른 하나는 가능한 것에 대한 포기다. 가능한 것에 대한 포기가 의미를 지니는 것은 이런 까닭이다.

34 현대문명이 가져온 인간성 상실은 한마디로 버리지 못하는 자들, 포기하지 못하는 자들의 치명상이다. 일찍이 니체가 경고한 것처럼, 물질의 풍요가 지니는 의미를 곡해하는 한 우리는 '가축무리의 푸른 목장의 행복' 에 만족할 수밖에 없다.

35 ii. 3. 1-9. 또한 *Mundaka Upaniṣad*, vi. 27-28을 보라.

36 인간을 색, 수, 상, 행, 식으로 분석하는 불교의 오온설(五蘊說)은 힌두교의 오장설(五藏說)과 유사하지만, 환희 또는 재미를 인간의 본질적인 측면으로 거론하지 않는다.

37 전혀 불가능할 것 같으면 아예 호기심이나 욕망은 일어나지 않는다. 전혀 불가능하다는 생각이 들 때는 그것을 내것으로 이루려 하기보다는 차라리 숭배의 감정이 인다. 아름답다는 생각, 좋다는 생각의 밑바닥에 동질감이 있다면, 숭배는 이질감을 자양분으로 자란다. 먹고 자고 똥싸며 사는 인간과는 완전히 대척점에 있다고 여겨지는 것만이 숭배의 대상이 될 수 있다.

38 정태혁 (1984). 인도철학. 학연사. p.45.

39 탄트라 경전에서는 섹스로 해탈을 얻으려 하는 것은 "마치 작두날 위를 걷거나 성난 호랑이와 어울려 노는 것보다 더 어렵고 위험하다."라고 했다.

40 세계와 브라흐만의 관계는 흔히 몸과 마음의 관계(*Śarira-Śariri-sambandha*)에 비유된다.

41 Morgan, K.W. (1943). *The Religion of Hindus.* New York: Ronald. p.102.

42 *Muṇḍaka Upaniṣad*, 2.7.

43 *Mata bhumih putroham prithivyam.*

44 *Atharva-veda*, 12.1.27. "우리는 나무와 풀과 약초를 잉태하는 대지에 경배하며, 그것을 보호합니다."

45 *Atharva-veda*, 12.1.3. "대양과 강과 개울을 지니며, 우리에게 곡식을 생산할 땅을 부여하는 대지는, 우리를 위하여 이 모든 것을 끊임없이 지니고 있습니다."

46 *Mahābharata, Mokṣa*, 182.27-29. "모든 인간은 대지로부터 맛, 형태, 촉감, 소리 등과 같은 속성들을 얻는다. 그러므로 대지에 대한 우리의 관계는 영원하며, 이것은 우리가 자신의 어머니로부터 온갖 품성들을 물려받는 것과 같다."

47 *Atharva-veda*, 12.1.45.

48 *Muṇḍaka Upaniṣad*, 2.7.

| 참고문헌 |

Augustine Thottakara, cmi. (2005). *Indian Spirituality*. Bangalore:Dharmaram Publications.

Abbe J. A. Dubois (1994). *Hindu Manners, Customs and Ceremonies*. New Delhi: Rupa & Co.

Benjamin Walker (1995). *Hindu World*, Vol. 1-2, New Delhi: Indus.

Krishnamurti Foundation Trust Ltd. (1989). *Krishnamurti on Education*. London, Pondichery.

Radhakrishnan, S. (1994). *The Principal Upaniṣads*. New Delhi: Indus.

Saletore, R. N. (1986). *Encyclopaedia of Indian Culture*, Vol. II. 2nd ed. New Delhi: Sterling Publishers Private Limited.

Sri Aurobindo Ashram Trust (1992). *A New Education for a New Consciousness-Sri Aurobindo and the Mother on Education*.

Zaehner, R. C., trans. (1969). *The Bhagavad-gītā*. London: Oxford University Press.

09

이슬람의 대안교육 : 터키대안사립학교의 사례를 중심으로

들어가는 말

이 장은 이슬람권의 터키에서 시작하여 세계로 널리 퍼져 나간 성공적인 대안교육모델인 '터키대안사립학교운동' 을 살펴봄으로써, 위기에 봉착한 국내 교육환경의 전환점 마련에 일조하는 것을 목적으로 한다.

오늘의 아이들은 자신이 과연 누구인지, 어떠한 존재인지 심각하게 고뇌해 볼 시간을 가지기 어렵다. 평생의 밑거름이 될 가치관과 인격을 스스로의 고뇌와 깨달음으로 형성할 기회를 거의 가져 보지 못한다. 실험과 실습, 그리고 깊은 사색으로 지식을 지혜의 차원으로 발전시키는 것은 그들에게 너무나 호사스러운 일일지도 모른다. 이러한 현상을 외면하고 있는 것은 심각한 문제가 아닐 수 없다. 마침내 필자는 그 해결책 마련에 단서가 될지도 모를 이 글을 시작하게 되었다.

이슬람신비주의(Sufism)를 연구하는 필자는 이 글을 쓰면서 가급적 멀리 떨어져서 이슬람을 들여다보려고 노력하였다. 그렇지만 본문 중의 몇몇 구절은 무슬림의 입장에서 이슬람을 옹호하는 식의 논지를 펼쳐 나가는 것이 아니냐는 오해를 불러일으킬 여지가 있다. 어쩌면 그것은 필자의 표현력의 한계에서 표출되는 것일 수도 있는데, 균형을 잃은 맹신과 몰이성적인 감동 때문만은 아니라는 점을 분명히 밝혀 둔다. 종교적인 삶보다는 영적인 삶을 즐기려 하고, 종교다원론적인 관점을 지니려 하는 필자는 특정 종교를 옹호하거나, 전도(傳道)하려는 의도는 없다.

깨달음은 직접적인 체험과 자각에서 우러나오는 것이지, 이성에만 의존한 결과는 아닐 것이다. 이를 명심하여, 가급적 무슬림들과 같은 눈높이로 세상을 바라보고, 그들처럼 살아보고자 하였다. 그러나 무슬림이 아닌 이상, 그들의 진지하고 경건한 믿음을 얼마나 이해하였는지는 의문이 아닐 수 없다. 그런 한계를 극복하고자 직접적인 관찰과 체험에 많은 시간을 할애하였고, 전문가들과 인터뷰한 내용을 가감 없이 사실적으로 전달하려 하였다.

아울러 '이슬람의 대안교육' 이라는 제목하에 이슬람과 수피즘의 영성을 엿보고, 이슬람 교육의 특징을 일람하고, 터키대안사립학교를 살펴보는 순서로 전개하였다.

터키대안사립학교를 소개함으로써 교육현실을 개선해 보려는 이 글은 분석이 아니라 해설이고, 논증이 아니라 기술(記述)에 지나지 않을지도 모른다. 이슬람과 이슬람 교육에 생소한 사람들을 배려하기 위한 의도였지만, 보다 전문적인 입장에서는 보완되어야 할 사항이다.

이슬람과 수피즘의 영성 엿보기

가을이 깊었다. 아침 저녁으로 차가운 기운이 감도는 거리에 사람들의 발걸음이 분주해졌다. 뒷산의 나뭇잎은 노랗게 물들었고, 이불처럼 바닥을 포근히 덮는 것도 많아졌다. 나는 오랜만에 산길을 오르며 인도의 수피(Sufi) 성자 하즈라트 이나야트 칸(Hazrat Inayat Khan)이 전해 준 '자연 명상법'의 한 구절을 중얼거렸다.

> "나의 마음을 성숙시켜 주십시오. 나뭇잎이 노랗게 물들어 가는 것처럼."

산을 오르던 나는 산중턱의 벤치에 앉아 잠시 숨을 고르면서 하늘을 쳐다보았다. 그리고는 또 다른 구절을 조용히 읊조렸다.

> "신성한 영(靈)의 빛으로 감싸 주십시오. 어지러운 세상에서 저를 들어 올려 주십시오."

파랗게 채색된 가을 하늘이 점점 넓고 깊은 바다처럼 느껴졌다. 소란스러운 나의 마음은 점차 고요함과 평화로움으로 바뀌어 갔다. 나는 하늘 바다를 바라보며, 또다시 이런 구절을 되뇌었다.

> "당신은 바다이고, 나는 물결입니다."
>
> "나는 물결입니다. 당신이라는 영원한 생명 바다의……."

반복하여 외우던 구절은 점차 묵상(Murāqabah)에서 염송(Dhikr)으로 이어지게 되었다.[1] 나는 물결처럼 부드럽게 흔들리다가 서서히 바다 밑으로 가라앉았다. 그리고는 깊고 깊은 무한함에 빠져들었다. 우주의 총체 속에서 감미로운 손길이 느껴졌고, 황홀한 느낌(Wajd)이 들었으며, 대양(大洋)과 하나가 된 듯하였다.

문득 '하느님의 유일성(Tawḥīd)', 이른바 "하느님은 한 분이시며, 세상의 모든 것은 하느님으로 가득 차 있다."라는 이슬람의 기본 교리가 떠올랐다. 바람이 잦아들 때 물결은 바다와 하나인 상태로 돌아가고, 빛의 바다만이 홀로 남게 된다. 만일 의식의 거센 흐름이 멈춰지면 자아(Nafs)가 소멸되고, 신성(神性)에 용해됨으로써 오직 그분만이 남게 될 수 있겠다는 생각이 들었다. 수피즘(Sufism)에서는 그러한 상태의 의식을 '하느님 안에서의 자아소멸(Fanā' fi Alla ¯h)'이라고 일컫는다.

정통파 무슬림에게 있어서 타우히드(Tawḥīd)는 하느님은 한 분이고, 우주의 창조자요 주재자라는 종교적인 신조다. 반면에 수피들에게 있어서 그것은 하느님과 하나가 되는 영적인 체험의 순간이다. 정통파 무슬림들은 현교적(顯教的, Ẓāhir)인 차원에서 샤하다(Shahādah, 신앙의 증언)를 암송함으로써 타우히드의 이념을 마음에 새겨 둔다. 반면에 수피들은 비교적(秘教的, Bātin)인 차원에서 샤하다의 끊임없는 염송, 즉 디크르의 수행을 통해 일차적으로 하느님 이외의 모든 것을 의식에서 제거한다. 그러고는 하느님과 하나가 되거나(합일, Ittiḥād) 신성의 본질을 소유한 자(Ulā al-albāb)가 된다. 그러한 측면에서 이슬람신비주의(Sufism)는 정통적인 이슬람의 한계를 보완해 주는 역할을 하며, 일종의 핵심(Lubb)으로 인정된다.

샤하다는 이슬람 신앙을 떠받쳐 주는 다섯 기둥(五柱) 중의 하나다.[2] 그것은 "나는 하느님 외에 다른 신은 없다는 것을 알고 이에 증인이 된다(Ashhadu al-lā ilāha illā-Allāh)." "나는 무함마드가 하느님의 전령자라는 것에도 증인이 된다(wa ashha-du anna Muḥammadan rasūlu-Allāh)."라는 구절을 암송하는 것이다. 샤하다의 암송은 하느님의 유일성과 절대적 실재성에 대한 깨달음이 존재 깊숙이 스며들어 가게 한다고 알려져 있다. 무슬림들은 샤하다가 가슴과 영혼에 깊이 새겨졌을 때, '하느님만이 모든 것의 유일한 원인이고, 하느님을 벗어나 존재할 수 있는 것은 아무것도 없다' 는 절대적 확신(Haqq-al-Haqq)에 도달하게 된다고 믿는다. 이슬람신비주의자(Sufi)들은 샤하다의 첫 번째 구절을 "하느님 외에 다른 신은 없다(lā ilāha illā-Allāh)." 로 축약하여 끊임없이 염송한다. 디크르라는 명상법을 통하여 의식을 자아초월적인(transpersonal) 것으로 변화시켜 하느님과의 합일을 도모하는 것이다. 수피들이 말하는 합일의 상태는 정통파 무슬림의 눈에는 이단적인 것으로 보일 수도 있다. 그에 따라 주나이드(Abū al Qāsim Junayd, 910년 사망)는 합일을 존재론적으로 하나됨(존재의 단일성 Waḥdat al-Wujūd)보다는 의식상에 있어서의 하나됨(의식의 단일성, Waḥdat al-Shuhūd)이라고 규정하였다.

산 위에 앉아 있는 나에게 바람이 불어왔다. 바람과 나뭇잎의 이야기 소리가 들리기 시작하였다. 나는 그것을 알아차리며 다음의 구절들을 되풀이하여 외웠다.

> "님이여, 말씀해 주십시오. 바람을 통해서."
>
> "바람은 당신의 말씀을 가져오고, 나는 기쁨으로 가득합니다."
>
> "바람이여 나의 영혼을 들어 올려, 성스러운 님의 하늘로 데려다 주기를."
>
> "나의 영혼은 당신을 향해 불어 갑니다. 바람이 되어서."

이슬람신비주의자들이 말하는 대로 세상은 신성(佛性 혹은 眞如性이라고 해도 좋을 것이다)의 빛과 '자비로운 하느님의 숨결(Nafas al-Raḥmān)'로 가득할지 모른다. 만유 안에서, 만유 위에서, 만유를 통하여 일하시는 하느님은 천 개의 강물을 비추는 달빛처럼 우리에게 빛을 던지고 계신다. 하느님은 만물에 내재되어 있는 당신의 자취를 우리에게 드러내고, 숨을 내쉬거나 들이쉼으로써 이 세상에 생명력을 불어넣고 당신의 말씀을 전하고 계신다. 적어도 그렇다고 믿는 이슬람신비주의자들은 "그대가 하느님을 눈으로 직접 보고 있는 것처럼 하느님을 경배할지어다. 왜냐하면 당신이 하느님을 보지 못했더라도 하느님께서는 당신을 바라보고 계시기 때문이니라."라고 하는 무함마드의 권고에 따라 진실한 수행자가 되기 위해 진력한다.

이슬람 교육의 특징

1) 읽으라, 지식을 획득하라, 그리고 그것을 나누어라 - 지식 존중의 태도

서기 610년, 아라비아 메카의 자발 누르(Jabal Nūr) 산 정상 부근, 히라(Ḥirā) 동굴에서 여러 날 동안 기도와 묵상을 하던 무함마드에게 천사 가브리엘(Gabriel)의 목소리가 들렸다.

읽으라('iqra)! 만물을 창조하신 주님의 이름으로(꾸란 96: 1).

두려움으로 덜덜 떨던 무함마드(Mahammad)를 가브리엘이 힘껏 껴안았다. 그러자 무함마드에게서 자신도 모르게 계시(Tanzīl)의 말씀이 흘러나왔다. 무함마드에게 주어지는 하느님의 계시는 그가 세상을 떠나는 서기 632년까지 간헐적으로 지속되었다. 그리고 그것은 암송으로 전해지다가, 서기 651년에 문자로 기록되어 114개 장(Sūrah)의 『꾸란(Qur' ān)』으로 편집되었다.

꾸란에 기록되어 있는 바처럼 인간은 자연 속에 살고 있지만 자연과는 다른 특별한 존재로 여겨진다. 무슬림들은 인간이 세상의 모든 것보다 가장 존귀한 존재이고, 하느님께서는 인간을 모든 것의 지도자로 세상에 보내주셨다고 믿는다. 비록 인간이 물질적인 측면을 지니고 있기는 하더라도, 다른 존재들과 구별되는 것은 하느님께서 인간에게 위대한 정신을 부여해 주셨고, 인간에게 계시를 전해 주셨다는 점이다.

하느님께서 맨 처음 창조하신 것은 펜이다. 하느님은 서판을 만드시고 펜에게 말씀하셨다. '쓰라!' 펜은 대답했다. '무엇을 쓸까요?' 하느님께서는 말씀하셨다. '부활의 날까지의 나의 창조에 대한 내 지식을 써라!' (하디스Ḥadīth)

'읽으라' 거나, '쓰라' 는 것은 하느님의 말씀을 읽으라는 것이고, 그분이 창조하신 자연을 읽으라는 것이다. 또한 세계의 가장 존귀한 존재인 인간을 읽고 자신의 내면을 읽으라는 것이다. 여기에서 얻을 수 있는 교훈은 지식의 소중함이다. 여기에서의 지식은 영적인 앎을 뜻한다. 아울러 그 말씀이 우리에게 가르쳐 주는 바는 지식을 추구하라는 것, 이를테면 주변의 사물과 일을 잘 살펴보고, 이해하기 위해 노력하고, 자신의 내면의 본질을 읽고 파악하라는 것이다. 지식을 중요시하는 이슬람의 이러한 분위기에서 배움과 교육, 학문과 학자는 그 무엇보다 존중되는 대상이 아닐 수 없다.

무슬림들에게는 세상의 모든 것에서 하느님께서 하신 일과 하느님의 자취를 보고, 하느님의 말씀과 뜻을 듣고 읽으며, 그것을 아직 읽지 못하고 알지 못하는 사람들과 나누는 것이 과제로 주어진다. 다른 종교인에 비해 공동체 의식과 형제애를 두드러지게 갖고 있는 무슬림들은 사회구제를 단순한 구호로서가 아니라 하나의 생활로서 실천하는 편이다. 하디스에는 "지식을 얻으라. 그리고 그것을 다른 사람들에게 가르치라." 라고 나와 있다. 이러한 말씀은 무슬림의 교육존중정신으로 구체화된다. 이슬람 세계에서는 부자든, 가난한 사람든, 남자든, 여자든 그 누구라도 교육의 수혜자가 된다. 배우기를 원하는 사람은 어느 누구나 사원과 학교, 도서관과 학술회의에 참석하여 마음껏 공부하고 연구할 수 있었고, 그런 곳에는 의식주와 의료의 혜택, 재정 지원이 우선적으로 베풀어졌다. 이슬람에서는 일찍이 평등교육이 실현되었던 것이다.[3] "믿음이 있는 사람의 배는 지식으로 가득 채워지는 일이 없다. 삶을 마칠 때까지 지식을 축적하라." 라는 무함마드의 말씀에 따라, 진실한 무슬림이라면 배움을 평생토록 멈추지 않았다. 그런 결과로 이슬람 문명이 활짝 꽃피었으며, 르네상스를 시작할 무렵의 서양은 이슬람의 학문과 예술로부터 도움을 얻은 바가 많았다.

이슬람에서 모든 지식의 원천은 하느님이다. 하느님께서는 무함마드를 통하여 사람들에게 지식을 전해 주셨다고 한다. 무함마드는 이슬람의 이념을 사람들에게 가르침으로써 정의롭고 자비가 넘치는 선한 사회를 건설할 수 있게 했다고 한다. 따라서 이슬람 교육의 가장 기본적인 과제는 무함마드가 전해 준 지식을 획득하고, 그의 가르침에 따라 자신을 정화하는 것이 된다.[4]

무슬림들이 추구하는 지식에는 영적인 것과 율법적인 것, 그리고 신성이나 영성이 결여된 것이 있다. 영적이고 신적인 지식은 '진실(Ḥaqīqat)' 이라고 불리고, 이슬람 성법(聖法)에 기초한 현세의 지식은 '성법의 지식(Sharī 'at)', 영적이거나 신적인 앎이 결여된 지식은 '불신(不信, Zindīqa)' 으로 불린다. 이 세 가지 중에서 가장 중요시되는 것은 영적 지식인 진실이다.

영적인 지식에는 세 가지 원천이 있다. 첫 번째는 경전인 꾸란(Qur' ān)이다. 그것은 인간이 이해할 수 있는 범위 내로 압축된 하느님의 뜻이고, 영적 현재(顯

在)이며, 은총(barakah)으로 여겨진다. 무슬림들은 꾸란이 하느님의 계시에 의한 것이며, 꾸란을 쓴 주체가 하느님이라는 사실을 의심치 않는다. 그들은 꾸란을 암송하는 사람이나 듣는 사람에게는 하느님의 은총이 내려져 하느님을 알게 되고, 그에게 다가갈 수 있게 된다는 믿음에 따라 하루도 빠짐없이 꾸란을 암송한다. 무슬림들에게 있어서 꾸란은 이슬람의 토대요 교리의 원천이 되는 것이다.

영적인 지식의 두 번째 원천은 무함마드의 언행록인 하디스(Ḥadīth)인데, 그것은 교우(敎友)들에 의해 자세히 기술되고 전승된 무함마드의 행위와 말이다. 이슬람에서는 무함마드의 내적 본성과 행동이 하느님의 섭리에 일치한다고 본다. 그렇기 때문에 무슬림들은 하디스를 꾸란에 버금가는 지식의 원천으로 여기고, 그 안에 기록되어 있는 무함마드의 언행을 자신들의 본보기로 삼는다.

영적인 지식의 세 번째 원천은 관례인 순나(Sunnah)다. 그것은 무함마드가 다른 사람의 언행에 대해 인정하거나 인정하지 않은 내용으로 구성되어 있다. 순나는 꾸란을 보완해 주는 자료다. 무슬림들은 그것을 철저하게 따르고 존중한다.[5]

이슬람에서는 계시된 지식으로서의 진실(Ḥaqīqat)만이 인간에게 도움이 되고, 이론에 치우친 사변적인 지식(Zan)은 그다지 도움되지 않는 것으로 여겨졌다. 진실(Ḥaqīqat)은 세 가지로 구분된다. 첫째는 전지전능한 하느님이 언제나 어디에나 계시다는 것(偏在)을 깨달아 아는 지식이고, 둘째는 하느님께서는 모든 것을 보고 듣고 알고 계시다는 것(全知)을 깨달아 아는 지식이며, 셋째는 하느님께서 무한한 권능을 가진 창조주라는 것(全能)을 깨달아 아는 지식이다.

무함마드는 지식의 추구가 중요하다는 것을 자주 강조하였다. "지식을 찾아 집을 떠나는 이, 하느님의 길을 찾는 것인즉 현자의 잉크가 순교자의 피보다 더 고결할지니." "중국까지라도 가서 지식을 찾으라."라는 말이 그것이다. 당시의 이슬람 사회에서는 중국이 세상에서 가장 멀리 있는 나라로 알려졌다. 무함마드의 이러한 권유에 따라 무슬림들은 지식의 추구를 그 무엇보다도 값어치 있는 일로 여기며, 그것을 이웃과 나누려 한 것이다.

2) 세상을 읽는 능력을 길러 주는 교육

이슬람에서는 세상의 모든 것을 세 가지로 분류한다. 창조주로서의 하느님과 인간, 그리고 인간 이외의 존재다. 이슬람에서 인간은 그 무엇보다도 존귀한 존재로 여겨진다. "그분은 너희들을 위해 삼라만상을 창조하셨다(꾸란 2: 29)."라는 말이 있을 정도다.

신체적인 측면에서만 본다면 인간은 다른 존재들보다 열등할지 모른다. 그렇지만 인간은 현상적으로 나타나 있거나 잠재되어 있는 것 등 하느님이 부여해 주신 여러 능력과 힘을 지니고 있는 존재며, 그 본성상 배우는 것을 즐거워하고 지식을 사랑하는 존재다. 그러한 점에서 인간은 다른 존재들보다 우월한 것으로 여겨진다.

이슬람에서는 하느님께서 인간에게 위대한 정신을 부여하셨고, 인간을 자신의 상대로 선택했으며, 계시를 내려서 인간을 훌륭하게 교육시키셨다고 믿는다. 하느님께서 왜 그렇게 하셨느냐는 의문이 일어날 수 있다. 무슬림들은 하느님께서 당신이 만든 작품으로서의 이 세상을 이해해 줄 만한 존재가 필요해서 그렇게 하셨다고 대답한다.

그러나 사람들의 기질과 능력은 매우 다양하여, 하느님의 말씀을 잘 이해하는 사람과 그렇지 못한 사람은 차이가 있다. 따라서 사람들에게는 하느님이 세상을 만드신 목적과 의미를 가르쳐 주는 선생님과 교과서가 필요하지 않을 수 없다. 여기에서 선생님은 선지자에 해당하고 교과서는 꾸란에 해당한다. 이슬람에서는 그러한 선지자를 가장 위대한 사람으로 생각하고, 교과서인 꾸란을 읽는 것을 가장 선호한다. 그리고 영적인 지식을 연구하고 가르치는 학자와 교사를 존중한다.

대체로 우리나라의 교육은 초등학교에서 시작하여, 중고등학교와 대학교를 졸업하는 동안에 지식을 얻게 하는 것으로 치우쳐 있다. 그러나 이슬람에서는 교육의 기능을 지식 획득에만 한정시키지 않으며, 그것을 세상의 모든 존재들과 사건들을 읽는 행위로 봄으로써 그 의미를 확장한다.

이슬람에서는 이 세상을 하나의 학교로, 우주를 한 권의 책으로, 세상의 모든 사람들을 학생으로 비유할 때가 많다. 꾸란을 읽을 때에 우리는 책을 읽는 것이 아니라 우주를 읽고 있음을 종종 체험한다. 이슬람에서는 우주와 자연을 읽고 이해하는 법을 알리기 위해 무함마드라는 선생님, 꾸란이라는 교과서, 그리고 지성이라는 도구가 우리에게 마련되었다고 주장한다.

무슬림에게 있어서 이 세상은 읽혀져야 하고, 이해되어야 할 하나의 커다란 책으로 간주된다. 어려운 수학문제를 이해하기 위해서는 자습서가 필요한 것처럼, 컴퓨터를 사용하기 위해서는 시용설명서를 읽어야 하는 것처럼 이 세상을 읽기 위해서는 꾸란이 있어야 한다. 그런데 정신의 조건만 갖추고 가만히 있기만 해서는 아무것도 이루어지지 않을 것이며, 따라서 읽고 생각하고 실천하는 능력을 가르치고 배우지 않을 수 없게 된다. 그렇게 하는 것이 이슬람의 본래적인 교육인 것이다. 우리들은 세상을 정확히 해석하고, 유능한 관리자가 되기 위하여 끊임없이 배우지 않으면 안 된다. 그에 따라 읽을 수 있고 실천할 수 있는 인간을 길러 내는 것이 이슬람의 가장 기본적인 교육목표가 된다.

3) 저세상을 준비시키는 교육

이슬람에서는 이 세상을 살아가는 데 필요한 교육, 말하자면 선존(善存, Well-being)의 교육만이 필요한 것이 아니라 내세(Akhira)로 가는 것을 준비하기 위한 선멸(善滅, Well-dying)의 교육 또한 필요하다고 본다. 이슬람은 내세가 있다는 것을 믿고, 사후에도 영원히 살아갈 것을 희망하는 종교다. 그에 따라 이슬람의 교육은 이 세상에서만 성공하기 위해서 하는 것이 아니라, 내세를 준비하는 과정을 포함하고 있다.

무슬림들은 우리들이 비록 이 세상에 잠깐 머무르다 사라지는 존재라 하더라도, 죽은 뒤에 아름답고 행복한 세계, 천국에 가서 영원히 살 수 있다는 믿음을 지니고 있다. 무슬림들은 모든 인간들이 언젠가는 이 세상을 떠나 하느님께 심판받도록 운명지어졌다고 생각한다. 심판의 결과, 하느님의 말씀에 순종하고 정의롭게 산 사람은 천국에서 영원히 살 수 있는 상을 받고, 그렇지 않은 사람은 지옥에 떨어지는 벌을 받게 된다는 것이다. 그리하여 무슬림들에게는 천국에 올라갈 수 있도록 도덕적인 삶을 살도록 가르치는 것이 필요한데, 그것이 바로 교육의 중요한 역할로 강조된다.

동물들은 과거에 대한 상념과 미래에 대한 소망 없이 순간순간을 살아가고 있을지도 모른다. 그러나 인간은 과거의 아픔과 잘못을 잊어버리지 않고 회상하고, 미래에 대해 걱정하는 한편, 영원히 살 수 있기를 기원한다.

내세에 대한 믿음과 그곳에 가기 위한 선행을 권장하는 교육은 학생들을 인격적으로 만들고 사회를 살기 좋은 것으로 만드는 데 보다 효과적인 결과를 낳게 되었다. "천국에 가기 위해서는, 최후의 심판의 날에 선한 사람으로 평가받기 위해서는 착한 행동을 하라."라는 식의 도덕률은 조건적인 것이요, 윤리적인 순수성을 결여한 것일 수도 있다. 그러나 "내세에 가려면 좋은 학생이 되라, 좋은 학생이 되려면 교육을 잘 받아야 한다."라는 이슬람식의 도덕교육은 사회를 보다 아름답고 건강한 것으로 만드는 데 효과적인 힘을 발휘한다고 볼 수 있다. 그런 결과로 이슬람 세계의 노인들에게 "죽음이 두렵지 않으냐?"라고 물어보면, "아니다. 두렵지 않다."라는 말을 어렵지 않게 들을 수 있다.

이슬람 교육의 궁극적인 목표는 저세상에 갔을 때에 하느님께서 우리를 바라보시고 "아, 그대는 참으로 공부를 잘했구나."라고 하시는 말씀을 들을 수 있도록 하는 것이다. 달리 말하여, 이슬람은 사람들이 꾸란의 말씀을 잘 이해하고, 하느님의 뜻에 맞는 합당한 삶을 살아가다가, 이 세상이라는 학교를 떠남에 있어서 우수한 학생의 자격으로 생을 마치도록 교육시킨다.

무슬림들의 삶의 지평은 현세를 넘어선 사후의 영역까지 넓게 확장되어 있다. "내일 저세상으로 떠나야만 하는 듯이 저세상을 위해 살아라. 영원히 살 수 있는 듯이 이 세상을 살아라."하고 무함마드는 말하였다. 우리 사회에는 생에 지나치게 집착하다가 위기를 맞이할 아무런 준비가 없이 황망히 세상을 떠나는 이웃이 많다. 이슬람식의 폭넓은 비전의 사생관과 세계관이 필요하다.

4) 도덕적 가치와 공동체 의식을 강조하는 교육

이슬람의 학교에서는 영적인 지식과 종교적인 지식, 그리고 세속적인 학문 등 여러 가지 유형의 지식을 가르쳐 왔다. 그중에서 무엇보다 강조되는 것은 도덕적인 교육이었다. 이슬람의 교사들은 하디스에 기록된 "나는 모든 도덕적 가치를 완성하기 위해서 보내졌노라."라는 무함미드의 말씀을 잊지 않으려 한다. 그리고 이슬람 철학자들은 도덕교육이 이슬람 교육의 본질이요, 핵심이라고 한결같이 이야기한다.[6] 가치에 대한 앎은 도덕적인 행위를 실천하게 하는 밑거름이요, 도덕적인 행위는 천국에 갈 수 있게 하는 힘을 지니고 있기 때문이다. 꾸란에는 "하느님은 믿음을 갖고 선을 실천하는 이들로 하여금 의로운 사람 가운데 들게 하리라(꾸란 29: 9)."라는 말씀이 있다.

이슬람 교육의 궁극적인 목표는 사회구성원 모두의 행복을 위해 일할 수 있는 사람을 기르는 것이고, 사회의 갈등을 없애고 온 세상의 평화를 가져오는 사람을 기르는 것이다. 이슬람에서는 단순히 자기 자신의 이익과 행복을 얻기 위한 졸업장이나 자격증을 획득하는 것으로 교육의 사명이 끝났다고 보지 않는다. 그렇기 때문에 이슬람 교육에서는 도덕적 가치관과 고매한 품성을 함양하고 공동체 의식을 배양하는 것, 관용과 평화의 정신에 바탕을 두고 다른 종교 및 타민족들과 사이좋게 지내는 것을 늘 강조했던 것이다.

사도 무함마드의 가장 가까운 친구였으며, 첫 번째 칼리프(Khalifah)였던 아부바크르(AbūBakr)는 이렇게 기도했다고 했다. "하느님, 나의 몸을 아주 커다랗게 만들어 주십시오. 내 몸 안에 모든 것들이 다 들어갈 수 있게끔." 자신의 몸을 그 정도로 크게 하여 모든 사람들이 그 안에 들어가게 하고, 지옥에는 들어가지 않도록 사랑의 기도를 한 것이다. 터키의 이슬람 철학자 사이드 누르시(Said Nursi,

1873~1960)도 그와 비슷한 말을 하였다. "세계 모든 사람들을 구해 낼 수 있다면 나의 몸을 지옥에 던질 준비가 되어 있다." 도덕적인 가치를 우선시하며, 사회적 정의와 평등을 실현하려는 이슬람의 교육은 오로지 지적인 교육으로만 흘러가고 있는 우리나라의 현실을 반성적인 눈으로 돌아보게 한다.

5) 조화와 균형을 지향하는 교육 - 믿음과 행동, 이론과 실천, 세속적인 삶과 종교적인 삶의 통합

이슬람은 믿음(Īmān)과 행동(A' mal)의 두 가지 상보적인 개념에 바탕을 두고 있는 종교다. 무슬림들은 하느님, 하느님의 천사들, 하느님의 말씀을 기록한 성전(聖典), 하느님의 예언자, 심판의 날에 무덤으로부터의 부활, 그리고 정명(定命)에 대한 믿음을 굳게 지니고 있다. 그러한 믿음과 함께 무슬림들은 하루에 5번 올리는 예배(Ṣalāh), 가난한 이들에게 베푸는 자선(Zakāh), 라마단(Ramadān) 달의 낮에 지키는 단식(Ṣawm), 메카로의 순례(Ḥajj)의 행동을 실천하기에 힘쓴다. 행동으로 이어지지 않는 믿음은 무익하고, 믿음이 결여된 행동(Amal)은 무의미한 것으로 여겨지기 때문이다.

이슬람 신앙의 이러한 전통을 마음 깊이 새겨 두고 있는 무슬림들은 이론적인 측면과 실천적인 측면의 통합을 늘 강조한다. 그리고 이슬람에서는 종교적인 삶과 세속적인 삶 중에서 어느 한쪽에 치우치지 않도록 교육한다.

수행을 위주로 하는 수피들이라 할지라도 세상살이를 거부하지 않는데, 그것은 다른 종교의 수행자들과 뚜렷하게 구별되는 점이다. 수피들에게는 결혼하지 않거나, 사회생활을 하지 않는 것이 원칙적으로 금지된다. 사람들이 사는 마을에서 다른 사람들과 똑같이 살면서 수행해야 한다는 것이다. 모든 일에 부대끼면서 모든 사람들과 어울려 사는 것은 홀로 사는 것보다 쉽지 않은 일이다. 그러나 세상살이를 하면서 수행을 할 수 있다면 그만큼 더 강해질 수 있는 것이다.

이슬람에서는 그 일만을 전적으로 하라거나 전혀 하지 말라는 식으로 이야기하지 않는다. 학교에서는 적절한 균형과 조화를 늘 강조하고 가르친다. 이슬람 교육이 종교적, 영적, 도덕적인 측면에 비중을 두는 것은 사실이다. 그렇다고 해서 이슬람 교육이 삶을 풍요롭게 하는 데에 유용한 지식과 기술을 무시하는 것은 아니다. 의학과 약학, 물리학과 화학, 천문학, 문학 등은 이슬람 세계에서 크게 발달하였고, 그것이 서양에 넘어가 커다란 도움을 준 사례를 살펴보아도 알 수 있는 일이다.[7] 지식을 기반으로 할 때에만 정의로운 사회가 될 수 있다고 보는 이슬람에서는 특정 분야의 지식을 갖춘 전문가를 알림(Alim)이라고 부르며, 훌륭한 대우를 받을 수 있도록 보장하였다.

이슬람의 교육에는 세 가지가 있다고 한다. 가정교육과 학교교육, 그리고 주위 환경으로부터 영향을 받는 교육이 그것이다. 이슬람에서는 학교에서 시키는 교육만을 교육으로 생각하지 않는다. 학교에 입학하기 전의 아이들을 교육시키는 사람은 주로 부모다. 아이들이 학교에 입학하면 교사가 더 중요한 역할을 담당하게 된다. 학생들은 항상 선생님을 바라보고 모델링하는데, 이로써 선생님의 영향이 커지는 것이다. 대학에 들어간 학생들에게는 주변으로부터 배우는 비중이 커진다. 이처럼 이슬람에서는 이 세 가지 유형의 교육이 균형과 통합을 이루어야 한다고 주장한다.

6) 현대적으로 변모된 이슬람 교육

근대화 이전의 이슬람 교육은 주로 쿠탑(Kuttāb), 혹은 마세이드(Ma' seyyid)라고 불리는 아동교육기관과, 마드라사(Madrasah)라고 불리는 상급학교에서 이루어졌다. 쿠탑에서는 아랍어의 읽기와 쓰기, 그리고 산수를 가르쳤다. 그 후 학생들은 마드라사로 진학하는데, 그곳에서는 좀 더 수준 높은 교양교육과 종교교육이 행해졌다.

그렇지만 오늘날 이슬람 세계의 교육제도는 전통적인 것에서 현대적으로 바뀌었다. 쿠탑이나 마드라사의 역할은 크게 줄어들었고, 거의 사라져 버리고 말았다. 아랍권의 대학에서 오랜 기간 수학(修學)했던 동료 연구자들로부터 확인한 바에 의하면, 사우디아라비아, 이집트, 파키스탄, 모로코 등의 정규 학교에서 가르치는 내용은 종교에 대해서가 아니라 일반적인 것이라고 한다. 또한 교과목의 편제와 교과서의 내용도 우리나라의 것과 비슷하다고 한다.

터키대안사립학교—귈렌 학교

필자는 뜻을 같이 하는 몇몇 사람들과 함께 4, 5년 전부터 전 세계적으로 널리 알려진 터키대안사립학교(귈렌 학교, Gülen School)8의 체제를 한국에 도입하려고 노력하였다. 첫 번째 시도는 2003년도에 외국인학교를 서울에 설립하려던 것이었고, 두 번째 시도는 2004년에 인천 송도의 자유무역특구에 '무지개 국제학교(Rainbow International School)' 를 세우려던 것이었고, 세 번째는 서울 양재동에 외국인학교를 설립하려는 현재의 시도다.

앞의 두 차례의 시도는 학교 설립에 필요한 서류들을 해당 부서에 제출하고, 매스컴에 설립 의지가 보도되는 등 현실화되는 듯했지만, 결국은 실패로 돌아가고 만 경우였다. 세 번째 시도는 지금 진행 중이다. 다만 까다롭기만 한 국내의 학교설립법의 범위 안에서 단계적으로 실현시켜 나가야 하므로 아직은 자세한 진행상황을 밝힐 수 없다.

터키대안사립학교의 교육이념과 체계에 입각한 학교를 설립하려는 이유는 국내 교육에 허다한 문제점이 있음에도 불구하고 의견만 분분할 뿐, 이렇다 할 실제적인 개선책이 마련되지 못하고 있는 현실 때문이었다. 이러한 국내의 현실에 비하여 터키대안사립학교의 세계적인 성공사례는 너무나 돋보이는 것이었다.

러시아에는 이미 터키대안사립학교가 6개나 설립되었다(2004년 기준). 그 학교 출신 학생들이 국제 올림피아드에 우수한 성적으로 입상하는 등 뛰어난 성과에 푸틴 대통령은 그 학교들을 직접 방문하여 학생들을 격려해 주었다고 한다.

그루지아에서는 대통령의 어머니가 터키대안사립학교의 교장으로 재직하고 있다는 소식을 들은 바 있다. 2004년 여름에 일본 요코하마의 터키대안사립학교를 방문한 적이 있다. 그곳의 터키대안사립학교는 일본 유일의 것이었으나, 지금은 1개교가 더 설립되었고, 2006년에는 도쿄의 신주쿠 구청장이 학교 부지를 무상으로 제공하였기에, 또 하나의 터키대안사립학교가 설립될 예정이다. 한국 못지않게 학교설립법이 까다롭고 폐쇄적인 일본에 터키대안사립학교가 세워진 것을 보니 부럽기만 하다. 사실, 일본의 학교설립자 레젭(Recep) 선생님보다 먼저 터키대안사립학교의 설립을 추진하였기에 더욱 그러하다. 한 달 전에는 한국을 잠깐 방문한 인도네시아의 국회의장을 만났는데, 그로부터 족자카르타 등의 지역에 4개교의 터키대안사립학교가 설립되었다는 이야기를 들었다. 그는 대단히 훌륭한 학교가 인도네시아에 설립되어 기쁘기 그지없다는 말을 여러 차례 하였다.[9]

전 세계에 설립되어 있는 터키대안사립학교의 숫자는 2004년의 통계로 약 300개 교가 된다고 하는데, 그것을 일부 소개한다면 다음과 같다.

- 미국 12, 멕시코 1.
- 영국 2, 독일 3, 핀란드 1, 러시아 6, 우크라이나 2, 헝가리 1, 루마니아 4, 몰도바 2, 불가리아 3, 마케도니아 3, 알바니아 4, 보스니아 헤르체고비나 2.
- 카자흐스탄 29, 타지키스탄 13, 키르기즈스탄 12, 아제르바이잔 12, 투르크메니스탄 20, 우즈베키스탄 1, 아프가니스탄 4, 파키스탄 12, 이라크 4, 예멘 1.
- 인도 3, 네팔 1, 몽골 4, 방글라데시 4, 말레이시아 1, 베트남 1, 캄보디아 2, 미얀마 2, 타일랜드 3, 인도네시아 4, 필리핀 4, 일본 2, 오스트레일리아 7.
- 알제리아 4, 모리타니아 1, 말리 1, 수단 2, 에디오피아 1, 세네갈 1, 감비아 1, 기니 1, 가나 1, 토고 1, 나이제리아 4, 카메룬 1, 중앙아프리카공화국 1, 콩고 1, 우간다 1, 케냐 4, 탄자니아 4, 말라위 1, 모잠비크 1, 마다가스카르 1, 남아프리카공화국 4.

그러나 이 통계는 2004년의 것이고, 최근에는 터키대안사립학교는 기하급수적으로 그 수가 증가하고 있기 때문에 올해에는 그보다 훨씬 더 많은 학교가 설립되었을 것으로 추정된다.

설립된 학교의 숫자가 많다는 것은 '양적으로만 팽창된 것이 아닌가' 라는 의문을 갖게 할 수 있겠다. 그러나 터키를 비롯한 세계 각국의 터키대안사립학교들이 하나같이 우수한 성적의 훌륭한 품성을 지닌 학생들을 배출하는 것을 보면 그렇지 않음을 알 수 있다. 터키를 비롯한 몇몇 나라의 터키대안사립학교를 방문하여 그 교육성과의 질적 우수성을 목격하였지만, 신뢰성을 더하고 정확히 전달하기 위하여 2005년 5월 24일에 보도된 터키대안사립학교에 대한 동아일보 기사를 소개하는 것으로 설명을 대신한다.[10]

> 수도인 앙카라에 있는 대안사립학교 사만욜루 과학고에는 매년 100만여 명의 중학교 졸업생 가운데 전국에서 상위 1,000명 안에 드는 학생이 입학한다. 지난해 터키 국내에서 개최된 과학올림피아드 수상자의 37%가 이 학교 재학생이었다. 이스탄불의 명문 대안사립과학고인 파티고교는 터키의 대학선발시험 수석을 5년 연속 배출하기도 했다.
>
> '대안사립학교' 는 터키 전국에 350여 개에 달한다. 1980년대 초 시작된 대안사립학교 건립운동은 공립학교에 대한 불만과 부유층 위주의 '귀족사립학교' 에 대한 불신에서 비롯되었다. 공립학교는 학급당 학생 수가 40명을 훌쩍 넘는 등 열악한 수준이다. 반면에, 일반사립학교는 연간 수업료가 3,000만 원에 달해 서민은 엄두를 내지 못한다. 말 그대로 부유층만을 위한 '귀족학교' 다. 반면에 대안사립학교의 학비는 학교에 따라 연간 500만~1,000만 원 선. 형편이 어려운 학생 20~30%는 장학금으로 공부를 한다. 우수한 학생은 교사들이 직접 찾아가 입학을 설득하기도 한다.
>
> 터키의 대안사립학교 운동가인 메흐멧 알리(Mehmet Ali) 는 "대안사립학교의 등장 이후 국제 과학올림피아드에서 터키 학생들이 상을 받기 시작했다."라며, "이들 학교의 성공은 공립학교에도 자극이 되고 있다."다고 말했다. 또한 케말 타샤르 터키 교육부 부장관 겸 사립학교 담당국장은 "대안사립학교의 성공으로 정부는 공립학교의 질을

높이는 데 주력할 수 있다."라고 평가했다.

필자 또한 2005년 2월에 터키의 파티히 고등학교를 방문한 적이 있는데, 국제올림피아드에 입상한 학생들의 명단을 자랑스럽게 현관 입구에 전시하고 있는 것을 보았다. 동아일보에 보도된 내용 이외에도 메흐메트 알리 씨는 터키대안사립학교의 성공적인 모습을 이렇게 소개하였다.

> 나는 30년간 계속 터키대안사립학교의 교사로 있었다. 여러 학교에서 가르쳤고, 10년 전부터는 이 계통의 학교를 설립할 때 컨설팅해 주는 일을 하고 있다. 그 과정에서 그렇게 많은 터키대안사립학교들을 보았는데, 단 한 번의 실패사례도 본 적이 없다.
>
> 대부분의 학교들이 2~3년 안에 그 나라에서 가장 훌륭한 학교가 되었고, 세계 올림피아드에서 1, 2, 3등을 한 학생들도 많았다. 무엇보다도 그 학교의 졸업생들이 자기가 속한 사회를 사랑하고 생각하면서, 다른 사람들을 사랑하고 세계의 평화를 위해 노력하는 사람으로 성장해 가는 것이 보기 좋았다.

이러한 성공사례를 접한 사람들은 '혹시 그 학교들을 관장하는 중앙의 기관이 있고 종교단체나 국가 공권력의 후원하에 조직적으로 교육사업을 펼치는 것이 아닌가' 라는 의혹을 가질 수 있다. 그러나 터키대안사립학교 운동은 약 1960년대에 페툴라 귈렌에 의해 터키 이즈미르(Izmir)의 '케스타네파즈리 꾸란학교(Kestanepazri Qur' ān School)' 에서 시작된 이래, 기업가와 주민, 교사들의 아낌없는 기부와 헌신적인 노력으로 널리 확산되어 나간 순수한 목적의 자발적인 운동이라고 할 수 있다.

우리로서는 도무지 믿기지 않는 와크프(Waqf)라는 이름의 기부문화가 터키에 존재하는데, 그 토대하에 이러한 교육혁명이 일어난 것이다. 와크프는 경건한 일이나 공공의 선한 일에 쓰도록 증여 또는 유언을 통해 재산을 기증하는 관습, 혹은 그 자금이 모여 설립된 재단(foundation)을 뜻하는 말이다. 와크프로 형성된 자금은 학교의 설립 및 운영 지원, 자선사업, 사원 관리에 쓰인다고 하는데,

한 번 기증한 사람은 그것을 되찾지 않으며, 자신의 이름을 드러내거나 기부자로서의 권한을 내세우지 않는 것이 관례라고 한다. 재산을 기증함으로써 이웃사랑을 실천하는 행위는 물질적인 욕망을 없애고 자아를 소멸시키는 유력한 수단이며 속죄의 성스러운 방식이기도 하다. 그것은 마음을 깨끗이 하고 죄업을 덜어 줄 뿐만 아니라, 사회를 맑고 아름답게 만드는 사회구제수단의 양 방향으로 기능한다. 자카(Zakāh)와 사다카(Ṣadaqah)의 기부문화가 살아 움직이고 있는 이슬람 사회에는 소득계층 간의 갈등과 대립이 그다지 심하지 않다.

필자와 함께 터키대안사립학교의 설립을 추진하는 주한 이스탄불문화원장 에르한 아타이(Erhan Atay)는 와크프(Waqf)의 제도를 다음과 같이 설명하였다.

> 와크프는 한 사람이 만드는 것이 아니며, 똑같은 목적과 뜻을 가진 사람들이 어느 누구의 이름을 앞에 놓지 않고 단지 목적만 앞에 놓는 제도다. 기부금 전체의 90%에 해당하는 돈을 냈다 하더라도, 와크프는 그 사람의 것이 되지 않는다.
>
> 이슬람 세계에서 돈이 많은 사람들은 자카(Zakāh)라 하여 1년 수입의 2.5%를 사회를 위해 써야 하는 것이 원칙이다. 그 돈을 가난한 사람에게 줄 수 있지만, 보다 효과적으로 사회에 기부하기 위해 만든 시스템이 와크프다.
>
> 하디스에서는 이웃이 배가 고파 하는 것을 느끼지 않고, 자기만 배부르게 잠자는 사람은 이슬람의 신앙자가 아니라고 하였다. 그 가르침에 따라, 가난한 사람을 도와주고, 학교를 만들고, 병원을 만들고, 사원을 만드는 것이다. 옛날 터키에는 동물들이 물을 마실 수 있도록 5개의 산에 한 곳씩 분수를 만들어 준 사람이 있었다. 다리가 부러지거나 집단에서 떨어져 나온 외톨이 철새들을 치료해 주고 보호해 주기 위한 목적의 병원을 설립한 사람도 있었다.
>
> 자선금에는 자카(Zakāh)와 사다카(Ṣadaqah)가 있다. 자카는 의무적으로 일 년에 한 번 내는 것이기 때문에, 그 정도로는 좋은 일을 충분히 하기 힘들다. 반면에, 사다카는 어떤 기준에 따르지 않고 자발적으로 몇 번이고 내는 자선금이므로, 자카만으로 충분치 못할 때는 사다카로 그 부족분을 채운다. 와크프에 기부되어 있는 돈 중 사다카가

자카보다 더 많은 비중을 차지한다.

와크프의 수혜대상은 꼭 이슬람 신앙자가 아니어도 좋다. 앞에서 언급한 것처럼 동물들까지 도와주는 것이 이슬람의 정신이다. 다른 종교를 믿는 사람들, 다른 민족, 다른 문화권의 사람들도 도와주는 것이 그들의 정신인 것이다. 터키에서 6·25전쟁에 참전하여 한국을 도와준 것도 그러한 정신에서 비롯된 것이다. 어려운 사람과 고통을 당하는 모든 존재들을 돕는 문화와 제도가 와크프다. 터키 사람들은 무함마드가 강조한 와크프의 정신을 누구보다도 뜻깊게 이해하고 실천하려고 애쓰는 편이다.

터키에 이런 속담이 있다. "도와주어라. 도와준 것을 잊어버려라. 그리고 잊어버린 것도 잊어버려라." 이러한 상호부조의 자선과 기부문화, 오스만투르크 제국 시대의 다인종, 다종교에 대한 포용적인 정치 경험과 관용의 정신이 터키대안사립학교가 성공할 수 있게 한 밑받침이요, 원동력이 되었다.

터키대안사립학교의 성공적인 사례들은 단시일 내에 이루어진 것이라 하더라도, 실상은 수백 년 또는 천 년간에 걸친 오랜 성숙의 과정을 거쳐 맺어진 것이라고 보아야 한다. 터키는 물질적인 풍요로움을 우리보다 다소 적게 누리고 있다 하더라도, 교육적인 분야에서 우리가 해내지 못한 감동적이고 아름다운 성과를 이루어 냈다. 이 때문에 이슬람 계통의 성공적인 학교교육의 사례로 터키대안사립학교를 소개하는 데 주저하지 않고 오해의 여지가 있을지라도 자극제가 되게 하기 위해 이 장을 할애했다.

앞에서 이슬람 교육의 중요한 특징으로 윤리의식과 공동체 정신의 함양에 주력한다는 것을 예로 들었는데, 그러한 경향은 터키대안사립학교의 교육에서 더욱 두드러지게 나타난다. 터키대안사립학교의 교사들은 학생들과 함께 생활하는 중에 인격적 감화를 전달한다. 이들에게 윤리교육시간이나 종교교육시간이 따로 있는 것은 아니다. 학생들은 선생님들과 함께 생활하고 그들의 모범적인 삶을 모델링한다.

필자는 동료 중의 한 사람인 에쉬렙 사알람(Eşref Sağlam)으로부터 터키대안사립학교의 교육에 대한 이야기를 들었다. 에쉬렙은 터키의 터키대안사립학교에서 4년 동안 교사로 있다가, 카자흐스탄에 가서 터키대안사립학교를 설립하는 재단의 부이사장으로 9년간 일하였다. 카자흐스탄에 있는 25개의 터키대안사립학교 가운데, 6개의 학교가 그의 노력으로 설립되었다고 한다. 그가 말한 것을 정리하여 터키대안사립학교의 교육정신과 실제적인 모습을 소개하고자 한다.

터키대안사립학교에서는 지식교육과 윤리교육이 통합되어야 한다고 생각한다. 머리는 수학, 물리, 과학, 생물 등 여러 학과목의 지식으로 가득 차 있게 하고, 가슴은 윤리의식과 도덕적인 정신으로 가득 차 있게 만드는 것이 진정한 교육이라는 것이다. 현대과학을 잘 이해하고 익혀야만 발전가능성이 있으며, 인간을 인간으로 만들어 주는 도덕적인 가르침을 알아야만 인간다운 사회로 만들 수 있고 인간답게 살 수 있을 것이다. 따라서 터키대안사립학교에서는 과학을 가르친다고 하면서 윤리교육을 무시하지 않고, 윤리를 가르친다고 하면서 과학을 무시하지 않는다.

세계의 여러 문제들이 일어나는 원인은 교육을 제대로 받지 못하는 사람이 많다는 데에 있다. 사람들이 남을 해치고 테러를 하는 등의 옳지 못한 행위를 하는 것을 보면 교육을 받지 못했거나, 교육하는 사람이 가르침을 제대로 전달하지 못했거나, 배우는 사람이 그 가르침을 받아들이지 않아서라고 볼 수 있다. 어느 경우든 결과적으로 교육이 제대로 행해지지 않았다는 점에서는 공통적이다.

교육은 자기 혼자, 혹은 주변의 몇몇 사람하고만 살아가는 인간을 만드는 것이 아니라, 사회와 사회의 모든 구성원과 어울려 살면서 그들과 함께 할 수 있는 인간으로 길러 내는 것이다. 따라서 자기 자신만을 살찌우는 지식교육만이 아니라, 사회의 구성원으로서의 공동체 의식을 길러 주는 교육이 반드시 필요하다. 지식과 능력과 권한을 많이 가진 사람들이 그릇된 행위를 하고 사회적인 문제를 일으키는 것을 자주 보게 된다. 이 때문에 외적 규범인 법률과 함께 내면의 규범인 윤리의식을 마음속에 심어 주는 정신교육이 중요한 것이다.

동료들과 함께 화제에 올리곤 했던 터키사람들의 담론에 자주 등장하는 촌철

살인의 기지가 담긴 재미있는 일화 하나를 들어 본다.

> 어느 도시에 사는 아버지가 아들의 행동이 걱정되어 "너는 인간이 될 수 없다."라고 자주 이야기했다. 그렇지만 아들은 공부를 열심히 하고, 똑똑했기에 아주 좋은 대학을 졸업하였고, 드디어는 자기가 살던 도시의 시장이 되었다.
>
> 높은 자리에 오른 그는 부하직원을 시켜서 아버지를 모셔 오라고 했다. 아버지가 시장실로 들어가자, 아들은 아버지에게 앉도록 권하고 이렇게 말했다. "아버지, 아버지는 나에게 늘 '인간이 될 수 없다.' 라고 늘 말씀하셨잖아요. 그런데 나는 이 도시에서 가장 높은 사람인 시장이 되었지 않습니까?"
>
> 그러자 아버지는 "아들아, 나는 너에게 시장이 될 수 없다고 말한 적이 없다. 인간이 될 수 없다고 했지. 너는 아직 인간이 되지 못한 것 같구나. 네가 인간이 되었다면 부하직원을 시켜서 늙은 아버지를 모셔 오는 것이 아니라, 네가 먼저 나에게 인사하고 '아버님 제가 이렇게 왔습니다.' 라고 말했어야지. 아들아, 너는 아직 인간이 된 것이 아니다."

교육의 성과에는 외부적인 것과 내부적인 것이 있다. 외부적인 성과는 학교에서 일등을 하거나, 국제올림피아드 대회에서 금메달을 따는 것 등이다. 터키대안사립학교는 이런 방면에서 남다른 성과를 보인다. 그러나 그것은 외형적인 것에 불과하다. 내부적인 성과는, 이를테면 학생들이 자기 자신을 잘 통제하면서 경건하고 평화롭게 살고, 거짓말과 도둑질 등의 비도덕적인 행위를 하지 않고, 남을 잘 생각해 주고 배려해 주는 등의 행위를 하는 것이다.

새의 양쪽 날개처럼 외부적인 성과와 내부적인 성과는 함께 있지 않으면 안 된다. 외부적인 성과를 이룬 사람들이 내부적인 성과를 이룩하지 못했을 때에 앞에서 소개한 일화의 주인공처럼 되는 것이다. 반면에, 수도생활만을 고집하는 사람은 이 세상에 적합한 사람이 아닐 것이므로 터키대안사립학교에서는 학생들에게 수행을 하라든가 영적인 세계에 한 번 빠져 보라는 이야기를 함부로 하지 않는다. 세상살이를 하면서 도덕성과 영성을 계발하지 않으면 밥을 먹을 수 없고, 사회에서 성공할 수 없으며, 문명의 발전에 참여할 수 없기 때문이다.

윤리의식과 공동체 정신을 심어 주는 교육은 이슬람이라는 특정 종교만의 가르침이 아니라 인류가 보편적으로 강조하는 받아들여 온 정신이다. 이슬람에서의 가르침이나, 기독교와 불교에서의 가르침이나, 다른 사람을 존중하고 배려해주는 정신에 있어서는 다를 바 없다. 터키대안학교의 주된 목표는 종교를 떠나서 모든 사람들이 '아, 이것은 옳은 일이다. 선한 것이다.' 라고 인정할 수 있는 기준들을 자연스럽게 내면에 길러 주는 것이다.

터키대안사립학교에서는 윤리교육과 함께 지구촌 공동체의 교육을 중요시한다. 에쉬렙 사알람은 카자흐스탄에 있는 터키대안사립학교 교장으로 근무했는데, 그곳에서는 러시아 계통, 터키 계통, 한국 계통의 아이들이 한 교실에서 자신의 민족적 배경과 신앙을 따지지 않고 서로 잘 어울리며 공부했다고 한다. 터키대안사립학교에서 가르치는 것은 자기 민족에 대한 자부심을 갖게 하는 것이 아니라, 다른 점을 서로 인정하면서 상대방을 배려해 주고 상대방의 소중함을 알게 하는 것이라고 한다. 처음에는 학생들이 자기가 어떤 민족이기 때문에 더 자랑스럽다고 마음속으로 생각했으나, 점차 다른 사람을 이해하고 사랑해 주는 쪽으로 바뀌어 나갔다고 한다. 자기만이 지니고 있는 능력과 자기 민족만이 갖고 있는 특성을 지나치게 강조하면서 '우리가 최고다.' '우리 민족이 제일 훌륭하다.' 라고 가르치는 것은 자아중심성을 제거하지 못한 편협한 교육이다. 터키대안사립학교의 교육은 개성과 다양성을 유지하도록 하면서도 다른 사람을 그 위치에서 이해해 주고 받아들이게 하는 것이다.

터키 남쪽에 쿠르드 족과 터키사람들이 함께 살고 있는 지역이 있다고 한다. 그곳에는 테러가 빈발하였는데 터키에서는 총력을 기울여 이 테러를 막으려 하였지만, 그 성과가 신통치 않았다. 이러한 곳에 터키대안사립학교가 만들어지고 나서는 테러집단에 가입하는 젊은이들의 숫자가 엄청나게 줄어들게 되었다. 서로 싸우고 죽이던 사람들이 자녀들을 한 학교에 보내면서 평화롭게 어울려 살기 시작한 것이다. 알바니아의 전쟁터에도 터키대안사립학교가 설립되었는데, 그곳은 여러 민족들이 전쟁을 피해 머무르던 평화의 쉼터로 쓰였다고 한다. 한국의 자이툰 부대가 파병된 북이라크와 동의 부대가 파견된 아프가니스탄에도 터키대안사립학교가 있다. 과연 터키대안사립학교가 전쟁의 광기와 증오심을 관용과 화합의 분위기로 바꾸어 놓을 것인지는 관심을 갖고 지켜볼 일이다.

세상에는 완전한 백색과 완전한 흑색만이 있는 것이 아니다. 하얀색에서 까만색으로 가는 과정과, 까만색에서 하얀색으로 가는 과정에는 흰색과 까만색 계통의 색깔이 엄청나게 많다. 색채의 스펙트럼 세계에서는 흑백논리가 존재하지 않는다. 까만색이 조금만 연해지면 흰색에 가까워지고, 흰색이 까매지기 시작하면 언제든 까만색에 가깝게 될 수 있는 것이다. 터키대안사립학교운동을 처음으로 전개한 페툴라 귈렌 선생이 아프리카의 흑인 지도자를 만났을 때의 일이라고 한다. 그가 귈렌 선생에게 "우리는 흑인이고 당신들은 백인이다. 세계 역사를 돌아보면 백인들이 많은 전쟁을 일으켰다. 정말로 당신들은 우리에게 좋은 교육을 시킬 수 있겠는가?" 라고 물었다. 그러자 귈렌 선생은 "나에게는 흑과 백의 색깔을 구분하지 못하는 병이 있다." 라고 답하였다고 한다. 그러한 정신을 이어 터키대안사립학교의 교사들은 모든 사람들을 똑같은 기준으로 보고, 똑같이 대하는 모범을 보이면서 학생들에게 그러한 정신을 자연스럽게 심어 주는 것이다.

터키대안사립학교는 '이런 면에서 우리는 다르다. 그래서 자랑스럽다.' 가 아니라, '이런 면에서 우리는 비슷하다. 그래서 우리는 사이좋게 지낼 수 있다.' 를 강조한다. 그래서 세계 여러나라 사람들로부터 터키대안사립학교가 지지를 받고 있다. 날로 심화되는 민족주의적인, 국수주의적인 흐름과 배타성이 걱정스럽기만 하다. 전 세계에 설립되고 있는 터키대안사립학교의 관용과 화합의 정신이 그것을 일부나마 바꾸어놓는 계기가 되고 있는 것은 고마운 일이다.

아이들을 세계시민으로 자라나게 하는 교육은 오랫동안 단일민족국가에서 살아온 우리들에게 남의 이야기 같이 들린다. 그러나 그것은 개인적인 교류와 국가 간의 교역이 날로 활성화되는 오늘날의 지구촌 사회에서는 불가결한 일로 여겨진다.

반기문 유엔 사무총장을 배출해 낸 우리 민족의 저력은 만만치 않은 것이다. 단 한 번도 다른 나라를 먼저 침략한 적이 없고, 다른 곳에서 온 손님들을 반갑게 품어 주던 우리들이다. 본디 따뜻한 심성으로 평화를 사랑하던 우리들이 어느새 다툼을 일삼고, 분열과 갈등이 심한 사람으로 변질되고 말았다. 능력이 없어서가 아니라 방향성을 잃은 것이 문제라면, 터키대안사립학교의 교육정신을 잠시 본받을 만하지 않을까 생각한다.

터키대안사립학교를 성공하게 한 요인들 중 하나는 교사들의 자질이 높다는 것이다. 터키대안사립학교의 터키인 교사들은 모두가 상위 1%에 속하는 좋은 성적으로 터키의 대학에 입학하여 영어로 진행되는 강의를 듣고 졸업한 사람들이다. 이를테면, 필자가 만났던 일본 요코하마의 터키대안사립학교 교사는 터키의 손꼽히는 대학을 수석으로 졸업한 사람이었다. 조용하고 깨끗한 성품으로 영어와 일본말을 능숙하게 구사하며 학생들을 열심히 가르치던 사람으로 기억된다.

터키대안사립학교에서 교사를 채용할 때에는 화려한 경력과 학력만 고려하는 것이 아니라, 그 사람의 전체적인 생활상을 살펴본다. 한 사람당 1시간에 끝나는 면접으로 채용하는 것이 아니라, 여러 날 동안 그가 어떻게 살아가는지, 나쁜 습관은 없는지, 말만 앞서고 본인은 실천하지 못하는 일은 없는지 등을 하나씩 하나씩 점검한다. 터키대안사립학교에서는 선생님의 역할이 교육에 있어서 가장 중요하다고 본다. 선생님의 감화를 학생들에게 가장 커다란 영향을 미치는 요소로 생각하기 때문이다. 에쉬렙 사알람은 카자흐스탄에 있었을 때의 한 실례를 들려주었다.

터키대안사립초등학교 학부모들에게 왜 학생들을 입학시켰는지를 설문조사하였다. 1학년에 입학할 때 한 번, 2학년 올라가면서 한 번, 똑같은 내용을 두 번 질문하였다. 입학 당시에는 80%의 학부형들이 "이 학교에서는 영어로 가르치니까." "국제적인 성공 사례가 믿을 만하여."라는 이유로 입학시켰다고 하였다. 학생들이 2학년에 올라갈 때에도 학부형들에게 똑같은 질문을 하였는데, 이번에는 "영어 때문이 아니고 국제적인 성공사례 때문도 아니다. 윤리의식과 도덕적인 정신을 잘 키워 주기 때문에 입학시켰다." 라고 응답하였다.

터키대안사립학교의 운영을 컨설팅해 주는 임무를 맡은 메흐메트 알리(Mehmet Ali) 씨는 이런 이야기를 들려주었다.

9월에 몽골을 방문하였다. 4개교의 터키대안사립학교를 설립한 아뎀 타틀르(Adem Tatlı) 교장 선생님이 교통사고로 갑자기 세상을 떠났기 때문이다. 그는 아프리카의 수단에 13년간 머무르면서 5~6개의 학교를 만들었다. 그러다 몽골에 들어가 가난한 시골 지역의 아이들 5,000명에게 터키대안사립학교 교육을 시켰다. 그가 가르친 학생 중에는 몽골에서 생각하기 어려운 국제올림피아드 금메달 수상자가 나왔다. 이 일로 해서 몽골 대통령이 졸업식에 참석하여 축사를 해 준 일도 있었다.

몽골의 터키대안사립학교 교장 아뎀 타틀르는 사망하기 일주일 전부터 주변 사람들에게 "제가 잘못한 것을 사죄드립니다. 부디 저를 용서해 주십시오. 제가 저지르고도 알지 못하는 잘못들을 알려 주십시오. 사죄드리겠습니다." 라고 하였다. 하느님 앞에서 영혼을 깨끗이 하기 위한 이런 행위를 터키어로 하크느 헬랄 에트메트(Hakkını Helal Etmet)라고 일컫는다. 그것은 원래 군대에 입대하거나 먼 도시로 떠날 때 부모님에게 행하고, 오랫동안 함께 일하다 떠나면서 동료에게 행하던 정화의 관습이었다. 하느님께서는 사람들이 당신에게 저지른 죄는(하느님을 원망하거나 욕하는 등) 조건 없이 용서해 주신다고 한다. 한없는 자비와 자애로움을 가지신 분이기 때문이다. 그러나 인간이 인간에게 저지른 죄는 인간이 용서해야지 하느님께서 용서해 주실 수 없다고 한다. 자유의지를 지닌 인간이 서로 싸우고 욕했을 때에는 서로가 서로에게 사죄하고 서로를 용서해 줌으로써 각자의 죄가 씻긴다는 것이다. 하크느 헬랄 에트메트와 같은 방식으로 마음을 깨끗이 하고 묵묵히 사랑을 실천하는 교사의 고매한 인격이 우리의 학교에도 필요하다.

맺는 말

우리 사회에는 이슬람에 대한 편견이 많다. 필자가 소개하는 터키대안사립학교에 대해서도 마땅히 의심이 있으리라고 여겨진다. 그렇지만 메흐메트 알리는 "우리들이 터키사람이라고 해서 터키대안사립학교의 교육이 터키를 위한 것이라거나, 이슬람을 위한 것이라고 생각하지 않는다. 우리는 세상 어디를 가든 선한 사람을 발견하여, 그를 올바로 가르치고, 그가 배운 것을 사회에 돌리게 하려고 노력한다."라고 말하였다. 세계 각국의 수많은 사례들은 그 시스템에 특정한 종교성이라든가 정치적인 목적이 별로 개재되어 있지 않다는 것을 충분히 입증해 준다.

필자는 터키대안사립학교만이 훌륭한 학교라거나, 터키대안사립학교의 체제를 그대로 따라야 한다고 말하는 것이 아니다. 그들의 훌륭한 사례들을 통하여 우리를 반성해 보고, 교육을 새롭게 탈바꿈시켜 보자고 말할 뿐이다. 이 나라에서 교육을 받아 본 사람이라면 누구나 우리의 교육에는 마음의 고통 없이는 생각해 볼 수 없는 문제점이 있다는 데에 동의하리라고 생각한다.

이 장에서 소개한 터키대안사립학교의 정보가 국내 교육의 문제점을 성찰하고 개선하려는 노력에 조금이라도 보탬이 된다면 고마운 일이다. 더불어 이 글을 읽는 사람들이 이슬람에 대한 편견을 다소라도 불식시킨다면 더 이상 바랄 것이 없다.

우리에게 없는 것이 터키대안사립학교에 넘쳐 나고 있다. 짧은 시간에 놀라운 발전을 이루다보니, 우리 사회에는 문제점이 한두 가지가 아니다. 위기가 가장 깊었을 때 그만큼 발전가능성이 높다. 내려갈 대로 내려가서 더 이상 내려갈 곳이 없을 때 올라갈 일만 남아 있게 된다. 역경에 처할수록 불굴의 정신으로 일어나고, 신명나게 일하면서 어느새 목표에 도달하고 즐거워하는 우리들의 에너지를 교육적인 부문에 쏟아야 할 때가 되었다.

이 글을 쓰면서 책자에만 의존하지 않았다. 책에 있는 지식은 이미 묵은 것이 되기 쉬운데, 터키대안사립학교는 지금도 계속 변화해 가는 교육체제이기 때문이다. 교사들의 헌신과 모범에 의해 이룩된 터키대안사립학교의 신화는 미래에 더욱 값진 성과로 나타날 것이다. 도덕적 가치를 존중하는 우수한 교사들이 심혈을 기울이는 터키대안사립학교의 교육은 직접적인 관찰이 아니고서는 현장에서 살아 숨쉬고 있는 진리를 발굴하거나, 수집할 수 없다고 본다.

따라서 필자의 동료들은 터키대안사립학교를 세우는 전 단계로 영어를 가르치는 유치원을 양재동에 설립하였다. 이것을 출발점으로 하여 외국인학교와 국제학교를 순차적으로 세워 나갈 예정인데, 그곳에서 이루어지는 교육의 현황과 교사들의 순수한 열정을 지켜볼 작정이다. 이 글에서 다하지 못한 터키대안사립학교 이야기와 필자의 부족한 견해, 그리고 그 학교의 한국적인 성공사례는 차후에 밝힐 수 있으리라고 믿는다. 터키대안사립학교를 세우고, 그 시스템을 우리 사회에 전하려는 노력에 대한 많은 성원이 요구된다.

Chapter9 주

1 수피즘에 있어서 묵상(Murāqabah)은 명상(Tafakkur)의 한 측면이다. 그것은 마음이 하느님(Allāh)을 향해 깨어 있고 하느님을 숙고하는 의식의 상태다. 묵상을 통하여 하느님께 기원하고 하느님의 임재(臨在)를 기다리는 것은 디크르(Dhikr)와 함께 영적 깨달음의 주요한 수단이 된다.

디크르는 하느님의 이름을 반복하여 부르거나 종교적인 신조를 읊조리는 염송(念誦)이다. 그것은 하느님을 회상하고 마음속에 새겨 두는 염신(念神)이며, 하느님의 이름으로 기원하는 연도(連禱)다. 디크르는 정규적인 예배(Ṣallāh)의 한 과정이지만, 이슬람 신비주의자인 수피(Sufī)들에게 있어서 그것은 수행의 한 기법이 되기도 한다. 제자들이 디크르를 통하여 마음의 때를 제거하고 신적 의식으로 깨어 있도록 스승인 셰이흐(Shaykh)는 제자들을 이끌어 간다.

2 p.9 참조.

3 이슬람에서는 모든 사람들이 똑같은 아버지요 어머니인 아담과 이브로부터 만들어졌으므로 평등한 위치에 있다고 생각한다. 이슬람에는 원칙적으로 민족주의라는 개념과 국가 간의 장벽이 없었다.

4 Afzalur Rahman (1980). *Islam-Ideology and Way of Life*. London: The Muslim Schools Trust London. p.368.

5 꾸란과 하디스와 순나는 모두 이슬람 신앙과 교리의 바탕이 되고 있다. 그밖에 코란과 순나보다는 하위적인 것이지만, 무슬림의 삶의 기준이 되는 것으로 법의 기초(Uṣūl al-fiqh)와 유추(Qiyās), 합의(Ijm 'ā)가 있다.

6 믿음(īmān) 및 예배(Ṣalāh)와 함께 미덕(美德 Iḥsān)은 이슬람을 구성하는 세 가지 요소다.

7 Mahammad Atiya al Ibrashi(출판년도 미상) *Education in Islam*. Cairo: The Supreme Concil for Islamic Affairs. pp.12-14

8 터키대안사립학교에 관련맺고 있는 사람들은 '귈렌 학교'라는 명칭의 사용을 꺼린다. 왜냐하면 그러한 호칭은 이 학교들이 마치 설립이념을 제공하고 설립의지를 촉발시킨 페퉅라 귈렌(Fetullah Gulen) 선생님 소유의 학교인 것처럼 오해를 불러일으킬 수 있기 때문이다. 그러나 터키대안사립학교는 보통명사이므로, 적합한 용어를 찾기 전까지는 편의상 일반적으로 통용되는 명칭인 '귈렌 학교'를 사용할 수도 있겠다.

9 그는 논자와 논자의 동료들을 그 학교의 개교기념식에 초청하였는데, 다음에는 그곳을 방문하여 그가 말한 인도네시아의 터키대안사립학교 성공사례가 사실인지를 확인해 볼 예정이다.

10 홍성철 기자의 보도자료가 되고 있는 터키사립대안학교들은 필자가 방문했던 곳이고, 그가 만났던 사람들은 거의 필자가 만났거나 만나고 있는 분들이므로, 그 보도내용에 과장이나 거짓은 없다고 말할 수 있다.

| 참고문헌 |

Afzalur Rahman (1980). *Islam-Ideology and Way of Life*. London: The Muslim Schools Trust London.

Fethulah Gulen, M. (2006). *Religious Education of the Child*. Izmir, Turkey: The Light Inc.

Ian G. Williams (2005). *The Fethullah Gulen Movement in Thought and Practice*.

Conference papers: Fethullah Gulen' s Home Page.

Mahammad Atiya al Ibrashi (출판년도 미상). *Education in Islam*. Cairo, Egypt: The Supreme Council for Islamic Affairs.

제3부

대안적 교육론 모색과 종교성

10

홀리스틱 교육방법론

들어가는 말

1980년대 말부터 미국, 캐나다, 호주, 일본, 멕시코 등에서 시도하고 있는 홀리스틱 교육은 이 시대가 안고 있는 여러 가지 교육문제를 해결할 수 있는 새로운 교육이론이다. 홀리스틱 교육방법은 수많은 외국 교육방법 중의 하나다. 그런데 이 교육방법을 소개하는 것은 바로 현대교육이 위기를 맞이하고 있다는 문제의식과, 그 대안의 제시가 새로운 세기를 앞서 나갈 만하다고 생각되기 때문이다.

홀리스틱 교육은 현대교육의 위기가 경쟁과 소비와 관료주의를 위주로 하는 산업·기술사회의 문화와 교육으로 인하여 초래되었다고 본다. 현대교육의 위기로 인하여 하나밖에 없는 온 생명체인 지구의 생명체계가 파괴되고, 인간의 존엄성이 품위를 유지하지 못할 뿐만 아니라, 잘못된 교육관과 교육의 과정으로 인해 교육력이 제대로 발휘되지 못하여 교사는 있으나 스승은 없고, 학생은 있으나 제자는 없다는 교육 자체의 공허함을 한탄해 오게 되었다. 교육이라는 제도는 있으나, 그 제도가 본래의 의도와 목적을 제대로 실현하지 못하여 사회의 여러 가지 문제에 제대로 대처할 수 있는 인간교육에 실패해 온 것을 부인할 수 없을 것이다.

이 모든 교육적인 문제의 핵심에 교육에 대한 확고한 기대와 깊은 믿음이 있는 것이다. 이러한 기대와 믿음에 기초한 교육자와 교육이론가와 교육정책 입안가 사이의 공감이 있어야만 교육개혁이 가능하다는 말이다. 이러한 공감을 기반으로 할 때에 교육현장의 새로운 교육혁신운동은 활기를 찾을 수 있을 것이다. 홀리스틱 교육이론은 이와 같은 교육혁신에 새로운 이정표와 교육비전을 제시하는 새로운 교육이론이다. 이 장은 홀리스틱 교육의 핵심원리와 그것을 반영하는 교육방법을 개론적인 수준에서 소개하고자 한다.

홀리스틱 교육의 역사적 배경

홀리스틱 패러다임(holistic paradigm)은 1980년대 이후 심리치료, 의학, 물리학, 생물학, 종교학, 경제학, 정치학이론 분야에서 다양한 사상가들에 의해서 힘차게 제기된, 매우 광범위하면서도 체계적이고 정합적인 사고체계다. 그러나 홀리스틱적 사고는 새로운 것이 아니다. 그것은 구시대에 대한 단순한 '새 시대'를 예견하는 새로운 사조운동도 아니려니와, 기존문화에 역행하려는 단순한 반문화운동도 아니다. 헉슬리(Huxley, A.)가 홀리스틱 교육철학을 영원주의 철학(perennial philosophy)이라고 명명한 것으로 미루어 볼 때, 이 철학은 우주와 영성적 전통(spiritual tradition)에 그 깊은 사상의 뿌리를 가지고 있다. 분석적·과학적 이성에 의해서 고무된 소위 18세기의 계몽주의 사조가 서양의 사상계를 지배하게 되면서, 진화하는 우주에 밀접한 연계성을 지닌 인간성에 대한 깨달음을 강조하는 이와 같은 영원주의의 지혜가 격하되면서 낭만주의(romanticism)라는 명칭이 붙게 되었다. 홀리스틱 교육은 루소(Rousseau, J. J.), 페스탈로치

(Pestalozzi, J. H), 프뢰벨(Fröbel)과 같은 낭만주의 이론가들의 사상에 뿌리를 두게 되었다.

20세기에 와서 홀리스틱 교육자들은 영성적 개념에 자리하는 심층 심리학적 언어를 채택하였다. 그들은 우리 안에 있는 신성의 발현과 자아실현을 강조한다. 그들은 교육의 목적이 모든 사람의 지적, 정서적, 사회적, 신체적, 예술적, 영성적 잠재가능성을 꽃피우게 하는 것이라고 보았다. 이런 홀리스틱적인 측면을 강조하는 것은 사소한 것을 개선하거나, 요즈음 이야기하는 새로운 학교문화를 창조하자는 것이 아니다. 그것보다는 오히려 교육의 근본적인 변용(transformation)을 이야기하려는 것이다. 홀리스틱 교육이론은 모든 교육관련자들에게 중대한 도전장을 내놓으려는 것이다. 참으로 인간의 삶의 질을 돌보려는 사람들은 우리 문화의 진화과정을 심각하게 재고해야 한다. 이것은 우리의 인간성과 우리가 사용하지 않은 가능성과 개인이 더 큰 지역사회와 국가, 이 행성과 어떻게 관계를 가져야만 하는지를 근본적으로 다시 규정해야 하는 문제라고 보는 것이다(Miller, R., 1991). 따라서 홀리스틱적 접근은 교육을 밑바닥부터 다시 설계하자는 것이다. 교육의 기본 가정, 목표, 교육과정, 내용, 학급의 구조와 학교의 구조, 학습자와 교사, 행정가의 책임 있는 역할을 과감하게 변화시키자는 것이다.

미국은 1920년대부터 1980년대까지 교육이 확장되었고, 1980년대부터 홀리스틱 교육자들이 포스트모던 시대의 교육을 논하였다. 멈퍼드(Mumford, L.)는 『인간의 변용』(1956)이라는 책에서 현대사회는 거대한 기계(megamachine)로서 이 기계는 게걸스럽게 여러 세기에 걸쳐서 인류문화에 기여해 온 유기적인 인간 규모의 제도와 기관을 과학, 기술, 자본주의, 거대한 군사력을 행사할 수 있는 국가주의적 정부라는 복합적인 요소로 대체해 오고 있다고 보았다. 인간이 인간다운 품위를 유지하고 새로운 국면에 들어가서 유지 가능한 인류문명시대에 진입하려면 인간의 가치문제에 매우 위험하고 파괴적이며 강력한 힘을 가진 이 거대기계의 문제를 해결해야만 한다고 경고했다.

1960년대에는 데오도르 로작(Roszak, T.)이 이 문제에 도전하는 책을 내놓았다. 『반문화의 형성』(1968) 『소비사회의 종말』(1972) 『끝나지 않은 동물』(1975) 『개인과 행성』(1978)이 그의 주요 저서였다. 그는 미충족된 정신적 갈망과 발아하는 생태학적 인식을 통해, 기계적이고 환원주의적인 근대 세계관으로부터 실재에 대한 깊은 인식과 의미에 대한 확장된 감각과 전체성에 대한 탐구를 통해 새로운 문화적 변용을 시도했다. 묵상센터, 성인교육, 출판, 정신훈련 등의 네트워크를 통해, 1960년대와 1970년대에 인간의 잠재력운동(human potential movement)에서 시작하여, 1980년대와 1990년대에는 '새시대운동' (new age movement)으로 발전하였다.

이것이 계기가 되어서 위의 두 사람의 정신을 발전시키려는 많은 철학자, 과학자, 신학자, 사회학자, 역사학자, 교육학자들이 포스트모던의 견지에서 보는 문화를 연구하고 이들 생각을 지지했다. 포스트모던 문화관은 인간 존재의 유기적 · 발달적 측면을 깊이 고려한 정신적 · 생태학적 지혜와 민주적 공동체에 바탕을 둔 세계관이며, 이를 지향하려면 근대성 자체로부터 해방되어야 한다고 보았다(Griffin, 1992). 그리핀은 구성적 포스트모더니즘(constructive postmodernism)을 주장하면서 근대성에 밀착된 기계적인 이해력의 문제를 해결하려면 개인의 분리와 인간집단의 분리를 강조하기보다는 생태학적인 맥락에 따르는 인류 인식의 초월적 의미와 진보의 목적을 강조해야 한다고 보았다. 이와 같은 세계관에 의해서 지난 20여 년 동안 새로운 세계관이 나타났다. 양자역학을 연 캐프라(Fritjof Capra), 이 분야에 개척적인 저작을 한 피어스(Pearce, J. C.), 베이트슨(Bateson, G.), 리프킨(Rifkin, J.), 윌버(Wilber, K.), 버만(Berman, M.), 머천트(Merchant, C.) 등이 1970년대부터 최근까지 의미 있는 저서를 출판하고 있다.

밀러(Miller, J. P.)는 소크라테스의 "너 자신을 알라."라는 말이 홀리스틱 교육의 하나의 지침이 되며, 플라톤의 동굴의 우화는 교육의 은유며, 그의 이데아론은 물질성의 유한성을 뛰어넘어 깨달음을 얻는 홀리스틱적 교육이념의 전형이라고 보았다. 어거스틴의 직관과 명상, 루소의 성선설과 소극교육, 페스탈로치의 사랑의 교육애와 실물교수법, 프뢰벨의 놀이를 통한 교육, 톨스토이와 닐의 아동 중심의 자유학교, 페레(Ferrer)와 카운츠(Counts)의 사회변혁을 위한 교육이론과 실천 등을 홀리스틱 교육의 역사적 배경으로 보았다(Miller, J. P., 1996).

홀리스틱 교육방법

우리나라의 홀리스틱 교육학자들에 의해서 제시되는 홀리스틱 교육방법은 한국홀리스틱교육실천학회(1995~1999)와 한국홀리스틱교육학회(2000~현재)에서 발간되는 학회지『홀리스틱 교육실천연구』(창간호~제3집)와『홀리스틱 교육연구』(제4집~제10권)와『한국홀리스틱교육학회 학술대회자료집』(2006 춘계학술대회자료집, 박영만 홀리스틱 교육 10년의 회고와 전망),『홀리스틱 교육의 원리와 방법』(박영만 외, 2002) 등과 학위논문 등(명지원, 2000; 손경화, 2000, 2003; 황인숙, 2000; 노혜련, 2002; 배용철, 2003; 주혜순, 2003; 장선영, 2003; 한진숙, 2003; 황기남,2004; 이옥자, 2007; 이혜원, 2007; 백준균, 2007)에 산재해 있다. 그리고 홀리스틱 교육실천연구의 교장연수자료(김현재 회장)와 홀리스틱교육학회의 교장연수자료(『홀리스틱 교육이란 무엇인가?』, 박영만 회장, 2002)에도 학교와 유치원에서 실행 가능한 교육 프로그램들이 자세하게 실려 있다. 그리고 최근에 발간된 송민영(2006)의『홀리스틱 교육사상』에는 홀리스틱 교육사상의 역사적 · 철학적 · 심리학적 기초와 함께 홀리스틱 통합교육과정, 교수 · 학습원리, 영성교육, 교재론, 교사론, 임상교육학적 방법들이 체계적으로 소개되고 있다. 그리고 현직교사들을 위한 원격교육연수 프로그램이 경인교육대학교 원격연수원 홈페이지에 운영되고 있다(『교실개혁과 홀리스틱 교육방법』, 박영만 외, 2005).

박영만(2006)의「홀리스틱 교육 10년의 회고와 전망」에 나와 있는 홀리스틱 교육방법들을 소개하면 다음과 같다. 송민영은「일본의 홀리스틱 교육의 현황과 실제」에서 미국에서 홀리스틱교육국제회의가 열리게 된 배경과 경과를 설명하고, 일본홀리스틱교육연구회의 발족과 경과 및 연구활동을 소개했다. 일본의 경우, 야마노우치 기이치로 교장 선생님이 일본 초등학교에서 실천했던 학교숲 운동이 테즈카 이쿠에의 『숲과 목장이 있는 학교』라는 저서를 통해서 일본 홀리스틱 교육의 출발점이 되었다고 소개했다. 그리고 가와즈 유우스케가 일본의 초등학교에서 실시된 수업, 그림을 그리는 이과 수업, 이 수업을 통해서 성장하는 아동과 교사의 내면을 소개하면서 이 수업에서 아동은 이야기라는 객관적 사실을 접하고, 주관적 세계인 환상의 세계라는 그림을 그리고, 정서라는 거품이 빠진 다음 날 공책에 정리하면서 주관과 객관을 상호촉발시키고 돌이켜 보기를 통해 개성적 인식으로의 발전을 시도한다고 소개했다. 여기서 중요한 것은 교사 자신의 역량이며, 이러한 역량을 키우기 위해서 식물을 정사(精査)하고, 교사가 식물이 되고, 교사가 식물의 새로운 존재를 발견하는 과정을 거쳐야 한다고 소개했다. 이어서 이세야 에츠오 교사의 학급도난사건을 통해서 도난사건도 해결하고 학생과 교사의 새로운 변화를 소개했으며, 교사와 학생이 상호성장의 체험을 통해서 깊은 감동을 겪는 과정을 소개했다. 그리고 긍정적 자기개념을 기르는 소시얼 실루엣과 포지티브 피드백 프로그램을 소개했다. 이어서 다음과 같은 결론을 맺었다(송민영, 1997).

> "…… 홀리스틱 교육은 인간과 인간의 관계, 인간과 생태계와의 관계 등 '관계'를 중시하는 교육으로, 그 속에서의 조화와 통합성을 추구한다. 즉, 오늘날은 경제발전이나 물질문명의 발달을 최우선의 목적으로 하여 인간성의 향상과 유대감, 생명에 대한 외경을 잃고, 교육에서도 경쟁, 교내폭력, 비행, 등교거부 등이 만연하여, 자기존재의 거부와 함께 무기력에 의한 자살 등이 증가하고 있다. 이러한 때에 홀리스틱적 견해, 사고방식을 갖고 인간으로서 깊이 있게 살아갈 수 있는 교육, 자신에 대해 긍정적인 견해를 갖도록 하는 교육이 무엇보다도 시급하리라 생각된다. …… 홀리스틱 교육은 기존의 교육을 부정하는 것이 아니라, 그것들을 통합하여 각각의 교육이론이나 기법의 단편성을 보충하여 전체적인 조화를 이뤄 내는 교육이라 할 수 있다. ……"

이러한 결론은 홀리스틱 교육 초창기에 홀리스틱 교육의 방향을 지시하는 역할을 하는 것이었다. 김명자 회장은 '유치원에서의 홀리스틱 교육 실천 사례-마로니에 나무 학습활동을 중심으로' 라는 실천 프로그램을 소개했다. 김명자 회장은 『숲과 목장이 있는 학교』와 홀리스틱 교육 시카고선언을 소개하면서 이 실천 프로그램은 홀리스틱 교육이념을 구현하려는 실천적인 시도라고 소개했다.

김명자 회장의 프로그램은 운동장 남쪽에 있는 높이 9m에 가까운 마로니에 나무가 가을이 깊어 단풍이 들어 장관을 이루는 모습을 보면서 나무에 대한 프로젝트 대화록을 남긴 연구였다. 다음은 1996년 11월 19일 운동장의 낙엽을 관찰하면서 교사가 아동과 함께 한 대화록이다(김명자, 1997).

선호 : 선생님, 왜 나뭇잎을 안 쓸었어요?

교사 : 왜 모아 두지 않고 그대로 두었을까?

학생일동 : 불쌍해서요.

은수 : 친구들하고 얘기하라고요.

학찬 : 우리들이 즐거우라고요.

다빈 : 밟으니까 '바삭바삭' 소리가 좋아요.

성원 : 폭신폭신한데, 나뭇잎이 아프다고 하는 것 같아요.

은수 : 살살 밟아 주자.

인호 : 우리가 좋아하니까, 나뭇잎이 기뻐서 안 아파하는 것 같아.

선호 : 자기가 태어난 나무 옆에서 떠나기 싫을 것 같아요.

학찬 : 그러니까 나뭇잎이 헤어지지 않게 여기 있어야 하나 보다.

성원 : 그리고 우리도 관찰할 수 있게 하려고 그래.

교사 : 그럼, 얘들아, 여기 떨어져 있는 나뭇잎은 앞으로 어떻게 될까?

학생일동 : ……

정애 : 바람에 날아가요.

혜원 : 썩을 것 같아요.

교사 : 썩어서 어떻게 될까?

성원 : 아파서 울어요.

은수 : 나뭇잎들이 썩어서 영양분을 만들어요.

선호 : 썩어서 흙 속으로 들어가서 나무뿌리가 빨아먹을 수 있게 해요.

인호 : 그래서 자기와 친구나무가 먹고 잘 자라게 해 줘요.

성원 : 피어 있을 때는 공기도 주고 아름다우니까, 우리 마음도 아름답게 해 주었는데…… 음, 죽어서는 나무에게 영양분도 주어요.

은수 : 낙엽들을 모아서 밑동 있는 곳에 놓아 주면 따뜻할 것 같기도 해요.

교사 : 나뭇잎이 나무를 따뜻하게 보호해 주기도 하고 영양분도 되어 주는구나.

은수 : 썩은 나뭇잎을 먹고 나무가 잘 살아가다가 봄에 다시 싹이 나오게 돼요.

성원 : 착한 일을 하니까 다시 태어나는 것 같다.

수진 : 그래, 좋은 일을 하면 자기에게도 좋은 일이 생긴대.

인호 : 나무한테 배워야겠다.

교사 : 나무한테 무엇을 배울 수 있겠니?

성원 : 서로 사랑하는 마음이요.

수진 : 도와주면서 사는 거요.

은수 : 나뭇잎은 나무를 도와주고, 또 나무는 나뭇잎을 다시 태어나게 해 주는 점이요.

성원 : 그러니까 우리들도 친구랑 서로 도와줘요.

학찬 : 싸우지도 않고요.

교사 : 오늘 너희들이 낙엽과 나무한테 소중한 마음을 많이 배웠구나. 나무한테 고마운 마음을 가져야겠는데.

학생일동 : 예.

☞ 낙엽과 나무로부터 서로 도우면서 살아야 한다는 소중한 진리를 깨닫게 된 아이 들이 대견스럽다.

이 이야기를 통해서 많은 것을 느낄 수 있다. 때묻지 않은 동심의 세계야말로 홀리스틱 교육의 출발점이자 지향점이며, 인간다운 마음을 소유하고 산다는 것이 바로 우리 모두가 자연스럽게 바라는 행복한 삶의 밑바탕이 된다는 것이다. 어린이가 어른의 스승이 된다는 원리는 홀리스틱 교육이 다른 교육이론과 다른 점이다. 노소동락이요, 사제동행하는 마음의 자세야말로 모든 교육자가 지향해야 할 마음이 아닌가?

이어서 정숙례는 카와즈 유우스케 선생의 그림을 그리는 이과 수업을 1997년 3월 25일 4교시 인천효성동초등학교 2학년 슬기로운 생활 '봄' 단원 중 '학교 꽃, 학교 나무' 와 관련지어 목련을 주제로 한 50분 수업사례를 소개했다. 수업은 다음의 네 장면으로 진행되었다(정숙녀, 1997).

1. 몸을 풀고 마음을 평온하게 하는 장면

52명의 아동들이 교사를 향해서 양손에 깍지를 끼우고 손바닥을 천장을 향해서 머리 위로 뻗고, 눈을 감고, '몸 전체가 주욱 늘어난다' 는 이미지를 그려 가면서 실제로 몸이 늘어나는 것을 기다리게 했다. 2인 1조가 되어서 등을 두드려 준다. "동쪽에서 해가 떠오르는 것을 보는 것 같은 기분을 가지면서, 뱃속으로부터 거침없는 소리를 낸다." 라고 하는 교사의 유도로 '아' 라는 하모니가 교실에 가득할 때 '목련화' 동시를 낭송하니, 아이들의 표정이 밝아졌다.

2. '목련꽃의 이야기' 를 듣는 장면

목련꽃 봉오리를 손에 들고 보여 주면서 아이들이 자신의 내면에 생생한 이미지를 부각시킬 수 있도록 구상해서 이야기를 전개한다.

3. 환상 속에서 목련꽃이 피어나는 장면

가장 편안한 자세로 눈을 감고 환상의 세계로 빠져, 교사의 설명을 듣고 난 후, 도화지에 크레파스로 가능한 한 아름답게 목련꽃 그림을 그리게 한다. 학습지에 있는 질문지에 답하게 한다.

4. 돌이켜 생각해 보고 매듭짓는 장면

그림을 보이면서 자신의 목련꽃을 소개한다. 교사가 적당한 곳에서 개입하여 목련꽃의 생김새와 피는 과정에 대해 확인을 촉진하는 코멘트를 한다. "모두가 그린 그림은 여러분 자신 이외에는 그릴 수 없는 목련꽃으로, 지금 함께 보아 온 것과 같이 잘 보면 대단히 중요한 것을 표현하고 있습니다."라고 명확하게 이야기해 준다. '아' 발성과 함께 목련화 시를 낭송하고 수업을 끝낸다.

이 수업은 그 이후의 교육 실천사례나 새로운 홀리스틱적 수업에 하나의 이정표가 되는 것이었다. 앞의 송민영(1997)의 글에서 제시하고 있는 사례는 객관적 사실, 주관적 전개, 상호촉발, 개성적 인식이라는 과정을 통해서 종래의 인식 중심의 자연과 수업의 틀을 깨고 감성과 이성을 종합해서 보다 개성적인 인식의 차원으로 나아가게 하는 수업의 전형을 한국에서 최초로 시도한 수업사례라고 볼 수 있다.

김현재는 「홀리스틱 교육에서 명상의 접근방안」이라는 논문에서 시각화의 탐색을 통해 열린 교육현장에서 실현할 수 있는 명상의 새로운 교육적 접근방안을 제시했고, 이후 홀리스틱 교육실천에서 거의 모든 교육자가 이 접근방안을 실천하는 계기를 마련했다. 이 논문은 다음과 같은 결론을 내렸다. "만약 세상이 교육의 병과 환경의 병으로부터 다시 온전해지려면, 그 주된 방법 중 하나는 학습자의 내면세계에 대한 주의를 통해 가능하게 될 것이므로, 명상은 학생들의 내면세계를 풍부하게 할 뿐만 아니라, 상상의 세계로 인도하는 데 꼭 수행되어야 할 과제라고 할 수 있다. 홀리스틱 교육은 교사의 가장 깊은 곳에서부터 책임감이 우러나와야 하고, 교사 스스로 다른 형태의 정신적 자각의 체험이 있어야 하는데, 교사의 명상에 대한 새로운 능력은 이러한 과정의 지도능력에 기초가 된다. 만약 교사가 자아와 연결하는 어떤 명상에 대한 진실된 체험적인 노력을 하지 않으면, 어떤 홀리스틱 교육에 대한 시도도 형식적으로만 진행되어 실로 무의미하고 공허하게 될 위험이 있는 것이다." 이러한 결론은 홀리스틱 교육에 대한 어떤 시도도 명상에 대한 이해와 체험이 없다면 무의미하고 공허해질 것이라는 강력한 암시를 보이고 있다(김현재, 1998).

김현재는 「생명의 학교 숲 환경조성과 생태학적 소양교육」이라는 논문에서 "…… 교육이라는 것은 원래 모든 형태의 생명 중에 흐르고 있는 생명에 대한 깊은 외경의 마음에서 시작한 것임에 틀림없다. …… 생태학적 소양이란 연관성을 열심히 찾아내려는 마음의 질이다. 이는 생명의 연관성을 이해할 뿐만 아니라 능동적으로 자연에 대한 관심을 가지고 보살피고 실천해 가는 능력을 의미한다. …… 자연을 개발해야 하는 자원으로만 보는 것이 아니라, 공생해야 하는 대상으로 다뤄 인간과 자연과의 관계를 재인식하지 않으면 안 된다. 이것만이 21세기를 전망하는 우리들 교육비전의 핵심인 것이다. 아동들에게는, 깨끗한 공기와 물, 일광, 풍부한 대지, 그리고 지구의 생태계를 지탱하고 있는 모든 생명이 필요하다. 병든 지구에서 감성이 풍부한 어린이들을 기를 수는 없다. 우리들은 모두, 틀림없이 지구시민이다. 지구시민은 자신의 이익이나 자국의 이익만이 아니라, 지구의 미래에 대해 공동체적인 책임을 갖고, 자신이 해야 할 역할을 자각하며 행동할 필요가 있으며, 우리들은 지구 안에서 상호의존적인 관계를 맺으며 살아가고 있음을 깨달아야 한다." "…… 어린이들이 예쁜 병아리를 사서 20층 아파트에서 떨어뜨리는 놀이를 한다면 탐구심이 많아 장래가 유망하다고 보아야 하는가? 이들 마음이 사막같이 삭막하다고 보아야 할까? 어린이 마음에 생명에 대한 존귀한 마음을 어떻게 싱싱하고 푸르게 만들어 줄 수 있을까? 이는 어려서부터 숲이 주는 감사의 정과 깨달음을 갖게 하는 학교 숲 환경과의 인연을 맺게 함으로써 가능하다."라고 했다.

김현재는 「새 학교문화 창조에 대한 홀리스틱 관점의 고찰」을 통하여 다음과 같은 결론을 맺었다. "우리는 지난 10여 년간에 걸쳐 우리 교육현장을 열린교육의 정착을 위한 노력과 더불어 교육의 실천현장을 마련하려 애쓰고 있으며, 「새 학교문화 창조-교육비전 2002-」의 실천을 통한 우리 교육의 정상화를 기하는 동시에, 2003년 이후 앞으로 100년의 장기적 교육비전을 위한 연구과제를 수행해야 한다. 그런 열린 교실, 열린 마음으로 홀리스틱 교육을 통한 21세기 교육 현대화의 연구·실천을 병행한다면 우리나라의 교육도 세계적인 선진 진보교육으로 변화되리라고 확신한다. 그러나 너무 오랫동안 전통적 교육의 패러다임에 젖어 온 터라, 열린 교육으로 본질적인 변혁을 하는 데 상당한 진통을 겪으면서 점진적으로 뿌리를 내리고 있다. 우리 세대가 맞고 있는 생태계의 병과 교육의 병은 모두 같은 뿌리에 있는데, 이를 동시에 고치려는 근본적인 치료방법으로 홀리스틱 교육의 실천이 절실히 요망되며, 현장에서 열린 교육의 본질적 장을 마련하는 교육가들이 홀리스틱 교육 연구실천가가 되어 교육현대화의 어려운 선도적인 연구에 열린 교육자들이 함께 앞장서 가기를 기대해 본다."라고 했다(김현재, 1999).

심성보는 「'보살핌'의 윤리와 '통합적' 인간발달의 새로운 지평」이라는 논문을 통해서 "…… 또 'holistic'은 분리적이고 원자적이며 단순하지 않고, 연계적이고 관계적이며 복합적이고 전체적이며 통합적이라는 의미를 담고 있다. 이것을 신페미니스트 철학과 연계시키면 남성성, 또는 여성성의 어느 한쪽에 의해 지배되는 것이 아니라 남녀의 서로 다른 고유성을 존중하면서 양성성을 통합하고, 나아가 사람들 사이의 유기적 연계를 맺을 줄 아는 '관계적 도덕성'을 갖춘 삶의 육성으로 이해할 수 있다. 필자는 이러한 점을 포착하여 남녀간의 변증법적 통합성을 지향하는 신페미스트의 철학을 살펴보면서 '통합적'이고 '총체적'인 인간발달의 새로운 지평을 모색하고자 한다."라는 의지를 밝혔다. 이 논문은 다음과 같이 결론을 맺고 있다. "…… 이러한 도덕적 토대 구축에 있어, 정의와 보살핌의 윤리는 중요한 원리를 제공한다. 인간의 도덕적 성숙에 있어 중요한 부분을 차지하는 정의의 원리와 보살핌의 원리가 대치되는 목소리가 아니라, '다른 목소리'로서 때로는 독자적 목소리를 내면서도 가능한 한 상호보완되어 중도의 도덕성을 지향하도록 노력해야 한다. 학교공동체는 두 목소리를 고루 견지할 때 건강한 인성의 형성이 가능할 것이다. 바로 이런 '옴살스러운 아이(whole child)'를 양성하는 것이 총체적이고 통합적인 인간발달과 도덕교육의 목적이 되어야 한다."라고 했다. 이 결론에서 나오는 '옴살스러운 아이' 야말로 홀리스틱 교육이 이상적으로 여기는 통합적이고 총체적으로 발달된 아동이며, 아동으로서의 완전성을 지닌 아이라 하겠다. 이 논문은 홀리스틱 교육의 교육적, 도덕적 이상과 인간상을 다룬 중요한 글이라고 할 수 있다(심성보, 1998).

김복영은 「포스트모더니즘의 시각과 홀리스틱 교육에 대한 함의」라는 논문에서 포스트모더니즘이 교육과정 개발에 주는 함의를 통해서 홀리스틱 교육에 대한 논의에 적용시키려고 했다. 김복영은 이 논문에서 전통적인 교육과정 개발 모형을 '버스 모형' 이라고 보고 포스트모던 교육과정 개발 모형을 '비행기 모형' 이라고 보았다. 버스 안에서 버스기사는 자기가 틀고 싶은 노래나 라디오 프로그램을 튼다. 승객은 채널선택권이 없다. 그러나 비행기 안에서는 승객에게 채널선택권이 있다. 기존의 인지적 지식이 합리적 이성을 계발한다는 믿음 때문이다. 포스트모던적 지식관에는 다원적이고 변용적인 열린 지식관이 적용된다. "…… 여기에 인지적 지식뿐만 아니라 기술적 · 심미적 · 윤리적 · 신학적 지식 등도 중요한 요소로 인정되고 있다. 이는 모든 지식은 고정된 것이 아니라 잠정적이라고 보며, 끊임없이 재창조되고 재구성된다는 지식관인 것이다. 이러한 관점에서 홀리스틱 교육운동은 시의적절하게 교육문제에 대한 대안으로 점차로 인정되고 있다."라고 보았다(김복영, 1998).

김복영은 「에코페미니즘과 홀리스틱 교육」이라는 논문에서 "에코페미니즘은 페미니즘적 관심과 생태주의적 관심 사이의 상호관련성을 지적한다. 에코페미니즘은 생태학과 페미니즘의 보다 깊은 차원의 만남에서 남성이 여성을 지배하고 자연을 지배하게 되는 정당성이 사회문화적 이데올로기 속에 어떻게 관련되고 어떻게 관련을 맺고 있는가를 규명하는 것이다. …… 가부장적 사회문화 속에서 나는 남성(특히 서구사회의 백인남성), 이성, 영혼, 기독교, 유럽 중심 등이며, 너는 자연, 감성, 육체, 기독교 이외의 다른 종교, 유럽 외의 다른 나라였다. 과거의 식민주의 또는 제국주의, 배타적 유일신주의, 인간중심주의는 모든 남성중심주의, 즉 남성적 패권주의와 그 뿌리를 같이하는 것으로 페미니스트 학자들은 파악한다. …… 이러한 남성중심주의가 가져온 문화의 폐단을 치료하고 인류의 생존환경을 지키려는 운동이 에코페미니즘 운동이다. …… 한국에서의 에코페미니즘에 대한 관심은 우리가 잊었던 전통사상을 새로운 관점에서 바라보게 하며, 홀리스틱 교육과의 연관성을 깨닫게 한다. 즉, 모든 만물은 전연관적이며 영성을 가지고 있다는 점과 이분법의 배제, 보살핌, 치유, 공동체주의, 통합적 시각 등이 홀리스틱 교육의 기반이 되는 원리와 유사하다. 이러한 점에서 에코페미니즘과 홀리스틱 교육의 연관성에 대한 심층적인 연구가 필요하리라고 본다."라고 했다(김복영, 1998).

조한무는 「영혼교육의 홀리스틱적 관점」이라는 논문에서 "…… 내적인 것과 외적인 것의 대조는 영이 육과 정반대되는 요소를 의미하는 곳에서 분명히 나타나는데, 영으로 하느님을 예배하는 것은 물질적인 형식으로 드리는 예배와 반대되고, 영적 할례와 신체적 할례가 반대된다. 또한 영은 하느님의 성령과 교제하는 영역이다. 이 영역은 사람의 영이므로 마음의 작용을 초월한다. 영은 마음을 초월하는 '신비한' 관계 속에서 하느님과 직접 교제를 누릴 수 있고, 신과 접촉할 수 있는 기관이다. 사람의 영은 기도를 통해 하느님과 직접적인 교제를 영위할 수 있는 사람의 진정한 내적 자아다. …… 모든 인간은 사람의 영을 가졌고, 더욱이 하느님 역시 프뉴마(Pneuma)이기 때문에, 인간의 영은 하느님의 프뉴마를 받아들이는 기관이다. …… 루터, 칼빈, 바울의 관점에서 인간은 영, 혼, 육으로 구성되었고, 이들은 각각 분리가 아닌 하나의 통합으로 서로 관련을 맺고 있다. 이러한 관련은 육을 통해 체력을, 혼을 통해 지력을, 혼과 영을 통해 심력을 키울 수가 있다는 원리를 발견하게 한다. …… 영혼교육, 즉 심력교육은 영에서부터 출발하여 혼과 육을 변화시키고, 다시 신의 창조질서에 의한 자연의 경험을 통해 영혼을 경험하면서 인간은 교육된다고 볼 수 있다. 이러한 점을 고려해 볼 때 '영' 따로, '혼' 따로, '육' 따로 이루어진다면 인간교육의 미래는 기대할 수 없을 것이다. 숲속에 들어가면 나무는 볼 수 있어도 숲을 볼 수 없듯이, 세계를 보고 인생을 보고 학문을 보는 것도 마찬가지다. 그러나 전체를 보게 해 주는 교육의 삼대 영역인 체력, 지력, 심력은 하나며 분리될 수 없는 것이다. 미래를 보고 인생을 보고 세계를 보는 것은 육안이나 공간지각이 아니라 우리 영혼 속에 있는 것이다. 헬렌켈러 여사는 "볼 수 없는 맹인이 불쌍한 것이 아니라 눈이 있어도 영혼의 시력이 없는 맹인이 불쌍하다. 전체를 보라고 주입한다고 해서 전체를 볼 수 있는 것이 아니라 볼 수 있는 일원론적 심력교육, 즉 홀리스틱 교육 관점에서 인간교육이 필요하다."라고 했다. 이 논문은 홀리스틱 교육의 최고의 차원이요, 핵심적인 차원인 영혼교육의 인간관과 교육관을 신학적 관점에서 파악했을 뿐만 아니라 이를 교육적 관점에서 파악했다는 점에서 이후의 홀리스틱 교육운동에 지대한 공헌을 하였다(조한무, 1998).

토론토 대학교의 나카가와 요시하루(송민영 역)는 「홀리스틱 임상교육학 서론」이라는 논문을 통해서 홀리스틱 임상교육학의 개요와 가능성을 소개했다(나카가와 요시하루, 1999). 그리고 기쁨의 교육 프로그램(정숙녀, 1999), 전래동화를 활용한 창의적인 재량활동(장경례, 1999), 자원봉사 프로그램(이해숙, 1999), MI를 통한 자연과 학습 프로그램(김금자, 1999), 홀리스틱 관점에서 우리 얼 계승하는 교육(이계순 외, 1999), 참여형 민주주의 교육(최숙희, 1999), 홀리스틱 교육 관점에서의 '설화' 지도(정종숙, 1999), 생태학적 소양교육의 실제(이보옥, 1999) 등의 프로그램들이 발표되었다. 특기할 것은 일본의 니가타 현의 홀리스틱 교육 참관기를 현지를 방문한 윤강진, 조규혁, 이공록, 경환철 교장이 실었다.

홀리스틱 교육의 과제

이상의 논의를 중심으로 홀리스틱 교육방법의 발전을 위한 과제를 제시하는 것으로 결론을 갈음하겠다.

첫째, 학교현장은 새로운 교육운동에 목말라 하고 있다. 이를 위해서 홀리스틱교육학회와 관련자들은 그동안 학회활동 자료들을 다시 분류하고 보강해서 단행본으로 출간해야 한다. 그리고 학교현장에서 연구자와 교사들의 협동연구가 활발하게 전개되어야 한다. 홀리스틱 교육방법의 고차원성은 이의 실천을 어렵게 할 수 있다. 왜냐하면 영성교육이나 명상적 방법 등은 당장 그 효과가 나타나는 것이 아니기 때문이다. 그리고 교육측정과 표준화 검사의 제한적 시행을 그 이상으로 하는 홀리스틱 교육방법의 특성상, 학부모와 교육행정가와 교육정책 입안가들의 교육성과에 대한 확인작업을 어렵게 할 수 있기 때문이다. 그러므로 더욱 실행적이고 실천적인 교육 프로그램이 개발되고 실천되어야 할 것이다.

둘째, 국제적 동향과 국내의 교육적 요구와 필요에 대한 체계적이고 분업적인 연구활동의 전개가 필요하다. 국제적인 다양한 활동과 국내학자와 교육실천가들이 진행하고 있는 연구와 실천을 함께 공유하고 소통하면서 발전적인 대화가 더욱 활성화되어야 한다. 홀리스틱 교육방법의 발전을 위해서 필수불가결한 서적을 중심으로 번역작업과 저술활동, 교육 프로그램 활동, 실험과 실천활동 등을 수행하는 것이 필요하다. 홀리스틱 교육의 철학적 배경에 대한 밀러(Miller, R., 1997)의 견해는 보다 체계적이며 학구적이지만, 미국 위주의 좁은 견해가 홀리스틱 교육이라는 넓은 스펙트럼을 잘못 해석했을 가능성도 배제할 수 없다. 문제는 기성학계에서 교육철학을 전공하는 학자들이 아직 홀리스틱 교육철학에 대한 공통된 합의가 미미하다는 데 철학적 배경의 한계가 있다. 더욱 많은 교육전문가와 시민들이 홀리스틱 교육에 대한 비전과 교육방법을 산적한 교육문제 해결에 활용할 수 있는 날이 앞당겨지기를 바란다.

셋째, 홀리스틱 교육은 서양에서 우리나라에 전해진 얕은 역사적 전통을 가진 교육방법이며 교육이론이다. 그러나 우리나라의 홍익인간 교육이념을 가장 잘 나타내는 교육이론이라는 특성을 발견할 수 있다. 앞의 글에서 이 점을 착안해서 이런 교육방법을 초등학교에서는 물론, 중학교와 고등학교와 대학교에서도 다양하게 적용하는 연구와 교육실천이 있어 왔다. 차후에는 이런 연구와 실천이 더욱 활발하게 전개되어야 할 것이다.

넷째, 홀리스틱 교육방법의 다양성과 다층성에 대한 이해와 연구다. 전통적인 교육방법과 현대적인 교육방법을 총망라하는 것이 홀리스틱 교육방법의 특성이다. 더욱 중요한 것은 홀리스틱 교육방법의 교육이념이 생태위기의 지구를 살리는 절박한 지구현실문제를 해결하고자 한다는 점이다. 이렇게 훌륭한 이념과 방법을 더욱 구체화시키고 현대화시키려면 우선 연구가 진행되어야 한다. 바로 교육현장에서의 연구야말로 홀리스틱 교육의 발전의 중요한 계기가 될 수 있을 것이다.

다섯째, 홀리스틱 교육의 영성성이라는 특성이다. 이는 현대문명이 요구하는 새로운 교육방법의 지평을 여는 것이다. 물론, 이를 종교학교에서 실천하는 문제에 그 초점을 맞출 수도 있지만, 영성적 문제가 종교라는 문제를 넘어서는 시대적 요청이라는 의식을 가져야 한다. 물질이 가난해서 생의 의미를 발견하지 못하는 현대인보다는, 마음이 가난해서 삶의 의미를 고양할 수 없는 사람들이 더 많다는 현실을 직시하고, 모든 교육문제에서 이 문제를 우선시하려는 노력을 홀리스틱 교육방법을 통해 찾아보아야 할 때다.

| 참고문헌 |

한국홀리스틱교육실천학회. (1997. 03～1999. 09). 홀리스틱교육실천연구, 창간호～3.

한국홀리스틱교육실천학회. (2000. 03～2005. 12). 홀리스틱교육연구, 4(1)～9.

김현재. (1997a). 열린 교육의 현대화를 위한 홀리스틱 교육의 탐색. 홀리스틱교육실천연구, 창간호, 3-21.

김현재. (1998a). 홀리스틱 교육에서 명상의 접근 방안. 홀리스틱교육실천연구, 2, 27-48.

김현재. (2000b). 행복한 교실을 위한 신홍익인간교육의 실천모형 탐색. 홀리스틱교육실천연구, 4, 39-73.

김현재. (2002). 행복한 교실에서 홍익하는 청소년의 영성적 비전 탐색. 홀리스틱교육실천연구, 6, 1-28.

김복영. (1998a). 포스트 모더니즘 시각과 홀리스틱 교육에 대한 함의. 홀리스틱교육실천연구, 2,

157-162.

김복영. (1998b). 에코페미니즘(ecofeminism)과 홀리스틱 교육. 홀리스틱교육실천연구, 2, 23-29.

김복영. (1999b). Whitehead의 과정철학과 홀리스틱 교육. 홀리스틱교육실천연구, 3, 149-158.

김복영. (2005). Teilhard de Chardin의 교육사상. 홀리스틱교육연구, 9, 1-15.

김명자. (1997). 유치원에서의 홀리스틱 교육 실천사례 - 마로니에 나무 학습활동을 중심으로. 홀리스틱교육실천연구, 창간호, 77-86.

김명자. (1998). 21세기를 지향하는 유아기의 홀리스틱 교육.홀리스틱교육실천연구, 2, 113-126.

노혜련. (2002). 홀리스틱 심상활동이 아동의 행동발달에 미치는 효과. 석사학위논문, 인천교육대학교.

명지원. (2001). 전인교육의 위기와 진단, 5, 69-78.

명지원. (2000), 홀리스틱 교육에 의한 통합교육과정 구성. 동국대학교 대학원.

명지원. (2003b). 교육 패러다임의 전환과 생태학적 세계관. 홀리스틱교육연구, 7, 51-73.

박영만. (2000). 홀리스틱 교육과정의 패러다임. 홀리스틱교육실천연구, 4, 49-77.

박영만. (2001a). 홀리스틱 교육과 존듀이의 교육사상. 홀리스틱교육실천연구, 5, 59-113.

박영만. (2002b). 전환기의 교육패러다임과 홀리스틱 교육.홀리스틱교육연구, 6, 291-340.

박영만. (2006), 홀리스틱교육 10년의 회고와 전망. 한국홀리스틱교육학회 춘계 학술대회 자료집.

박영만, 조한무, 정문성, 송민영, 김복영, 최유현, 김정희, 이철환, 송순재, 류청사. (2002). 홀리스틱교육의 원리와 방법. 인천: 엘리트.

배용철. (2003), 홀리스틱 생태소양 학습 프로그램의 구안 · 적용이 아도의 생명존중 태도에 미치는 효과. 석사학위논문, 인천교육대학교.

백준균. (2007), 자연나눔 학습 프로그램이 아동의 환경의식에 미치는 영향. 석사학위논문, 경인교육대학교.

송민영. (1997). 일본의 홀리스틱 교육의 동향과 실제. 홀리스틱교육실천연구, 창간호, 45-75, 109-116.

송민영. (1999b). 홀리스틱 교육과 네이츄어 게임. 홀리스틱교육실천연구, 2, 159-176. p.71~78.

송민영. (2006). 홀리스틱 교육사상. 서울: 학지사.

심성보. (1998). '보살핌' 의 윤리와 '통합적' 인간 발달의 새로운 지평. 홀리스틱교육실천연구, 2, 55-74.

심성보. (2005). 홀리스틱 교육이념의 철학적 정교화를 위한 시도. 홀리스틱교육연구, 9, 47-67.

이옥자. (2007). 학교 숲을 활용한 통합교육 프로그램이 아동의 정서 지능에 미치는 효과. 석사학위논문, 경인교육대학교.

이혜원. (2007). 홀리스틱 생명존중 교수 · 학습 프로그램이 초등학교 아동의 정서적 태도에 미치는 효과. 석사학위논문, 경인교육대학교.

일본 홀리스틱 교육 연구회. (2000). 홀리스틱 교육의 이해 (송민영, 김현재, 역). 서울: 책사랑.

장선영. (2003). 홀리스틱 스토리학습이 아동의 창의성에 미치는 효과. 경인교육대학교 교육대학원. 석사학위논문.

조한무. (1998). 홀리스틱 교육과 개념적 파라다임 구성문제. 홀리스틱교육실천연구, 2, 127-143.

조한무. (1998). 영혼교육의 홀리스틱 관점. 홀리스틱교육실천연구, 2, 63-79.

조한무. (1999). 학교 숲과 학생 건강과의 관계. 홀리스틱교육실천연구, 3, 129-140.

주혜순. (2004). 홀리스틱 심상 체험 활동이 초등학생의 자기 효능감에 미치는 효과. 석사학위논문, 경인교육대학교.

한진숙. (2004). 홀리스틱 자연 놀이 학습이 아동의 정서 지능에 미치는 효과. 경인교육대학교 교육대학원. 석사학위논문.

황기남. (2005). 홀리스틱 환경 교육이 초등학생의 환경 의식에 미치는 효과. 경인교육대학교 교육대학원. 석사학위논문.

장회익. (1998). 삶과 온생명. 솔출판사.

한기언. (1965). 현대교육사조. 법문사.

Krishnamurti, J. (2005). 크리슈나무르티 교육론 지혜와 교육(김복영, 안세근, 역). 서울: 학지사.

Crowell, S. · Caine, R. N. · Caine, G. (1998). *The Re-Enchantment of Learning: A Manual for Teacher Renewal and Classroom Transformation*. Zephyr.

Capra, F. (1975). *THE TAO OF PHYSICS*. Shambhala Boulder.

Capra, F. (1993). 새로운 과학과 문명의 전환 (이성범, 구윤서, 공역). 서울: 범양사.

Clark, E. T. (1997). *Designing and Implementing an Integrated Curriculum*. Holistic Education Press.

Drake, S. M. (1992). *Developing an Integrated Curriculum Using the Story Model*. OISE press.

Flake, C. L. (1993). *Holistic Education: Principles, Perspectives and Practices*. Holistic Education Press.

Forbes, S.H. (2003). *Holistic Education*. Foundation for Educational Renewal.

Lucas, C. J. (1984). *Foundations of Education*. PRENTICE-HALL.

Miller, J. P. (1993). The Holistic Teacher. OISE Press.

Miller, J. P. (1996). *The Holistic Curriculum*. OISE Press.

Miller, J. P. (2000). 홀리스틱 교육과정(김현재, 김명자, 김복영, 송민영, 박현주, 박성혜, 역). 서울: 책사랑.

Miller, J. P. (2000). *EDUCATION and the SOUL TOWARD A SPIRITUAL CURRICULUM*. State University of new York Press.

Miller, J. P. (2000). Krishnamurti and Holistic Education, *ENCOUNTER*.

Miller, R. (1991). *New Directions in Education*, Holistic Education Press.

Miller, R. (1997). *What Are Schools For?: HOLISTIC EDUCATION IN AMERICAN CULTURE*. Holistic Education Press.

Miller, R. (1999). Transpersonal Philosophy and Education An Introduction to Sanders' s "Dharma, Karma, and yoga, *ENCOUNTER*.

Nakagawa, Y. (2000). *Eastern Philosophy and Holistic Education*. University of toronto.

Nakagawa, Y. (2000). *Education for Awakening*. Foundation for Educational Renewal.

O' SULLIVAN, E. (1999). *Transformative Learning Educational Vision for the 21st Century*. An OISE UT book.

SMUTS, J. C. (1926). *HOLISM AND EVOLUTION*. THE MACMILLAN COMPANY.

Stoddard, L. (2004). *Educating Human Greatness*. HOLISTIC EDUCATION PRESS.

11

슈타이너의 교육방법론
: 대안교육에의 시사점

들어가는 말

국제화 · 정보화의 물결 속에서 오늘날 우리 학교교육의 현실은 대학입시 위주의 학교경영과 졸업 후 치열한 취직경쟁의 현장을 넘어 '교육전쟁' 에까지 비유되고 있다. 『교육전쟁론』(박남기, 2003)에 의하면, 각기 특정 개인과 집단이 여러 가지 표면적 이유를 내세우지만, 궁극적으로는 서로 원하는 교육을 차지하기 위해 싸우고 있는 상태다. 즉, 교육과 관련된 이해당사자들의 궁극적인 목적은 자신들이 원하는 교육수요를 충족시켜 줄 수 있는 제도, 자신들에게 유리한 제도를 만드는 것이므로, 교육정책을 둘러싼 계층 간, 집단 간의 이해와 갈등은 수차의 교육개혁을 통해서도 좀처럼 해결되기 어려운 현실이라는 것이다.

남보다 한 발 앞서, 무엇이든 빨리빨리, 오직 공부로만 숨가쁘게 치달아 온 학력신장 위주의 학교운영, 학력평가의 잣대로 인간의 가치가 정해지는 사회적 현실 속에 우리는 살고 있다. 그 결과 오늘날 공교육의 현장에서 은밀하고 집요하게 행해지는 이지메, 집단폭력, 따돌림, 상호불신, 등교거부, 탈학교현상, 그리고 급기야 자살로까지 이어지는 어린이와 청소년을 둘러싼 학교문제의 갈등구조는 이미 심각한 수준을 넘어섰다. 그럼에도 이렇다 할 시원한 해법을 제시하지 못하는 교육전문가들의 무력감은 어제 오늘의 일이 아니다.

이러한 상황에서 삶과 사람, 삶과 세상을 되살리자는 대안교육의 필요성이 제기되었고, 대중들과 교육계에 공감대를 형성하였다. 현실교육의 한계가 실제로 드러나는 시대상황 속에서 2005년에 '미인가 대안학교 양성화 법안' 이 국회를 통과(2005. 3. 25)함으로써 대안학교 법제화의 길에 들어서게 되었다. 일부에서는 2007년부터 인가받은 대안학교가 나올 것으로 기대하지만, 여러 관련부처와의 협의와 절차과정이 남아 있다(민들레, 통권 45호, 128-130). 이 시점에서 다각적이고 구체적인 대안적 교육론의 모색은 당위적 과제다.

이러한 차제에, '진정한 교육에서 중요한 것은 현대의 과학적 교육과는 전혀 다른 측면에서 어린이의 내면(마음속)에 있는 것들을 세계와의 연관성 속에서 소중히 성장시켜 나가는 일(김성숙, 1997: 4-5)' 이라고 인식했던 루돌프 슈타이너(Steiner, R., 1861~1925)의 교육방법론을 재고찰하는 것은 대안적 교육론의 모색에 있어 매우 의미 있는 일이라고 할 수 있다. 그의 인지학(人智學, Anthroposophie)사상[1]에 기초한 세계의 발도르프 학교(일명 슈타이너 학교)나 발도르프 유치원교육에서 중시하는 것은 '혼의 교육', 즉 어린이 내면의 깨달음을 자연스럽게 이끌어 내는 교육이라 할 수 있다.

그러면 지식의 전달과 기술의 축적만을 목표로 하는 당시의 교육을 '죽은 교육' 이라 갈파하고, 당시 교사들을 향해 "박제된 아이들을 만들고 있다." 라고 통렬하게 비판했던 슈타이너는 과연 어떠한 교육을 지향하는가? 그의 교육사상과 교육방법론에 대해 구체적으로 고찰하기에는 지면상의 한계가 있으나, 이미 발표한 필자의 관련 논문내용에 기초하여 간략하게 기술하기로 한다.

슈타이너의 인간 이해와 교육관

1) 인간은 자연과 소통할 수 있는 영성적 존재

(1) 인간의 구성요소

슈타이너는 인간을 자연과 소통할 수 있는 영성적 존재로 인식한다. 그 자신이 '1861년에서 1893년까지의 내 인생의 한 시기' 라는 주제의 베를린 강연(1913. 2. 4.)에서 밝혔듯이, 슈타이너는 7세부터 이미 자연현상의 투시나 통찰 등의 영적 체험을 하던 인물이었다(高橋巖, 1991: 18-21). 그는 특이한 개인적 정신체험을 통해 자연이나 사물과도 대화하거나 느낌으로 통하는 신비로운 세계 속에서 일생을 살게 된다. 그가 특히 일생에서 깊은 관심을 가지고 추구했던 것은 인간의 외적 현실과 내적 현실(혼의 세계)에 관한 것으로 인간이란 무엇인가? 하는 인간의 수수께끼에 대한 인지학적 물음이었다(김성숙, 1998: 3).

그의 인지학적 인간이해는, 인간은 늘 세 가지 방식으로 세계와 연결되어 있다고 보는 독특한 관점에서 출발한다. 즉, 인간은 '몸(body)', '혼(soul)', '영(spirit)' 으로 구성되어 있다는 것이다. 그에 의하면, 몸이란 '들판의 꽃처럼 지나가는 사람에게 자신의 존재를 나타내는 바로 그것' 이다. 혼이란 '사람이 사물을 자기 자신과 관련시켜 마음에 들고 안 들고, 싫고 좋고, 기쁘고 슬프고를 느끼는 주체' 다. 영이란 '사물을 신적 태도로 볼 때 그에게 제시되는 것' 을 뜻한다. 몸은 모든 사람의 눈에 드러나 있으므로 인간은 그 몸을 통하여, 몸이 지각하는 세계에 속한다. 혼은 내면에 간직하고 있는 자신의 세계이며, 인간은 혼을 통해 그 자신의 세계를 만들어 낸다. 또한 영을 통해 외부세계는 고차적인 방식으로 인간 앞에 모습을 드러낸다(Rudolf Steiner, 신지학, 2001: 22-23).

슈타이너는 인간의 구성체를 육체(몸), 에테르체(생명체), 아스트랄체(감정체), 자아(나라는 의식)의 네 가지로 구분한다. 육체(Physischer Leib)는 몸, 물질체로서 인간 속에 있는 물질적인 구성요소다. 신체 또는 물질육체는 우리 자신에게 어떠한 외부의 사물들을 알려 주며, 신체를 통해 우리는 주위의 사물들을 전달받는다. 즉, 우리는 감각으로 몸을 지각할 수 있다. 몸을 통해서 보고 듣고 냄새 맡고 만지면서 주위 세상을 체험해 간다. 따라서 어린이들은 자신의 육체를 통해서 매일 세상에 있는 것들을 경험하고 있다.

에테르체(der Atherleib)는 생명체이며 기(氣)를 말하는데, 생명력의 작용, 생명육체를 의미한다. 에테르체는 '생명형성력' 으로 생명의 근저에 존재하며, '물질적인 소재나 힘을 생명체로 바꾸는 독립적이며 현실적 본성' 이다. 인간이 죽으면 몸은 광물계로, 에테르체는 생명계로 흩어진다고 슈타이너는 말한다(전게서, 31-33).

아스트랄체(der Astralleib)는 희, 노, 애, 락 등의 감정을 느끼는 감정체로서 감각 및 지각 체험 등의 자극에 응하여 하나의 고유한 세계를 형성하는 영혼육체를 의미한다.

자아(das Ich)는 나라는 의식이다. 인간만이 가지고 있는 '바깥세상에 있는 것을 내면화할 수 있는 것' 이며, '내면의 것을 의식으로 일깨우는 것' 이다. 자아는 영혼 안에서 살고 있고 영혼의 중심에 있다고 보는 자아체다. 자아가 물질육체에 작용하면 정신인간으로 변환하고, 생명육체에 작용하면 생명정신, 영혼육체에 영향을 주면 정신자아가 된다는 것이 슈타이너의 견해다(Johannes Kiersch, 2001: 13; 김성숙, 1999: 13).

그는 인간의 구성요소를 더욱 깊이 사유하여 궁극적으로는 ① 몸, ② 생명체, ③ 아스트랄체, ④ 나-혼의 핵심, ⑤ 영적 자아-변화한 아스트랄체, ⑥ 생명령-변화한 생명체, ⑦ 변화한 몸-영 인간으로 정리하고 있다(신지학, 2001: 50-53). 그리고 이 요소들은 상호연계를 가지고 서로 영향을 주고받으며, 혼의 경우 서로가 서로에게 침투되어 있다고 본다.

또한 인간 혼은 의지 · 감성 · 사고라고 하는 세 가지의 작용을 가지고 있고, 그것들은 공감(Sympathie)과 반감(Antipathie)의 작용 위에 성립되어 있다(김성숙, 1999; 13).

(2) 7년 주기 발달단계론

슈타이너 교육방법론의 근저에는 인간의 성장과 발달단계를 7년 주기로 구분하는 고유의 정신과학적 시각이 있다.

제 1의 7년기는 출생~만 7세까지로, 인간은 7세가 되면 생명육체가 독립되거나 탄생된다고 한다. 아이가 태어나면 물질육체는 태어나면서 분리되지만, 생명육체와 영혼육체는 모체와 완전히 분리되어 있지 않다. 이같이 시기(치아교체기)를 기점으로 젖니를 영구치로 바꾸는 육체의 큰 변화를 경험하면서 유전적 존재(Vererbungswesen)에서 세계적 존재(Weltwesen)로 변화한다. 이 시기에는 감각체험과 모방충동을 살린 교육과, 판타지(꿈, 공상력, 상상력)를 풍부하게 하는 교육이 중시되고, 의지의 육성에 주안점을 두는 교육이 권장된다.

제 2의 7년기는 7~만 14세로, 이 시기에는 예술적 수업에 기초한 감정의 교육과 개성교육을 중시한다. 섬세한 감정의 발달과 더불어 어린이들은 감각기관적 존재로부터 혼적 · 심성적 존재로 변화하며, 신체의 자기의식이 강화된다. 인간의 영혼육체가 탄생하는 시기다.

제 3의 7년기는 14~21세로, 사춘기부터 격정적인 갈등의 과정을 거쳐 자아가 확립되는 시기다. 지성과 판단력이 육성되며, 자아가 탄생한다. 감정이나 사고력, 의지의 힘이 강화되는 시기이므로 자아의 눈뜸을 지향한 사고의 육성을 중시하는 교육에 주력해야 한다(김성숙, 1999: 12-15).

(3) 인간의 명제-어디로부터 와서 어디로 가는가?

슈타이너는 인지학(人智學)적 세계관을 통해 인간이 '우주의 일원이라고 하는 감각, 즉 우주와 일체화된 오성적 · 정서적 혼(魂)의 상태로부터 자기의 자유, 자기의 내면적 결단능력, 자기의 내면적 활동을 바르게 의식하게 되는 혼의 상태로의 이행' 이 가능하다고 믿었다. 그에 의하면, 우리들이 이 세상에 생(生)을 받았을 때 우리의 영적 · 혼적 실체가 육체에 맺어지는 것을 수육(受肉)이라고 하고, 그러한 것의 반복이 윤회전생(輪廻轉生)이다. 여기서 수육이란 탄생과 죽음에 대하여 문제되는 것이 아니고 우리들 매일의 생활 중에서 일어난다. 바로 각성(깨어남)과 수면의 반복 속에서 우리는 수육(受肉)과 이육(離肉)을 체험하고 있는 것이다(高橋巖, 1993: 71-72).

이러한 세계관을 바탕으로 한 슈타이너의 교육관은 대우주와 소우주가 서로 대응하고 있다는 사상에 기초하고 있다. 따라서 그는 소우주인 '인간의 내면과 우주 존재와의 공통성의 현현' 을 기질론이라는 형태로 파악하여, 교사가 어린이의 기질을 파악하는 것에서부터 수업을 시작해야 한다고 역설하였다(Rodolf Steiner, 高橋巖 역, 1992: 56-78).

그는 어린이를 '단지 성장하고 있는 미래의 어른으로서가 아닌, 인류의 무한한 시간의 흐름 속에서 발달해 온 '혼(魂)' 으로서 파악하고 있다. 그러므로 학교교육은 '인간의 내부에 그때그때 새롭게 현현되는 신적 · 영적인 요소를 예술적 이미지가 넘치는 수업을 통해 육성시켜 가는 것' 을 중시하였다(김성숙, 1997: 5).

요컨대 현세에서의 인간의 삶을 전생과 미래생과의 연계선상에서 파악하여 생을 끊임없이 깨달아 가는 과정의 연속으로 보았다는 것이 슈타이너의 인간관의 특징이다. 즉, 인간이 육화(탄생)의 과정을 거쳐 이 세상인 물질계에 적응해 살아가는 동안, 교육은 그 인간존재 안에 출생 이전부터 유전인자를 통해 내재되어 있는 엄청난 잠재력을 성장단계에 따라 이끌어 내어 발휘하고 열매 맺도록 도와주어야 한다. 그러므로 그는 교육을 통해 정신적 본질체인 인간의 현재의식을 고양시키고자 부단히 노력하였다. 그에게 있어 교육의 절대명제는 모든 것과의 관련 속에서 항상 전 인간을 문제 삼고, 인간과 세계와의 관계성을 어린이들에게 깊이 인식시켜 내면의 생명력을 육성해 가는 것이었다고 할 수 있다.

2) 인간은 지속적 발달이 가능한 변용적 존재

(1) 의식의 확장을 통한 통합적 조화교육

슈타이너 교육의 바탕을 이루고 있는 핵심 사상은 인간은 외적 · 내적 수련을 통해 의식을 확장하고 인식능력을 발전시켜 갈 수 있는 가변적 존재라는 것이다. 그는 어린이라는 존재를 이전부터 발달해 온 인류의식의 총체로 보고, 교육을 통해 보다 높은 차원에서 인식능력이 재통일되어 신체와 영혼의 조화라는 고차의 통합을 이룰 수 있는 존재라고 보았다.

그는 이러한 내적능력의 신장을 위해, 어린이가 스스로 공명하고 싶어 할 만한 교육방법으로서 교육 전체의 예술화라는 수업방법을 창안하였다. 그는 자신의 독자적인 교육원리를 '수업의 예술적 형성에 의한 전인교육이며, 그러한 인간교육의 개혁에 의한 사회개혁' 이라고 1919년 발도르프 학교의 창립강연에서 밝히고 있다. 아울러 이제부터 눈에 보이지 않는 혼적 · 영적인 존재로서 살아 있는 인간의 모든 측면을 인식하고 교육예술을 실천할 것을 주창하였다(김성숙, 새교육, 2001: 173).

그것이 바로 "수업 전체가 예술적인 것으로부터 이루어져야 하고, 수업방법론은 전부 예술적인 요소 속에서 고안되어야 하며, 지식은 단지 그 기초가 되어 있는 것으로 충분하다."라는 교육예술(Erziehungskunst)인 것이다(김성숙, 1997: 5). 슈타이너는 이러한 수업을 통해 의지와 감정과 사고를 육성하여 어린이의 생명력을 북돋워 주는 힘을 강화하고, 그들의 내면에 잠재된 소중한 소질을 성장시켜 나가는 교육을 지향하였다. 특히 그가 힘을 기울인 것은, 어린이 개개인의 의식의 확장을 통한 신체와 정신의 조화로움을 추구하여, 각자의 생명의 힘과 의지를 통합적으로 발달시키고 강화하는 교육이었다고 할 수 있다.

(2) 현대교육의 과제

슈타이너는 지식의 양적 축적만을 추구하며, 그것을 목표로 하는 교육의 폐해는 "인간성의 상실, 수량적 사고, 유물론적 물질중심주의 등을 낳는다."라고 지적하였다. 이러한 양적 세계관은 인간의 감각보다는 지성이나 이성을 우위에 두는 사고방식이며, 결국 관리체제의 교육을 기본으로 하는 경쟁적이고 비인간적인 인간을 양산하는 시스템이라는 것이다. 그럼에도 불구하고 지금까지 교육의 기본적인 오류는 한결같이 머리(두뇌)만으로 세상을 살아가고자 하는 인간을 만들려고 해 왔으며, 그 결과 머리 이외의 부분은 동물적인 충동에 따라 충동적으로밖에 움직일 수 없는 인간을 생산해 냈다고 비판하였다(김성숙, 1997: 4-6). 그러한 맥락에서 그는 '박사(Doktor)의 이상상(理想像)을 극복' 해야 하는 것이 현대교육의 과제라고 주장하였다(김성숙, 1999: 8).

슈타이너는 교육에 있어 항상 전체적인 시각을 중시하며, 전 인간을 문제 삼는다. 모든 것은 관련지어진 테두리 안에 있고, 그 관련 속에서 처음으로 물질도 생명도 인간 존재도 그 의미를 분명히 한다. 그리고 그 관계성을 깊게 해 가는 것이 인간정신의 본래 기능이라는 것이다. 그러므로 우주창조의 근원을 체현(體現)하고 있는 개개인에게, 소우주로서 인간의 존엄을 다시 한 번 되찾아 주기 위한 교육이 슈타이너 교육론의 핵심이다(김성숙, 2003: 24). 그에 의하면, 교육의 과제란 다음과 같다.

① 어린이의 혼과 정신으로서의 본질은, 태어나기 전의 세계에서부터 탄생을 거쳐 이 땅에 내려온다. 그러한 어린이가 물질의 세계에서 자신이 발붙일 곳을 바르게 찾아 인생에 대해 의욕적으로 정진해 나가도록 도움을 주는 일(프랑스 · 카르르그렌, 高橋明男 譯, 1992)이다.

② 우주와 인간과의 일체감을 얻게 만드는 일이다.

③ 교육이란 모든 것을 생명화시키는 일이다. 따라서 교육자로서 우리의 과제의 하나는 예술교육을 통해 끊임없이 죽어 가는 것들을 소생시키는 것이며, 경직화(硬直化)로의 경향 앞에서 그 죽어 가는 힘에 대항하는 힘을 인간 속에 갖게 하는 것이다. 즉, 의지를 통해 다시 살려내는 힘(賦活力)을 발달

시켜, 그 작용으로 죽어 가는 힘에 대항하는 힘을 더욱 강화하는 일이다.

그러므로 진정한 교육은 '어린이가 항상 건강한 생명력을 유지하도록 하는 것' 이며, 모든 것과의 관계 속에서 자아체험을 통해 신체와 정신의 성장을 지속적으로 이루게 하는 것이다. '어린이의 영혼과 신체가 조화된 자유로운 결합체의 실현' 이야말로 교육의 최고의 성과로 간주된다(김성숙, 2003: 25-26).

(3) 미래교육의 이상상과 교육비전

슈타이너는 바람직한 교육을 통한 다음 세대의 이상상(理想像)에 대해 언급하고 있다. "전인(全人), 즉 정신 · 마음 · 몸의 조화가 잡히고 여러 의미에서 한쪽으로 치우치지 않은 인간이며, 나아가서 그 인간은 종교적으로도 심화되어 있는 존재로서, 자신의 생을 겸허하게 받아들이고, 감사와 사랑과 의무감을 가지고 살아가며, 자신의 능력에 맞추어 주위를 봉사할 수 있는 인간(佐夕木正昭, 1985: 85)" 이라고 하였다.

여기서 주목할 것은 바로 종교성의 강조인데, 그는 인간은 "종교적으로 심화되었을 때 비로소 진정 교육된 인간이 된다."[2]라고 주장하였다. 이것은 인간을 우주와 상통하며 긴밀하게 관계되는 영적 · 정신적 존재로 보는 그의 인지학적 인간이해에 근거한다. 또한 그가 말하는 "종교(宗教)적으로 심화된 존재" 란 현세의 어느 특정종교에 대한 신앙심의 강도로 측정되는 존재를 의미하지는 않는다. 이는 인간 누구에게나 생명력으로 내재되어 있는 원초적 힘의 존재, 즉 우주의 생명에너지와 맞닿아 있는 우리들 속의 생명을 생명이게 하는 살아 생동하는 힘('참 나' 의 주인공, 또는 眞我, 거듭난 새 생명)에 대한 외경심과 하나됨의 경지의 정도, 다시 말하면 합일의 경지의 심화를 의미하는 것으로 해석된다. 또한 그가 교육을 중시한 이유는 교육이야말로 '현세의 사회변혁과 영혼변혁과의 동시진행을 통해 우주와 인간 미래의 진전에 참여하기 위한 수단' 이라고 생각했기 때문이다(김성숙, 1999: 9).

나아가 그가 꿈꾸었던 이상적인 인간상은 강한 생명력을 가진 인간이다. 다시 말하면, '인간의 생명을 상하게 하거나 죽어 가는 힘을 멈추게 하고, 인간 상호 간에 생명을 죽이는 힘을 되돌려 생명의 힘으로 소생시킬 수 있는 인간을 의미' 한다(김성숙, 2003: 26).

결국, 슈타이너는 바른 교육을 통해 현실보다 진보된 좋은 세계를 지향하고 성숙된 인간의 드높은 의식에 의한 공생을 넘어 상생하는 세계를 꿈꾸었다고 할 수 있다.

이러한 그의 교육비전은 '교육예술' 에 기초한 발도르프 교육(Waldorfp-agogik) 운동으로 전개되어, 오늘날 세계 50여 개국 800여 개로 확산된 발도르프 학교에서 실천되고 있다.

슈타이너의 교육방법론

1919년 에밀 몰트(Molt, E.)의 지원으로 슈타이너가 독일 슈투트가르트에 창립한 자유 발도르프 학교의 특징에는 그의 교육관이 잘 나타나 있다. 기본적으로 사립을 고수하는 발도르프 학교에는 교장이 없고, 일정한 수업료가 없다. 교육과정은 초 · 중등 과정을 합한 12학년 일관제이며 유급이 없다. 1학년에 입학한 학생들은 해마다 반이 바뀌지 않고 그대로 8학년까지 같은 클래스가 올라가는 8년 담임제다. 뿐만 아니라 전 학년, 전 과목에 걸쳐 교과서가 없고 학생들이 연례행사처럼 치러야 하는 중간고사, 기말고사 등의 시험이 없다. 따라서 성적을 숫자로 표시하는 통신표도 없다. 에포크 수업(Epochenunterricht, 기본수업 또는 집중주기수업)을 통해 학생들은 자율적으로 교사와 커뮤니케이션을 하며, 각 학과에 대해 깊은 이해와 학습을 한다. 전반적으로 학교의 운영체제나 수업형식은 상하(종적)관계가 아닌 수평(횡적)관계며, 어린이들은 이러한 예술적인 환경과 수업분위기 속에서 자유롭게 자신의 개성과 소질을 발휘하며 창조적 성장을 통해 자신의 세계를 확장시켜 나간다(김성숙, 2001: 58).

이러한 특징들은 그가 창시한 인지학(人智學, Anthroposophie) 사상과 독자적인 교육방법론에 바탕하고 있다. 그것은 네 가지 기질론과 12감각론, 7년 주기 인간발달론 및 8년 담임제, 그리고 '무의식의 교육'[3]원리를 살린 에포크 수업, 언어동작예술인 오이리트미(Eurythmie), 독창적인 형태묘사인 포르멘 선묘(Formenzeichnen), 색채체험으로 어린이의 감성을 일깨우는 수채화 학습, 언어형성술(言語形成術, Sprachgestaltung)[4] 등 인간의 신체와 정신에 대한 슈타이너의 긴 연구와 탐구의 결정체라고 할 수 있다.

그리고 그 근간을 이루는 '교육예술'의 주장에는 슈타이너 자신이 주창한 인지학사상의 토대 위에 예술교육을 통한 새로운 인간상을 길러 내어, 몸과 마음(신체와 영혼)의 조화를 이룬 '예술가'를 새로운 교육의 이상형으로 배출해 냄으로써 '닥터의 교육을 인간교육에로 전환시키려는 시도'가 내포되어 있다(김성숙, 1998: 4-7).

1) 자연체험과 경험적 학습의 중시

발도르프 학교(일명 슈타이너 학교)는 대부분 아름다운 대자연의 숲과 어우러져 있거나 연관되어 있다. 예를 들면, 수위가 지키는 교문이나 긴 담장은 따로 없고, 숲길을 따라 걷다가 그대로 이어지거나 계단을 오르면 학교건물 안으로 들어가게 되어 있다(예: 스위스 바젤의 Rudolf Steinerschule).

다른 공립학교와 외형적으로 구별되는 특징을 들자면, 우선 아침에 1학년부터 12학년까지 한데 어울려 학교에 등교하는 풍경이 이채롭다. 특히 1학년부터 8학년까지 같은 반에서 동일한 담임선생님과 함께하므로, 8년 동안 함께 하는 친구들과의 정이 매우 각별하다. 형제자매가 같은 학교에 다니는 경우도 많아, 전체적으로 친근하고 가족적인 분위기가 형성되어 있으며, 학생들의 인상도 매우 밝고 활기차다.

등·하굣길에 학생들은 숲속에서 친구들과 어울려 놀거나 작은 꽃이나 식물을 관찰하기도 한다. 나뭇잎을 줍거나, 계절에 따라 숲의 색깔이 변해 가는 것을 직접 몸의 전 감각으로 체험한다. 자연의 숲속에는 온갖 지저귀는 새들과 다람쥐 등 작은 동물들, 그리고 더욱 작은 풀벌레들이 어우러져 생명의 조화를 이루며, 생명의 존엄성과 생의 기쁨을 일깨워 주고 있다. 발도르프 학교 학생들에게 있어 자연은 멀리서 감상하는 경치의 일부가 아니고, 함께 숨쉬고 생활하고 교류할 수 있는 친근한 대상이다.

또한 노작활동이나 예술활동 등의 경험적 학습을 중시한다. 초등학생의 경우, 미술수업의 시간 수는 일주일에 4시간 정도지만, 예술교육을 위주로 하는 교육방침상 에포크 수업시간이나 다른 과목 시간에도 가능한 한 예술적 요소들을 많이 도입하고 있다. 특히 미술시간에는 따스한 햇볕을 받으며 밖으로 나가 숲속에서 직접 새싹이나 나무, 식물들을 관찰하여 스케치나 정밀묘사(고학년), 수채화 등을 그리는 것을 볼 수 있다. 또한 음악교육이나 악기연주, 오케스트라 연습, 연극, 언어동작예술인 오이리트미 등의 학습을 통해 자연 속에서 신체의 움직임과 리듬을 살린 경험적 예술교육을 중요시한다.

발도르프 학교는 대개 학급마다 넓은 밭이나 화원이 배정되어 있어, 학생들은 직접 흙에 씨를 뿌리고 채소나 화초 등을 심어 싹이 나고 자라서 열매가 맺기까지 식물이나 생명체의 신비한 성장과정을 체험하는 노작활동을 한다. 지체를 활발하게 움직이는 노작활동을 권장하고 강조하는 것은, 학생들이 사물과 직접 만나고 관계 맺는 수업을 통해 그들의 신체와 정신이 조화를 이루고, 내면이 풍요롭게 계발되어 주위 세계와 소통할 수 있는 교감능력을 높일 수 있기 때문이다. 그 외에도, 교육을 예술로까지 승화시키고자 하는 발도르프 교육은 교실 내의 자연채광과 조명, 빛과의 관계, 학생들이 사용하는 모든 학습기자재 등 학습환경의 질까지도 매우 비중 있게 다루고 있다.

세계의 발도르프 학교에서는 공통된 학교환경인 숲과 연계된 자연체험을 통해 어린이들에게 생명에 대한 존엄과 경외심을 일깨워 준다. 자연과의 교감에서 얻어지는 생명력은 어린이들 자신과 자연, 자신과 주위세계에 대한 이해를 심화시켜 준다. 서로 마음을 열고 상호 관계를 확장하고 성숙시켜 나가는 지혜와 지속적인 원동력을 제공해 주고 있다.

2) 정신성의 교육－12감각론[5]

감각교육은 발도르프 학교의 전 교육과정에서 매우 중시된다. 슈타이너는 인간은 감각적인 존재이며, 그것을 아는 것이 교육의 출발점이라고 보았다. 그는 인간에 관한 깊은 통찰과 연구를 거듭하여 인간의 5감각(시각, 촉각, 후각, 미각, 청각) 이외에 7가지 감각(생명감각, 운동감각, 균형감각, 열감각, 언어감각, 사고 · 개념감각, 자아 · 개체감각)을 추가한 12감각론을 주장하였다.

그가 주장한 12감각에는 눈에 보이지 않는 감각들도 포함되어 있다. 감각교육은 학교교육과 함께 자연환경교육도 중요한 영향을 미친다고 보았다. 12감각론에서 슈타이너가 추가한 일곱 가지 감각의 내용을 간단히 요약하면 다음과 같다.

(1) 생명감각

'자신의 육체의 움직임을 직접 자신의 것으로서 느낄 수 있는 감각' 으로 기분이 좋다, 나쁘다, 피곤하다 등을 지각하는 감각이다. 생명감각 속에는 자아의 힘과 의지가 매우 강하게 작용하고 있다.

(2) 운동감각

'신체 수족의 내적인 움직임을 지각하는 감각' 으로 몸의 움직임의 변화를 체험하는 감각이다. 균형감각과는 대조를 이룬다.

(3) 균형감각

자신의 밸런스, 평형을 지각하는 감각이다. 2~4세 사이에 놀라울 정도로 성장을 이루어, 초등학교에 들어갈 무렵에는 하나의 과정을 마친다고 한다. 슈타이너는 균형감각을 도덕교육과 관련지어, 균형감각을 충분히 발달시킨 어린이가 어른이 되면 기본적인 인격을 갖추게 된다고 한다.

(4) 열감각

인간의 육체 중에서 생명활동을 활발하게 만드는 역할을 하는 감각이다. 에테르체의 가장 기본적인 형태로서 인간의 신비체험의 처음 단계는 열을 체험하는 것이라고 슈타이너는 말한다. 이를테면 상대가 따뜻한 사람인가 찬 사람인가, 어떤 집의 분위기가 따스한가 냉랭한가를 느끼는 것으로 물리적인 영역에 속하지 않는 열을 체험하는 감각이다. 그는 물질에너지와 마음에너지와의 관계에서 실제로 마음(=정신)의 움직임이 육체의 작용으로 전환된다고 생각하였다.

(5) 언어감각

타인이 우리를 향하여 무엇을 이야기하고 싶어하는가를 이해하는 감각이다. 소리와 그 속의 의미를 파악하는 감각으로, 언어의 힘을 믿고 있었던 슈타이너는 교육적인 면에서 언어감각을 대단히 중시하였다. 언어를 통한 이미지의 작용은 교육의 여러 면에 실제로 영향을 준다. 특히 교사의 이야기는 어린이의 무의식에 스며들어 이미지화되고, 그 결과 놀랄 만큼 큰 영향을 미치게 된다고 한다. 따라서 교육자는 어린이에게 이야기를 할 때, 반드시 언어 자체가 가진 힘(言語靈)을 유념해야 한다고 강조하였다.

(6) 사고(개념)감각

자기 자신의 사고내용을 지각하고, 타인의 사고내용도 지각하는 감각이다. 음성에서뿐만 아니라 깨달음과 같이 직관력으로 진실을 깨닫게 될 때 작용하는 감각이다. 이것은 슈타이너가 생각하는 개념, 즉 '우주의 모든 곳에 살아서 움직이고 있는 힘' 을 느껴 접하는 감각이라고 할 수 있다.

(7) 자아(개체)감각

타인의 자아를 지각하는 감각이다. 이 감각에 의해 인간은 자신과 타인과의 일체감을 느낄 수 있다. 자아감각은 슈타이너의 12감각론 중 가장 고차원의 개념으로, 이 감각을 통해 인간은 어떤 대상을 누구와도 바꿀 수 없는 귀중한 존재로 체험하는 것이 가능하다고 한다.

12감각론에서 슈타이너의 독자적인 시각은 눈에 보이지 않는 것을 인간감각의 대상으로 보다 중요시했다는 데 있다. 그의 감각론은 인간을 영적이고 정신적 존재로서 파악한 것 위에, 그러한 인간과 세계를 하나의 연관성 속에서 이해하고 있다. 인간을 사물의 속성과 연결지어 관련성을 가진 존재로 파악함으로써 사물의 내적인 영위에도 관여하는 힘 있는 존재로 인식한 것이다. 감각교육을 통해 그는 인간과 자연, 인간과 세계와의 커뮤니케이션이 가능한 완전한 공감각(共感覺)을 가진 전인교육을 지향하였다.

3) 교육혁신－새로운 교육실천

슈타이너가 창안한 교수 · 학습방법에는 네 가지 기질에 따른 교수법, 8년 담임제, 에포크 수업, 오리리트미, 포르멘 선묘, 습식 수채화, 오케스트라, 축제를 통한 교육 등 여러 가지가 있다. 여기서는 가장 특징적인 몇 가지만 간단히 요약해서 언급하기로 한다.

(1) 8년 담임제

같은 담임교사가 계속해서 1학년에서 8학년까지 같은 학생들을 담당하여 지도하는 제도다. 한 학생이 입학 당시의 담임교사와 같은 반 급우들과 변함없이 8년간 학교생활을 함께 영위하는 8년 담임제는, 슈타이너의 독자적인 교육사상을 대변하는 가장 특징적이고 혁신적인 교수법이라 할 수 있다. 같은 교사가 8년의 오랜 기간 동안 같은 어린이들과 함께 수업을 해야 하므로, 각 어린이들의 기질에 따른 개성을 파악한 특별한 수업연구와 교육과정이 필요하다. 이에 따른 어려움도 물론 있다. 그러나 발도르프 학교의 좋은 교사는 수업준비도 잘 해야 하지만, 학생들 앞에 섰을 때 기존의 고정관념은 다 잊어버리고 항상 새로 시작할 수 있는, 새로운 교사가 될 수 있는 교사를 의미한다(발도르프교육자료모음집 3, 88-92).

슈타이너는 자유 발도르프 학교 창설(1919) 시 행한 연속 강연(1919. 8. 27.) 중에서 "교육자가 인생을 보다 깊게 고찰하고 어린이를 바르게 교육하려면, 가능한 한 같은 교사가 같은 어린이를 계속해서 담당해야 한다."라고 역설하였다. 그 이유는 "어린이가 매년 다른 교사의 손에 맡겨지고, 게다가 새로운 교사는 지금까지 담임교사가 어린이들에게 무엇을 어떻게 가르쳐 왔는가를 알지 못한다면, 그것만으로도 어린이들의 심성은 상처를 입게 되어버린다."라는 것이다. 제2기에 해당하는 초등학교 시기는 어린이가 감정의 발달과 함께 사고의 성장기에 들어가는 중요한 시기다. 따라서 처음부터 그 어린이에 대해 잘 알고 있는 같은 교사가 지속적으로 교육을 맡아 각 학년을 함께 해 나가는 것은 중요한 교수법 중 하나다(김성숙, 1999: 16-17).

(2) 에포크 수업(Epochenunterricht)

1학년부터 12학년까지 하루의 수업을 에포크 수업(기본수업)으로 시작하는 것이 발도르프 학교 수업의 또 하나의 특징이다. 에포크는 집중주기수업으로, 매일 아침 8시 10분경부터 100분 동안 전 학년에 휴식 없이 행해진다. 에포크 수업 후에는 20분간의 긴 휴식시간이 있고, 이후에는 통상적으로 45분간 수업에 10분 휴식의 수업이 이어진다.

에포크 수업의 주기는 1학년에서 8학년까지는 담임교사가 자유롭게 그 길이를 정할 수 있기 때문에 다양할 수 있다. 수업은 1학년에서 8학년까지는 담임교사가 대부분의 교과를 가르치고, 9학년부터는 과목별 전문교사에 의해 진행된다. 따라서 9학년에서 12학년까지는 해당교과 담임이 있어 학기 초에 에포크 수업의 규칙이 정해진다.

에포크 수업의 내용은 담임의 재량에 맡겨져 있어 변화 있고 자유롭게 구상할 수 있다. 일례로, 7학년의 경우에는 1년 동안 원예-역사-기하-국어-물리-건강-지리-화학-역사(여행)-수학 등 각 과목의 에포크가 2~4주간씩 교대해서 이루어진다. 에포크 수업은 각 학년마다 매일 시행되지만, 학급 수준에 따라 에포크 학과를 정하고 순서 등을 조절하기도 한다. 예를 들면, 9학년(중3에 해당)의 경우는 야외 농업실습, 10학년은 인근의 제빵공장 실습, 11학년은 미술사 수업, 그리고 12학년은 괴테의 『파우스트』 등을 넣어 에포크를 통해 각 학년에 맞게 전문교과 교사에 의한 풍부한 내용의 학습을 경험한다.

슈타이너는 주기적인 에포크 수업을 '어떤 교과의 수업이 끊임없이 타교과를 방해하는 식으로 행해지는 것이 아닌, 어떤 교과를 주요 수업으로 정하고, 그것을 매일 아침 2시간씩 3~4주간, 또는 5주간에 걸쳐서 행하는 것이며, 동일한 교과를 몇 주간에 걸쳐서 행하는 '가장 효과가 풍성한' 교육방법이라고 하였다(전게서, 18).

에포크 수업은 대략 1년 동안 같은 과목을 두 번 정도 다룬다. 예를 들면, 첫 번째 에포크 수업에서 다루었던 내용들이 두 번째 에포크에서는 많은 부분이 변화되어 있다. 주기수업의 시간적 간격에서 학생들과 교사 자신의 내면에 변화가 일어나는 것이다. 일반적으로 학습 후의 긴 시간적 간격은 학생들이 배웠던 내용을 잊어버리게 되어 비효율적이라고 하지만, 사실은 학생들의 내면에서 지식의 내용이 변화하는 과정인 것이다. 즉, 공부한 내용이 시간의 흐름 속에서 완전히 잊혀지고 사라져 버리는 것이 아니라 무의식의 영역에서 천천히 소화되고 변용된다. 학습자에게 배운 내용을 잊어버리는 시간적 간격을 부여하고, 후에 다시 재학습시키는 에포크의 교육효과는 바로 여기에 있는 것이다(발도르프교육자료모음집 3, 1999: 96; 김성숙, 1999: 19).

(3) 포르멘(Formenzeichnen)

포르멘[6]이란 영어의 'Form Drowing' 의 의미로 '형태 그리기' 를 의미한다. 포르멘 학습은 슈타이너가 1919년 독일 슈투트가르트에 최초의 자유 발도르프 학교(Freie Waldolfschule)를 창설한 이후, 오이리트미와 함께 창안하여 시작했던 새로운 교육법 중 하나다. 그는 어린이에게 가장 단순한 방법으로 선의 연습과 그림 그리는 것을 시작하게 하는 일이 어린이의 예술적인 감정을 활발하게 만드는 것이며, 그 행위를 통해 어린이는 전체감각으로 사물을 느끼고 받아들이는 감정을 육성하게 된다고 생각하였다.

그는 선(線)은 움직임에서부터 생겨난다고 보고 '움직임의 궤적으로서의 선' 을 중시하였다. 포르멘은 어린이 각자가 그려 내는 선의 운동을 따라, 자신의 내면의 힘을 선에 실어 몸도 마음도 그 선과 함께 움직이면서, 바로 그 움직임으로부터 형태를 창출해 내는 새로운 형태체험이라 할 수 있다.

포르멘은 직선과 곡선의 다양한 조합과 변형을 통하여 형태요소 및 리듬과 운동감을 체험하는 형태에의 감각 · 감정훈련이다. 한편, 대칭 등의 형의 연습을 통해 어린이 성격의 밸런스를 잡아 주는 교육적 치료효과도 가지고 있다.

발도르프 학교의 포르멘은 1학년부터 5학년, 주로 6~12세의 어린이를 대상으로 수업이 행해진다. 대개의 경우, 연 2~3회, 2~3주에 걸쳐 주요 수업(에포크 수업)으로서 연습하거나, 교사의 재량에 따라 미술시간만이 아니고 여러 교과의 수업 중에 짜 넣어 5학년 정도까지 계속한다.

포르멘 선묘는 한마디로 미술전문가가 되기 위해 다양한 선과 형태의 반복연습을 통해 그림을 더욱 빠르게 숙달시키기 위한 방법론으로서 유용한 훈련은 아니다. 오직 어린이 자신을 위한 것이며, 각자의 정신(魂)과 몸의 조화에 도움이 되기 위해 행하는 인간형성교육의 주요한 요소다.

포르멘 선묘는 선과 그 선이 만들어 가는 형태와의 관계 속에서 나 자신과 세계에 대한 인식을 넓혀 가는 학습이라고 할 수 있다. 포르멘은 다른 과목과 연관성을 가지고 모든 수업 가운데서 행해지는 조형활동으로, 학습을 통해 얻어지는 힘의 상호작용를 통해 기쁨을 발견하고, 나아가 조금씩 세계에 자신을 적응해 갈 수 있는 내면의 힘을 길러 준다.

(4) 오이리트미(Eurythmie)

오이리트미는 희랍어로 아름다운(eu) 리듬(rythmie)을 의미한다. 1912년 슈타이너에 의해 창안되었고, 오늘날까지 여러 후계연구자에 의해 발달되어 온, 순수한 정신적 내용을 가진 움직임의 동작예술이다. 인간의 신체를 이용한 동작예술 하면 대개 댄스나 마임, 발레 등을 연상하지만, 오이리트미는 그러한 일반적인 무용과 구별되어 독자적인 예술형태로서 이해되고 발달되어 왔다. 무엇보다 조화로운 동작을 중시하는 오이리트미는 인간의 내면성의 표현을 추구한다. 체조의 동작이 본질적으로 생물학적 성능을 가졌다면, 오이리트미는 본질적으로 심리적인 것이다(임용자, 2000: 195 재인용, Child, 1991).

어린이들은 대개 오이리트미를 하는 과정에서 보다 정신화되고 영혼화되는 경험을 하게 된다. 오이리트미가 철저히 정신화되고 영혼화된 춤이라는 말은, 그것을 통해 생명 있는 신체(에테릭 신체)의 존재를 보다 강하게 경험하는 것을 의미한다. 슈타이너의 말대로 오이리트미는 세상에 존재하는 모든 표현도구 가운데 가장 유연한 인간의 신체로 표현된다. 모든 신체기관을 사용하여 우주 운행의 섭리와 신비를 소우주인 인간을 통해 보여 주는 것이라고 할 수 있다(임용자, 2000: 195-196).

슈타이너에 의하면, 오이리트미에는 '자의적인 몸짓도 즉흥적인 몸짓도 없다. 음성 · 언어의 근저에서 눈에 보이지 않게 운동하고 있는 것을 받아, 그것을 눈에 보이는 언어로 바꾸어 표현하고 있는 것' 이다(Rudolf Steiner, 김성숙 역, 2003, 서문). 그는 인간 언어에 대해 남다른 이해와 통찰을 하고 있다. 그는 언어를 인간 내부에 영혼이 존재하고 있다는 생생한 증거이며, 영혼의 움직임을 창조적 형태로 알려 주는 내재된 힘으로서 파악한다.

슈타이너는 이러한 언어의 힘에 착목하여, 인간의 의식 변화에 따른 언어의 변화와 생명리듬의 관계, 영혼의 본질, 신체와의 관계 등을 관련지어 연구하였다. 그는 인간은 리듬 안에서 살아가야 하기 때문에 어린이의 신체운동을 단순한 체육이 아닌, 의미 있는 음성을 표현하는 오이리트미의 방향으로 발전시키는 것이 바람직하다고 생각하였다.

지금까지 살펴본 발도르프 학교의 특징적인 교육방법에서 주목해야 할 것은 다양한 예술교육이 어린이들의 기능적인 발달에 중점을 두지 않는다는 것이다. 모든 예술활동은 그것을 아름답고 능숙하게 잘하기 위한 목적으로 행해지는 것이 아니라, 어린이 각자의 자아를 깊이 체험하게 함으로써 내면의 정신적인 것들을 일깨우고 심신을 아울러 고양시키기 위한 것이다.

대안교육에의 시사점

슈타이너의 교육방법론에 기초한 발도르프 교육에서 대안교육에의 시사점을 도출하여 몇 가지로 정리해 보면 다음과 같다.

1) 과감한 교육혁신-좋은 교육을 위한 치열한 도전정신 및 실험정신

교과서, 일체의 시험, 낙제, 교장제도 없애기(교사평등제), 8년 담임제 등은 발도르프 학교 창립 당시인 1919년에서 90년 정도가 지난 현재의 교육관점에서 보더라도 매우 혁신적이고 놀랍다. 이들은 오직 학생들에게 철저하게 초점을 맞추었다. 오랜 세월 동안 정치적, 경제적, 문화적, 교육적 압박도 많았고, 당시의 집권자들과 교육적 기득권자들, 주위의 몰이해와 시대적 두려움과도 맞서

싸워야 했을 것이다. 그러나 좋은 교육실천을 위해 발도르프 교육관계자들은 보이지 않는 위협과 압력에도 굴하지 않고, 이 시대까지 굳세게 희생과 실천력으로 발도르프 학교를 성장시켜 왔다. 이 땅에 좋은 교육을 뿌리내리기 위해서는 바로 이러한 발도르프 교육관계자들의 정신적 자세, 즉 그 올곧은 정신력과 좋은 교육을 위한 치열한 도전정신과 실험정신, 그 실천력을 본받고 키워 가야 할 것이다.

2) 자생력을 위한 힘 기르기-경제력 배양

교육의 자유를 위해, 그리고 좋은 교육의 실천을 위해 오늘날까지 발도르프 학교는 공권력의 간섭을 배제하고 사립으로 줄곧 버텨 왔다. 그를 위해서는 무엇보다 좋은 학교의 설립 및 경영을 위한 자생적인 힘 기르기, 경제력의 확보가 필요했다. 그런 의미에서 이 땅의 대안학교들에게도 현실적으로 매우 힘겨운 일이긴 하지만, 좋은 교육을 염원하는 지원세력들과의 협력관계 유지(기부문화 확대), 지지 세력인 시민그룹의 의식 형성, 그리고 좋은 교육실천을 위한 대중의 공감대 형성 및 경제력의 확보를 위한 다각도의 노력이 절실히 요청된다.

3) 내면의 교육 중시-무의식의 교육

수업내용을 "귀에서 귀로 전달하지 말고 가슴에서 가슴으로 전달하라."라는 슈타이너의 내면의 교육에 관한 메시지는 많은 것을 함의하고 있다. 현 시대에 첨예한 경쟁적 교육을 통해 자라는 세대들에게, 이 세상에 실재하지만 눈에 보이지 않는 것에 대한 소중함을 다시 일깨우고 의식이 성장하게 해야 한다. 여러 교과를 통해 감각교육을 활성화하여 학생 스스로 자신의 본질을 깨달아 가는 자아체험의 교육을 강화해야 할 것이다.

학습한 것을 가능한 한 기억하게 하려는 현대의 교육과는 달리, 슈타이너는

'잊어버린다' 는 사실을 교육에서 대단히 중시하였다. 한 번 배웠던 사실을 깨끗이 잊어버린다는 것은 불안한 사실이 아니라 어린이들에게 '필요한 것' 이다. 그것은 어린이 내부의 무의식의 영역 속에서 천천히 소화되어 완전한 지식으로 변용되어 가는 과정이다. '망각과 능률의 밸런스' 를 고려한 무의식의 교육, 잊어버리는 교육의 성과(김성숙, 1999: 19)는 우리의 대안교육 현장에 커다란 시사점을 준다.

4) 관계성의 교육 - 창조적 파트너십의 육성

학교생활에서 8년 담임제 등을 통한 가족적 친밀감이나 신뢰감을 바탕으로 한 교사와 학생, 학부모와의 강한 결속감도 시사점을 던져 준다. 교사와 어린이, 같은 반 친구들 간의 상호 파트너십을 학교생활 초기 8년 동안 집중적으로 길러 주어, 건강하고 바람직한 학교교육풍토를 조성하고 소중한 인간관계를 일생 동안 지속시키는, 성공적인 관계성의 교수 · 학습방법을 배워야 할 필요가 있다.

5) 감각 · 감성의 교육 - 체험활동 중시, 판타지의 육성

인터넷으로 세계가 하나로 통하는 이 시대에도 발도르프 학교에서는 TV를 안 보고 일체의 비디오나 오디오 등 전자매체를 거의 사용하지 않는 것을 원칙으로 하고 있다. 컴퓨터도 고학년(고등학생 수준)이 되어서야 사용하게 된다. 이는 만화영화, 게임, 영상매체 등이 제공하는 가상현실에 접하기보다는 직접적인 자연체험이나 경험학습을 중시하기 때문이다. 또한 다양한 전자매체가 일의 능률상 효과적이긴 하지만, 교사와 학생 간의 직접적이고 심층적인 인간관계를 저해하며, 학생들의 창의력과 상상력에 그다지 도움이 안 된다고 간주하기 때문이다. 그러므로 예나 지금이나 변함없이 발도르프 학교에서는 오이리트미 등을 통한 학생 자신의 신체체험과 미술, 음악, 연극, 오케스트라 연습 등의 표현 학습을 통한 자아체험의 심화, 그리고 학생들의 꿈과 상상력(판타지)을 길러 주는 학습활동을 통해 자유인을 육성해 간다. 느린 듯하면서도 내면을 알차게 영글어 가게 하는 이러한 발도르프 학교의 수업경영철학에서 우리는 오늘날 현대의 학교들이 놓치고 있는 매우 중요한 교육적 요소들을 걸러 내야 한다. 그것은 바로 학생들 스스로가 자신의 인생행로를 자유롭게 선택하여 성공적으로 경영해 갈 수 있는 '하고 싶은 일을 하면서 기쁘게 살아가는' 행복의 길을 발견하는 비법일 것이다.

6) 자아육성을 위한 지속적인 수업연구-교사들의 노력

'교육예술의 교육방법론은 슈타이너가 제시하는 인간의 삼원적 구조인 신체적(body), 혼적(魂的, soul or psyche), 영적(靈的, spirit)인 존재로서 살아 있는 인간의 모든 측면을 인식한 총체적 교육적 작용 위에 성립하고 있다. 즉, 신체적이며 동시에 정신적인 인간의 양극성, 그리고 우주와 인간의 상호관계를 통합적·연계적으로 파악하여 그러한 존엄한 존재로서의 전인적·조화적 인간교육의 새로운 교육모델을 제시하고 있는 것' 이다(김성숙, 2001: 61). 그리고 학생들의 자아육성을 위한 이러한 교육실천을 위해서는 교사들의 꾸준한 수업연구의 열정과 노력이 요청된다.

7) 자유인의 교육-탈노예교육

슈타이너 교육의 궁극적인 지향점은 '자유에의 교육, 자유인을 위한 교육, 자유인으로 만들어 주는 교육' 이며, 한마디로 '탈(脫)노예교육을 지향한 수업실천' (김성숙, 1998: 13-15)이라 할 수 있다. 여기서 명명한 '탈노예교육' 이란 슈타이너가 말한 현대교육의 속성인 '지난날의 노예들의 교육과도 같이 생활의 수단을 위해, 혹은 자신이 섬기고 받드는 타인을 위해 유용한 지식이나 기술만을 몸에 익히려고 하는 것과 다름없는 방향으로만 치닫고 있는' 교육과는 반대되는 의미다. 즉, '참된 자유인으로서의 자기 자신을 내면으로부터 느끼고 발견하여 신체와 정신의 조화를 이룬 인격체를 형성하기 위한' 교육을 말한다(김성숙, 1998: 15).

이는 어린이가 '자기를 만날 수 있도록 돕고 두려움에서 자유로울 수 있도록 돕는 것' 이 교육이며, '자기분야에서 뛰어난 실력을 갖추고 있고 또 주위 사람들이나 자기 자신과 건강한 관계를 맺을 줄 아는 사람 …… 전인교육이 실제로 구현되도록 하는 것이 대안교육' (현병호, 2006: 7-8)이라는 관점과도 통하고 있다.

요컨대 교육을 통해 정신적인 '자유인' 을 지향한다는 점에서 슈타이너 교육과 대안교육은 넓은 의미에서 일맥상통한다고 하겠다.

맺는 말

오늘날 우리의 교육현실을 지식의 축적과 유용함만을 강조하여 양적 추구에 급급하고 있다고 볼 수 있는가? 만약 그렇다면, 슈타이너 교육관점에서 그것은 결국 인간에게 자신이 우주의 근본을 체현하고 있는 귀중한 존재라는 인간의 존엄을 일깨워 주는 방향이 아닌, 그 옛날 유용함과 쓰임만 강조되었던 노예들의 교육과 다름없는 방향으로 치닫고 있는 것이다. 그 결과 교육은 오로지 자기중심적이고 단편적이며 경쟁적인 인간들을 양산해 내어, 서로를 상대적으로 보는 시각과 심각한 교육문제를 발생시키게 된다.

따라서 진정 어린이에 입각한 좋은 교육의 실천을 위해서는 이 시대의 우리 어린이들에게 꼭 필요한 교육은 무엇인지, 좋은 교육이란 과연 어떠한 것인지, 그리고 어떻게 어디서부터 어떤 방향으로 그것을 시작해야 하는지에 대한 진지한 탐색이 필요할 것이다. 아울러 새 시대를 열어 갈 진정한 교육혁신은 어디서부터 접근하고 추진해 가야 하는지에 관한 현실적이고 구체적인 담론들도 꾸준히 형성되어야 한다.

좋은 교육의 관건은, 어린이들이 교육을 통해 조화와 균형을 찾도록 해 주는 것이다. 그들 각자 속에 내재되어 있는 특별한 가능성을 발굴하여 이끌어 내주고 어린이 안에 잠자고 있거나 짓눌려 있는 사랑의 힘, 그 기쁨의 본성을 발달시켜 주어야 한다. 아울러 통합하는 힘을 길러 주는 일도 중요하다. 자유로운 의식의 함양과, 생명 있는 존재들과의 유기적 관계 속에서 통합적 사고방식을 가지고 타인과 조화를 이루며 소통할 수 있는 균형 잡힌 존재를 길러 내는 것, 스스로 학문하는 힘과 예술창조력, 생명에 대한 외경심과 진정한 종교성을 배양해 가는 것, 이것이야말로 오늘날 우리 교육의 당면과제가 아니겠는가?

이를 위해서는 향후 교육관계자들 모두가 인내심과 열정을 가지고 우리의 교육현장을 조금씩, 꾸준히 바람직한 방향으로 변화시켜 가기 위한 발전적인 시도를 활발하게 모색해 가야 할 것이다. 특히 좋은 교육으로 세상을 변화시키려는 대안교육관계자들의 자기성찰과 부단한 노력, 성장을 위한 연구가 지속되어야 한다.

Chapter11 주

1 人智學(Anthroposophie)은, 그리스어의 anthropos(인간)와 sophia(예지)에 유래하는 합성어다. 인지학은 인간에 관한 종합적 학문으로 수행에 의해 강화된 내적 의식을 의미하며, 그 근본은 영적 세계에의 통찰에 두면서도 실천은 인간의 생활과 행위의 모든 분야에 있어서 내적 · 외적으로 성장해 가는 것이다. 또한 '과학적이고, 그 위에 과학이 취급하지 않는 영역까지를 포함해서 생각해 가려는 것'이다.(프랑스 · 카르르그렌, 1992: 54-55)

2 Rudolf Steiner (1985). 現代の教育はどうあるべきか-現代の精神生活と教育-(佐々木正昭, 譯). 人智學出版社. pp.85-86.

3 무의식교육에서 가장 중요한 요소는 '잊어버리는 교육' 이다. 그에 의하면, 지식은 망각에

의해 어린이의 무의식의 내부에 소화되어 혼(정신)의 영양이 되고 육체의 진정한 힘(실력)이 된다. 현재의 교육은 지식의 축적만을 문제로 삼지만, 진정 중요한 것은 어린이가 어떠한 일에도 곧 유연하게 적응할 수 있는 힘을 길러 주는 일이다. 그리고 그러한 것이야말로 예술교육을 통해 이루어져야 하는 것이다(茂木一司, 1986: 28).

4 슈타이너는 설득술을 위한 언어형성술, 또는 언어형성법을 교사들에게 가르쳤다. 이것은 언어를 정확하게 발음하는 것에서 출발하는데, 어린이와 교사와의 커뮤니케이션을 도모하기 위해 언어의 문제를 의식하는 과정까지 훈련하는 것이다(高橋嚴, 1992: 43).

5 12감각론의 내용은 필자의 졸고, R. 슈타이너의 교육예술(II)-슈타이너 교육의 방법론에 관한 고찰(1999, 미술교육연구논총 제10집, 한국교육대학교미술교육학회) 9-11쪽의 내용을 요약함.

6 포르멘의 내용은 필자의 졸고, 홀리스틱 교육관점에서의 슈타이너 '교육예술' (2001), 홀리스틱 교육연구 제5집 제1호(한국홀리스틱교육실천학회, 64-65)의 내용을 요약함.

| 참고문헌 |

김성숙. (1997). R · 슈타이너의 교육사상에 있어서의 미술교육. 조형교육, 13, 3-16.

김성숙. (1998). R. 슈타이너의 교육예술(I)-그 사상 형성의 과정과 미술교육사상. 미술교육연구논총, 9, 1-21.

김성숙. (1999). R. 슈타이너의 교육예술(II)-슈타이너 교육의 방법론에 관한 고찰. 미술교육연구논총, 10, 3-22.

김성숙. (2000). 슈타이너의 포르멘선묘. 미술교육논총, 10, 1-17.

김성숙. (2001). 홀리스틱 교육관점에서의 슈타이너 '교육예술'. 홀리스틱 교육연구, 5(1), 53-67.

김성숙. (2001). 교육예술로 죽은 내면을 소생시켜라-석학의 세계관/발도르프 교육의 창시자 루돌프 슈타이너. 새교육, 6, 170-173.

김성숙. (2003). 예술에 의한 교육이 지향한 인간상과 낭만주의와의 관계-쉴러, 슈타이너, 리드를 통한 고찰. 한국미술교육학회(편), 미술교육의 동향과 전망 (pp.11-33). 학지사.

루돌프 슈타이너. (2001). 신지학(양억관, 다카하시 이와오, 역). 물병자리.

루돌프 슈타이너. (2002). 교육의 기초로서의 일반인간학 (김성숙, 역). 물병자리.

루돌프 슈타이너. (2003). 오이리트미 예술 (김성숙, 역). 물병자리.

루돌프 슈타이너. (2005). 교육예술1- 수업방법론과 교수법 (김성숙, 다카하시 이와오, 역). 물병자리.

박남기. (2003). 교육전쟁론. 장미출판사.

발도르프교육 자료모음집 3(1999). 한국 루돌프 슈타이너 「교육예술」협회.

임용자. (2000). 발달 및 치료도구로서의 교육예술 유리드미(Eurythmy), 한국심리학회지, 12(2), 185-204, 한국상담 및 심리치료학회 p.195 재인용/ Child(1991), Steiner education in theory and practice, Edinburgh: Floris Books.

프랑스 · 카르르그렌. (1992). ルドルフ・シュタイナ?と人智學 (高橋明男, 譯). 水聲社.

현병호. (2006). 종교성은 곧 관계 맺기 능력. 나무를 심는 사람들, 8, 11.

高橋巖. (1993). シュタイナー教育의 方法. 角川選書.

高橋嚴. (1992). シュタイナー教育入門. 角川選書.

高橋儼. (1991). 若きシュタイナーとその時代. 平河出版社.

ルドルフ・シュタイナー (1992). 教育藝術 2 (高橋巖, 譯). 筑摩書房.

ルドルフ・シュタイナー (1991). 教育の基礎としての一般人間學 (高橋巖, 譯). 筑摩書房.

ルドルフ・シュタイナー (1985). 現代の教育はどうあるべきか-現代の精神生活と教育- (佐夕木正昭, 譯). 人智學出版社

ルドルフ・シュタイナー (1990). 現代の根底を支える精神的心意的な諸力(新田義之, 譯). 人智學出版社.

茂木一司 (1986). シュタイナー教育ではなぜ藝術が重視されるのか. 美術科教育の基礎知識, 建皇社.

佐夕木正昭 (1985). Rudolf Steiner, 現代の教育はどうあるべきか. を飜譯して, 哲學論集, 32. 人智學出版社

Johannes Kiersch. (2001). 육체, 영혼, 정신에 관하여. 발도르프교육 자료모음집 10, 6-17.

Rudolf Steiner (1985). 現代の教育はどうあるべきか-現代の精神生活と教育- (佐夕木正昭, 譯). 人智學出版社.

12
게슈탈트 심리치료와 종교성

들어가는 말

종교성에 대한 심리학적 연구의 역사는 상당히 오래되었다. 이미 1662년에 그랜트(Grant, J.)는 범죄심리와 관련하여 종교성 연구를 하였고, 1742년에는 독일의 목사였던 쉬스밀히(Süessmilch, J. P.)는 비윤리적 성행동과 종교성의 관련에 대해, 그리고 1822년에는 벨기에의 통계학자 케틀레(Quetelet, A.)가 도덕성 및 범죄와 관련해서 경험적 방법으로 종교성 연구를 하였다(Becker, 1968).

많은 심리학자들이 일찍부터 종교성에 대해 관심을 기울인 이유는 종교성이 범죄라든가 도덕성, 혹은 정신건강에 지대한 영향을 미친다는 것을 알았기 때문이었다. 그런데 종교성이 정신건강에 미치는 영향에 대한 심리학자들의 의견은 일치하지 않았다. 예컨대 프로이트(Freud, S.)는 종교란 '집단강박신경증 (kollektive zwangsneurose)' 에 불과하다며 종교성에 대해 매우 부정적인 견해를 보였고, '합리적 이성치료(RET)' 의 창시자인 엘리스(Ellis, E.)도 비합리적 종교적 신념이 심리장애를 초래한다며 마찬가지의 부정적 시각을 보인데 반하여, 융(Jung,

C. G.) 같은 심리학자는 현대인의 종교성 상실이 심리장애의 발생에 직접적 영향을 미쳤다고 주장할 정도로 종교성을 매우 긍정적으로 보았다(Freud, 1930; Freud, 1939; Jung, 1932; Ullich, 1984).

또한 종교성에 대한 심리학적 경험연구들도 각기 상반된 결과를 보여 주었다. Christ(1961), Kalish(1963), Templer & Dotson(1970) 등의 연구에서는 종교성이 정신건강에 해로운 영향을 미치는 것으로 나타났으나, Swenson(1961), Jeffers, Nichols & Eisdorfer(1961), Munichs(1966), William & Cole(1968), Shearer(1973), Feifel & Branscomb(1973), Wittkowski & Baumgaertner(1977) 등의 연구에서는 반대로 종교성이 정신건강에 유익한 영향을 미치는 것으로 드러났다.

이처럼 종교성과 정신건강 간의 상관관계가 연구마다 서로 다르게 나타남에 따라 심리학자들은 그 이유에 대해 좀 더 자세히 살펴보게 되었고, 그 결과, Allport(1967)와 Lüessi(1979) 등은 종교성은 서로 성격을 달리하는 여러 형태로 세분화될 수 있다는 사실을 지적하였다.

이런 맥락에서 올포트(Allport, 1967)는 종교성을 '성숙한 종교성' 과 '미성숙한 종교성' 으로 나눌 것을 제안했다. 그는 대부분의 종교비판가들의 주장은 미성숙한 종교성에 대한 것으로 보아야 하며, 미성숙한 종교성의 경우 충동적이고 자기만족적이며 소원성취나 자기중심적 도취 수준에 머무는 데 반하여, 성숙한 종교성은 자기에 대한 관심이 신체적 · 물리적 욕구를 넘어서며, 자기 자신을 객관화시켜 지혜와 통찰로 자신을 돌아보는 수준에 도달한 상태라고 했다.

올포트의 가설은 이후의 연구자들에 의해 경험적으로 지지되었으며(Boos-Nüenning, 1972; King & Hunt, 1975; Stahlberg, 1978), 종교성을 다차원적으로 보는 것이 최근 연구동향의 대체적 흐름이다(Fisseni, 1984; Kim, 1988).

종교성의 차원들

킴(Kim, 1988)은 올포트(1967)의 연구가 종교성을 성숙한 종교성과 미성숙한 종교성으로만 나눈 것은 너무 단순하며, 또한 종교성을 심리학적 시각에서만 바라보았다는 문제점이 있다고 비판하였다. 그는 기독교의 종교성을 각각 종교사적, 신학적, 철학적, 심리학적 관점에서 이론적으로 연구하여 8개의 종교성 차원들로 구분하였고, 경험적 연구를 통해 이러한 구분의 유용성을 입증하였다. 그가 밝힌 종교성의 차원은 정통주의(Orthodoxie), 경건주의(Pietismus), 신비주의(Mystizismus), 종교적 불안(Religiöese Angst), 종교적 신뢰(Religiöeses Vertrauen), 종교적 사회주의(Religiöeser sozialismus), 의미추구(Sinnfrage), 무신론(Atheismus) 등 8개다.

8개의 차원 중에서 순수한 종교성의 차원은 정통성, 경건성, 신비성, 종교사회성, 의미성 등 5개의 차원이다. 종교불안성과 종교신뢰성의 두 차원은 각각 심리학적 관점에서 구성되었으며, 무신론은 그 자체로서는 종교성이라고 볼 수 없으나 종교성과 연관되어 형성된 견해며, 종교성의 억압 내지는 부정이라는 측면에서 신학적 · 심리학적으로 중요하다고 판단하여 포함시켰다. 각 차원들을 간단히 설명하면 다음과 같다.

정통주의는 집단적 종교정체성의 차원이며, 교회의 실체를 중심으로 전승되어 온 교리와 전통이 중요시된다. 성직자의 권위에 의한 독점적 교리해석이 이루어지며, 신자들은 이러한 가르침을 받고 계율을 지킬 의무가 주어진다. 또한 교회출석을 비롯하여 세례, 성찬 등의 종교적 의례의 참여가 강조된다.

경건주의는 개인적 종교정체성의 차원으로서, 종교적 의식이나 교리, 또는 성직자들의 권위에 의존하는 대신, 직접적인 개인적 신앙과 개인적 체험 중심이다. 따라서 개별 신자들의 죄에 대한 회개와 신앙적 거듭남이 요구되며, 자기부정적이며 금욕적인 경건한 삶이 강조된다.

신비주의는 초월적 차원으로서 절대자인 신과의 합일, 궁극적 진리의 체험을 요체로 한다. 삶의 모순과 갈등이 사라지고 조화롭고 통일된 새로운 의식 상태에 도달하게 된다. 일순간 자아의식이 소멸되고 절대자와의 만남, 우주와의 합일을 경험하며, 말로 설명할 수 없는 경외심과 신비감, 그리고 환희의 감정이 수반된다.

종교적 불안은 종교적 교리 혹은 종교적 학습경험과 관련하여 발생하는 심리적 차원으로서, 다른 종교성 차원들과 독립적으로 존재하기보다는 그것들과 함께 공존한다. 악마나 사탄의 존재에 대한 공포, 지옥과 저주에 대한 공포, 관능에 대한 공포, 죄와 죄의식 등이 주요 특징이다.

종교적 신뢰도 종교적 가르침, 혹은 종교적 학습경험과 관련하여 발생하는 심리적 차원으로서, 이 또한 다른 종교성 차원과 함께 공존한다. 신의 은총과 사랑, 보살핌에 대한 믿음과 신뢰, 소망이 있다. 기쁨과 감사와 확신이 체험되며, 고통에 대한 위로를 경험하며, 역경을 이겨 나갈 수 있는 힘을 갖는다.

종교적 사회주의는 현실적 사회참여를 중시하는 종교성 차원이다. 따라서 개인보다는 사회적 구원이, 초월보다는 현실참여가, 그리고 교리나 전통의 보존보다는 비판의식과 책임의식, 이웃사랑의 실천이 강조된다. 사회정의와 공동체 구현을 통한 지상천국의 건설을 목표로 한다.

의미추구는 특정 종교나 종파에 무관하게 모든 사람에게 해당되는 차원으로서 자신의 행위나 일, 삶에서 겪는 고통 등의 근원적 의미에 대해 물음을 던지는 것이다. 삶과 죽음의 의미, 죄와 고통의 의미, 선과 악의 의미, 인간 존재의 근원에 대한 물음이 제기되며, 의미에 대한 믿음, 의미에 대한 신뢰, 의미발견이 체험된다.

무신론은 부정적 종교성 차원으로서 신의 개념을 배척하며, 종교적 세계관에 대해 매우 비판적이다. 유물론에 입각하여 유신론을 비판하는데, 철학적으로 고찰해 보면 무신론은 유신론과 마찬가지로 교조적 · 이데올로기적 성격을 띠며, 종교에 대한 증오와 비판, 인간성에 대한 회의와 허무주의적 경향을 보인다.

이상의 논의는 대부분 기독교에 국한시켜 진행되었으나, 불교나 유교적 종교성에도 상당히 유사한 측면이 있다고 사료되므로 이에 대한 후속연구가 요청된다.

종교와 심리치료의 관련성

종교와 심리치료는 많은 부분에서 서로 공통점을 지니고 있다. 우선 둘 다 인간을 고통으로부터 해방시키는 것을 목표로 하고 있다. 지금까지 우리가 알고 있는 모든 종교들은 인간을 정신적, 영적인 고통들로부터 구원해서 영원한 해방과 자유로 이끌어 주는 것을 궁극적 목표로 하였다. 예수, 석가, 마호메트, 공자 모두 그들이 제시한 구원에 이르는 방법론에 있어서는 각자 방향을 달리했으나, 그 목표 설정에 있어서는 차이가 없었다.

심리치료 또한 방법론에서는 종교와 다른 접근을 하고 있으나, 그 목표는 종교와 마찬가지로 인간의 정신적 · 영적인 고통을 덜어 주고, 마침내 자유와 행복으로 이끌어 주는 것이다. 그래서 과거에 많은 사람들이 마음의 고통과 불행을 느낄 때 종교 지도자들에게 찾아가 도움을 구했듯이, 오늘날에는 심리치료사에게 찾아가 상담을 받는 것을 볼 수 있다.

다음으로 종교와 심리치료는 둘 다 인간의 정체성에 대한 의문에 대답하기 위해 노력한다. 예컨대 나는 누구인가? 나는 어디서 왔으며, 어디로 가는가? 나의 삶에는 어떤 의미가 있는가? 나는 살 만한 가치가 있는 존재인가? 등 인간 존재에 대한 근원적 의문에 대해 종교와 심리치료는 각각 다른 방식으로 해답을 제시해 주려고 시도한다.

또한 종교와 심리치료는 모두 어떻게 살아야 하는가에 대한 나름대로의 답을 제시하기 위해 노력한다. 즉, 자신의 삶을 어떻게 살 것인가? 이웃과 공동체와는 어떻게 관계를 맺을 것인가? 일과 직업을 어떻게 수행할 것인가? 등 개인의 사회적 · 직업적 삶을 어떻게 설계하고 살아갈 것인가에 대한 방향과 비전을 제시해 준다.

마지막으로, 종교와 심리치료는 둘 다 일상적 삶과 경험을 넘어서는 영역에 대해서도 우리에게 무언가 제시해 주려고 시도한다. 즉, 종교에서는 신비와 초월에 대해 이야기하며, 심리치료에서는 우리가 알지 못하는 무의식의 영역과 모순된 내면의 통합과 성장에 대해 이야기한다.

혹자는 여기서 종교와 심리치료는 각각 다루는 문제의 영역이 다르다는 주장을 할 수도 있을 것이다. 즉, 종교는 주로 영적인 문제를 다루며, 심리치료는 심리적, 혹은 정신적 문제를 다룬다는 것이다. 지면관계상 이 문제를 여기서 깊이 논의할 수는 없겠으나, 과연 영적인 문제와 심리적, 혹은 정신적 문제를 이분법적으로 나눌 수 있을까에 대해 필자는 의문을 제기한다. 종교에서 이야기하는 소위 영적인 문제들은 많은 부분 심리적 · 정신적 측면을 내포하고 있으며, 또한 심리치료에서 다루는 심리적, 혹은 정신적 문제들에는 영적인 측면이 포함되어 있다.

종교와 심리치료는 이를 수행하는 방법론에 있어서는 각각 차이점과 공통점이 있다. 먼저, 차이점과 관련해서 종교에서는 신자들이 창시자의 근본적인 가르침(진리, 교리)에 의지하고 따르며, 그 가르침을 삶 속에서 실천하는 방식으로 행해지는 데 반해, 심리치료에서는 각 치료이론들은 그 자체가 진리로 간주되지는 않으며, 단지 끊임없이 변화 · 발전하는 과정에 있는 한시적 가설로 인정될 뿐이다.

이러한 차이는 삶의 문제들을 다루는 실제 과정에서 보다 분명하게 드러나게 되는데, 예컨대 살면서 어떤 문제가 발생하면 종교는 그 해답을 경전에서 구하려 하는 데 반하여(연역적 접근), 심리치료는 실천적 경험에서 답을 발견하고(귀납적 접근), 이를 기존 이론의 수정 또는 새로운 이론의 수립으로 발전시키게 된다. 물론, 이러한 결과 얻어진 이론이 종교적 진리와 일치할 수도 있으나, 같은 결론일지라도 도달하는 과정은 서로 다르다. 이때 종교적 진리는 심리치료이론에 비해 매우 심오하고 선도적일 수 있으며, 수혜자의 입장에서 볼 때 쉽고 편한 길일 수 있으나, 역사에서 증명되었듯이 자칫 독선적이고 편협하며 악용될 소지를 내포하고 있다.

종교와 심리치료의 방법론상의 공통점은 그 차이점보다 훨씬 많다. 우선, 종교적 진리가 성직자에 의해 전파되고 실천되는 것처럼, 심리치료도 심리치료사에 의해 행해지고 촉진되며, 종교적 진리가 개인이나 공동체 차원에서 전달되고 체험되는 것처럼, 심리치료 또한 개인이나 집단 차원에서 시행되고 체험된다. 이때 성직자의 선교행위는 심리치료사의 치료행위와 매우 유사하다. 즉, 신자나 내담자의 정신적 · 영적 고통을 들어주고 해결해 주며, 나아가 삶을 관리해 주고 인도해 주는 역할을 하는 것이다.

또한 성직자와 심리치료사의 전달행위와 신자나 내담자들의 수혜행위 간에도 매우 유사한 면이 있다. 즉, 성직자나 심리치료사는 권위를 갖고 신자나 내담자들에게 고통으로부터 벗어나는 방법, 즉 진리를 전달하며, 후자는 전자를 믿고 따르는 관계가 형성된다는 점이다. 그 결과 신자나 내담자들은 진리를 체험하며, 새로운 깨달음과 통찰을 통하여 고통이 사라지고, 자유와 행복에 이르게 된다는 점도 같다고 하겠다.

이러한 고통을 극복하게 해 주는 진리는 성직자나 심리치료사 모두에게 중요하므로 매우 소중하게 다루어지며, 이 진리를 보존하고 전파하기 위해 양성소를 세우고, 제자들을 교육 · 훈련시키고, 제도적 · 물질적 기반을 만들어 이를 보전해 나가는 점도 공통된 측면이라고 하겠다. 세월이 흐르면서 이러한 진리에 대한 해석을 달리하는 사람들, 또는 새로운 진리를 발견했다고 주장하는 사람들이 나타나면서 서로 다른 교파, 혹은 학파가 발생하는 것 또한 유사점이라고 하겠다.

이상에서 종교와 심리치료의 목표 및 그 시행방법론상에서의 차이점과 공통점에 대해 살펴보았으나, 이제 이 둘 간의 내용적 차원에서의 차이점과 공통점에 대해 논해 보고자 한다. 즉, 종교에서 가르치고 전파하는 진리와 심리치료에서 중요시하는 진리(이론)들 간에 어떤 차이가, 그리고 어떤 공통점이 있는가라는 문제다.

각 종교마다 가르치는 교리가 서로 다르듯이, 또한 심리치료이론 간에도 서로 주장하는 이론에는 상당한 차이가 있다. 그러나 서로 다른 종교들 간에도 핵심 가르침은 서로 통하는 부분이 있듯이, 또한 심리치료이론들 간에도 서로 일치하는 부분들을 찾아낼 수 있으며, 나아가서 종교와 심리치료이론들 간에도 서로 공통적인 진리(이론)를 발견해 낼 수 있을 것이다.

여기서 연역적 접근법이라 할 수 있는 종교적 진리와 귀납적 접근법인 심리치료이론이 서로 모순되지 않을 경우, 양자 모두 서로 상대방으로부터 도움을 받을 수 있을 것이다. 즉, 종교는 심리치료적 경험진리의 시금석을 통해 독선과 편협의 위험으로부터 벗어날 수 있을 것이며, 또한 심리치료는 종교적 진리와 지혜로부터 많은 배움을 얻을 수 있을 것이다. 한편 종교적 해석이나 판단과 심리치료경험 연구결과가 서로 다른 방향으로 나타날 경우에는 그 원인을 살펴봄으로써 어느 한쪽으로 치우치는 것을 막을 수도 있을 것이다.

종교성에 대한 게슈탈트 치료적 관점

위의 논의를 계속 진행시켜 나감에 있어 '게슈탈트 심리치료(Gestalt therapy)' 이론을 중심으로 기술하고자 하는데, 그 이유는 다음과 같다. 먼저, 정신분석, 행동심리, 인지행동치료, 교류분석, 현실치료 등 대부분의 현대 심리치료이론은 개인의 내면심리를 중점적으로 다루는 이론으로서 개인 간의 관계나 세상과의 관계, 자연과 우주, 삶과 죽음, 인간 실존 등의 근원적 문제에 대해서는 별로 관심이 없거나 아직 이론화시킨 단계가 아니기 때문이다. 융의 분석심리학, 아들러의 개인심리학이론, 로저스의 인간중심이론 등은 이런 문제에 대해 다른 심리치료이론에 비해 상대적으로 더 많은 관심을 보이고 있지만, 여전히 개인의 내면심리를 주로 다루고 있다.

그에 비해 게슈탈트 치료는 개인과 개인, 인간과 자연, 인간과 환경, 인간과 사회, 삶과 문화, 그리고 역사 등의 상호불가분성을 전제로 하는 유기체적 이론을 배경으로 하고 있으며, 따라서 종교적 세계관과 밀접한 연관을 갖는 치료이론이다.

게슈탈트 치료는 독일계 유대인 정신분석학자였던 프릿츠 펄스(Fritz Perls)가 부인인 로라 펄스(Laura Perls), 철학자였던 폴 굿맨(Paul Goodman) 등의 도움을 받아 게슈탈트 심리학과 실존철학, 현상학, 마틴 부버의 철학, 사이코드라마, 연극기법 등을 통합하여 1951년에 창안한 심리치료법이다. 한때 1960년대에는 미국에서 가장 인기 있는 치료법으로 각광을 받았으며, 1980년대 이후로 좀 더 정교한 이론으로 발전시키기 위한 이론적 작업이 꾸준히 진행되고 있다.

현재 게슈탈트 치료는 미국, 캐나다, 호주, 영국, 독일, 스위스, 이탈리아, 오스트리아, 네덜란드, 멕시코, 아르헨티나, 칠레, 브라질, 러시아, 체코, 폴란드, 헝가리, 한국, 일본, 대만 등 세계 각국에서 활발하게 행해지고 있으며, 'International Gestalt Journal', 'Gestalt Review', 'British Gestalt Journal', 'Gestaltkritik', 'Studies in Gestalt Therapy: Dialogical Bridges' 등 다양한 학술지가 간행되고 있다.

'게슈탈트(Gestalt)' 란 형태, 형상, 모습 등의 의미를 지닌 독일어다. 이는 게슈탈트 심리학자들이 인간의 인식행위를 연구하면서 사용한 개념으로서, 이를 통하여 이전의 요소주의 심리학자들의 이론을 반박하면서 우리의 인식행위에 대한 전혀 새로운 시각을 제시하였다. 이는 프란츠 브렌타노(Brentano, F.)의 '행위심리학(act psychology)' 의 영향으로 거슬러 올라갈 수 있는데(Psychology from an Empirical Standpoint, 1874), 브렌타노(Brentano)는 우리의 지각과 인식이 외부의 객관적 대상을 수동적으로 파악하는 방식으로 이루어지는 것이 아니라, 주관적이고 능동적인 인식행위의 결과라는 것을 주장하였다. 그의 이러한 입장은 후설(Husserl)의 현상학, 하이데거(Heidegger)의 실존철학, 게슈탈트 심리학, 루윈(Lewin)의 장이론에 직접적인 영향을 미쳤다(Yontef, 1993).

행위심리학적 관점에서 볼 때 우리의 지각이나 인식은 인식자의 주관과 능동적 조직화의 과정에 의해 이루어진다. 즉, 우리가 대상을 인식할 때는 마치 카메라가 사진을 찍듯이 단지 대상을 객관적으로 수동적으로 인식하는 것이 아니라, 우리의 과거경험과 지식에 따라, 현재의 욕구와 흥미에 따라, 그리고 그 대상에 대한 우리의 기대나 상상에 따라 다양하게 다른 방식으로 조직화하여 인식하는 것이다.

다시 말해서, 우리는 객관적 대상을 있는 그대로 인식하는 것이 아니라, 우리에게 관심 있는 대상을 선택적으로 지각하며, 우리의 과거 경험과 현재의 욕구에 따라 대상을 다르게 지각, 또는 인식한다. 이는 사소한 사물의 지각에서부터 자신과 타인에 대한 인식, 사회현상과 역사 또는 종교에 대한 인식, 신비체험에 대한 인식 등에 이르기까지 모든 인간의 지각과 인식작용에 다 해당된다.

한편, 현상학에서는 이렇게 인식된 경험을 '현상(phänomen)' 이라고 부르는데, 모든 현상은 인식자의 인식과 대상의 상호작용에 의해 결정된다. 이런 입장은 '주관이 객관을 형성한다' 는 칸트의 '선험철학(Transzendental Philosophie)' 보다 한 걸음 더 나아간 것으로서, 실제 구체적으로 우리의 현실인식과 지각방식이 어떻게 이루어지는지 이론적으로 설명해 준다.

게슈탈트 심리학은 브렌타노의 행위심리학적 배경에서 이를 실험적으로 입증해 보였다. 주로 '시지각(visual perception)' 과 관련된 실험연구였지만, 게슈탈트 심리학은 우리의 지각이 대상인식과정에서 어떻게 능동적으로 작용하는지를 보여 주었다. 즉, 우리의 지각은 대상들을 지각함에 있어 ① 두드러진 것을 중심으로 하여 보게 되며(Prägnanz), ② 비슷한 것들끼리는 묶어서 지각하며(Similarität), ③ 중요한 것을 전면(Figur)에 내세우고, 당장의 관심사가 아닌 것은 배경(Grund)으로 처리하는 등의 원리에 따라 완결된 형태(Gestalt)를 구성하여 지각한다는 것을 발견하였다.

게슈탈트 치료는 이런 원리가 시지각에서뿐만 아니라 우리의 신체감각, 정서, 욕구, 심상(image), 생각, 행동, 환경, 사건, 사회현상들의 지각 등에서도 마찬가지로 적용될 수 있다는 사실을 발견하여, 이를 심리치료에 적용시켰다.

게슈탈트 치료이론에서 볼 때, 우리의 모든 지각과 인식, 경험은 주관적으로 구성되는 현상이며, 지각자의 욕구, 정서, 과거경험, 기대, 생각, 가치관, 판단 등에 따라 그때그때 다르게 구성되며, 시간의 흐름과 상황의 변화에 따라 항상 현상은 변화한다. 이때 지각자는 대상과 분리된 존재가 아니며, 지각자를 포함하는 전체 유기체/환경 장(field)의 일부분이며, 유기체와 환경은 끊임없이 서로 영향을 주고받는 관계에 있다(Perls et al., 1951; Yontef, 1993).

게슈탈트(Gestalt)는 이러한 방식으로 우리에게 지각된 현상을 의미한다. 즉, 게슈탈트는 유기체와 환경의 접촉에 의해 형성되어 우리의 의식에 지각된 현상을 뜻한다. 이때 게슈탈트는 개체의 욕구와 정서, 흥미, 관심, 과거의 경험, 기대, 가치관, 사고방식, 상상 등의 능동적이며 의도적인 활동과 환경적 자극이 유기적으로 상호작용하면서 만들어지는 결과물이며, 의식의 표면에 떠오르면서 우리에게 지각된다.

이러한 게슈탈트는 우리의 내면과 외부환경을 통합하여 '조직화(organized)' 한 것으로서, 우리가 '세계-내-존재(In-der-Welt-Sein)' 로서 실존하게끔 해 주는 역할을 한다. 즉, 게슈탈트 형성을 통하여 우리는 세계와 만나며, 세계-내-존재로 살아갈 수 있게 된다. 따라서 게슈탈트 형성에 실패하면 우리는 세계와의 연결통로를 잃게 된다. 그렇게 되면 우리는 세계로부터 소외되며, 타인과도 만나지 못하며, 실존성을 상실하게 되고, 마침내 '세계-내-존재' 로서의 우리 본성에서도 소외되어 버린다.

따라서 게슈탈트란 나와 타인을, 나와 자연을, 나와 사회를, 나와 역사를, 나와 나 자신을, 나와 신(神)을 연결시켜 주는 '연결성(connectedness)' 의 상징이다. 우리가 어느 한순간에 게슈탈트를 형성하였다는 말은 그 순간 나의 욕구를, 혹은 나의 정서를, 혹은 나의 생각을 알아차렸다는 뜻이 되며, 또한 그것들과 연결되었다는 의미도 된다. 이것은 또한 타인, 환경, 세계와도 연결되었다는 의미가 된다. 왜냐하면 나는 타인과 환경, 그리고 세계와 분리할 수 없는 '유기체/환경 장' 의 한 부분이기 때문이다. 반대로, 어느 한순간 나의 중요한 게슈탈트를 형성하는 것에 실패했다는 것은 그 순간의 나 자신과, 더 정확히 말해서 나 자신의 한 부분과, 연결되지 못했다는 의미이며, 동시에 타인, 환경, 그리고 세계와도 그 부분에서 단절되었다는 의미가 된다.

이런 맥락에서 게슈탈트 치료에서는 우리 존재의 본성을 연결성이라고 본다(Polster, 2006). 즉, 자연스럽고 건강한 상태에서는 우리는 모두 우리 자신의 내면이나 타인, 사회, 공동체, 역사, 자연, 우주, 신과 연결되어 있고, 통합되어 있으며, 그것들과 조화롭고 평화로운 일치관계에 있다는 것이다. 우리는 그것들과 서로 독립적이면서도 동시에 이들과 서로 연결되어 자연스럽게 소통하고 있으며, 모순과 갈등 없이 모든 것은 분명하고 명료하게 이해되고, 삶은 생동감과 활기로 넘치며, 끊임없는 새로운 창조와 성장과정에 있다는 것이다.

게슈탈트 치료에서 심리장애란 내사, 투사, 반전, 융합, 자의식, 편향 등 소위 '접촉경계혼란(contact boundary disturbance)' 에 의해 이러한 연결성이 일시적으로 끊어진 상태를 말하며, 따라서 심리치료란 치료자가 내담자로 하여금 이러한 단절된 연결성을 회복하여 다시 자기 자신의 내면과 타인, 환경, 사회, 역사, 문화, 자연, 우주, 신과 연결되도록 도와주는 작업이라고 할 수 있다(Perls et al., 1951; Yontef, 1993; Polster, 2006; 김정규, 1995).

이제 종교성에 대한 논의로 돌아가 보자. 앞서 언급한 종교와 심리치료의 내용적 차원에서의 공통점 및 차이점과 관련하여, 먼저 공통점으로 연결성의 개념을 부각시키고자 한다. 왜냐하면 지금까지 '연결성' 을 중심으로 게슈탈트 치료를 설명하였는데, 이는 또한 서로 다른 많은 종교들의 공통된 주제어이기도 하기 때문이다.

'종교(religion)' 라는 말은 원래 라틴어에서 유래했는데, 이는 '다시 묶는다(rebind)' , 또는 '다시 연결한다(reconnect)' 는 의미를 지니고 있다. 즉, 우리의 모든 고통과 불행은 우리가 생명과 진리의 원천으로부터 분리되고 멀어짐에서 비롯되며, 그 해결책은 원래의 상태와 다시 연결되는 데 있다는 것이다.

에덴동산의 선악과 이야기와 바벨탑의 이야기는 하느님과 인간이, 그리고 인간과 인간이 서로 멀어지는 과정을 상징적으로 잘 표현해 주고 있으며, 성경의 집 나간 자식의 이야기 또한 사랑과 행복의 원천으로부터 멀어진 인간의 불행한 상태를 묘사하고 있다. 법화경의 화택의 비유, 장자궁자의 비유, 그리고 의사의 비유 등도 마찬가지로 진리와 생명의 원천으로부터 멀어져 위험에 처한 인간의 상태를 보여 주고 있다. 성리학에서도 사욕(私慾)으로 인하여 천리(天理)인 도심(道心)으로부터 인심(人心)이 멀어진 상태를 타락으로 보았다(김소영, 1983; 안병주, 1980).

종교는 인간이 불행하게 된 것은 이처럼 우리의 본래적 상태와 단절되었기 때문이라고 설명하면서, 해결책은 그 원천과 다시 연결되는 것이라고 본다. 이때 기독교에서는 신앙을 통하여 다시 하나님의 품으로 돌아가는 것이, 불교에서는 깨달음을 통하여 성불하는 것이, 유교에서는 수양을 통하여 본성을 회복하는 것이 원천과 연결되는 것이라 하겠다.

각각의 이름은 다르고 방법론은 다를지라도, 궁극적으로 모든 종교가 지향하는 바는 한 가지다. 즉, 조각나고 끊어지고 흩어지고 탁해지고 혼란스럽고 정리되지 않은 무겁고 어두운 불행한 상태에서 벗어나 연결되고 통합되고 맑고 밝은 가벼운 행복한 상태로 되는 것이다. 즉, 찢기고 상처받아 아프고 슬픈 상태에서 치료되어 온전해지고, 행복해진 상태로 변화하는 것이다.

종교에서 중요한 개념인 '신성함(holy)' 이란 말은 '온전하다(whole)', 그리고 '낫게 한다(heal)' 는 말과 같은 뿌리에서 나왔는데, 여기서 우리는 종교가 그 출발점에서부터 치료적 목적으로 생겨났다는 것을 짐작할 수 있다. 이때 그 치료는 찢겨지고 조각난 것들을 이어서(connect), 온전한 전체(whole)로 다시 만들어 주고 치유(heal)함으로써 원천과 다시 연결시켜 주는 과정이라고 하겠다.

이처럼 우리는 심리치료와 종교가 서로 '연결성' 이라는 관점에서 완전히 일치하고 있음을 발견하게 된다. 즉, 심리치료와 종교는 서로 추구하는 목표와 방향에서 온전히 일치하고 있는 것이다. 한편, 이러한 결과는 어쩌면 당연한 것인지도 모른다. 심리치료나 종교는 모두 근본적으로 인간의 고통과 불행을 해결해 주기 위해 생겨난 것이며, 오랜 세월에 걸친 종교적 경험과 지혜가 사실과 관찰에 기초해서 발달한 경험과학인 심리학적 연구결과와 서로 달라야 할 이유가 없기 때문이다.

그러나 심리치료와 종교의 내용적 차원에서의 공통점에도 불구하고, 실천과정에서의 구체적 방법론, 그리고 교리(또는 이론)의 세부적인 부분에서는 차이가 있을 수 있다. 이미 서론에서 종교성에는 여러 차원이 있음을 밝혔는데, 종교성의 종류에 따라 연결성이 어떻게 서로 다르게 추구되고 있는지 좀 더 자세히 살펴볼 필요가 있다.

연결성의 관점에서 본 서로 다른 종교성

킴(Kim, 1988)의 연구에서 정통주의는 교리와 전례 등 특정 종교의 가르침의 전승과 관련된 차원인데, 이는 종교교육과 종교행위를 통하여 신자들을 종교의 원래적 취지 및 가치와 연결시켜 주는 기능을 한다. 이는 또한 교리를 매개로 하여 교회와 성직자가 중심이 되어 신자들을 통제하고 관리해 나가는 형식으로 이념공동체적 연결체를 만들어 낸다. 불교나 유교에서도 기독교와 비슷한 양상을 띠고 있는데, 불교에서는 불법승 삼보를 중심으로 불법의 전승을 중시하며, 유교에서는 공자와 성현들의 가르침을 계승하고 제사와 의례를 중시하는 것 등을 들 수 있다.

이러한 정통주의적 종교성에서 추구하는 것은 가르침과의 연결, 전통과의 연결, 이념공동체와의 연결 등이며, 이를 통해 신자들은 심리적 안정감을 얻으며, 공동체에 대한 소속감을 느끼게 된다. 개인 신자들은 각자 따로 종교적 진리를 찾기 위해 애써 노력할 필요 없이 이미 선각자들이 깨달은 진리를 학습하고 실천함으로써 종교적 진리에 연결될 수 있으며, 그 외에도 전통 종교가 베풀어 주는 많은 혜택과 보호를 누릴 수 있게 된다. 하지만 문제는 기존 교리의 틀을 넘어서는 새로운 행동이나 체험은 권장되지 않는다는 점이다. 따라서 이 종교성은 새로운 사회적 · 환경적 변화가 있을 때, 그리고 개인적 특수한 사정이 생길 때 새로운 변화와 연결되지 못하는 한계에 부딪히게 된다. 그리고 이는 외부의 권위에 의존하는 종교성이므로 각자 개인의 경험과 판단을 무시하게 되기 쉽다. 실제로 킴(1988)의 경험연구에서 정통주의 종교성은 대인관계 의존성과 높은 상관을 보였다.

경건주의는 정통주의 종교성과는 달리 교리나 성직자들의 권위보다는 개인적 신앙과 체험이 더 강조되는 종교성인데, 종교적 진리와의 직접적 연결성이 추구된다. 즉, 성직자나 권위자의 가르침에 의한 간접적 종교체험이 아니라 개인적 신앙체험에 의한 직접적 종교체험이 강조되는 것이다. 따라서 정통주의에서 결여되었던 진리와의 직접적 연결성이 가능해진다. 하지만 이는 풍부하고 유익한 종교적 전통, 그리고 소중한 자원이라고 할 수 있는 공동체와의 연결성이 약해지는 문제를 내포하고 있다. 또한 경건주의는 자기부정적이며 금욕적인 종교성으로, 개인의 욕구를 지나치게 억압함으로써 개인의 내면과의 연결성을 저해하는 요소도 내포하고 있는 것이다. 특히 죄의식과 중생을 강조함으로써 개체가 성장과정에서 힘들여 쌓아 온 정체성을 송두리째 부정하거나 혼란에 빠뜨릴 위험성이 있다. 실제 킴(1988)의 경험연구에서도 경건주의 종교성은 공격성과 높은 상관을 보였고, 정서와 욕구의 과잉통제 및 대인관계에서의 폐쇄적인 경향성과 높은 상관을 보이는 것으로 나타났다.

신비주의 종교성도 경건주의 종교성과 마찬가지로 직접적 진리체험을 추구한다. 하지만 경건주의와의 차이점은 금욕적 태도나 죄의식을 강조하지 않는다는 점이다. 또한 경건주의가 자기부정을 통한 정화를 추구하는 데 반해, 신비주의에서는 일시적으로 자아의식이 사라지고 자연과 우주, 그리고 신과의 합일경험을 하게 된다.

경건주의가 개인의 의지적 노력과 결부되는 데 반해, 신비주의는 개인의 의지와는 무관하게 개인에게 불가항력적으로 일어나는 경험이며, 또한 경건주의에서는 개인의 내면이 분열되고 모순적인 상태에 놓여 있는 반면, 신비주의 종교성에서는 이러한 모순과 대립, 갈등이 일순간 사라지고, 조화롭고 평화로운 의식상태에 들어가게 된다. 따라서 신비주의 종교성은 초월적, 신비적 영역과의 연결성을 가지며, 자연과 우주, 절대자와 일시적으로 연결된 상태를 경험한다. 이러한 경험은 연결성의 완성이라 볼 수 있으며, 많은 종교들에서 이러한 경험을 중요시한다.

한편, 신비주의는 종교사에서 반복해서 관찰되었듯이 자칫 현실과 사회를 무시하고 관념적, 이상주의적으로 흐를 위험이 있다. 그런 경우 오히려 현실사회와의 연결성이 끊어지는 결과를 초래하게 된다고 하겠다. 실제 킴(1988)의 경험연구에서 신비주의 종교성은 폐쇄성과 높은 상관을 보였다.

종교적 불안은 폐쇄적인 교리, 권위적이고 억압적인 종교지도자, 금욕적, 자기부정적 종교적 태도와 신념, 미신적이고 주술적인 믿음 등에 의해 형성되고 유발되는 심리적 불안을 반영하는 차원이다. 여기에는 악마와 사탄에 대한 공포, 죄의식, 관능에 대한 공포, 지옥에 대한 공포, 저주에 대한 공포 등이 있다.

종교적 불안은 불건강한 종교적 영향에 의해 개인의 내면에 형성된 비합리적 종교적 신념 때문에 발생한다. 즉, 비합리적 종교적 신념은 개인의 자연스러운 욕구나 정서를 억압하고 부정함으로써, 개인으로 하여금 더 이상 자신의 자연스러운 내적상태를 신뢰할 수 없게 만들고, 따라서 항상 이를 통제하려고 시도하며, 통제를 하지 못하는 상황에 대해 불안을 느끼게 만든다. 또한 종교공동체와의 관계에서도 소외감을 느끼게 하며, 미래에 대해서도 신뢰하지 못하게 한다.

킴(1988)의 연구에서 종교적 불안은 경건주의와 높은 상관을 보였으며, 공격성, 우울증과도 높은 상관을 보였다. 이처럼 종교적 불안은 특정 종교성과 관련하여 구조적으로 발생하는 것으로 볼 수 있으며, 이는 성격적 · 행동적 차원에서 밝혀졌듯이 개인의 통합성과 내면의 연결성을 저해한다.

종교적 신뢰는 개방적이고 우호적인 종교지도자, 따뜻하고 수용적인 종교공동체, 개방적인 종교적 신념 등의 영향하에서 발생하는 안정적 심리상태로서, 이러한 상황에서는 종교적 불안과는 달리, 개인의 내면이 온전히 통합되고 수용되며, 타인이나 사회, 그리고 자연과 우주, 신과의 조화로운 관계가 체험된다. 즉, 개인의 자연스러운 욕구와 정서는 그 자체로서 있는 그대로 온전히 수용되며, 자신의 내적 과정에 대해 무조건적으로 신뢰하며, 타인이나 환경, 자연과 우주, 신에 대해 관계가 신뢰롭고 긍정적이다.

또한 믿음과 소망, 사랑이 신앙의 중심에 있으며, 기쁨과 감사가 체험되며, 긍정적 사고와 태도가 특징이다. 자기 자신의 내면은 통합되고 연결되어 있으며, 세상과 미래에 대해 긍정적이고 열려 있는 상태다. 킴(1988)의 연구에서 종교적 신뢰는 개방성, 투명성과 높은 상관을 보였으며, 공격성과는 부적 상관을 보였다.

종교적 사회주의는 정통주의, 경건주의, 신비주의 종교성들과 구분되는 독립적인 종교성 차원으로서 사회와 현실참여가 주요 특징이다. 즉, 앞의 종교성들이 전통이나 교리, 개인의 내면, 혹은 자연과 우주 혹은 신과의 연결성을 추구하는 데 반해, 종교적 사회주의는 사회 및 현실과의 연결성을 지향한다. 즉, 앞의 종교성들의 지향점이 개인의 구원, 또는 초월이라면, 종교적 사회주의의 경우는 사회전체의 구원이 그 목표라고 하겠다. 따라서 현실참여와 비판의식, 사회적 책임이 강조되며, 이웃사랑과 박애가 공동선으로 추구된다. 개인은 시선을 자신의 내면으로부터 사회로 돌리게 되며, 현실초월이 아니라 현실참여가 요구된다. 종교적 사회주의를 통하여 종교성은 사회와의 연결이라는 수평적 차원으로 확장하게 된 것이다. 이 차원은 종교가 자칫 개인의 내면에 머물러 안주하는 위험을 극복하고 한층 더 넓은 외연을 확보하게 해 준다.

킴(1988)의 연구에서 종교적 사회주의는 정통주의와 높은 상관을 보여 주었는데, 이것은 정통주의가 종교적 공동체를 중심으로 비교적 넓은 외연을 갖고 있기 때문인 것으로 보인다. 또한 공격성과도 유의한 정적 상관을 보였는데, 이는 종교적 사회주의가 활동적인 에너지를 포함하고 있기 때문인 것으로 보인다.

의미추구는 개인이 하고 있는 행위나 일, 삶과 고통, 병, 죽음 등의 의미에 대한 물음으로 특정 종교와 무관하게 모든 개인은 이러한 목적론적 의문을 갖는다. 의미추구는 '나는 어떻게 살아야 하는가?' 라는 근원적인 질문과 관련되어 있으며, 삶 전체를 외부에서 조망해 보고자 하는 초월적 욕구라고 할 수 있다. 이는 게슈탈트 치료에서 말하는 연결성의 개념과 같다고 하겠다. 의미란 어떤 행위나 사건, 경험 등이 삶과 존재의 궁극적인 가치 또는 목적과 어떻게 연관되는지를 알려 주는 것이기 때문이다. 이때 이러한 궁극적 가치나 목적을 찾아내고 체험하는 것도 당연히 의미추구에 포함된다.

킴(1988)의 연구에서 의미추구는 다른 종교성과 독립적인 차원이라는 것이 밝혀졌으며, 다만 종교적 신뢰와 정적 상관을 보였는데, 이는 개인이 종교적 신뢰를 갖고 기성종교의 테두리 내에서 믿음, 소망, 사랑을 삶의 궁극적인 가치로 받아들이고, 이를 자신의 삶과 잘 연결시켰을 때 의미발견과 체험이 가능하기 때문이라고 할 수 있다. 물론, 기성종교에 속하지 않으면서도 개인의 노력에 의해 궁극적인 가치관을 확립하고, 자신의 삶을 그것과 잘 연결시켰을 때 의미체험이 가능할 것이다.

킴(1988)의 연구에서 의미추구는 우울증, 그리고 공격성과 각각 부적 상관을 보였으며, 삶에 대한 적극성, 책임감과 정적 상관을 보였다. 그리고 삶에 대한 내적 통제감과 높은 상관을 보였다.

무신론은 신의 존재를 부정하며, 종교에 대해 비판적 태도를 취한다. 이는 철학적으로 볼 때 유신론과 마찬가지로 교조적이며 이데올로기적인 성격을 띤다. 무신론은 유물론적 세계관에 기초해 있으므로 인간과 세계에 대해서도 기계론적인 시각을 취하며, 삶과 죽음에 대한 궁극적 의미를 인정하지 않는다. 따라서 인간과 삶에 대해 근본적으로 회의적이고 허무주의적인 태도를 보여 주며, 개인의 행위와 삶 간에는 어떤 연결성 같은 것도 전제하지 않는다.

킴(1988)의 연구에서 무신론은 정통주의 및 경건주의 종교성과 부적상관을 보였으며, 의미추구와도 매우 높은 부적상관을 나타냈다. 여기서 또한 흥미로운 사실은 무신론이 종교적 불안과 높은 정적상관을 보였다는 점이다. 논리적으로 볼 때 무신론은 종교적 불안과 오히려 부적상관이 나와야 하겠지만, 심리적으로는 서로 정적상관을 보일 수 있다. 즉, 신에 대한 부정, 혹은 도전에 따른 불안심리로 이해할 수 있다. 성격적 차원과 관련해서는 무신론은 자기중심적이고 공격적인 성향과 정적상관을 보였으며, 우연적 통제소재와 정적상관을 보였다.

맺는 말

위의 결과를 종합해서 다시 정리해 보면 정통주의, 경건주의, 신비주의 종교성은 각각 어느 특정한 방향으로는 비교적 연결성을 잘 실현하고 있다고 볼 수 있으나, 다른 측면에서는 연결성이 부족하거나 끊어지는 양상을 보여 준다. 예컨대 정통주의는 가르침과의 연결, 전통과의 연결, 공동체와의 연결성에서는 바람직한 방향으로 나타나고 있으나, 새로운 변화와의 연결, 개별적 존재로서의 개인의 정체성과의 연결성에서는 취약함을 보인다.

경건주의는 진리와의 직접적 연결성을 추구하지만, 종교적 전통, 공동체와의 연결성 측면에서는 취약하며, 또한 자기부정과 금욕적 태도로 인해 내면과의 연결성, 대인관계에서의 연결성 등에서도 문제점을 보인다. 또한 신비주의 종교성도 진리의 직접적 체험 측면에서는 강한 연결성을 보이지만, 자칫 관념과 이상에 치우쳐 현실과의 연결성이 단절될 위험성을 안고 있다.

한편, 종교사회주의, 종교적 신뢰, 그리고 의미추구는 연결성의 차원에서 볼 때 모두 일관되고 방향성이 뚜렷한 종교성이라 하겠다. 예컨대 종교사회주의는 이웃사랑과 박애의 실천을 목표로 하면서 사회 및 현실과의 강한 연결성을 보여 주며, 종교적 신뢰는 자신의 내면과 대인관계, 그리고 신과의 관계에서 모두 조화롭고 신뢰로운 연결성을 보여 준다. 의미추구 종교성 또한 자신의 삶을 전체적으로 돌아보며, 자신의 행위와 경험들이 존재의 궁극적인 목적과 어떻게 연관되는지를 깨닫게 해 주고, 또한 체험하게 해 준다.

그러나 종교적 불안과 무신론은 연결성이 부족하거나 연결성이 끊어진 부정적 종교성이라 할 수 있다. 즉, 종교적 불안은 폐쇄적이고 억압적인 교리와 자기

부정적 태도로 인해 내면의 자연스러운 정서와 단절되는 결과를 초래하며, 무신론 또한 유물론적이고 기계론적인 태도를 배경으로 존재와 사건에 대한 어떠한 연결성도 인정하지 않음으로써 개인을 삶과 세상으로부터 단절된 상태에 놓이게 만든다.

게슈탈트 치료는 삶의 다양한 차원에서의 연결성을 추구한다. 즉, 개인의 다양한 정서나 욕구와의 연결, 내면의 억압되거나 소외된 부분과의 연결, 타인과의 연결, 환경과의 연결, 삶에서 경험하는 사건들 간의 연결, 공동체와의 연결, 사회 · 문화적 · 역사적 유산과의 연결 등 삶의 모든 순간과 그 요소들과의 연결성이 목표다. 그리하여 마침내 삶이 단절 없이 매 순간 환경과의 자연스러운 관계성 속에서 유기적으로 흘러가도록 도와주는 것이다.

이 장에서 종교성도 게슈탈트 치료와 같은 목표를 추구하지만, 종류에 따라 어떤 종교성은 연결성을 회복하거나 유지하도록 도와주지만, 어떤 종교성은 오히려 연결성을 단절시키기도 한다는 것을 밝혔다. 그렇다면 이제 게슈탈트 심리치료와 종교성이 어떻게 서로 상호보완적으로 사용될 수 있을지에 대해 살펴보면서 이 글을 마치기로 한다.

먼저, 여러 다양한 환자나 내담자들을 대상으로 게슈탈트 심리치료를 시행함에 있어 특정 종교성으로부터 도움을 받을 수 있다. 예컨대 불안장애나 우울증을 치료할 때 집단의 따뜻한 지지와 치료자의 현전, 그리고 치료자에 대한 신뢰 등이 연결성의 회복을 위해 중요한데, 정통주의 종교성이나 종교사회주의 종교성, 그리고 종교적 신뢰, 의미추구성 등이 도움이 될 것이다. 특히 불안장애 환자들에게는 종교적 신뢰가, 그리고 우울증 환자들에게는 의미추구성이 많은 도움이 될 것이다. 향후 다양한 심리장애와 서로 다른 종교성 차원들 간에 어떠한 연관이 있는지 더 자세히 연구하여 이들 종교성들을 치료적으로 활용할 수 있으리라 본다.

다음으로, 개인의 성숙한 종교성 발달을 위해 게슈탈트 심리치료가 도움을 줄 수 있다. 즉, 학교나 종교기관 등에서 신자나 일반인들이 영성훈련을 함에 있어

개인의 종교성을 차원별로 구분하여 측정한 후, 부정적으로 형성되었거나 미숙하게 형성된 종교성을 확인하여, 이들을 성숙한 종교성으로 발달하도록 도와주는 과정에서 게슈탈트 치료가 활용될 수 있다. 가령, 종교적 불안이나 무신론적 종교성이 높은 사람들, 혹은 의미추구성이나 종교적 신뢰성이 낮은 사람들에게 게슈탈트 치료를 통해 연결성을 회복함으로써 이러한 측면의 종교성이 발달되도록 도와줄 수 있을 것이다.

마지막으로, 학교나 지역사회 혹은 종교기관 등에서 종교성 교육과 게슈탈트 심리치료를 병행하여 시행함으로써 공동체에서의 연결성을 강화시켜 줄 수 있다. 전통적으로 공동체의 연결성을 높이기 위해 종교가 많은 기여를 해 왔다. 하지만 현대로 올수록 종교의 힘은 점차 쇠약해지고 있는 실정이므로, 게슈탈트 치료나 게슈탈트 집단 프로그램을 종교 프로그램과 함께 시행함으로써 공동체의 연결성을 높여 줄 수 있을 것이다. 폴스터(Polster, E., 2006)는 최근 미국에서 게슈탈트 프로그램 시행을 통해 지역사회 공동체에서의 연결성 회복운동을 성공적으로 이끌고 있다.

| 참고문헌 |

김소영. (1983). 한국유학에서의 성경사상. 호서문화연구, 3.

김정규, 정연옥, 오강섭. (1994). 대인공포증 집단의 게슈탈트 심리치료. 성신여자대학교 학생생활연구소 학생생활 논문집, 17.

김정규. (1995). 게슈탈트 심리치료. 서울: 학지사.

김정규. 정인과, 이현수. (1996). 공황장애 환자집단의 게슈탈트치료. 성신여자대학교 학생생활연구소 학생생활연구 논문집, 19, 15-45.

김정규. (1998). 자기심리학과 게슈탈트 심리치료의 대화. 한국심리학회지: 임상, 17(1), 17-38.

김정규. (1998). 정신현상과 신체현상의 상호관련. 프랑스문화 읽기-몸의 이해. 프랑스문화 연구회, 30-49.

김정규. (2003). 비파사나 명상과 인지행동치료를 통합한 불안장애의 게슈탈트 심리치료. 한국

심리학회지: 임상, 22(3), 475-503.

박경순. (1999). 대상관계이론과 게슈탈트 심리치료 기법의 접목을 통한 집단상담 프로그램 개발. 심리검사 및 상담연구, 4(1), 91-113.

안병주. (1980). 유교의 우환의식과 퇴계의 경. 퇴계학보, 25.

유계식. (2000). 신체중심 게슈탈트 집단상담 프로그램 개발과 효과에 관한 연구. 박사학위 청구논문, 홍익대학교.

유계식. (2001). 신체중심 게슈탈트 집단상담의 효과에 관한 연구. 한국심리학회지: 상담 및 심리치료, 13(2), 121-141.

이순일. (1997). 게슈탈트 집단상담이 자존감과 대인관계 변화 및 불안감소에 미치는 효과, 집중적 형태의 집단을 중심으로. 석사학위청구논문, 서강대학교.

이혜정. (1998). 성폭력피해 집단의 게슈탈트 심리치료. 석사학위청구논문, 성신여자대학교.

한기백. (1995). 게슈탈트 자각증진 집단상담에 의한 내담자 체험수준과 자아정체감의 변화. 석사학위청구논문, 부산대학교.

Beisser, A. (1970). The Paradoxical Theory of Change. In: Fagan and Shepherd. *Gestalt Therapy Now*. Harper Colophon Book.

Hycner, R., & Jacobs, L. (Eds.)(1995). *The healing relationship in gestalt therapy: A dialogical/self psychology approach*. Highland, NY: Gestalt Journal Press.

Kim, J. K. (1988). *Struktrelle Zusammenhaenge zwischen Religiositaet und Persoenlichkeit im Rahmen einer psychologischen Diagnostik*. Doktorarbeit der Universitaet zu Bonn.

Kim, J. K., & Kramer, G. (2002). *Insight Dialogue meditation for Anxiety Problems*. http://www.g-g.org/gej/6-1/insightdialogue.html

Naranjo, C. (1995). *Gestalt Therapy. The attitude and practice of an atheoretical experientialism*. Nevada City, California. Gateways/ IDHHB Publishing.

Perls, F. S. (1947). *Ego, hunger, and aggression*. London: George Allen and Unwin.

Perls, F. S., Hefferline, R. F., & Goodman, P. (1951). *Gestalt Therapy: Excitement and growth in the human personality*. New York: Julian Press.

Perls, F. S. (1969). *Gestalt Therapy Verbatim*. Moab, UT: Real People Press.

Polster, E., & Polster, M. (1973). *Gestalt therapy integrated*. New York: Brunner/Mazel.

Polster, E. (2006). *Uncommon Ground. Harmonizing Psychotherapy & Community*. Phoenix: Zeig, Tucker, & Theisen, Inc.

Yontef, G. (1993). *Awareness, process and dialogue*. Highland, NY: Gestalt Journal Press.

13
생태유아교육론

들어가는 말

여기서는 생태유아교육의 개략적인 모습을 보여 주기 위해 생태유아교육의 개념, 본질, 기본체계, 이념 및 방향, 특성에 관해 논의하고, 다음으로 생태유아교육을 실천하기 위한 생태유아교육과정의 기본체계와 실행 프로그램들을 살펴본다. 끝으로 이 프로그램을 실천하는 생태유아교사의 자질과 참모습에 관해 살펴보고자 한다.

생태유아교육의 개념

1) 생태유아교육의 의미

생태유아교육(生態幼兒教育)이란 무엇인가? 생태유아교육의 개념을 한마디로 정의하는 것은 아직은 적절하지 않다. 생태유아교육은 이제 막 하나의 개념으로 탄생하여 자라고 있는 어린 생명체이기 때문이다. 따라서 생태유아교육의 개념을 한마디로 규정하거나 정의하기보다는 생태유아교육의 의미를 다각적으로 검토함으로써 그 본질에 접근하고자 한다. 여기서는 생태유아교육의 의미를 다음 몇 가지로 제시하고자 한다.

첫째, 생태유아교육은 생명사상 내지 생태론적 세계관에 바탕을 둔 생명론적 접근의 유아교육이다. 생태유아교육은 생명학(life studies)과 생태학(ecology)을 비롯한 우리나라와 동 · 서양의 생명사상에 바탕을 둔 유아교육이다. 따라서 생태유아교육은 아동중심 유아교육을 포괄하면서, 그것을 넘어서는 보다 높은 차원의 근원적인 생명중심 유아교육이다. 이러한 생태유아교육을 영어로 표기한다면, 생명론 내지 생태론과 유아교육의 만남이면서 생태론적 접근의 유아교육이라는 의미를 내포하는 'eco early childhood education', 혹은 'eco early childhood education & care' 라고 할 수 있다.

여기서 언급한 유아교육은 인간 생명의 시작인 잉태에서부터 초등학교 취학 전까지의 아이가 스스로 잘 자라고 더불어 잘 자라도록 돌보고 기르는 일(즉, 잉태, 태교, 출산, 수유, 양육, 교육 등을 모두 포괄하는 의미)을 뜻한다. 즉, 생태유아교육에서 말하는 유아교육은 태아, 영아 및 유아의 보호와 교육을 의미하는 것으로 '영유아보육' 의 개념을 포괄하고 있다.

둘째, 생태유아교육은 새로운 패러다임(paradigm)의 유아교육이다. 생태유아교육은 최근 산업문명의 최대 피해자인 우리 아이들의 병든 몸과 마음과 영혼을 살리고, 나아가 성장과 개발, 자본과 경쟁의 논리가 지배하는 지금의 유아교육 현실을 개선하고자 하는 새로운 패러다임의 유아교육이다. 양(陽)이 극에 달하면 음(陰)을 위해 물러나는 것이 자연의 이치다. 이처럼 자연의 이치를 무시하고 아이들을 '양계닭' 처럼 키우고 있는 기존의 잘못된 유아교육은 물러나야 한다. 그리하여 우리 아이들을 '토종닭' 처럼 돌보고 기르는 새로운 패러다임의 유아교육으로 전환해야 한다. 이제 생태유아교육은 유아교육의 대안이 아니라 주류가 되어야 하며, 선택적 고려사항이 아니라 필수적 실천사항이 되어야 한다.

셋째, 생태유아교육은 자연의 순리에 따르는 자연친화적 유아교육이다. 생태유아교육은 자연의 본성을 지닌 아이들을 자연의 순리대로 스스로 잘 자라도록 돌보고 기르는 것이다. 본래 아이는 부모의 자식, 사람의 아이인 동시에 자연의 아이이다. 따라서 생태유아교육은 아이를 사람의 아이면서 자연의 아이로 기르는 것으로서, 자연의 순리(順理)대로 사람의 도리(道理)대로 기르는 것을 의미한다. 따라서 생태유아교육은 자연의 순리와 사람의 도리는 하나로 통한다는 천지인(天地人)의 조화사상 내지 천인합일사상(天人合一思想)에 바탕을 두고 있다.

넷째, 생태유아교육은 아이를 한울님으로 모시는 아이살림의 유아교육이다. 생태유아교육은 아이라는 생명을 한울님으로 모시고 살리는 아이모심과 아이살림의 교육이다. 여기서 아이는 자연의 본성을 지닌 뭇 생명체 중의 하나다. 아이는 자연의 모든 생명체들이 지니고 있는 본성인 생명을 지니고 있다. 이 같은 아이를 한울님이라고 하는 것은 동학(東學)을 창도한 수운 최제우(崔濟愚) 선생의 말씀이고, 소파 방정환 선생의 표현이며, 요즘 생명문화운동에서의 합의된 생각이다.

다섯째, 생태유아교육은 생명의 원리에 따라 아이라는 생명을 모시고 살리는 생명살림의 유아교육이다. 아이라는 생명체 속에는 본래부터 한 사람으로 스스로 자라날 수 있는 생명의 씨앗이 유전인자 형태로 내재되어 있다. 이는 나락 한 알 속에는 장차 지수화풍(地水火風)의 도움으로 뿌리를 내리고, 잎이 나고, 줄기가 자라고, 꽃이 피고, 열매를 맺고, 벼로서의 생명을 다하면 다시 흙으로 돌아가는 벼의 일생의 유전 정보가 내재되어 있다는 것과 같은 이치다. 농부가 볍씨 속에 들어 있는 벼의 생명이 그 생명의 힘(즉, 생명력), 그 생명의 기운을 제대로 잘 발휘할 수 있도록 돌보고 기르는 일이 바로 생태유아교육인 동시에 생명살림의 유아교육의 근본이다.

여섯째, 생태유아교육은 우리 조상들의 아이 기른 지혜에 바탕을 둔 미래를 위한 오래된 유아교육이다. 우리 조상들은 5천 년 동안 한반도에 터를 잡고 자식들을 길러 세계적으로 드높일 만한 찬란한 민족문화를 꽃피웠다. 그러한 조상들의 자녀양육 지혜를 오늘의 현실에서 창조적으로 활용하려는 것이 생태유아교육의 관심이고 접근이다. 이런 측면에서 생태유아교육은 우리 민족의 문화이고, 우리 민족과 아이들의 삶이고, 생활 그 자체다.

2) 생태유아교육과 유아생태교육의 구분

생태유아교육은 유아생태교육과는 다르다. '생태' 라는 단어가 앞에 있느냐 뒤에 있느냐의 차이 이상이다. 생태유아교육은 생명사상 내지 생명의 세계관에 기초한 유아교육으로서 유아교육 자체를 생명의 세계관에서 접근하는 것이다. 생태유아교육은 세계관, 아동관, 발달관, 교육관 등이 생명의 세계관에 근거를 두고 있다. 또한 생태유아교육은 교육이념, 교육목적, 교육내용, 교육방법, 교사의 역할, 교육환경 등에 대한 접근 역시 생명의 세계관에 기초를 두고 있어, 기존의 유아교육과는 근본적으로 다르다고 할 수 있다.

반면, 유아생태교육은 유아언어교육, 유아과학교육, 유아미술교육 등과 같이 유아교육의 하나의 영역이나 교과를 의미하는 것이다. 유아생태교육은 유아에게 언어교육, 과학교육, 미술교육 등을 하듯이 생태교육을 하는 것을 의미한다. 이러한 성격의 유아생태교육은 유아환경교육이나 유아녹색교육과 유사한 교과교육의 의미를 지니고 있다. 물론 환경교육, 녹색교육, 생태교육의 개념에는 다소 차이가 있을 수 있지만, 유아교육 분야의 한 영역이나 교과로 접근한다는 측면에서는 맥을 같이 하고 있다. 이처럼 교과교육으로서의 유아생태교육은 기존 유아교육의 터전인 기계론적 세계관 내지 인간중심적 세계관에서 접근할 수밖에 없다는 한계를 지니고 있다.

생태유아교육의 본질

1) 아이, 생명의 본질

아이는 하나의 생명체다. 아이는 자연의 모든 생명체 중의 하나다. 아이라는 생명체는 자연에서 태어나서 자연 속에서 살다가 수명이 다하면 다시 자연으로 돌아가지만, 그 생명체의 본성인 생명(生命)은 없어지지 않는다. 인간의 생명은 자연의 모든 생명체의 생명과 하나로 통한다. 즉, 모든 생명은 서로 연결되어 있는 하나의 생명이다. 이 하나의 생명이 바로 자연의 본성이며, 아이의 본성이고, 나무의 본성이고, 돌의 본성이고, 모든 생명체의 본성이다. 이 같은 생명의 본성을 불교에서는 불성(佛性)이라 하고, 기독교에서는 신성(神性)이라고 하고, 공자는 인(仁)이라 하고, 동학에서는 이를 지기(至氣)라고 한다. 그래서 인간이라는 생명체는 소우주이고, 자연은 대우주다. 아이를 비롯한 우주의 뭇 생명체들은 자연의 순리, 즉 생명의 원리에 따라 존재한다.

생명의 본성은 살아 있음과 움직임이다. 또한 생명은 다른 모든 생명과 연결되어 있는 연계성을 지니고 있으며, 생명은 생 · 장 · 멸(生長滅)을 반복하는 순환성을 지니고 있다. 또한 생명은 자연의 본성인 자연성을 지니고 있을 뿐 아니라 각 생명체 나름의 독특한 특성인 개별성도 지니고 있다. 이 같은 생명은 항상 변화무쌍하면서 변하지 아니하고, 음양의 조화를 이루고, 욕심도 낭비도 없다. 이것이 바로 생명의 본질이고 원리다.

모든 생명은 본질적으로 우열 없이 평등하다. 이런 생명을 가진 모든 생명체는 존귀하고 거룩한 존재다. 동학(東學)의 표현대로라면 모든 만물은 한울님이다. 따라서 우리는 모든 생명체들을 한울님으로 모시고 섬기고 돌보고 살려야 한다. 마찬가지로, 아이도 한울님으로 모시고 섬기고 돌보고 살려야 하는 귀한 존재다. 결국, 모든 생명체는 모심, 섬김, 돌봄, 살림의 연결고리로 이어져 있는

'하나의 유기체'요, '유기체적 하나'다(고재순, 2004).

또한 아이는 생명의 본성, 즉 자연의 순리에 따라 스스로 살아가는 존재인 동시에 다른 생명체들과 더불어 살아가는 존재다. 아이는 다른 모든 생명체와 마찬가지로 스스로 그러하게 살아가고(自然生活), 더불어 그러하게 살아가는(共然生活) 존재다. 즉, 아이는 자생(自生)하면서 공생(共生)하고, 공생하면서 자생하는 생명체다. 우리는 아이가 자생하고 공생하면서 잘 자라도록 살려야 하고, 주변의 모든 생명체도 살려야 한다. 전자는 아이살림이고, 후자는 생명살림이다. 결국, 아이살림과 생명살림은 동시에 이루어지는 것으로 아이살림이 곧 생명살림이고, 생명살림이 곧 아이살림이다. 아이살림, 생명살림의 유아교육이 바로 생태유아교육이다.

인간이 살아간다는 것은 정자와 난자의 결합, 즉 음과 양의 결합인 수정체에서부터 죽기 전까지 살아서(生) 활동하는(活) 것을 의미한다. 인간이 살아간다는 것은 삶이고, 살아서 활동하는 생활(生活)이다. 여기서 아이들의 삶, 즉 생활의 기본적 행위는 입고 먹고 자고 놀고 생각하는 것이다. 아이들은 이 같은 존재행위를 통해서 자연생태계에 점차적으로 적응하면서 성장한다. 아이들이 잘 자란다는 것은 자연생태계에 잘 적응하는 것을 말한다. 아이들이 자연생태계에 잘 적응하려면 적응력, 생명력, 면역력, 생기(生氣) 및 자연치유력이 왕성해야 한다. 이런 능력을 길러 주는 것이 바로 생태유아교육이다.

그리고 아이는 몸과 마음과 영혼으로 이루어진 존재다. 아이는 몸과 마음과 영혼의 세 부분이 하나의 생명으로 연결된 생명체다. 이것은 하나이면서 셋으로 작용하는 일체삼용(一體三用)이다. 몸과 마음과 영혼은 각각 생명의 본성을 지니고 있으며, 셋이 모인 아이라는 생명체도 동일한 생명의 본성을 지니고 있다. 따라서 몸살림, 마음살림 및 영혼살림은 아이살림으로 통한다. 여기서 몸은 마음과 영혼을 담고 있는 그릇이고, 수명이 다한다는 것은 이 그릇인 몸이 자연으로 돌아간다는 것을 의미한다. 하지만 마음과 영혼의 생명은 영원하다.

2) 아이, 삶, 그리고 살림의 원리

인간이 세상을 살아가는 인생사는 밥하고 빨래하고 청소하고 아이 돌보는 일이다. 인생사의 근본은 의식주와 육아다. 인간은 의식주를 통해 생존하고 육아를 통해 종족을 번식시킨다. 그래서 의식주는 인간을 살리는 가장 기본적인 행위다. 결국, 인간의 의식주는 인간의 '삶' 이고 '생활' 이며, 인간을 살리는 '살림' 이면서 '살림살이' 다.

이러한 인간의 삶, 즉 살림은 잉태 후 열 달 동안 자궁인 '아기집' 에서, 세상에 태어나서는 '가정집' 에서 이루어지고, 그러다 목숨이 다하면 다시 고향인 '흙집' 으로 돌아가는 순환의 과정을 거친다. 이처럼 집에서는 인간이라는 생명체를 모시고 돌보고 섬기고 살리는 일을 한다. 우리가 일상적으로 살아가는 '가정집' 을 '살림집' 이라고 하는 것도 이 같은 깊은 뜻을 반영한 말이다. 이러한 집들 중 태아가 살아가는 '자궁' 이 생명을 가장 잘 살리는 집이라 할 수 있다. 따라서 아이들을 돌보는 집에서는 자궁의 모습을 본받아야 한다.

일반적으로, 가정집은 사람과 동물과 식물 등 만물이 함께 어울려 살아가는 살림의 집이다. 가정집에서 아이가 살아가는 것은 입고 먹고 자고 놀고 생각하는 일을 반복하는 것이다. 가정집에서 아이가 살아가려면 집의 구성원인 가족들은 물론 가축, 곡식 및 채소와 땅과 물과 공기가 살아 있어야 하며, 이들은 또한 각자가 살기 위해 서로를 살려야 한다. 따라서 가정집은 모든 생명체를 살리는 생명의 기운이 깃든 생기 있는 살림집이어야 한다.

3) 아이 · 생명의 살림살이

지금 우리 아이들은 가정집과 유치원 · 어린이집 등에서 생활한다. 예전에는 아이들이 주로 가정집에서 생활했는데, 지금은 가정집보다 유치원 · 어린이집에서 생활하는 시간이 점차 늘어나고 있다. 가정집은 어린아이를 포함하여 가족들이 함께 생활하는 집인 반면, 유치원 · 어린이집은 여러 명의 어린아이들을 집단적 · 전문적으로 돌보고 기르는 곳이다.

요즘 우리 아이들의 병든 몸과 마음과 영혼을 치유하기 위해서는 아이들의 삶을 생태적으로 전환해야 한다는 데 이론의 여지가 없다. 이제 지금의 병든 가정집을 본래의 모습대로 살림집으로 회복해야 하듯이, 유치원 · 어린이집도 아이들의 삶을 생태적으로 전환하여 어린 생명체들이 생기발랄하고 신명나는 아이들로 자라도록 돌볼 수 있는 생명의 살림집으로 바꾸어야 한다.

결국, 유치원 · 어린이집은 아이들의 생명을 살리는 살림집이어야 한다. 아이들의 생명을 모시고 섬기고 돌보고 살리는 살림집이 되어야 한다는 말이다. 원장과 교사를 비롯한 어른들은 태아를 잉태한 임신부의 마음과 정성과 소망으로 아이들을 모시고 섬기고 돌봐야 한다. 유치원 · 어린이집이 살림집이 되려면 그 집의 모든 생명체들이 함께 살아야 한다. 즉, 유치원 · 어린이집의 아이들은 물론 원장과 교사, 동물과 식물, 심지어 흙과 물과 공기도 함께 살아야 한다. 그리하여 유치원 · 어린이집은 모든 생명체들이 내뿜는 생명의 기운(氣運)으로 가득한 살림집이 되어야 한다.

이를 위해 유치원 · 어린이집은 아이들을 '양계닭' 처럼 키우는 것이 아니라 '토종닭' 처럼 돌보는 방향으로 전환해야 한다. 아이들에게 잃어버린 자연과 놀이와 아이다움을 되찾아 주는 노력을 기울여야 하고, 유치원 · 어린이집의 의식주를 자연적 · 생태적 · 생명적인 살림의 의식주로 바꾸려는 노력이 필요하다. 유치원 · 어린이집에서는 아이들이 스스로 잘 자라고, 더불어 잘 자라도록 돌보는 일을 해야 하는데, 이를 위해 아이들이 입고 먹고 자고 놀고 생각하는 활동이 자연적이고 생태적으로 이루어질 수 있는 여건을 마련해야 한다.

따라서 생태유아교육을 제대로 실천하는 유치원 · 어린이집은 아이들을 비롯한 수많은 생명체들을 모시고 살리는 '살림살이' 를 잘 하는 '살림집' 이라고 할 수 있다.

생태유아교육의 기본체계

1) 기본체계도의 구상

여기서는 생태유아교육의 기본틀(framework) 내지 체계를 이해하기 쉽게 도식으로 나타내고자 한다. 생태유아교육의 기본틀을 나타내는 상징적 도식의 소재를 무엇으로 하느냐가 문제다. 그 소재는 생태유아교육의 기저에 깔린 사상과 이념은 물론, 생태유아교육의 골격을 그런 대로 담을 수 있어야 하기 때문이다.

생태유아교육의 기본틀을 상징하는 소재를 '나무(木)'로 하고자 한다. 나무는 자연의 일부이고, 매우 자연친화적인 것이며, 주역에서 말하는 오행(五行)인 목(木), 화(火), 토(土), 금(金), 수(水) 중의 하나로서 우주만물을 생성하는 주 요소다. 또한 나무는 태어나서(生) 자라고(長) 결실을 맺고(藏) 소멸하는(滅) 순환의 과정을 반복하는 생명체로서 인간의 성장 모습을 상징하며, 뿌리, 잎, 줄기, 꽃, 열매 등으로 구성되어 있어 생태유아교육의 골격을 표현하기에 비교적 용이하다. 우리 민족사상의 원형을 담고 있는 환단고기(桓檀古記)에 보면, 생태유아교육의 사상적 기저가 되는 천(天), 지(地), 인(人)의 합일사상과 인간과 자연이 하나의 도(道)로 연결되어 있다는 생명사상을 '나무(木)'와 관련해서 다음과 같이 잘 나타내고 있다.

> 밖에 큰 것이 없고 안에 작은 것이 없으니, 곧 도(道)는 감싸지 못하는 것이 없다. 하늘에 기틀이 있으니 내 마음의 기틀에서 보고, 땅에 모양이 있으니 내 몸의 모양에서 보고, 만물에 다스림이 있으니 내 기(氣)의 다스림에서 본다. 곧 하나를 잡으면 셋이 포함되고, 셋이 모이면 하나로 돌아간다. 하느님이 내려오시는 것은 만물의 이치니, 곧 하늘이 첫 번째로 물을 낳는 도(道)다. 성에 통하여 빛이 밝은 것을 낳는 이치니, 곧 땅이 두 번째로 불을 낳는 도(道)다. 세상에 머물면서 다스려 교화시키는 것은 마음의 이치니,

곧 사람이 세 번째로 나무를 낳는 도(道)다. 대저 맨 처음에 삼신이 삼계를 만들어 물은 하늘을 본뜨고, 불은 땅을 본뜨고, 나무는 사람을 본떴다. 무릇 나무는 땅에 뿌리를 박고 하늘을 향해 나왔으며, 또한 사람도 이와 같아서 땅에 서서 나왔으니 능히 하늘을 대신한다(방건웅, 1993: 46).

2) 기본체계도로서의 생명나무

생명수(生命樹)는 생명나무, 우주목(宇宙木), 신단수(神檀樹), 지혜나무 등 다양하게 표현된다. 예로부터 나무는 하늘과 땅을 이어 주는 매개역할뿐 아니라 성서 속의 생명나무, 민족설화 속의 우주나무, 단군신화 속의 신단수, 지혜나무인 불경 속의 보리수(菩提樹) 등에 나타난 것처럼 생명의 탄생과 생명력을 상징한다. 이 같은 생명수는 천지인(天地人) 삼재(三才)에서 사람(人)을 상징하며, 아버지인 하늘과 어머니인 땅 사이에 태어난 자식, 즉 아이로 상징된다.

여기서 생태유아교육의 기본체계도로서의 생명수(生命樹)는 생태유아교육이라는 하나의 생명체가 탄생하여 천지만물의 지극한 기운으로 점차 커다란 나무로 자라 가는 과정을 상징적으로 나타낸 것이다. 이 생명수는 땅에 뿌리를 박고 그 땅의 기운인 생명사상과 생명원리에 의해 자라게 되는데, 전자인 생명사상은 민간신앙 · 상고사상 · 민족종교(동학 · 천도교, 대종교, 증산교, 원불교) 등의 한국전통사상, 유교 · 불교 · 도교 · 기독교 등의 외래종교사상, 생태학 · 생명학 · 생명철학 · 신과학 등의 서양생태사상에 바탕을 두고 있고, 후자인 생명원리는 관계성(接), 순환성(化), 다양성(群) 및 영성(生)을 의미한다. 또한 생태유아교육이라는 생명수는 천지만물을 화생(化生)하는 지극한 생명의 기운과 생태론적 접근으로의 학문 패러다임 전환 추세의 기운에 의해 자라게 되는데, 그러한 생태론적 접근의 학문으로는 자연의학, 생태농업, 생태경제학, 생태영양학, 생태심리학, 생태건축, 생태문학, 생태예술 등을 들 수 있다. 이러한 생태론적 학문적 추세는 생태유아교육이라는 생명수가 크게 자라는 데 물과 바람과 햇볕의 역할을

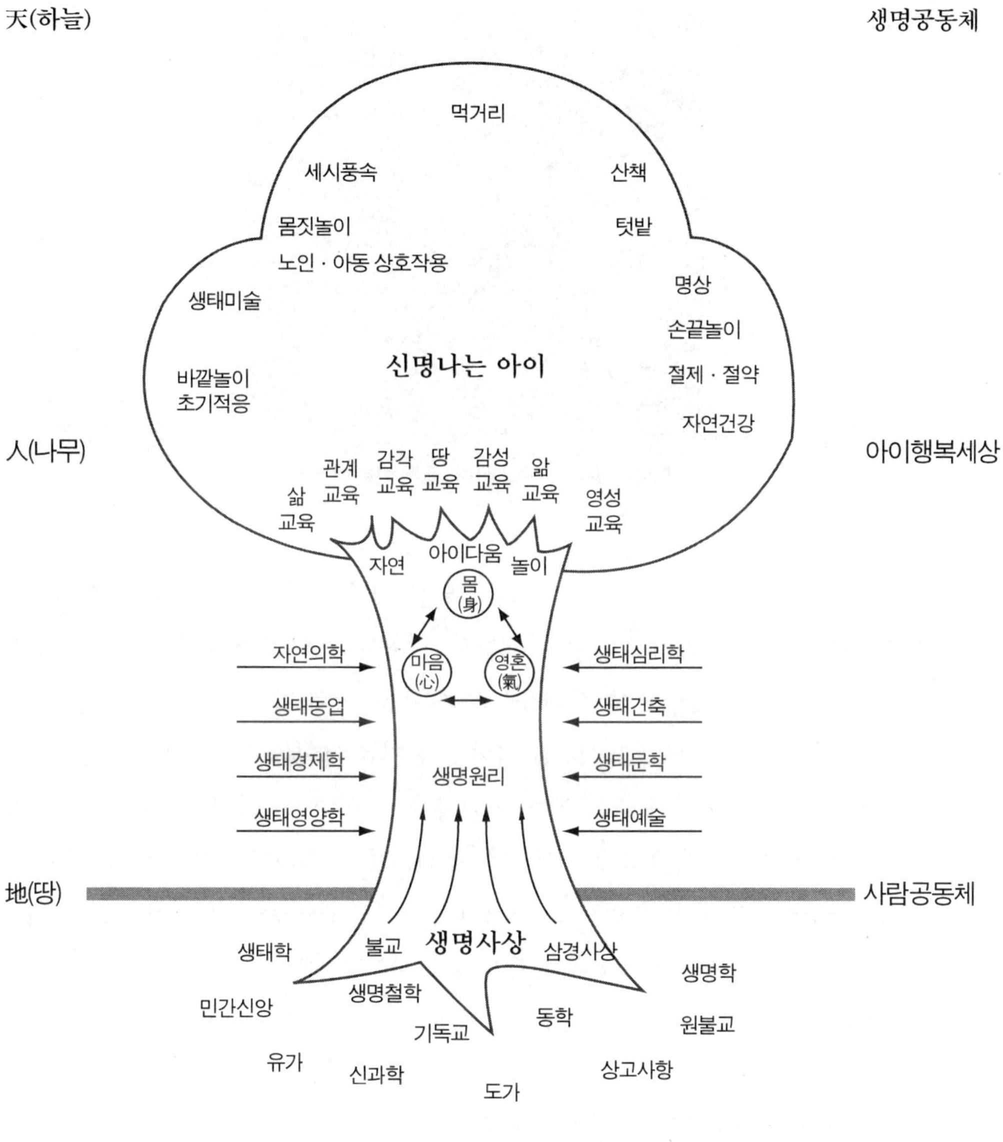

[그림 13-1] 생태유아교육의 기본체계도–생명수(生命樹)

할 것으로 기대된다.

이와 같은 학문 패러다임 전환의 바람은 지금까지 산업문명의 위기 속에서 죽

[그림 13-2] 고구려 장천1호분 벽화의 우주목

어 가는 생명체들을 전체적으로 살리기 위한 커다란 기운의 변화와 더불어, 문명전환의 기운이 도래하고 있음을 예감하게 한다. 소위 후천개벽(後天開闢)이라는 변화의 기운 속에서 이제 생태유아교육은 몸(身)과 마음(心)과 영혼(氣)이 건강하고 행복한 신명나는 아이로 잘 자라도록 지금 아이들이 잃어버린 자연과 놀이와 아이다움을 되찾아 주는 노력을 해야 할 것이다. 이처럼 신명나는 아이로 자라도록 돌보는 교육과정에는 삶교육, 관계교육, 감각교육, 땅교육, 감성교육, 앎교육, 영성교육 등이 필요하고, 구체적인 프로그램으로는 바깥놀이 프로그램, 노인 · 아동 상호작용 프로그램, 생태미술 프로그램, 몸짓놀이 프로그램, 세시풍속 프로그램, 먹을거리 프로그램, 산책 프로그램, 텃밭가꾸기 프로그램, 명상 프로그램, 손끝놀이 프로그램, 절제 · 절약 프로그램, 동물기르기 프로그램, 도시 · 농촌교류 프로그램, 초기적응 프로그램 등이 필요하다.

결국, 생태유아교육이라는 생명수는 아이살림 · 교육살림 · 생명살림을 통해 사람과 자연이 하나 되는 생명공동체, 사람과 사람이 더불어 사는 사람공동체, 아이들이 행복하게 사는 아이행복세상을 꿈꾸면서 크게 자랄 것으로 기대된다. 여기서 우리는 생명수가 천지만물의 기운으로 씨앗에서 줄기가 나고 잎이 돋고

꽃이 피고 열매를 맺듯이, 생태유아교육이라는 학문도 점차 이론적 · 실천적 체계를 확립하게 될 것으로 믿는다.

생태유아교육의 이념 및 방향

생태유아교육은 유아교육의 새로운 패러다임이라고 할 수 있다. 전지구적 위기를 가져온 현대 산업문명의 최대 피해자인 어린아이들의 생명을 살리고 삶의 질을 높일 수 있는 최선의 길이 바로 생태유아교육이다. 여기서는 이러한 생태유아교육의 이념과 방향에 대해 언급하고자 한다.

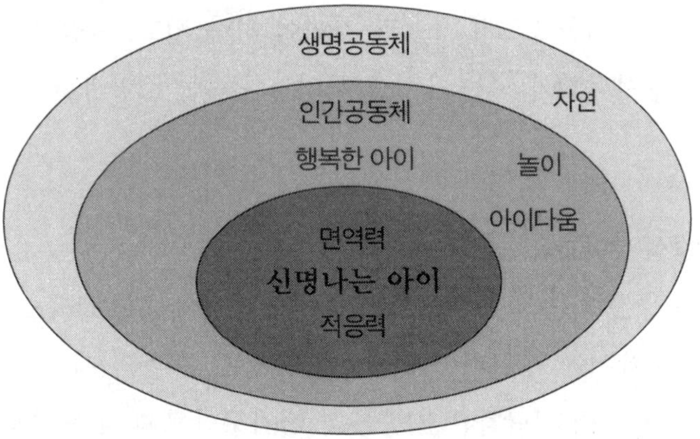

[그림 13-3] 생태유아교육과정의 목적 및 방향

1) 생태유아교육의 이념

(1) 생명중심 유아교육

생태유아교육은 기존의 아동중심 교육에서 생명중심 교육으로 나아가고자 한다. 기계론적 세계관은 인간이 자연의 주인임을 자처하고 자연지배의 도구로 기계와 기술을 개발, 이용함으로써 마침내 인간 자신을 주체적인 삶을 잃고 기계의 조종을 받는 하나의 부품으로 전락시키고 말았다. 이러한 인간중심주의가 유아교육에서는 아동중심 교육으로 나타난다. 이러한 아동중심사상은 미래를 짊어지고 나갈 다음 세대에게 전수되어서는 안 될 위험천만한 사상이라고 할 수 있다. 그러한 아동중심사상 속에서 자란 아동들이 커서 자연을 하나의 이용물이나 착취의 대상으로 보고 자연을 마구 파헤친다면, 그 결과 인류의 지속 가능한 삶 자체에 커다란 위협을 가져올 수 있기 때문이다. 따라서 이제 기존의 인간중심주의에 기초를 둔 아동중심 유아교육은 생명중심 유아교육으로 전환되어야 한다.

요컨대 생명중심 유아교육은 생명론적 세계관에 기초한 유아교육으로서 산업문명사회의 아이들에게 잃어버린 자연과 놀이와 아이다움을 되찾아 주는 교육, 이성과 감성과 영성의 조화로운 교육, 몸과 마음과 영혼을 돌보는 교육을 통해 신명나는 아이로 키움으로써 사람과 자연이 하나 되고, 사람과 사람이 더불어 살며, 아이들이 행복하게 사는 세상을 꾸리고자 하는 소망과 노력의 산물이라고 할 수 있다.

(2) 공동체중심 유아교육

생태유아교육은 기존의 개인중심 교육에서 공동체중심 교육으로 나아가고자 한다. 산업사회에서는 개인과 개인, 개인과 가족, 사람과 사회, 사람과 자연이 별개로 분리됨으로써 사람들은 기능론적 이기주의에 빠져 들면서 공동체 의식이 점차 사라지고 있다. 유아교육에서도 유아 개개인의 성장과 발달에 중심을 둠으로써 개인이기주의 내지 가족이기주의에 매몰되는 현상을 보이고 있다.

이러한 이기주의는 유아기에서부터 남을 누르고 이기고자 하는 과도한 경쟁의식을 부추기는 현상을 낳고 있다. 다른 국가와의 경쟁에서 이기기 위해 학생들을 서열화, 계층화하는 국가의 교육정책, 여기에 발맞춰 젖먹이 시기부터 온갖 것들을 배우게 하여 내 아이만 잘되면 되고, 내 아이만 최고면 된다는 식의 부모들의 잘못된 이기심, 이러한 교육시류에 편승하여 효율적인 운영에 동참하는 원장들, 이러한 교육 추세에 합세하여 외국의 유아교육이론과 프로그램을 경쟁적으로 수입 · 소개하는 교수들, 이 모두가 아이들의 개인주의적 이기주의적 성향을 부추기는 요인으로 작용하고 있다. 이겨야만 선택되고 사회적 성공이 보장되는 원리가 작동하는 사회적 풍토도 문제다.

나는 혼자만의 고립된 존재가 아니라 모든 만물과 상호작용하면서 연결되어 있는 존재라는 것을 알게 된다면, 그리고 모든 생명은 부분이 유기적 전체며, 또 전체이면서 부분이라는 것을 알게 된다면, 내 아이만을 최고로 키우려고 하지 않고 다른 아이도 돌보게 되며, 타인을 애써 이기려고 하지도 않을 것이며, 자연을 마구 파헤치지도 않을 것이다. 미래사회의 유아교육은 사람과 사람이 더불어 살아가는 사람공동체, 개인과 가족이 함께 어우러지는 가족공동체, 사람과 사회가 함께하는 사회공동체, 사람과 자연이 함께하는 생명공동체를 재건하는 방향으로 이루어져야 한다.

(3) 몸 · 마음 · 영혼의 유아교육

생태유아교육은 기존의 이성중심 교육에서 아이들의 몸과 마음과 영혼을 함께 돌보는 유아교육으로 나아가고자 한다. 오늘날과 같이 지식과 기술, 정보에 의존하는 지식기반사회에서는 국가경쟁력을 높이기 위해 필요한 지식과 기술과 정보를 중요시한다. 그리하여 아이들을 이성과 감성, 정신과 육체, 지능과 감각으로 분리하여 정보습득에 필요한 이성, 정신, 지능을 우위에 두는 경향이 있다. 이로 인해 교육에서는 국가경쟁력을 높이는 데 필요한 인간능력인 이성, 정신, 지능의 개발에 주력함으로써 지식주입식 교육, 점수따기식 교육, 획일주의적 경쟁교육의 병폐를 낳고 있다.

이러한 병폐는 유아교육에서도 예외가 아니다. 이제 아이들은 자연 속에서 흙을 밟으며 시원한 공기를 마시며 맘껏 뛰어놀면서 자연이 주는 삶의 풍요로움을 맛볼 수 없게 되었다. 또한 성인들로부터 한발 먼저 산업사회의 일원으로 진입할 수 있기를 요구받게 됨으로써 아동기를 잃어버렸다. 이처럼 아이들은 자연과 놀이와 아이다움을 잃어버린 채 어릴 때부터 과도한 지식과 정보를 머릿속에 집어넣는 기계가 되고 있다. 그리하여 아이들은 도구적 이성만을 비대화시키는 결과를 낳게 되었으며, 따뜻한 감성과 맑은 영성은 점차 약화되어 마침내 몸과 마음과 영혼이 병든 아이들로 자라고 있다.

그러므로 생태유아교육은 이성과 감성, 정신과 육체, 지능과 감각을 동시에 강조하는 방향으로 나아가야 한다. 즉, 지 · 덕 · 체를 고루 갖춘 전인적 인간, 머리 · 가슴 · 손이 조화된 인간을 기르는 것이 바람직한 교육이다. 나아가 생태유아교육은 아이들의 몸과 마음과 영혼을 함께 돌보는 방향으로 나아가야 한다.

2) 생태유아교육의 방향

유아교육은 아이 키우는 일이다. 유아교육의 역사는 인류의 역사라고 할 수 있다. 유아교육은 본래 가정에서 부모나 가족의 몫이었다. 유치원이나 어린이집으로 대변되는 현대 유아교육은 산업사회의 부산물이다. 따라서 농경사회의 유아교육과 산업사회의 유아교육은 근본적으로 다르다. 산업문명의 피해자인 지금 우리 아이들은 산업화 이후 많은 것을 잃었지만, 특히 '자연' 과 '놀이' 와 '아이다움' 을 잃어버린 채 자라고 있다. 따라서 생태유아교육은 아이들에게 잃어버린 자연과 놀이와 아이다움을 되찾아 주는 데서 길을 모색해야 한다.

(1) 자연을 되찾아 주는 유아교육

생태유아교육은 아이들에게 잃어버린 자연을 되찾아 주는 방향으로 나아가고자 한다. 불과 20~30년 전만 하더라도 우리의 아이들은 또래들과 함께 자연 속에 뛰놀면서 자랐다. 산에서 들판에서 개울에서 바닷가에서 햇빛과 바람과 물과 흙과 밤하늘의 별과 함께 어우러져 자랐다. 메뚜기, 개미, 참새, 게, 가재, 송사리, 올챙이가 친구였고, 나무, 돌, 풀잎사귀, 들꽃도 친구였다. 동네의 큰 아이와 작은 아이, 남자 아이와 여자 아이가 모두 친구였다. 산, 들, 개울, 하늘, 별,

메뚜기, 개미 등 자연과 함께 하는 놀이는 아이들에게 꿈과 희망을 길러 주고 자연의 순리를 저절로 깨닫게 해 준다. 또래와 형, 누나, 동생들과 함께 어우러져 놀던 놀이는 꿈과 희망은 물론 사람의 도리를 익히게 한다. 자연과 또래들이 모두 아이들의 선생님이었다. 자연은 우주만물의 섭리를 깨우쳐 주는 큰 선생님이었고, 또래 친구들은 사람의 도리를 가르쳐 주는 작은 선생님이었다.

(2) 놀이를 되찾아 주는 유아교육

생태유아교육은 아이들에게 잃어버린 놀이를 되찾아 주는 방향으로 나아가고자 한다. 플라톤은 국가론에서 아이들은 놀이와 노래와 오락으로 기르는 것이라고 하였다. 이 말은 아이들이 충분히 즐겁게 놀 수 있도록 하는 것이 교육의 전부라는 의미다. 아이들이 필요로 하는 진정한 놀이는 신선한 공기와 햇빛이 드는 자연에서 부모나 교사의 간섭 없이 또래들과 어울려 자유롭게 생각하고 상상하면서 마음껏 소리치고, 온몸으로 힘껏 뛰어노는 일이다. 어릴 때 놀지 못한 아이는 어른이 되어 제대로 일을 하지 못하며, 어릴 때 활기 있게 마음껏 뛰어논 아이는 어른이 되어서도 자신의 일을 활기차게 할 수 있다는 것은 인류의 오랜 경험이 입증한다.

아이들은 한껏 뛰어놀기 때문에 긴 수면이 필요하다. 자연은 아이들에게 낮에는 뛰어놀고 밤에는 잠자는 습관을 주었다. 태양광선에 의해 따뜻해진 공기가 아이들의 감각을 조용하게 놓아두지 않고 움직이게 하기 때문에 아이들은 태양과 함께 일어나고 태양과 함께 잠드는 것이다.

아이들에게는 일과 놀이와 공부는 하나로 통합되어야 한다. 사람이란 본디 손발을 움직이며 일(또는 놀이)을 하게 되어 있다. 사람은 일을 해야 착해진다. 일을 안 하거나 못하게 될 때 사람의 몸은 병들고 마음은 악해진다. 농부에게는 농사가 일이듯이, 아이들에게는 놀이가 바로 일이고 공부다. 농부는 자연의 순리대로 씨앗을 뿌리고, 김을 매고, 거름을 주고, 정성을 쏟아 때가 되면 수확을 한다. 농사의 과정은 일이지만 재미나는 일이며, 노력과 정성을 다한 만큼 수확을 올리므로 그 과정 전체가 공부하는 일이다. 아이들 역시 놀이를 해야 몸과 마음과 영혼이 건강하고 너그럽고 맑고 밝아진다. 농심(農心)이 천심(天心)이듯이, 아이들의 노는 모습이 천사(天使) 같다는 것도 그런 이치다.

(3) 아이다움을 되찾아 주는 유아교육

생태유아교육은 아이들에게 잃어버린 아이다움을 되찾아 주는 방향으로 나아가고자 한다. 아이는 아이다워야 한다. 사람이 사람다워야 사람인 것처럼 아이는 아이다워야 아이인 것이다. 어른이 아이 같으면 문제이듯이, 아이가 어른 같은 것도 문제다. 이는 "군군신신부부자자(君君臣臣父父子子), 즉 임금은 임금다워야 하고, 신하는 신하다워야 하며, 어버이는 어버이다워야 하고, 자식은 자식다워야 한다."라는 말과 같은 이치다. 임금이 임금답지 못하면 이미 임금이 아니며, 그런 임금은 폐해도 마땅하다.

아이는 어른이 아닌 아이이기를 바라고, 어른은 아이가 아닌 어른이기를 바라는 것이 본래의 이치다. 현대 산업사회에서 어른들은 아이들을 아이 모습 그대로 두기를 거부하고, 아이 모습이나 아이 노릇에서 빨리 벗어나 어른 행세를 하는 아이로 키우고자 한다. 산업사회의 아이들은 조기교육을 통해 어른 행세(말, 사고, 행동 등) 하는 것을 빨리 익혀, 다른 아이들보다 한발 먼저 산업사회의 일원으로 진입하기를 요구받고 있다. 이미 산업사회의 아이들은 '유아기, 아동기'를 잃어버렸다. 아이들은 자연의 아이로 태어나 사람의 아이로 자라면서 점차 본성을 잃어 가게 된다. 아이는 차츰 자라나면서 사람의 손에 의해 사회악에 물들면서 나빠지게 된다. 현대 산업사회를 받쳐 주는 구조기능주의 유아교육이 그 이론적 근거와 실천적 업무를 뒷받침해 주고 있는지도 모른다.

인간을 포함한 모든 생명체는 자연에서 태어나 자연으로 돌아간다. 자연에서 태어난 어린아이는 자연을 그대로 닮고 있다. 어린아이의 몸과 마음과 영혼은 자연의 본성 그대로다. 아이의 본성은 자연처럼 맑고 밝고 선하고 아름답다. 본래 인간성은 아이의 본성 그대로다. 만약 어른들이 자연의 품속에서 자연의 원리에 따라 아이를 키운다면 그 아이는 타고난 본성을 그대로 간직하게 될 것이다. 흙에서 나서 흙으로 돌아갈 때까지 아이의 본성을 그대로 간직한 삶을 누린 사람을 일러 성인(聖人)이라고 한다. 성인은 석가모니, 예수, 간디만이 아니라 이름 없이 살다 가신 우리의 할아버지, 할머니들 중에도 많이 있으리라 생각된다. 본래 교육은 인간이 세상을 살아가는 과정에서 성인의 경지에 이르지는 못할망정, 성인에 가까워지려는 일련의 노력이라고 할 수 있다. 결국, 인간교육은 아이의 본성을 오랫동안 간직하도록 도와주는 일이다.

생태유아교육의 특성

지금까지의 논의를 통해 생태유아교육이 무엇인지에 대해 어렴풋이나마 짐작할 수 있을 것이다. 생태유아교육의 성격이 조금 드러나기는 하지만, 그 개념을 명확히 정의하는 데는 다소 시간이 필요할 것으로 보인다. 여기서는 생태유아교육이라는 이름으로 행해진 이론적 연구와 실제적 실천의 과정에서 접한 여러 가지 경험과 느낌과 생각을 제시하고자 한다.

1) 자생적 한국 유아교육

생태유아교육은 자생적(自生的) 한국 유아교육이다. 생태유아교육은 한국에서 시작된 유아교육으로서 한국의 문화와 전통에 뿌리를 둔 유아교육의 한 접근이다. 생태유아교육은 동양사상과 철학, 그리고 한국 전통사상과 민간신앙에 근거를 두고 있다. 생태유아교육은 유교, 불교, 도교 및 주역사상은 물론 우리 민족의 상고사상, 풍수사상, 한의학, 사상체질론, 동학·천도교, 대종교(大倧敎), 증산교(甑山敎), 원불교(圓佛敎), 정역(正易), 기학(氣學) 등에서 그 지혜를 찾고 있다.

특히 우리 조상들이 5천 년의 긴 역사에서 자식들을 키우면서 쌓아 온 깊고도 드넓은 지혜를 불과 2백여 년의 역사를 지닌 미국식 자녀양육 지식(아동심리학, 유아교육학 등)과 감히 비교할 수 있겠는가? 예컨대 아이는 삼신할미가 점지하신 '신의 선물' 이고, 아이 양육은 아이라는 생명을 모시고 살리는 거룩한 일로 보는 민족 전통의 아동교육관과 '아이는 한울님' 이라고 하는 동학 · 천도교의 인내천(人乃天)사상과 그 사상을 이어받은 소파 방정환의 생명중심 아동관은 최고의 생명주의사상으로 생태유아교육의 핵심사상이다. 생명중심 세계관으로의 문명전환이 요구되는 지금의 절박한 시대상황에서 그 사상적 토대를 우리 민족의 전통문화와 사상에서 찾는다는 것은 민족의 긍지이고 자부심이라고 할 수 있다.

또한 생태유아교육은 한국 아이들의 잉태와 출산, 성장과 발달, 그리고 그들의 삶과 생활에 대한 깊은 관심과 이해와 사랑에서 시작된 유아교육이다. 생태유아교육은 한국사회의 급속한 근대화, 산업화 및 서구화 과정에서 나타난 유아교육 파행적 모습과 아이들의 삶의 실상에 대한 경험과 반성을 토대로 모색된 유아교육의 새로운 패러다임이다. 다시 말해서, 21세기 자연생태계위기와 인간을 비롯한 생명위기의 시대를 맞아 산업문명의 가장 큰 피해자인 아이들의 생명을 살리는 길은 아이살림, 생명살림의 유아교육인 생태유아교육이라는 결론에 이르게 된 것이다.

2) 보편적 세계 유아교육

생태유아교육은 보편적 세계 유아교육이다. '가장 지역적인 것이 가장 세계적인 것이다.' '가장 한국적인 것이 가장 세계적인 것이다.' 라는 말이 있다. 이처럼 생태유아교육은 가장 한국적인 유아교육이라는 측면에서 가장 세계적인 유아교육이라고 말할 수 있다. 생태유아교육의 근간인 한국인의 5천 년 자녀양육 지혜보다 더 확실하게 검증된 자녀양육이론과 방법이 어디 있겠는가? 아마도 이보다 더 보편적이며 세계적으로 통용될 수 있는 유아교육의 지혜는 그다지 흔치 않을 것이다. 생태유아교육은 우리의 오래된 미래에서 배운 보편적이고 일반적인 유아교육의 지혜다.

생태유아교육은 자연의 순리 내지 자연의 본성에 따르는 유아교육이라는 측면에서 보편적 세계 유아교육이라고 할 수 있다. 즉, 아이는 자연의 본성을 지닌 존재로서 자연의 순리에 따라 먹고 놀고 자면서 성장·발달한다는 원리나 이치는 어떤 발달이론이나 심리학적 접근보다 더 불변적이고 보편적 원리라고 할 수 있다. 이처럼 '가장 자연적인 것이 가장 보편적인 것이다.' 라는 명제는 농업사회, 산업사회 및 정보사회를 거치면서 실체적 진실로 밝혀지고 있다. 그리고 생태유아교육은 생명의 원리에 따르는 아이살림의 교육이라는 관점에서도 보편적이고 일반적 유아교육이라고 할 수 있다.

이러한 측면에서 생태유아교육은 산업문명 지향의 잘못된 현대 유아교육에 대한 반성을 통해 유아교육의 정도(正道)와 본질을 찾으려는 노력이다. 또한 생태유아교육은 '지구적으로 생각하고, 지역적으로 행동하라.' 라는 생명운동의 취지에 따라 유아교육의 서구화·세계화보다는 지역화·민족화를 지향한다.

3) 생명위기 극복을 위한 유아교육

생태유아교육은 생명위기 극복을 위한 유아교육이다. 우리는 지금 지구생태계 파멸과 인류 생존의 위협, 공동체의 해체 위기를 가져온 현대 산업문명에 대한 반성을 통해 새로운 문명 전환을 모색하고 있다. 이러한 맥락에서 생태유아교육은 산업문명의 최대 피해자인 아이들의 생명위기를 극복하기 위한 몸부림이라고 할 수 있다. 따라서 생태유아교육은 아이들이 행복하게 사는 세상, 사람과 사람이 더불어 사는 세상, 그리고 사람과 자연이 하나되는 세상을 꿈꾸고 있다.

또한 생태유아교육은 근대 이후 산업문명의 터전을 제공한 기계론적 세계관과 인간중심주의사상을 멀리하고, 생명과 평화의 세상인 생명공동체 실현을 위한 생태주의 내지 생명주의사상을 지향한다. 또한 생태유아교육은 상품가치와 경제가치를 추구하기보다 생명가치와 존재가치를 지향한다. 생태유아교육에서는 부자와 승자의 삶을 추구하는 것이 아니라 자연의 순리에 따른 청빈과 달관의 삶, 절약과 절제의 삶을 추구한다. 또한 생태유아교육에서는 오늘날 생명위기에 처한 지구 생태계를 살리고, 지구촌의 모든 사람들이 생명과 평화를 누리며 사는 세상을 꿈꾸며, 기르고자 하는 어린이상으로 '생명을 존중하는 어린이' '지구를 지키는 어린이' 및 '더불어 사는 어린이' 등을 제안하고 있다.

요컨대 생태유아교육은 21세기 지구와 인류가 당면한 생명위기 문제들의 해결에 기여하고자 하는 간절한 소망을 담고 있는 미래지향적 유아교육이며, 더 이상 지구상에 굶어 죽는 아이들이 없고, 전쟁과 테러가 없고, 질병과 고통이 없는 생명과 평화의 세상을 꾸리고자 한다. 이런 소망이 지역과 문화와 종교와 국가를 초월해서 지구상의 모든 어린아이들의 꿈이 되고 희망이 된다면 언젠가 그 소망은 현실로 다가올 것이다.

4) 삶으로 실천하는 유아교육

생태유아교육은 삶으로 실천하는 유아교육이다. 생태유아교육은 아이들이 스스로 잘 자라고, 더불어 잘 자라도록 돌보고 기르는 일을 한다. 즉, 생태유아교육은 아이들의 생명을 모시고 기르고 돌보고 살리는 것이다. 그러므로 아이모심과 생명살림의 거룩한 마음을 가진 사람이면 누구나 생태유아교육을 할 수 있다. 이처럼 생태유아교육에서는 아이 돌봄의 지혜가 필요한 것이지, 아이 가르치는 지식과 정보와 기술이 필요한 것이 아니다. 지난 세월 학교 문턱도 밟아 보지 못하고, 문자도 해독하지 못한 우리의 선조들이 자식들을 훌륭하게 키워 온 역사를 되돌아보면 생태유아교육의 모습을 충분히 짐작할 수 있다.

생태유아교육은 유치원이나 어린이집에서 책이나 그림을 통해 교사의 말과 행동으로 접근하기보다는 교실 밖의 자연에서 산책을 통해 아이들이 오감과 몸으로 경험하는 방식으로 접근한다. 또한 현미잡곡밥, 된장국, 김치 및 나물을 먹는 것이 아이들의 건강에 좋다는 것을 말이나 글로 가르치는 것이 아니라, 유치원이나 어린이집에서 현미잡곡밥과 된장국과 김치와 나물을 직접 만들어 먹이는 일상생활과 세시풍속활동을 통해 아이들의 삶으로 실천하는 것이 바로 생태유아교육을 제대로 실천하는 것이다.

따라서 삶으로 실천하는 생태유아교육에서는 젊은 유아교사의 현대적 삶으로서의 경험도 필요하지만, 나이 드신 할머니 할아버지의 전통적 삶으로서의 경험도 귀하게 활용하고자 한다. 지난 날 우리 조상들의 자녀양육과 교육의 지혜는 젊은 부모와 늙은 조부모의 조화로운 협동적 노력의 결과물이다. 즉, 양의 기운과 음의 기운의 조화에 의한 자녀양육방식이다. 이처럼 전통의 유아교육에서는 조부모의 역할이 매우 중요한 부분을 차지하고 있었다.

5) 연구와 실천이 함께 가는 유아교육

생태유아교육은 연구와 실천이 함께 가는 유아교육이다. 생태유아교육은 학문적 연구와 실천적 적용을 함께하고자 한다. 다시 말해서, 생태유아교육은 아이살림, 교육살림 및 생명살림에 관한 생활 실제의 이론화 작업과 그것들에 관한 사상과 철학의 실제화 작업을 병행하고자 한다.

이러한 측면에서 연구와 실천이 함께 가는 생태유아교육의 실현을 위해 한국생태유아교육학회와 사단법인 생태유아공동체를 설립 · 운영하고 있다. 한국생태유아교육학회는 생태유아교육에 관한 학문적 연구, 실천적 적용, 생태유아교육 강좌와 교사연수, 생태유아교육 관련 홍보와 운동 등을 추진하고 있다. 학회에서는 춘계 · 추계 학술대회를 통해 이론화 작업을 진행하고 있으며, 현장실천보고대회를 통해 생태유아교육의 실천적 적용과 확산을 추진하고자 한다. 또한 관련 시민사회단체와의 연대사업 추진을 통해 반생태적 유아교육환경 해소를 위한 대국민 홍보 및 사회운동도 추진하고자 한다. 자연분만운동, 모유먹이기운동, 유기농산물먹이기운동, 유치원 · 어린이집의 생태건축운동 등은 그 예라고

〈표 13-1〉 생태유아교육과정의 구성체계

<table>
<tr><td rowspan="2">교육이념 및 방향</td><td>이념</td><td colspan="3">생명중심
유아교육</td><td colspan="3">공동체중심
유아교육</td><td colspan="4">몸 · 마음 · 영혼의 유아교육</td></tr>
<tr><td>방향</td><td colspan="3">자연을 되찾아 주는
유아교육</td><td colspan="3">놀이를 되찾아 주는
유아교육</td><td colspan="4">아이다움을 되찾아 주는 유아교육</td></tr>
<tr><td rowspan="5">교육목적 및 목표</td><td rowspan="2">바라는 세상</td><td colspan="3">생명공동체
(사람과 자연이
하나 되는 세상)</td><td colspan="3">사람공동체
(사람과 사람이
더불어 사는 세상)</td><td colspan="4">아이행복세상
(아이들이 행복하게
사는 세상)</td></tr>
<tr><td colspan="10">신명나는 세상 · 생명세상 [이화세계(理化世界)]</td></tr>
<tr><td rowspan="3">바라는 아이</td><td colspan="3">자연과 하나 되는 아이
자연아(自然兒)</td><td colspan="3">다른 사람과
더불어 사는 아이
사회아(社會兒)</td><td colspan="4">행복한 아이
행복아(幸福兒)</td></tr>
<tr><td colspan="10">신명나는 아이 · 생명인(生命人) [홍익인간(弘益人間)]</td></tr>
<tr><td>튼튼한 아이</td><td>즐거운 아이</td><td>스스로 하는 아이</td><td>새로운 것을 생각하는 아이</td><td>예의 바른 아이</td><td>생명을 존중하는 아이</td><td>일을 귀하게 여기는 아이</td><td>우리 것을 아는 아이</td><td>지구를 지키는 아이</td><td>더불어 사는 아이</td></tr>
<tr><td rowspan="3">교육내용 및 활동</td><td rowspan="2">교육 내용</td><td colspan="10">몸교육 · 마음교육 · 영혼교육 / 이성교육 · 감성교육 · 영성교육</td></tr>
<tr><td>삶교육</td><td>땀교육</td><td colspan="2">관계교육</td><td colspan="2">감각교육</td><td>앎교육</td><td>감성교육</td><td colspan="2">영성교육</td></tr>
<tr><td>교육 활동</td><td colspan="10">노인아동 상호작용/몸짓놀이/세시풍속/먹을거리/산책/텃밭가꾸기/도 · 농교류/손끝놀이/절제절약/초기적응/바깥놀이/자연건강/명상/감성/영성/태교/생태미술/생태문학/생태음악 ……</td></tr>
<tr><td colspan="2" rowspan="2">교육방법</td><td colspan="3">관계성(接) 교육</td><td colspan="2">순환성(化) 교육</td><td colspan="2">다양성(群) 교육</td><td colspan="3">영성(生) 교육</td></tr>
<tr><td colspan="10">생명원리에 따른 교육 / 기다림과 느림의 교육 / 자유로운 표현을 격려하는 교육 / 감각을 살리는 교육 / 놀이와 재미를 통한 교육 / 삶과 깨달음의 교육</td></tr>
<tr><td colspan="2">교육평가</td><td colspan="10">아이의 몸 · 마음 · 영혼의 평가 / 아이들의 삶 전반에 대한 평가 /
발달 · 변화지향 평가보다 '지금 여기' 지향 평가</td></tr>
</table>

할 수 있다.

생태유아교육은 이제 막 탄생한 학문 분야다. 생태유아교육의 학문적 진보는 지난 5천 년간 우리 조상들의 아이 키운 지혜와 그 실천방식에 대한 이론적 탐구의 실천적 적용에 얼마나 많은 노력을 기울이느냐에 달려 있다. 또한 생태유아교육은 서양의 첨단 학문에 밀려 미개한 것으로 여겨졌던 세계 각지 모든 민족들의 전통적인 자녀양육방식과 그들의 오래된 미래에서 아이살림, 생명살림의 지혜를 찾아야 한다는 깨달음에서 시작된 것이다.

생태유아교육 프로그램의 이해

1) 생태유아교육과정의 구성체계

생태유아교육과정의 구성은 다른 말로 생태유아교육과정의 계획, 입안, 편성, 조직 등으로 표현할 수 있다. 생태유아교육과정을 구성하려면, 다른 교육과정 분야에서처럼 구성요소, 구성절차와 방법, 구성 시 고려사항 등에 대한 검토가 필요하다. 한편, 생태유아교육과정의 구성은 문서화된 서류 작성으로 끝나는 것이 아니라 교육과정 실행계획을 수립하여 이를 현장에 적용해 보고, 다시 문제점을 보완하여 새로운 실행계획을 수립하는 일련의 과정을 거치게 된다. 대체로 교육과정의 구성요소에는 기본 가정의 설정, 교육목적 및 목표의 설정, 교육내용 및 활동의 선정과 조직, 교육방법, 교육평가 등이 포함되며, 이러한 교육과정의 구성요소들을 고려하여 교육현장에서 실행할 연간교육 프로그램의 계획, 운영 및 평가 등의 절차를 밟게 된다.

여기서는 생태유아교육과정 구성과 관련하여 교육이념 및 방향, 교육목적 및 목표, 교육내용, 교육방법 및 교육평가를 기본적인 구성요소로 설정하고, 그 구성요소의 개략적인 내용체계를 제시한다(표 13-1 참조).

2) 생태유아교육 프로그램의 개요

다양한 생태유아교육 프로그램은 생명나무의 아름다운 꽃에 비유된다. 그 생명나무는 생태유아교육의 철학적인 사상이 굳건한 뿌리를, 생기(生氣) 왕성한 아이가 기둥을, 아이를 신명나게 할 수 있는 다양한 프로그램이 꽃을 이루고 있는 나무다. 이러한 생명나무의 꽃인 생태유아교육 프로그램은 우리 조상들이 자연의 순리에 따라 아이들을 키워 온 지혜에 바탕을 두고 있으므로 수없이 많을 것이다. 지난 1995년 3월 개원 이래 지금까지 부산대학교 부설 어린이집에서 개발 · 실천 · 출판 · 보급한 프로그램들을 소개하면, 바깥놀이 프로그램, 산책 프로그램, 텃밭가꾸기 프로그램, 노인 · 아동 상호작용 프로그램, 세시풍속 프로그램, 명상 프로그램, 초기적응 프로그램, 절제 · 절약 프로그램, 먹을거리 프로그램, 도시 · 농촌교류 프로그램, 손끝놀이 프로그램, 몸짓놀이 프로그램, 생태미술 프로그램 등이 있다(임재택 · 김은주 · 하정연 · 권미량 · 조채영, 2006; 프로그램별 정보는 참고문헌 참조). 이 프로그램은 원장을 맡고 있는 필자와 교사들이 수년간의 연구와 실천을 통해 만든 것이며, 앞으로도 많은 프로그램이 개발 · 보급될 것이다.

생태유아교사의 자질 및 참모습

1) 생태유아교사의 자질

생태유아교육은 생명중심, 공동체중심 및 몸 · 마음 · 영혼의 유아교육을 지향한다. 기존 유아교육과 근본적 패러다임을 달리 하는 생태유아교사는 아이를 현대사회의 존속에 필요한 인재로서 인식하는 것이 아니라 모시고 살려야 할 고귀한 생명으로 인식한다. 생태유아교사는 생명의 본질과 원리와 특성을 잘 이해하고, 그 원리에 따라 아이들을 잘 모시는 사람이라야 한다. 아이는 자연의 생명체이고 생명의 본성에 따라 살아가는 존재다. 이러한 생명이 우주의 질서와 생명의 근원과 엮여 있는 관계와 통합성을 이해하는 사람이 아이를 돌보는 사람이어야 한다.

또한 생태유아교사는 교사이기 전에 세상을 바라보는 바른 눈을 가진 바른 인격체여야 하며, 자연을 가장 좋은 교과서라고 믿고 아이들에게 자연과의 접촉을 많이 배려하며, 생명존중을 몸으로 실천하는 생태적 소양인이어야 한다. 생태유아교사는 아동발달의 전문가나 조력자이기에 앞서 아이들에게 삶의 통로가 되어 주는 '삶의 동반자'가 되어야 한다. 생태유아교육에서의 교사는 자연과 함께하는 농부이자, 마음을 돌보고 먹을 양식을 주는 어머니다. 생태유아교육은 아이의 몸, 마음, 영혼에 깨끗한 향기와 좋은 기운이 흘러나오도록 하는 교육이기에, 먼저 교사의 몸과 마음과 영혼에서 맑은 향기가 넘쳐 날 수 있어야 한다. 때로는 밥을 주는 엄마이고, 때로는 마음을 돌보는 영적 치유자이고, 함께 살아가는 삶의 동반자가 바로 생태유아교사의 모습이다.

2) 생태유아교사의 참모습

이처럼 생태유아교사의 참모습은 생명을 돌보는 근원에서 찾아야 한다. 생태유아교사의 참모습은 다음에서 그 모태를 찾을 수 있다.

첫째, 최고의 생태유아교사는 자연(自然)이다. 인류의 최고 스승은 부처이고, 부처의 스승은 보리수(菩提樹)이며, 보리수는 자연의 일부이니, 부처의 스승은 결국 자연이다. 이 세상 아이들의 스승 역시 자연이다. 스승이란 마음의 교감자요, 인격적 교류의 대상이며, 감화로 삶에 영향을 주는 대상이다. 이러한 아이의 스승은 아이의 몸과 마음과 영혼의 근원인 자연이어야 한다. 그 자연은 아이에게 영혼의 소리이며, 삶의 결이다. 자연은 아이들에게 천지만물의 순리를 가르쳐주는 큰 선생님이고, 사람은 아이들에게 잔재주를 가르쳐 주는 작은 선생님이다. 자연은 아이들에게 큰머리가 되어 우주적 순리와 흐름을 열어 주는 스승이다. 이 세상에서 획일적이지 않은 가장 훌륭한 교과서도 자연뿐이고, 아이들에게 삶의 지혜를 일러 주는 유일한 교사도 자연이다.

둘째, 생태유아교사는 어머니다. 생태유아교사는 태중에 아이를 품은 어미의 마음이어야 하며, 젖을 물리며 아이를 돌보는 어미의 가슴이어야 한다. 이 어머니는 영혼과 물질의 제공자다. 가슴과 영혼으로 아이의 영혼을 모시고 섬기며, 젖과 밥으로 아이의 몸을 돌보며, 눈물과 기도로 아이의 마음을 품는다. 아이에게 어머니의 품은 따뜻하다. 때로는 힘들고 지친 마음의 치유자가 되기도 하고, 때로는 배고픔을 달래 주며, 영혼의 지표가 되기도 한다. 아이는 어머니와 의식주를 함께하고 삶을 나눈다. 입히고 먹이고 재우는 과정을 통해 아이는 몸과 마음과 영혼을 살찌우게 된다. 생태유아교사는 아이에게 이런 어머니가 되어야 한다.

셋째, 생태유아교사는 농부다. 농부는 땅을 받들고 생명체를 모신다. 생명체들이 저마다 자기에게 알맞은 터를 찾아 둥지를 틀고 뿌리를 내리도록 돌보는 농부의 땀이 교사의 자리다. 농부는 씨를 뿌리고 결실을 맺기까지 그 어느 때도 교만한 마음을 갖지 않는다. 자연이 내려 주는 뜻에 거역하지 않으며, 기도하며 섬기는 마음으로 씨를 뿌리고 땀흘려 가꾼다. 진짜 농부는 생명 하나하나에 정성을 쏟고 생명의 모습 그대로를 아끼고 섬긴다. 생태유아교사는 땅을 사랑하고 그 속의 생명체들을 모두 섬기는 농부여야 한다. 땀을 흘리고 대자연을 경외하며, 그 속에서 진정한 선과 신앙심을 기르는 사람이다. 이러한 농부가 진정한 생태유아교사다.

넷째, 생태유아교사는 '대장금(大長今)'이다. 영국 서머힐 학교의 창시자인 니일(Neil, 1939)은 교사는 영혼의 의사라고 하였다. 대장금은 최고의 인술(仁術)을 갖춘 한국의 궁중의사로서 임금의 주치의인 어의(御醫)다. 즉, 대장금은 약의(藥醫)와 식의(食醫)와 심의(心醫)를 두루 갖춘 최고의 인술을 갖춘 의사다. 이러한 대장금 식의 인술을 갖춘 사람이 바로 생태유아교사의 참모습이다. 의사에도 수준 내지 단계가 있다. 초보단계의 의사는 약의로서 약이나 시술로 병을 치료하는 의사이고, 다음 단계의 의사는 식의로서 음식으로 병을 치유하는 의사를 뜻하며, 그 다음 단계의 의사는 심의로서 마음을 다스려 병을 치유하는 의사다.

생태유아교사의 참모습은 약과 음식과 마음으로 아이의 몸, 마음, 영혼을 돌보는 최고의 의사라고 할 수 있다.

다섯째, 생태유아교사는 아이를 '한울님' 으로 모시는 사람이다. 생태유아교사는 아이라는 생명을 섬기고 돌보고 살리는 사람이다. 성경에서는 "누구든지 내 이름으로 이런 어린아이 하나를 영접하면 곧 나를 영접함이니(마 18:5)." 라고 하였다. 즉, 아이 섬기고 돌봄을 하느님 섬기듯 하라는 것이다(권미량, 2005). 한편, 동학의 수운 최제우에 의해 천명된 '시천주(侍天主)' 는 "자기 안에 한울님을 모시고 있다." 라는 뜻으로, 모든 중생의 안에 한울님이 살아 계신다는 것이다. 이는 그 안에 한울님을 모시고 섬기는 것이 중요하다는 것이며, 따라서 동학에서는 아이를 거룩한 한울님으로 모시고 섬겼다. 동학의 가르침에 따르면, 사람과 중생, 천지만물이 모두 한울님이므로 아이들도 한울님이며 이 아이들을 제대로 모시고 섬겨야 한다. 생태유아교사는 아이의 본래의 형상을 모시고 섬길 줄 알아야 하는 것이다.

여섯째, 생태유아교사는 생명인(生命人)이다. 고제순(2004)은 생명살림을 위한 교육에 있어서 '생명의 교육' '생명에 의한 교육' '생명을 위한 교육' 을 제안하였다. 여기서 교육자의 자기교육을 생명에 의한 교육이라 지칭하고 있다. 교육자는 생명인이 되어야 한다는 말이다. 생명교육자는 일상적 삶이 곧 생명교육이고, 생활이 곧 생명의 가르침이다. 생명교육자는 끊임없는 자기성찰, 자기반성, 자기점검의 공부를 통해 생명의 본질에 따라 사는 사람으로서, 다시 말하면 '사랑' 으로 사는 사람이라는 것이다. 교사는 그 삶 자체에서 생명의 메시지가 되어야 한다. 일상적 삶 자체가 생명으로서의 본질을 드러내고, 참된 생명성을 풀어 내는 자여야 한다. 생명의 조화와 질서에 따라 살아가는 생명인이 진정한 생태유아교사의 참모습이다.

| 참고문헌 |

고제순. (2004). 생태적 식주의(食住醫)와 생명운동, 생명의 묵상. 흙처럼-흙건축 아쉬람. http://cafe.daum.net/mudhouse.

김은주. (2003). 생태유아교육의 사상체계 실천원리 연구. 대학원 박사학위논문, 부산대학교.

김지하. (1996). 생명과 자치. 서울: 솔 출판사.

모심과 살림 연구소. (2004). 살림의 말들: 모심과 살림 총서 4. 서울: 모심과 살림 연구소.

박준건. (2001). 생태적 세계관, 생명의 철학. 경상대학교 인문학연구소(편), 인문학과 생태학.(pp. 61-83). 서울: 도서출판 백의.

방건웅. (1993). 환단고기(桓檀古記). 미간행 번역자료집.

송봉모. (1999). 생명을 돌보는 인간: 성서와 인간 3. 서울: 바오로딸.

윤재옥. (2003). 생태건축과 미시기후조절. 임상훈, 이시웅, 김정태(편). 생태건축시리즈 3-생태건축론.(pp. 161-178). 서울: 도서출판 고원.

임재택. (2002). 아이들의 삶과 생태유아교육. 한국생태유아교육학회 2002 추계학술대회 자료집, 5-32.

임재택. (2005). 생태유아교육개론. 서울: 양서원.

임재택, 김은주, 하정연, 권미량, 조채영. (2006). 생태유아교육 프로그램 운영. 서울: 도서출판 공동체.

하정연(2004). 생태유아교육 프로그램에 관한 문화기술적 연구: 부산대학교 부설 어린이집을 사례로. 박사학위논문, 부산대학교.

한국생태유아교육학회 편(2005). 생태유아교육선집 1. 서울: 양서원.

| 생태유아교육 프로그램 도서목록 |

임재택, 하정연, 김은주, 박채숙, 박명숙, 최윤정. (1999). 얘들아 산책가자: 교사들이 직접 쓴 산책프로그램. 서울: 양서원.

임재택, 하정연, 조채영, 노진형, 홍정애, 강현진, 김미옥. (2000). 선생님 텃밭가요: 선생님들이 직접 쓴 텃밭가꾸기 프로그램. 서울: 양서원.

임재택, 하정연, 노진형, 이숙희, 김정미. (2001). 선생님 세시풍속이 뭐예요: 선생님들이 직접 쓴 세시풍속 프로그램. 서울: 양서원.

임재택, 하정연, 김경호, 김은주, 최윤정. (2001). 할아버지 · 할머니 함께 놀아요: 선생님들이 직접 쓴 노인 · 아동 상호작용 프로그램. 서울: 양서원.

임재택, 하정연, 김은주, 최윤정, 강신영. (2002). 손끝으로 만나는 세상: 선생님들이 직접 쓴 손끝놀이 프로그램. 서울: 양서원.

임재택, 하정연, 조채영. (2002). 선생님! 바깥놀이 해요: 선생님들이 직접 쓴 바깥놀이 프로그램. 서울: 양서원.

임재택, 권미량, 김은주. (2002). 우리가 아껴쓰고 나눠쓸래요: 선생님들이 직접 쓴 절제 · 절약 프로그램. 서울: 양서원.

임재택, 임숙희, 최미현, 김정신, 조희주, 최애경. (2003). 선생님! 우리도 명상할 수 있어요: 선생님들이 직접 쓴 명상 프로그램. 서울: 양서원.

임재택, 김정신, 류경, 이숙희, 김영옥. (2003). 초기적응, 이렇게 도와주세요: 선생님들이 직접 쓴 초기적응 프로그램. 서울: 양서원.

임재택, 하정연, 김정미, 김진경, 유경, 배은진, 백현윤. (2004). 몸짓으로 자라는 아이들: 선생님들이 직접 쓴 몸짓놀이 프로그램. 서울: 양서원.

하정연, 임재택, 안영숙, 진보경, 이미래, 남연주, 신주연, 엄순정. (2004). 아이들이 그리는 세상: 선생님들이 직접 쓴 생태미술 프로그램. 서울: 양서원.

하정연, 임재택, 안영숙, 이숙희, 이미래, 남연주, 이영임. (2006). 아이들이 차리는 생명밥상: 생태유아교사들의 요리활동 실천기록. 서울: 공동체.

14

창조적 자기주도성과 교육 영성
: 몰입과 대화를 중심으로

들어가는 말

교육 때문에 상처받은 아이들을 또다시 교육으로 치료해야 하는 어처구니없는 상황들이 벌어지고 있다. 그 앞에서 우리는 뚜렷한 대안을 찾지 못한 채 의미 없는 경쟁력만을 외치고 있다. 이러한 상황에서 창조적 자기주도성과 교육 영성을 이야기하는 것은 어떤 의미가 있는가? 이는 그동안 우리 교육이 외면해 왔던 인간 본성의 깊이를 다시금 성찰하고, 거기에 기초한 교육실천을 통해 피상적 지식교육을 넘어서 삶의 의미와 전체성을 회복하려는 시도라고 할 수 있다. 다시 말해서 인간의 본성 안에 이미 존재해 왔고, 또 인류의 역사 속에서 면면히 드러난 원초적 삶의 양식에 귀를 기울임으로써 교육의 새로운 희망을 찾고자 하는 것이다. 원초적 삶의 양식이란 자기 스스로 삶의 한가운데서 지속적으로 새로운 것을 창조하고 생산해 가는 것을 뜻한다.

이 장에서는 서남 이양구의 영성교육 방법론을 현대적 개념으로 재해석해 봄으로써 교육 영성의 가능성을 탐색해 보고자 한다. 이는 기존의 주입식 교육이 인간의 창조적 본성을 역행함으로써 학습에 있어 깨달음에 이르는 원천을 고갈시키고 있다는 문제의식에서 출발하였다. 따라서 학습자를 능동적 행위 주체로 다시 서게 함으로써 창조적 능력과 영성을 회복하게 하려는 것이다. 창조적 학습능력의 원동력을 필자는 몰입과 대화에서 찾고자 하였다.

교육에서의 영성의 의미

서남 이양구 선생의 글 「濟憲의 세계」 중에 다음과 같은 구절이 있다.

> 體驗(몸으로 증험함)의 원리는 學理이며, 氣盛(기운을 담는 것)의 원리는 智慧다. 학리는 배워서 얻는 이치이고, 지혜는 깨달음으로 얻는 이치다. 경험으로 되는 것이 있고, 깨달아야 하는 것이 있다. 이 두 가지가 조화를 이루어야만 세상사 여러 문제에 올바로 대처할 수 있다. 항상 귀를 열어 세상의 이치를 배워 익히고 깊이 사고하는 버릇을 길러 지혜를 얻으라. 학리를 구하든 지혜를 얻든 그 자세는 마찬가지다. 자기를 낮추어 겸손하라는 것이다. 주위보다 높으면 물이 고이지 않는다. 자기를 낮추어 세상의 이치들이 자기 안에 고이게 하라. 그러면 저절로 높아질 것이다.(이양구, 1972: 217)

만일 체험으로써 배우고 그 안에서 지혜를 얻게 된다면, 학리와 지혜는 분리될 수 없다. 지혜의 재료가 되는 것은 체험이며, 체험 없이는 깨달음의 지혜도 얻을 수 없다. 지혜란 체험을 숙성시키는 과정에서 얻어지는 진실한 기운, 즉 내적 깨달음과도 같은 것이다. 만일 깨달음을 영성의 핵심적 요소로 인정할 경우, 일상 안에서 어떻게 생생한 체험이 이루어질 수 있으며, 체험한 것들을 깨달음, 즉 지혜로 전환할 수 있겠는가? 이 원리를 밝혀내는 것이 교육 영성의 중요한 과제다. 다시 말해서, 체험과 깨달음이 학습과정에서 어떻게 성취되고 심화되는가를 밝혀내는 것이다. 지혜와 깨달음은 인간의 체험을 통해서 획득되며, 이는 창조를 가능하게 하는 원천이다. 이를 위해서 서남 선생은 "항상 귀를 열고 세상의 이치를 배워 익히고 깊이 사고하는 버릇을 길러야 할 것" 을 강조하고 있다. 이는 "자기를 낮춰 세상의 이치가 저절로 자기 안에 고이게 하는 것" , 즉 겸손한 자세를 통해서 이룰 수 있다는 것이다. 서남 선생이 제시한 깨달음의 교육방법론은 참으로 단순하다. 그러나 과연 이러한 배움이란 어떻게 가능할까? 이를 얻기 위해서 필연적으로 요구되는 과정과 조건은 무엇인가? 이러한 배움의 원리는 어떻게 현대적 개념으로 재해석되고 명료화될 수 있겠는가?

인간의 주체적 자기실현 의지를 학습과정에 담아내고자 하는 자기주도적 학습 개념은 오늘날 주입식 교육의 모순과 한계를 극복할 새로운 대안으로 주목받고 있다. 주입식 교육 개념의 전제가 '인간은 주입하는 대로 형성되는 수동적 존재' 라는 데 있다면, 자기주도적 학습의 전제는 '인간은 스스로 학습하며 성장하려는 능동적 존재' 라는 데에 있다. 인간 본성을 어떻게 볼 것인가 하는 문제는 교육실천을 근본적으로 다르게 만들 수 있다. 만일 학습자를 자발적으로 자기를 실현해 가고자 하는 능동적 존재로 인정할 경우, 과연 학습자의 이 같은 능동적 본성은 학습활동 안에서 어떻게 구현될 수 있는가?

보다 유의미한 생존을 위해 벌이는 인간의 학습행위는 복잡한 의식을 지닌 인간유기체가 환경이라는 열린 체계와의 신체적, 심리적, 사회적, 전 우주적 교류 과정에서 발생하는 의미화 과정이다. 이러한 상호교류 관계방식은 크게 두 가지 방향에서 진행되는데, 하나는 개별 인격을 경계로 하여 개인 내적 구조에서 발생하는 몰입의 방식이며, 다른 하나는 환경과의 외적 구조에서 발생하는 대화의 방식이다. 개인의 내적 구조에서 발생하는 몰입은 독특한 내적 체험을 가능하게 하는 심리적 현상인 반면, 외적 구조에서 발생하는 대화는 세계와 관계 맺게 하는 독특한 사회적 현상이다. 몰입과 대화는 둘 다 인간의 체험을 구성하는 의미화 과정과 관련되어 있는 활동으로, 여기서 복합적 요인들이 역동적으로 결합함으로써 의미체계와 행동체계를 형성한다. 몰입은 개인이 특정한 활동에 전념할 때 신체, 감정, 지성, 영성 차원의 역동적 교류를 통해서 진행되며, 대화(소통)는 인격과 인격, 인격과 세계 사이의 사회적 관계 안에서 언어의 상징적 교환으로 이루어진다. 이 두 현상은 어린이와 성인 모두에게서 나타나며, 그 성숙도에 따라 단순한 수준에서 복잡한 수준까지 다양하고 특수한 형태로 발현된다.

몰입–개별적 차원의 자기창조행위

몰입(沒入)이란 누구나 경험하는 일상적 삶의 현상이며, 학습사태에서 자주 목격되는 현상이기도 하다. 예컨대 꽃을 관찰할 때, 악기를 연주하거나 음악을 들을 때, 위험한 행동을 감행할 때, 운동을 할 때, 문제해결을 위해 애쓸 때, 다소 성격은 다르지만 일종의 몰입을 경험한다. 몰입은 전심으로 활동에 참여함으로써 주체와 객체를 혼연 일체로 만드는 인간의 특수한 심리적 활동이다.

몰입은 집중(concentration), 몰두(absorption), 활동에 전념하기(preoccupation), 심리 에너지의 흐름(flow), 전적인 참여(full involvement) 등 다양한 용어로 표현된다. 칙센트미하이(Csikszentmihalyi, M.)는 몰입을 최적의 경험(optimal experience)을 가능하게 하는 특수한 심리적 에너지의 흐름이라고 파악하여 이를 'flow' 라고 개념화하였다. 여기서 최적의 경험이란 행위 그 자체가 목적이 되어 버리는, 즉 충분히 자기동기화된 자율적인 행위를 말한다(Csikszentmihalyi, 1990). 즉, 몰입이란 활동주체가 어떤 활동에 온전히 참여(full involvement, full engagement)하고 있는 상태에서 경험되는 특이한 심리현상이라고 정의할 수 있다.

1) 몰입을 통한 내적 체험과 자기변화

인간은 왜 수시로 몰입하는가? 이러한 현상은 일종의 인간의 본능적 적응기제로서, 자신의 에너지를 최적의 상태로 만들어 당면한 문제를 해결해 가려는 생존 욕구와 관련이 있어 보인다. 따라서 인간은 몰입할 수 없을 때 삶의 문제에 적절히 대응하지 못한다. 적절히 대응하지 못한다는 것은 현실 인식이 피상적으로 이루어지고, 자기인식이 불가능하며, 올바른 판단이나 그에 따른 일관된 행위를 하지 못하게 되는 것을 말한다.

그렇다면 몰입을 가능하게 하는 본능적 적응기제는 무엇인가? 가장 초보적인 형태의 몰입은 신생아의 애착행위에서 나타난다. 애착이란 하나의 대상에 집중함으로써 세계와 자기 자신을 일치시키려는 유기체 내부의 적응기능에서 기인한다. 처음 만나는 양육자와의 애착관계의 질과 양은 이후 모든 상호작용의 기본틀이 되며, 이때 발생한 초기구조를 바탕으로 점차 그 형태를 확장하며 발달해 간다.

자유로움 안에서 자기선택적 활동에 집중한다는 것은 인간 생명활동의 자연스러운 리듬이며, 자신의 내적 율동, 혹은 역동성에 적합하게 스스로 자신의 삶을 조정하는 것이다. 신체와 정신의 자기조정, 주체와 객체의 자기조정은 생명시스템의 자율적 특수 메커니즘인 신경계의 피드백 기능에 의한 것으로, 그 활동을 통해서 인간의 인식작용과 상징적 의미활동이 가능하게 된다. 이는 신체활동이 신경망의 통합적 기능과 연결되어 발생하는 신체와 의식 간의 피드백 현상이다. 신경시스템의 활동을 통해 신체적 활동과 인식활동은 둘이 아니고 하나이며, 이는 인간의 몸과 마음의 역동성 안에서 성취되는 의미체험을 만든다. 이를 통해서 인간은 새로운 의미를 창조할 뿐 아니라 점차 세련된 적응기제, 즉 복합적인 자기조절능력을 성취하게 된다. 이러한 자기조절능력은 두 가지 방향으로 진행되는 회로를 통해 이루어진다. 첫째는 구체적인 체험을 추상적 의미로 전환할 수 있는 회로이며, 둘째는 추상적인 의미를 구체적인 체험으로 전환할 수 있는 내적인 회로다. 신체와 의식 사이의 이러한 순환적 과정은 인간의 능동적 체험을 통해 일어나며, 여기서 체험이란 활동 안에서 형성된 모종의 의미체계를 말한다.

몰입과 함께 체험을 수반하는 학습활동은 때로는 혼돈과 당황, 부끄러운 실패까지도 포함하며, 치열하고 생동적이며 다양한 자기변화의 과정을 수용하는 것을 의미한다. 이것은 학습자의 신체, 감각, 감성, 지성, 의지, 의식, 무의식이 총동원되어 학습활동과 과정에 전적으로 참여하여 자기를 극복해 가는 치열한 과정이기도 하다. 능동적인 참여활동의 기회, 생략된 채 진행되는 기존의 주입식 교육은 학습자로 하여금 필수적인 삶의 과정들을 건너뛰게 하거나 무시하게 함으로써 그들에게 몰입을 통한 자기창조의 기회를 박탈하고 있다. 따라서 개념 중심의 주입식 교육은 학습자의 자생적 생명력을 약화시키고 무감각하게 함으로써 능동적이고 창조적인 능력을 질식시키는 결과를 낳고 있다.

2) 몰입의 다차원적 구조와 역동성

어떤 자극에 노출될 때, 인간은 그것을 '순간적이면서 동시에 전체적' 으로 사태와 의미를 알아차리려는 내적 경향성을 가지고 있다. 이러한 경향성은 일원화된 신경시스템의 자기조절적 기능으로 일상적 행동양식에서도 자주 경험하는 몰입현상이다. 예컨대 뭔가 하고 싶다고 느끼는 순간, 이는 이미 신경망을 통해서 하나의 조직화된 의미체계가 우리 몸 안에서 작동한 결과다. 이런 현상은 개별 인격이 요구하는 것과 환경적 조건 사이에서 발생한 자기조절적 기능에 의한 것이다. 자기조절적 신경활동으로서 이루어지는 이 같은 현상은 의식의 집중을 통해서만 이루어진다. 그럼에도 불구하고 이러한 현상이 의식을 집중한 결과라는 사실을 의식하며 지내는 사람은 그리 많지 않다(김정규, 2005: 6-17). 따라서 자기조절적 몰입능력은 외부세계와 무관하게 형성되는 탈맥락적인 것이 아니라 인간이 환경과 상호작용하는 가운데서 발생한다. 즉, 자신의 욕구나 감정, 그리고 환경조건과 맥락 등을 고려하여 '가장 매력 있는 절실한 행동' 을 하나의 의미구조로 형성하고자 함으로써 일어난다. 하나의 의미구조가 행동양식과 일치하는 것은 바로 이 때문이다. 이런 몰입 활동을 통해서 인간이 이루고자 하는 것은 무엇인가? 살아 있는 생명유기체인 인간은 매 순간 자신의 환경적 여건을 고려하여 그 상황에서 실현 가능한 행동 동기를 만들어 지각하며, 환경과의 상호작용을 통해 순간적이고 전체적으로 자기를 조절함으로써 자기를 재구성하려는 것이다. 이러한 자기조절능력은 개인의 욕구, 감정, 의도, 개인사에 따른 경험구조와 환경적 조건의 다양성 사이에서 이것을 복합적으로 연결짓고 체계화하여 일상에서 부딪히는 복잡한 사태와 문제를 조정하고 해결해 가기 위한 것이다. 만일 이러한 활동에 실패하면 인간은 삶의 복잡성에 적응하지 못하고, 자기가 원하는 바를 성취할 수 없을 뿐 아니라 심리적 · 신체적 좌절과 장애를 겪게 된다.

로허(Loehr)는 인간의 몰입을 운동선수를 예를 들어 설명하였다. 그에 의하면, 운동선수는 자기 안에 있는 역동적이고 복합적인 모든 에너지를 순간적이면서도 가장 효과적으로 관리할 줄 아는 좋은 예다. 그가 말하는 몰입은 효과적인 에너지 관리를 뜻하는데, 이는 단순히 어느 하나의 차원의 문제가 아니다. 즉, 신체적(physical), 감정적(emotional), 정신적(mental), 영적(spiritual) 에너지를 유기적으로 관리함으로써 몰입할 수 있다는 것이다. 이 네 가지 에너지가 얼마나 역동적으로, 그리고 순간적으로 통합되느냐 하는 것이 효과적 에너지 관리능력의 중요한 요건이 된다. 활력 넘치는 신체적 에너지, 잘 조율된 감정 에너지, 집중된 정신 에너지, 궁극적 가치 및 의미에 연결된 영적 에너지와 유기적 조화와 균형을 이룬 상태는 몰입활동을 극대화한다. 건강한 신체 에너지와 긍정적이고 유쾌한 감정 에너지가 많을수록 일의 효율성은 높아진다. 또 논리적 사고, 상상력, 자기암시, 낙관적이고 긍정적 사고, 의식적인 관조능력을 포함한 정신적 에너지가 갖추어질수록 몰입이 쉬워진다. 마지막으로 영적 차원, 즉 무의식적 차원을 포함한 삶의 궁극적 의미와 가치 추구에 관련된 것으로 진실과 대면하고자 하는 삶의 태도와 용기가 필요하다. 고결함, 정직함, 헌신, 목적의식, 공적 가치 등 이기성과 단순한 자기만족을 넘어선 숭고함이 여기에 속한다. 영적 에너지는 지속적인 영감의 원천이 되며, 이는 몰입의 중요한 국면이다(Loehr, 2003: 26-27, 147-148).

몰입 에너지의 성장과 발전은 신체, 감정, 정신, 영적 에너지 순으로 진행되지만 자기변화의 힘은 그 반대로 진행된다. 즉, 몰입과 자기변화는 순환적으로 진행되는 것이다. 인간의 몰입활동은 이처럼 신체적 감각, 감정, 의식, 무의식, 환경적 차원을 모두 포괄하는 다차원적이고 복합적인 구조적 특성을 지니고 역동적으로 진행된다. 어린이가 보여 주는 단순한 몰입에도 이와 동일한 특성은 그대로 드러난다. 다차원적 요소들의 역동적 순환을 통해서 몰입이 가능하다는 것은 어느 한 차원에 문제가 발생할 경우, 최적 상태의 몰입은 방해를 받게 된다는 것을 의미한다.

3) 자기창조행위로서의 몰입

몰입은 유의미하게 생존하려는 인간의 본성적 활동이기도 하지만, 나아가 스스로를 창조하는 기능을 수행한다는 점에서 특별한 의미를 지닌다. 몰입에 내재된 자기해방기능과 창조성의 발현은 무엇을 통해서 알 수 있는가? 인간은 왜 아무런 외적 보상이 주어지지 않는데도 어떤 일에 있어서 자발적으로 몰두하며, 수고와 위험을 감수하고자 하는가? 인간은 왜 특정 대상에 대하여 특별한 흥미와 관심을 느끼며, 그것을 수행하기 위해서 아무런 조건 없이도 헌신하려 하는가? 전혀 외적 보상이 주어지지 않는데도 불구하고 특정 활동에 몰입하는 이유는 무엇인가? 현대 현상학적 심리학자인 칙센트미하이(Csikszentmihalyi, M.)[1]는 그 자체가 목적인, 몰입의 즐거움을 위해서 몰입한다는 사실을 발견했다.[2] 그는 몰입이란 스스로를 창조하는 '자기목적적인 경험' 이라는 사실을 밝혀냈다. 그가 말하는 자기 목적적 경험이란 경험 그 자체가 목적인 경우를 말한다(Csikszentmihalyi, 1990: 133-134).

이 같은 자기목적적 경험은 우리가 말하는 일반적인 경험과 상당한 질적 차이를 드러낸다. 대부분의 사람들의 경우, 일을 '해야 하므로', 혹은 '어떤 혜택을 기대하기 때문에' 일을 하게 되는 경우가 많은데, 이 사람들은 본질적으로 자신이 그 일로부터 소외되어 있기 때문에 투입된 심리 에너지는 자아를 강화시키는 역할을 하지 못한다. 그 결과 지루하고 무의미한 경험의 연속이 된다. 하지만 자기목적적 경험은 활동 그 자체가 자신에게 보상이므로, 삶의 질을 전혀 다른 수준으로 끌어올린다. 소외감은 참여로 바뀌고 지루함은 즐거움으로 바뀐다. 무력감은 자기통제적 긴장감으로 전환되며, 외적 목표를 수행하는 데 소비되었던 심리 에너지는 자아를 강화하는 데 쓰인다. 자신의 경험이 내적으로 보상될 때, 삶은 현재 그 자체로서 충분한 의미를 갖는다.

그 자체가 목적이 되는 몰입활동은 자기 목적적인 인격과 분리시켜 생각할 수 없다. 활동과 인격의 구분은 개념적 추상화에 불과하며 실제로 '어떤 활동' 이 '어떤 사람' 에게 내적 충족감을 이끌어 낼 수 있는 한에서 자기목적적 활동이 될 수 있다. 다시 말하면, 어떤 활동을 진정으로 즐기게 될 때에라야 그 사람은 자기목적적 인격이라고 할 수 있게 된다. 활동과 활동주체인 사람을 연결시키는 현실적인 끈이 바로 자기목적적인 경험이 되는 것이다. 자기목적적 경험이란 심리적 과정을 표현한 개념이며, 이것은 구체적인 피드백 과정에 의존하고 있다. 이런 피드백은 그 자체로서 내적 보상으로 작용한다. 그것은 다른 보상이 없는 상태에서도 지속적인 행동을 산출하도록 해 주는 힘이기 때문이다. 이러한 경험이 가능하다는 것은 자기목적적인 활동과 자기목적적 인격이 하나라는 사실 안에서 그러하다. 따라서 자기목적적 활동인 몰입은 대체로 자기목적적인 경험과 그런 경험을 하고 있는 자기목적적인 사람이 결합된 상태를 의미한다. 자기목적적인 '활동' 과 자기목적적인 '개성' 과 자기목적적인 '경험' 은 분석적 차원에서 구분해야 하지만, 이 세 가지 요소들은 역동적으로 엮여 있는 하나다(Csikszentmihalyi, 2000: 66-71).

몰입이란 '자기를 형성하려는 어떤 에너지의 흐름(flow)' , 즉 '자기창조를 가능하게 하는 심리적 에너지' 가 있다는 사실을 입증하는 인간현상이다. 다시 말해서, 어떤 활동 그 자체가 활동주체에게 직접적인 보상으로 되돌아오는 내적 메커니즘이 몰입이라는 것이다(Csikszentmihalyi, 2000: 65).

이러한 맥락에서 자신이 주체가 되어 자기활동을 스스로 선택하고 거기에 참여함으로써 스스로 학습하는 자기주도적 학습활동은 활동 그 자체가 목적이며 보상이 되므로, 학습 자체가 자기창조행위로 이어질 수 있는 것이다. 자기주도적 학습이란 학습 그 자체가 목적이며, 그 안에서 자기 스스로 방향을 결정하며, 새로운 것을 창조하면서 동시에 자신을 창조해 가는 삶의 양식이라 할 수 있다.

대화—사회적 차원의 자기창조행위

인간이 살아 있다는 것은 세계 안에서 대화하는 것이다. 인간은 대화를 통해서 삶을 교류하고, 개별적 인식을 확장시키며, 새로운 의미를 창조한다. 대화과정의 특징과 그 의미를 살펴보고, 대화가 어떻게 인간의 성장과 근원적으로 관련되어 있는가를 살펴보고자 한다.

대화만큼 여러 학문 분야에서 빈번하게 주제화되는 개념도 없을 것이다.[3] 원래 대화(dialogue)란 '……을 통하여'를 뜻하는 그리스어 'dia'와 '말'을 뜻하는 그리스어 'logos'에서 유래한 합성어 'dialogos'에서 기인하였다. 사람들은 '말을 통하여' 서로 간에 의사소통을 하고, 체험을 공유하며, 의미화 과정을 거치게 된다. 대화와 관련된 유사 개념으로 사람과 사람 사이의 회화나 대담을 뜻하는 'conversation', 전염, 전달, 전이의 의미를 담고 있는 'communication', 토론, 논쟁, 숙고의 의미를 담은 'debate' 등이 있다. 이 장에서 사용하는 '대화'는 위에서 언급한 의미들을 모두 포함하되, 다만 자기생산적 창조 기능을 하고 있음에 초점을 두고 살펴보고자 한다.

자유교육 실천원리로서 대화론을 제시한 프레이리(Freire, P.)는 대화와 관련하여 다음과 같은 사유를 전개하였다. 인간은 침묵할 수 없는 대화적 존재며, 또 거짓말에 의해서 건강한 인격과 사회가 유지될 수는 없다. 오직 인간화된 진실한 세계를 창조하기 위해서 참된 말을 사용해야 하는데, 참된 말은 세계를 변화시킬 수 있는 진정한 언어활동, 즉 사고와 행위가 통합된 대화를 통해서 가능하다. 참된 말이란 곧 일이며 실천이며 세계를 변혁시키는 힘이다. 대화에서 사용되는 말은 소수만을 위한 특권이 아니라 만인의 권리다. 누구도 인간의 언어를 박탈할 권한은 없다. 대화란 인간들이 이러한 말을 통해서 의미를 찾는 길이며, 서로의 실존을 확인하는 행위다. 사고와 행위를 포함한 참된 언어는 분명히 인간의 창조행위다(Freire, 1967: 106).

여기서 대화는 언어를 통한 인간의 실천행위로서 살아 있는 인간이라면 누구나 향유할 수 있는 자유 권리며, 나아가 인간은 참된 대화행위 안에서 자신과 세계를 변화시키고, 그 안에서 의미를 체험하며, 자신을 창조해 간다. 대화는 언어를 통한 심미적 의미체험과정이며, 바로 이것이 창조적 힘을 지닌다. 따라서 근원적 대화가 단절될 경우, 인간은 소외와 고독, 좌절을 겪게 되며, 마침내 정신적 에너지가 고갈되기에 이른다.

1) 대화를 통한 반성적 자기인식과 창조성

상징적 언어행위를 통한 인간의 대화활동은 지속적인 피드백 과정을 포함한다. 그 안에서 인간은 서로의 관념을 교환하기도 하고, 수정하기도 하고, 변형시키기도 하면서 점차 복잡한 사유로 나아가게 된다. 대화하는 가운데 애매모호했던 자기체험의 의미들이 분명해지기도 하고, 또한 내적 확신이 생겨나기도 하는데, 여기서 내적 확신이란 일종의 자기인식이며 자기정체성의 구성요소이기도 하다. 이와 같이 대화는 단순한 의사소통 통로를 넘어서 자기인식과 창조적 기제의 핵심이기도 하다. 대화를 통한 타자인식은 자기인식과 불가분의 관계에 있다.

대화과정에서 수많은 메시지가 오고 가게 되는데, 이는 마치 여러 명이 여러 개의 공을 동시에 주고받는 놀이 패턴과 유사한 성격을 띠고 발생한다. 대화란 대단히 역동적인 비선형적 언어교류행위다. 이러한 언어적 교류가 정지되는 순간 대화는 멈추게 된다. 교류로서의 대화는 순간순간 개입되는 수많은 변인에 따라 예측할 수 없는 과정과 그에 상응하는 결과를 초래한다.

대화 안에는 인간의 다양한 삶의 체험들이 만들어 내는 행동양식, 판단양식, 태도와 고통이 담겨 있다. 대화를 하는 동안 사람들은 상대방 언어의 논리적 구조뿐 아니라 그의 표정과 그의 억양을 통해서 그가 언어를 통해서 담고자 하는 삶의 전체성을 직관적으로 이해한다. 뿐만 아니라 상대방의 삶의 표현들에 대해서 예측할 수 없는 다양한 방식으로 응답하면서 자신의 유사한 체험들을 내놓게 된다. 대화의 역동성은 경청과 공감, 논쟁과 비판, 수용과 거부, 반박과 격려 등 다양한 해석을 발생시킨다. 이러한 대화의 상징적 상호작용은 긍정적, 혹은 부정적 피드백으로 이어지며, 이에 예상치 않은 요소가 개입되면서 질적인 전환을 맞게 되기도 한다. 화자와 청자는 매 순간 현재적 관점에서 의미를 해석하고, 직관적으로 선택하며, 대화를 지속하게 되는데, 이것은 여러 가능성 가운데 선택한 하나의 '우연성'에 기인한다. 이 우연성이야말로 대화가 지니는 특수한 창조적 힘을 만드는 원천이 된다.

2) 대화의 순환적 역동성과 새로운 의미의 창조

대화과정에서 반드시 개입되는 것은 개인의 선택적 자기조정이다. 이것은 있는 그대로를 이해하는 것이 아니라 각자가 직관적이고 선택적으로 정보를 받아들이고 거부하면서 조정하는 과정을 말한다. 따라서 대화에는 직관에 의한 우연적이고 모험적인 요소가 개입되게 마련이다. 한 사람의 표현에는 체험을 기초로 한 현존재가 드러나고, 그것을 수용하는 사람은 자신의 체험을 기초로 타인의 표현을 해석하게 마련이다. 따라서 대화한다는 것은 한 사람이 체험한 것을 외화되는 표현에 그 의미를 담아, 청자의 직관과 추체험을 통해서 재해석하는 과정이라 할 수 있다. 여기서 대화를 통해서 의미를 교류한다는 것은 서로의 체험을 언어로 표현하는 가운데 이해를 공유하는 과정이며, 상대방의 표현을 이해한다는 것은 상징적 언어 안에 담긴 삶의 의미를 각자의 직관적 방식으로 해독하는 과정이 된다. 여기서도 선택적 자기조정이 개입된다. 이러한 과정에서 새로운 의미 창조가 발현된다.

딜타이(Dilthey, W.)에 의하면, 의미란 표현하기 전에 미리 고정되어 있는 것이 아니라 표현하는 가운데 형성되는 것이다. 즉, 의미란 처음부터 확고하게 존재하는 것이 아니라 어떤 체험의 내용이 표현되는 과정에서 하나의 형태로 완성되어 간다는 것이다. 표현되기 이전에는 온전하게 자각하지 못했던 것을 표현하는 동안 하나의 정합된 형태로 완성시켜 가는 것이다. 또 체험의 무의식적 부분들이 표현을 통해서 분명한 의식의 세계로 들어오게 된다. 체험이란 표현 안에서 비로소 완전해지는 것이다. 표현은 체험을 이해하기 위한 매개일 뿐 아니라 체험 그 자체를 창조하는 힘을 가진다. 이해도 마찬가지로, 표현된 바를 듣는 청자의 선택적 자기조정과정을 매개로 스스로 창조되는 것이다. 따라서 모든 대화의 상호작용과정에는 수용과 거부의 가능성, 불확실성과 불안정성이 개입되는 등 우연적 요소들이 개입되게 마련이다.

이처럼 대화의 창조성을 발현시키는 핵심적인 요소는 바로 이와 같은 '우연성'의 문제다. 인간의 커뮤니케이션 과정에서 발생하는 자기접촉반응(autokatalyse)이 이중의 우연성(double contingency)을 통해서 구현된다는 사실은 사회학자 루만(Luhman, N.)에 의해서도 밝혀졌다(Luhmann, 1990). 이중의 우연성이란 화자와 청자가 접촉할 때 발생하는 우연성의 중첩현상을 말한다.[4] 즉, 대화하는 동안 두 사람의 사회적 행위나 관계에서 그 의미가 완전히 일치되는 경우는 극히 제한되어 있기 때문에, 상호 간의 태도에서 일치의 필연성보다는 불일치(분열)의 우연성이 더 크다고 볼 수 있으며, 이러한 시각의 불일치는 양자를 불안정하게 만든다. 이때 양 당사자는 이 같은 불안정성을 극복하기 위해서 특정한 내용을 포함하는 일련의 상징적 체계인 언어가 각 개인의 어느 정도 공통된 경험에 의존하도록 대화를 진행해 간다. 이를 위해서 화자와 청자는 의미조율과정을 거치며, 의미의 복잡성과 다양성을 새롭게 창조하게 되는 것이다. 이러한 대화과정을 체험, 표현, 이해 등 논리적으로 구분하였으나, 실제과정은 이러한 구분이 무색할 만큼 역동적으로 이루어진다.

3) 대화를 통한 깨달음과 책임의식

대화란 안으로는 보다 깊은 자기인식에 도달하고, 밖으로는 보다 넓은 세계인식에 도달하는 과정이다. 대화과정에서 오가는 언어는 단지 이전부터 존재하는 어떤 사태를 그대로 재현하는 것에 그치지 않고, 오히려 대화과정을 통해 생산해 낸 의미들을 화자와 청자 간에 표현하게 된다. 이 같은 현상은 화자가 말한 것이 모종의 확정성을 가지고 그대로 수행되는 힘을 갖는다는 것을 의미한다. 이는 어떤 특정한 전망 안에서 청자를 움직이게 하는 힘이 있다. 따라서 청자도 그 관점의 틀을 벗어나기가 쉽지 않다. 물론, 화자 자신도 자신이 언급한 말의 영향에 의해 변화되기도 한다. 이런 점에서 볼 때, 아직 말로 표현되지 않은 내용은 충분한 의미에서 아직은 존재하지 않는 것이라 할 수 있다. 왜냐하면 그것은 불확실하고 조직되지 않은 것으로 여전히 임의의 해석이 가능하고, 따라서 그것은 변형될 수 있기 때문이다. 다른 사람 앞에서 '말함으로써' 비로소 그것은 '거기에 있게' 되고, 참으로 존재하게 되며, 더 이상 세계로부터 없애 버릴 수 없는 현실이 된다. 따라서 인간은 자신의 말로 인해 자신이 한 말 위에 서 있게 된다. 이 같은 말의 힘에 관해 볼노(Bollnow)는 다음과 같이 언급하였다.

> 인간이 자신의 말을 통해 확립되는 이러한 과정은 도덕적 인격의 형성, 곧 단어의 엄밀한 의미에서 자아의 형성을 위한 결정적인 의미를 지니게 된다. 즉, 언어적인 확정(fixierung)의 수행을 통해서 비로소 인간은 하나의 책임 있는 자아의 정립을 이루게 된다. 오직 언어가 존재하는 곳에 책임이 존재하는 것이다(Bollnow, 1979: 184-185).

언어가 가지는 이 같은 힘, 즉 의미의 확정성은 대화의 사회적 의미를 발견하게 한다. 인간은 말을 함으로써 무규정성의 어두움으로부터 벗어나고 결정적인 의미에서 '자기 자신' 이 되어 가는 것이다. 바로 이 점 때문에 볼노는 인간은 진정으로 표명된 말(대화) 자체를 통해서 윤리적으로 책임 있는 인격이 된다고 주장하는 것이다. 그는 인간의 도덕적 책임의식이 단순히 개인 내부로부터 생겨나는 것이 아니라, 오히려 그것 때문에 변명하지 않으면 안 되는 어떤 행해진 과오를 통해서 간접적으로만 생겨난다는 것을 밝히고 있다. 그리고 비난에 대한 명료한 대답 안에서, 즉 개방적인 고백 안에서만 인간은 자신의 행위에 대한 책임을 지게 되며, 그럼으로써 인간은 책임적인 자아가 될 수 있다고 말한다. 그런 맥락에서 오직 대화적 관계 안에서 인간은 윤리적인 존재가 될 수 있는 것이다. 따라서 그는 어떤 상황 안에서 불명료함을 제거하고 그것을 명료하게 해소함으로써, 빗나가고자 하는 모든 시도를 차단시키는 것이 교육의 중요한 과제라고 하였다(Bollnow, 1999: 187).

몰입과 대화에의 참여와 교육 영성의 가능성

학습이란 인간유기체가 보다 유의미하게 생존하기 위해서 삶의 과정에 직접적으로 참여할 때 발생하는 의미화 과정이라 할 수 있다. 어떤 활동에 참여한다는 것은 행위주체가 능동적으로 그 활동을 자기 내부구조로 결합시킬 때 발생하며, 자기를 내주는 행위임과 동시에 조건 없이 상대방을 받아들이는 과정이 포함된다.

어떤 활동에 능동적으로 참여하면 할수록 학습자들은 그 과정에서 제공되는 모든 외부적 자극이나 자원을 피상적으로 수용하지 않고 선택적 여과과정을 거쳐 진지하게 수용한다. 이러한 과정을 통해서 의미화 과정, 즉 체험을 숙성시키는 과정이 가능해진다. 이것은 개인의 내적 활동과 외적 활동이 구조적으로 결합될 때 가장 심층적으로 일어난다. 다시 말해서, 몰입과 대화 사이에서 발생하는 상호작용의 질과 양은 개인의 체험을 깨달음으로 연결하는 기능을 한다. 여기서 깨달음이란 체험을 통해서 구조화된 의미체계를 말한다.

능동적 참여가 성립된 즐거운 몰입활동은 강렬한 의미체험을 이끌어 낸다. 여기서 의미체험이란 활동주체의 심리적 구조에서 주관적으로 발생한 것이다. 이는 아직 객관적, 혹은 간주관적 의미체계로 전환되지 못한 상태다. 이는 대화의 참여를 통해서 심화 · 확장되는 숙성과정을 필요로 한다. 강렬하게 몰입하여 획득된 개별적 체험이 간주관적 대화에의 참여하게 되면서 창조적 과정을 거치게 되는데, 이때 보다 깊은 지혜와 깨달음이 주어질 수 있다.

몰입과 대화는 각각 개별적 인격 안에서, 그리고 개별적 인격을 넘어선 세계 안에서 서로를 향한 특수한 피드백 작용을 거치며, 창조적 에너지와 깨달음을 발생시킨다. 여기서 피드백이란 지속적인 '내줌'과 '받음'의 연속과정을 말하는데, 전인격적으로 이루어지는 이러한 피드백 과정에는 상호인과적 방식으로 서로를 창조하는 힘이 내재되어 있다.

1) 행위주체로서의 자기주도성과 의미창조

학습을 생생한 삶의 한 과정으로 인식하고 이를 체계화시킨 듀이(Dewey, J.)는 학습과정을 '행동함으로써 배우기(learning by doing)'라는 개념으로 정리하였다. 그는 인간 성장의 의미를 신체, 지식, 기술, 판단, 의지 등의 능력뿐 아니라 한 인간의 개성, 신념, 욕구, 정서, 감정, 기질, 안목 등의 성품에도 적용되는 포괄적 개념으로 사용하였다. 또한 그는 성장이란 증진, 혹은 증대 등의 양적 개념일 뿐 아니라 안정, 순화, 균형, 세련, 조화, 통합 등의 질적 개념이 포함된다는 것을 강조했다. 따라서 인간의 성장은 유기체 전체를 관통하며 진행되는 것으로, 어느 부분의 성장도 다른 부분의 도움 없이는 진행되지 않고, 부분적인 성장은 전체적인 성장에 기여한다고 보았다. 또한 부분적 성장은 전체 성장의 조건이기도 하며, 각 부분들은 결코 나뉠 수 없다(Dewey, 1934: 77-103). 듀이는 인간의 생명적 성장욕구가 경험을 가능하게 하며, 이것이 학습의 동력이 된다는 점을 분명하게 밝혔다. 다시 말해서, 스스로 성장하려는 유기체의 생명적 본성이 학습을 가능하게 하는 추동력이며, 이런 관점에서 듀이는 '경험'을 살아 있는 생명체가 물리적-사회적 환경과 능동적으로 교섭하는 과정으로 보았다. 따라서 경험에는 단순한 감각적 표상수준을 넘어, 당하고 겪는(undergoing) 것뿐 아니라 행하고 만드는(doing) 능동성이 작용하고 있음을 강조하였다. 즉, 인간의 경험이란 행위주체의 능동성에 의해서 결정되는 것이다.

2) 지속적 자기변화와 창조적 영성

행위주체로서의 자기주도성이 가장 여실하게 드러나는 것은 다름 아닌 능동적 상호작용, 즉 피드백 활동을 통해 표현되는 인간의 자율성이다. 자율성이란 생명체 내부의 자율시스템에 의해서 진행되는 피드백 활동이다(Macy, 1991: 157-161). 유기체 내부에 존재하는 지속적인 원동력(ongoing inter and intra systemic dynamics)인 피드백 활동은 외부적 영향을 약화, 또는 강화시키면서 자기 목적에 맞는 형태로 조절하는 힘이 있다. 이러한 자율성 때문에 동일한 조건에서 서로 다른 결과를 산출하게 되며, 또 상이한 입력에서도 유사한 결과를 산출하게 되는 것이다. 개인들마다 동일한 자극에 서로 다른 방식으로 반응하는 것은 바로 그들의 내적 자율성이 만들어 내는 피드백의 반응 차이에 의한 것이다. 서로 다른 방식으로 진화, 발전해 온 개인의 자율적 구조는 동일한 영향도 다르게 처리하면서 그에 따라 피드백의 양상을 만들어 낸다.

인간에게 내재된 자율적 피드백시스템은 생명의 모든 단위에서 발생한다. 세포의 자율성, 유기체 기관(organism)의 자율성, 인체의 자율성, 인간 간의 상호적 자율성, 사회유기체의 자율성 등이 그것이다. 이 모든 것들은 각 단위에 적합한 방식으로 피드백 기능을 하고 있는데, 이는 살아 있는 동안 지속되는 생명의 자율적 율동이라 할 수 있다. 필자는 인간이 일상적으로 체험하고 있는 몰입과 대화도 의식을 지닌 인간 존재가 드러내는 특수한 자율성의 발로 가운데 하나라고 파악하였다. 의식적 존재인 인간들이 벌이는 피드백은 자신이 필요로 하는 활동에 대한 정보를 받아들이고, 그것을 자기 자신의 것으로 만든 다음, 다시 외부로 내보내는 일련의 과정을 포함한다. 이는 수용된 정보가 무엇이냐에 따라 달리 진행되기도 하지만, 또한 내부구조에 따라 달리 진행되기도 한다. 따라서 이 관계의 복잡성은 '상호결정' 이라는 개념으로 정의할 수 있다. 상호결정(inter determination)이란 원인과 결과 사이에서 지속적으로 자기변화를 경험하게 됨을 의미한다(Macy, 1991: 162). 이것이 생명시스템이 지니는 피드백의 성격이다.

자기주도적 학습이란 개인의 내적 자율시스템의 피드백을 통해서 개별 학습자 내부에서도 일어나지만(몰입), 학습에 참여하는 주체들 간에 이루어지는 피드백 활동(대화)을 통해서도 성취된다. 이 두 가지 피드백 과정은 자기주도적 학습을 가능하게 하는 핵심 요소가 된다. 자기주도적 학습에서 발생하는 피드백 과정이란 교과서에 있는 지식을 이해하고 암기하는 것과는 전혀 다른 피드백 과정을 요구한다. 이는 자기 스스로 문제를 발견하고, 이를 해결하기 위한 과정을 능동적으로 찾아가는 과정이기 때문에 학습자들은 능동적 참여가 전제된 활동에 참여하지 않으면 안 된다. 실제적으로 학습자들은 신체적 · 정신적 에너지를 학습활동에 투입하게 되는데, 여기에는 학습자의 과거 경험, 상상력, 사고력, 창조력, 자발성, 미래 전망 등이 작동된다. 이러한 과정을 통해서 학습자들은 개별적으로, 그리고 사회적으로 지속적인 피드백 과정을 겪게 되며, 이를 통해 의미를 체험하고 이를 자기화하게 된다.

자기주도적 학습이 주입식 교육과의 분명한 차이를 만드는 것은 바로 여기에 있다. 이미 완성된 교과서를 토대로 일방적으로 이루어지는 주입식 교육에서는 주어진 교과서 내용을 이해하기 위해서, 혹은 기계적인 암기를 위해서 학습자 안에서 약간의 심리적 피드백이 일어날 수 있다. 그러나 학습주체들 간의 역동적인 피드백 기회는 지극히 제한되거나 거의 일어나지 않는다. 왜냐하면 이미 정해진 답과 내용을 이해하고 암기하면 되기 때문에 더 이상의 활동이 개입될 여지가 없다. 학습자의 능동적 참여가 제한적으로 이루어질 때, 피상적이거나 기계적인 피드백이 진행될 수밖에 없기 때문에, 거기서 유의미한 의미체험이나 창조적 학습을 기대하기는 어렵다.

자신이 능동적으로 활동에 참여하여 체험된 의미는 그 내용과 방법과 양과 질이 새로움(창조성)을 포함하며, 이것은 모두 자기 자신을 형성하는 것으로 귀결된다. 예컨대 즐겁게 5시간 동안 암벽타기 활동에 참여했다면, 암벽 타는 동안 형성된 근육, 마음의 강인함, 감각, 즐거움 등 모든 것은 모두 행위자 자신에게 되돌아간다. 모든 종류의 자기주도적 참여 학습은 바로 이와 같은 원리에 따라 이루어진다. 여기서 새로움이란 단순히 기술적 측면뿐 아니라 그것이 주는 의미와 느낌 등 새로운 창조를 포함한다. 학습을 통해 획득된 새로운 습관, 새로운 기능, 새로운 지식 체계, 창조적 개성 등은 자기주도적 참여 체험학습이 가져다주는 확실한 결과들이다.

맺는 말

이 장은 서남 선생의 체험(體驗)과 기성(氣盛)의 원리를 영성교육 방법론으로 수용하여 어떻게 하면 체험으로써 배우고, 그 안에서 기운을 모아 깨달음과 지혜를 얻을 수 있는가? 하는 물음에서 출발하였다. 다분히 추상적인 이 구절을 '인간은 어떻게 학습을 통해서 체험하게 되며, 그러한 체험 안에서 지혜를 얻게 되는가?' 라는 보다 구체적인 물음으로 전환하여 현대적 관점에서 재해석을 시도하였다.

생생한 체험을 가능하게 하는 메커니즘을 몰입활동을 통해서 살펴보았고, 개인적 몰입을 통해 얻은 주관적 체험을 객관적 깨달음으로 전환하는 사고의 메커니즘을 대화활동을 통해서 살펴보았다. 그리고 이 둘을 각각 개인적 · 사회적 차원에서 진행되는 생명적 피드백, 즉 심적 에너지의 순환과정으로 파악하였다. 기성(氣盛)이란 이러한 심리적 에너지의 흐름이 만들어 내는 특수한 초감각 기능이다. 다시 말해서, 몰입이 개인의 심리적 차원에서 발생하는 특수한 피드백 현상으로 신체, 감정, 지성과 영성을 관통하면서 일어나는 투명한 에너지의 역동적 흐름이라면, 대화는 보다 큰 단위인 사회적 차원에서 발생하는 피드백 활동으로 인격과 인격, 그리고 인격과 세계를 결합시키고 자기를 넘어서게 하는 에너지의 흐름이다. 몰입과 대화 양자 모두 능동적 참여를 요구하는 활동이라는 점에서, 그리고 그 활동 안에는 공감, 대립, 갈등, 타협, 다름, 같음 사이에서 치열한 반복과정(피드백)이 진행되며, 궁극적으로 기존의 자기 자신을 넘어서 새로운 자신을 창조하게 하는 에너지의 흐름이라는 점에 주목하였다. 몰입과 대화는 지속적 자기변화과정을 이끄는 인간 본연의 메커니즘이라 할 수 있다.

학습상황에서 개인적 몰입의 기회와 사회적 대화의 기회를 충분히 제공한다는 것은 다음 두 가지 의미를 포함한다. 첫째, 개별적 관심과 흥미가 있는 활동에 몰입함으로써 자발적인 자기변화를 수행한다는 점이다. 이 과정은 풍부한 물음과 문제의식을 촉발(생성)시키고, 필연적으로 대화하고 싶다는 심리적 조건을 마련해 준다. 둘째, 학습하는 동안 대화의 기회를 충분하게 갖는다는 것은 그 자체로서 사회적 유대감을 촉진시킬 뿐 아니라, 이를 통해서 자기인식이 강화되며 자기체험 결과를 타자들과 공유함으로써 문제해결을 도모한다. 문제해결과정은 자기변화를 포함한 자기극복과정이라 할 수 있다.

이 장이 시사하는 바는 첫째, 깨달음을 추구하는 학습에는 반드시 직접적인 참여활동을 통한 개별적 체험이 요구되며, 개인의 심리적 차원과 사회적 관계성에 대한 통합적 이해를 필요로 한다는 점이다. 풍부한 몰입활동 기회와 대화의 기회는 더 깊은 자기인식과 세계인식에 도달할 수 있게 하는 동력이 된다. 여기서 관계, 소통 등 에너지의 흐름은 무엇보다도 중요하며, 이를 위해서 가장 중요한 것은 개별적 인격이 상호존중되어야 한다는 점이다.

둘째, 영성을 추구하는 학습은 공동체 안에서 더욱 촉진될 수 있다는 점이다. 모든 몰입과 대화는 일종의 피드백과 촉진 작용으로 열린 체계, 즉 공동체 안에서 강화될 수 있다. 학습공동체는 다양한 구성원들 간에 풍부하고 활발한 에너지 교류가 풍부하게 일어날 수 있는 토양이기 때문이다.

셋째, 학습활동이란 예측할 수 없는 불확실성 안에서 진행되는 행위의 연속이다. 따라서 미리 정해진 교과를 일방적으로 주입하거나 결과 위주의 평가는 피해야 한다. 대신 진지한 피드백 활동이 풍부하게 발생할 수 있도록 유연하고 창조적인 수업방식으로 전환할 필요가 있다. 인간의 생명활동으로서 교수 · 학습활동은 하나의 정형화된 기술일 수 없으며, 오히려 순간순간 창조해 가는 예술행위에 가깝다. 이것을 가능하게 하는 힘은 풍부한 상상력과 대화에 내재된 반성적 사유능력에서 나온다. 몰입하고 대화하고자 하는 인간 생명의 창조적 본성을 최대한 지원함으로써 그것을 통해서 학습자 스스로 배우게 하는 것이야말로 서남 선생이 말씀하신 "저절로 자기 안에 세상의 이치가 고이게 하는" 그런 배움의 길일 것이다.

Chapter14 주

1 칙센트미하이는 현상학적 연구방법론을 통해서 삶의 일상생활의 모든 측면에 대해 체계적으로 경험의 샘플을 추출하여 연구하였다. 이러한 방법론은 후설과 하이데거의 현상학에 근거하여 발전하였는데, 그는 ESM(Experience Sampling Method)이라는 독자적인 경험채집방법으로 피실험자들과 무선호출기를 이용하여 전혀 예기치 않은 순간에 사람들의 반응을 알아보고, 그들의 삶이 어떤지에 관해 경험과 가장 근접한 묘사를 얻고자 하였다. 이렇게 얻은 세부적 정보들은 대단해 풍부했으며, 실험실 안에서 이루어지는 종전의 심리학적 발견과는 비교할 수 없을 만큼 전대미문의 내용을 얻어 냈다(몰입의 기술, 2000: 25).

2 자기목적적(autotelic)이라는 용어는 자기(auto)와 목적(telos)이라는 두 개의 그리스어에서 유래한 것이다. 즉, 자기목적적 행위란 어떤 이익에 대한 기대 없이 단순히 그 자체를 수행하는 것이 보상이 되는 행위를 말한다.

3 사회학 전통에서 대화는 아리스토텔레스, 밀, 흄, 루소, 막스, 하버마스 등에 의해서 다양한 방식으로 발전되어 왔다(조맹기, 2001: 19-283). 반면 철학에서 대화론은 소크라테스와 플라톤을 비롯하여 슐라이어마허, 칼 야스퍼스, 마틴 부버, 에리히 프롬, 파울로 프레이리 등을 통해서 인식론과 존재론을 넘나들면서 다양하고 정교하게 발전되어 왔다.

4 '이중의 우연성(double contingency)' 개념은 베버, 파슨스, 하버마스 등 여러 사회학자에 의해 사용되어 온 개념으로 사회적 행위, 즉 언어 행위의 상호작용인 의사소통이란 화자와 청자가 접촉할 때 언제든지 발생할 수 있는 우연성의 중첩현상을 뜻하는 말이다.

| 참고문헌 |

김성재. (2005). 체계이론과 커뮤니케이션: 루만의 커뮤니케이션 이론. 서울: 커뮤니케이션북스.

김정규. (2005). 게슈탈트 심리치료. 서울: 학지사.

박범석, 이찬주. (2006). 교육목표로서 '표현' 개념의 교육과정적 해석. 교육과정연구, 24(1).

분석철학연구회 편 (1984). 삶의 형식의 두 가지 국면 비트겐슈타인의 이해. 서울: 서광사.

서석남. (2000). 몬테소리의 생명교육. 서울: 동문사.

송인섭. (1998). 인간의 자아개념 탐구. 서울: 학지사.

신건권. (2001). 창의성 지향적인 교수 · 학습전략. 창의력 개발연구, 5. 경주대학교 창의력 개발연구소.

양은주. (1999).듀이의 교육적 경험의 해방적 통합적 성격. 교육과학연구, 29, 19-34.

양은주. (2001). 듀이의 탐구 연속성의 원리와 지식교육. 교육철학, 26, 119-141.

이양구. (1972). 새벽의 사색: 제헌의 세계. 서울: 서남재단.

최민석. (2004). 창의성 교육의 원리 탐색: 몰입의 원리. 교육철학, 26, 197-214.

한숭희. (2001). 평생학습과 학습생태계. 서울: 학지사.

한숭희. (2002). 평생학습과 교육개념의 변화. 한국평생교육학회 추계학술대회 자료집, 9-28.

한숭희. (2004). 평생교육론. 서울: 학지사.

허영주. (2005). 교육적 탁트(tact)의 학문적 성격: 기존 교수이론의 재개념화. 교육과정연구, 23(3). 81-100.

Bollnow, O. F. (1999). 교육의 인간학 (오인탁, 정혜영, 역). (원서 1971년 발행)

Buber, M. (1979). 사람과 사람 사이 (남정길, 역). 서울: 전망사. (원서 1968년 발행)

Buber, M. (1996). 나와 너 (표재명, 역). 서울: 문예출판사. (원서 1968년 발행)

Capra, F. (1996). 현대 물리학과 동양종교 (이성범, 김용정, 역). 서울: 범양사출판부. (원서 1983년 발행)

Capra, F. (2003). 히든커넥션 (강주헌, 역). 서울: 휘슬러. (원서 2002년 발행)

Chene, A. (1983). The concept of autonomy in adult education:A philosophical discussion. *Adult Education Quarterly, 34*(1), 38-47.

Confessore, G. J., & Confessore, S. J. (1994). 자기주도 학습의 길잡이 (정지웅, 김지자, 역). 서울: 교육과학사. (원서 1992년 발행)

Crain, W. C. (1992). 발달의 이론 (서풍연, 역). 서울: 중앙적성 출판사. (원서 1983년 발행)

Csikszentmihalyi, M. (2005). 플로우 (최인수, 역). 서울: 한울림. (원서 1990년 발행)

Csikszentmihalyi, M. (1999). 몰입의 즐거움 (이희재, 역). 서울: 해냄. (원서 1977년 발행)

Csikszentmihalyi, M. (2003). 몰입의 기술 (이삼출, 역). 서울: 더불어 책. (원서 2000년 발행)

Erikson, E. H. (1995). 아동기와 사회 (윤진, 역). 서울: 중앙적성출판사. (원서 1963년 발행)

Freire, P. (1987). 교육과 의식화 (채광석, 역). 서울: 중원문화. (원서 1973년 발행)

Freire, P. (1995). 페다고지-억눌린자를 위한 교육 (성찬성, 역). 서울: 한마당. (원서 1967년 발행)

Freire, P. (2000). 프레이리의 교사론 (교육문화연구회, 역). 서울: 아침이슬. (원서 1998년 발행)

Freire, P. (2000). 희망의 교육학 (교육문화연구회, 역). 서울: 아침이슬. (원서 2000년 발행)

Knowles, M. S. (1970). *The Modern Practice of Adult Education: Andragogy versus Pedagogy*. NY: Association Press.

Knowles, M. S. (1975). *Self-directed learning: A guide for learners and teachers*. Chicago, IL: Follett Publishing Co.

Knowles, M. S. (1980). *The Mordern practice of adult education: From pedagogy to andragogy*. New york, NY: Cambridge Books

Lillard, P. P. (2000). 왜 몬테소리 교육인가? (이영숙 외, 역). 서울: 창지사. (원서 1972년 발행)

Luhmann, N. (1990). The Autopoiesis of Social Systems, in Niklas Luhman. *Essay on Self-Reference*. NY: Columbia University Press.

Luhmann, N. (1994). *Soziale Systeme: Grundriss einer allgemeinen Theorie*. a.M.: Suhrkamp.

Luhmann, N. (2002). 생태학적 커뮤니케이션: 현대 사회는 생태학적 위협에 대처할 수 있는가 (이남복, 역). 서울: 백서. (원서 1985년 발행)

Macy. J. (2004). 불교와 일반 시스템이론 (이중표, 역). 불교시대사. (원서 1991년 발행).

Wandel, F. (1993). 학교가 환자를 만드는가? (권이종, 역). 서울: 교보문고. (원서 1990년 발행)

찾아보기

인 명

내 용

저자 소개

• 고진호

동국대학교 교육학과 졸업
동국대학교 대학원 교육학 석사
동국대학교 대학원 교육학 박사
현 동국대학교 교육학과 교수

• 김관영

건국대학교 철학과 졸업
건국대학교 대학원 철학 석사
건국대학교 대학원 철학 박사
현 중부대학교 교수, 한국이슬람학회 경인충청지회장,
주한 이스탄불문화원(터키문화원) 고문

• 김성숙

수도여자사범대학 응용미술과 졸업
일본 국립 사이타마대학 대학원 교육학(미술교육학) 석사
일본 국립 츠쿠바대학 대학원 예술학(예술교육학) 박사
대통령자문 정책기획위원회 간사위원 역임
현 광주교육대학교 미술교육과 교수

• 김정규

고려대학교 철학과 졸업
독일 Bonn 대학교 심리학 석사
독일 Bonn 대학교 철학 박사
한국임상심리학회장 역임
현 성신여자대학교 심리학과 교수, 게슈탈트 심리치료 전문가

• **박석**

서울대학교 중어중문학과 졸업
서울대학교 대학원 중어중문학 석사
서울대학교 대학원 중어중문학 박사
현 상명대학교 중국어문학과 교수, 미래사회와종교성연구원 원장

• **박영만**

성균관대학교 교육학과 졸업
성균관대학교 대학원 교육사철학 석사
성균관대학교 대학원 교육사철학 박사
한국홀리스틱학회장 역임
현 경인교육대학교 교육학과 교수

• **신동은**

연세대학교 교육학과 졸업
연세대학교 대학원 교육학 석사
연세대학교 대학원 교육학 박사
현 연세대학교 국학연구원 연구교수

• **유상덕**

서울대학교 사회교육학과 졸업
동국대학교 대학원 교육사회학 석사
동국대학교 대학원 교육학 박사
한국교육연구소 소장, 교육혁신위 수석전문위원 등 역임
현 서울 경일고등학교 교사, 동국대 겸임교수(교육학),
미래사회와종교성연구원 미래교육연구모임 대표

• **이거룡**

한국방송통신대학교 행정학과 졸업
동국대학교 대학원 인도철학과 석사
University of Madras, Radhakrishnan Institute for Advanced Studies in Philosophy 석사
University of Delhi 철학과 박사
현 서울불교대학원대학교 교수, 요가학교 리아슈람 교장

• **이은선**

이화여자대학교 불문과 졸업

스위스 University of Basel 신학 석사

스위스 University of Basel 신학(페스탈로치와 왕양명의 비교연구) 박사

현 세종대학교 교육학과 교수, 미래사회와종교성연구원 미래교육연구모임 대표

• **임재택**

서울대학교 교육학과 졸업

서울대학교 대학원 교육학 석사

경북대학교 대학원 교육학 박사

현 부산대학교 유아교육과 교수, 한국생태유아교육학회 회장

• **최영란**

이화여자대학교 교육공학과 졸업

이화여자대학교 교육학 석사

이화여자대학교 교육철학 박사

현 교육학 강사(이대, 세종대, 상명대, 가톨릭대 등 출강)

• **최준규**

가톨릭대학교 신학과 졸업

Catholic University of America, DC, USA 교육행정학 석사

Catholic University of America, DC, USA 철학(교육행정) 박사

현 가톨릭대학교 교육대학원/문화영성대학원 교수, 교목실장

• **한명희**

서울대학교 사범대학 교육학과 졸업

미국 University of Hawaii 교육학(교육철학) 석사

미국 University of Illinois 철학(교육철학) 박사

현 동국대학교 교육학과 명예교수

종교성, 미래교육의 새로운 패러다임

2007년 8월 17일 1판 1쇄 발행
2010년 7월 20일 1판 2쇄 발행

지은이 • 한명희 유상덕 이은선 고진호 김관영 김성숙 김정규
박석 박영만 신동은 이거룡 임재택 최영란 최준규

펴낸이 • 김 진 환

펴낸곳 • ㈜ 학지사
121-837 서울시 마포구 서교동 352-29 마인드월드빌딩 5층

대표전화 • 02) 330-5114 팩스 • 02) 324-2345

등록번호 • 제313-2006-000265호

홈페이지 • http://www.hakjisa.co.kr
커뮤니티 • http://cafe.naver.com/hakjisa

ISBN 978-89-5891-525-6 93370

정가 15,000원